Mohamed Cabur

Grammatik der deutschen Sprache für Araber

Vierte, überarbeitete Auflage

Rediroma-Verlag

Mohamed Cabur, Dr. Phil., wurde im Jahre 1937 in Argentinien geboren. Seine Eltern stammen aus Syrien. Hier hat er Arabisch gelernt. Nach seinem Abitur studierte er moderne Sprachen an der Universität Mainz in Germersheim und erwarb den akademischen Grad Dipl.-Dolmetscher und Übersetzer: Später promovierte er. In Deutschland hielt er sich von 1960 bis 1968 auf. Nach seiner Rückkehr unterrichtete er 27 Jahre Deutsch am Goethe-Institut in Damaskus.

Mohamed Cabur

GRAMMATIK
DER DEUTSCHEN SPRACHE FÜR ARABER
قواعد اللغة الألمانية للعرب

Geeignet für Menschen aus Syrien, Saudi-Arabien, dem Irak und anderen arabischsprachigen Ländern.

Vierte, überarbeitete Auflage

Rediroma-Verlag

Die Übungen aus diesem Buch finden Sie zum Ausdrucken unter:

http://www.rediroma-verlag.de/downloads/deutsche-grammatik_4.pdf

Ein Korrekturliste zu dieser Ausgabe finden Sie unter:

http://www.rediroma-verlag.de/downloads/deutsche-grammatik_korrektur_4.pdf

Mohamed Cabur

Grammatik der deutschen Sprache für Araber (November 2016)

قواعد اللغة الألمانية للعرب

Bibliografische Information der Deutschen Nationalbibliothek

Die Deutsche Nationalbibliothek verzeichnet diese Publikation
in der Deutschen Nationalbibliografie;
detaillierte bibliografische Daten sind im Internet
über http://dnb.ddb.de abrufbar.

ISBN 978-3-86870-920-9

Vierte, überarbeitete Auflage

Gestaltung, Satz, Umschlag Alice Kuczminski, Erfurt

www.rediroma-verlag.de

€ 20,00 (D)

مـقـدمـة

لقد أقبل الطلاب العرب في السنوات الأخيرة على تعلّم اللغة الألمانية لأسباب شتّى، فمنهم من اختارها كلغة ثانية في كلية الآداب، ومنهم من يتابع دراسته أو اختصاصه في الجامعات الألمانية، ومنهم من يريد الاطلاع على الحياة الثقافية في ألمانيا. إنّ عددهم أصبح اليوم لا يحصى.

إن هذا الكتاب محاولة لتبسيط مادة القواعد التي كانت ولا تزال تشكل عقبة للطالب العربي، نظراً لتشعّب وصعوبة بعض جوانبها، خاصة عندما يقارنها بلغة الآباء والأجداد. فهناك عدد من المصطلحات القواعدية يصعب ترجمتها إلى العربية، كحالة ألـ Dativ، وحروف الجر، والعطف، وغيرها. لذا ليس من الممكن أن تتفق الشروح أو بيانات قواعد اللغة الألمانية، أو تتلائم مع تلك النواحي الخاصة في اللغة العربية.

لقد بذلت قصارى جهدي لأشرح مواضيع القواعد المعقّدة، كإعراب الصفة، والضمائر المنوعة، وبشكل خاص حروف الجر.

- **نصيحتي لك:**

لا تقارن حروف الجر الألمانية مع حروف الجر العربيّة حتى لا تقع في مزيد من الحيرة، إذ غالباً ما يكون التعبير مختلفاً جداً في لغتين.

إليك مثالاً على ذلك:

عندما تريد أن تقول: سآتي بعد أسبوع.

تقول: *Ich komme **nach** einer Woche.*

هنا ترجمت كلمة بـ"بعد" nach، دون أن تدري أن الحرف nach لا يأتي إلا مع زمن حدث في الماضي.

عليك أن تقول: *Ich komme **in** einer Woche.*

أما مع nach تقول: *Ich kam nach einer Woche.* / أتيت بعد أسبوع.

إنك ستجد في نهاية كل فصل تقريباً مجموعة من التمارين يمكنك بواسطتها استعمال وتطبيق القواعد وبخاصة حروف الجر والحل الصحيح لها.

إليك، عزيزي الطالب، أهدي مجهودي هذا كتحية، متمنياً لك كل تقدم ونجاح.

محمد كبور

أستاذ في اللغات الحديثة

مدرس سابق في معهد غوتة بدمشق

Inhalt
الفهرس

Vorwort **5**

1 Das Verb / الفعل

1.01 Das Verb und seine Zeiten **16**
1.02 Konjugation der schwachen Verben im Präsens **23**
1.03 Konjugation der starken Verben im Präsens **26**
1.04 Gebrauch des Präsens **28**
1.05 Das Perfekt **30**
1.06 Das Partizip Perfekt / Das Partizip II **36**
Bildung des Partizip Perfekt **38**
1.07 Das Partizip Präsens / Das Partizip I **41**
1.08 Das Präteritum / Das Imperfekt **43**
1.09 Das Plusquamperfekt **46**
1.10 Das Futur I **48**
1.11 Das Futur II **50**
1.12 Modalverben **52**
Konjugation der Modalverben im Präsens **56**
1.13 Der Imperativ **62**
1.14 Der Konjunktiv II **65**
Gebrauch des Konjunktiv II **68**
1.15 Der Konjunktiv I **74**
1.16 Trennbare Verben **81**
1.17 Das Passiv **84**
1.18 Der Infinitiv **90**
1.19 Reflexive Verben und Pronomen **97**

2 Rektion der Verben / الحالات التي يتطلبها الفعل

2.01 Rektion der Verben **104**
Verben mit Akkusativ **104**
Verben mit Dativ **107**
Verben mit Dativ und Akkusativ **109**
Verben mit zwei Akkusativen **110**
Verben mit Genitiv **111**
Verben mit Akkusativ und Genitiv **111**
Verben mit zwei Nominativen **112**
2.02 Verben mit präpositionalem Objekt **113**

3 Das Nomen / الاسم

3.01 Das Nomen **122**
3.02 Das Geschlecht der Nomen **124**
3.03 Der Numerus der Nomen **131**
3.04 Deklination der Nomen **133**

4 Artikel / الأداة

4.01 Der bestimmte und der unbestimmte Artikel **140**
4.02 Der Gebrauch des Artikels **143**

5 Das Adjektiv / الصفة

5.01 Das Adjektiv, Deklination und Gebrauch **152**
5.02 Komparation der Adjektive **164**
5.03 Das nominale Adjektiv **167**
5.04 Zahlwörter **170**
Die Uhrzeit **172**

Rechenübungen **174**
Ordnungszahlen **177**
Einteilungszahlen **179**
Bruchzahlen **180**
Wiederholungszahlen **181**

6 Das Adverb / الظرف

6.01 Formen und Arten der Adverbien **184**
6.02 Komparation der Adverbien **186**
6.03 Arten der Adverbien **187**
Ortsadverbien **190**

7 Das Pronomen / الضمير

7.01 Das Pronomen und seine Arten **194**
7.02 Das Personalpronomen **196**
Person der Personalpronomen **198**
Das unbestimmte Pronomen „es“ **198**
7.03 Das Reflexivpronomen **202**
7.04 Das Demonstrativpronomen **205**
7.05 Das Relativpronomen **209**
7.06 Das indefinite Pronomen **214**
7.07 Das Possesivpronomen **220**
7.08 Das Fragepronomen **224**

8 Konjunktionen / حروف العطف وأدوات الربط

8.01 Arten und Gebrauch der Konjunktionen **232**
Koordinierende Konjunktionen **233**
Subordinierenden Konjunktionen **238**

9 Zeitangaben / مدلولات الزمن

9.01 Zeitangaben und Akkusativ der Zeit **246**

10 Die Negation / النفي

10.01 Negationsformen und Negationswörter **252**

11 Das Wort und der Satz / الكلمة والجملة

11.01 Der Buchstabe und das Wort **262**
11.02 Die Wortstellung im Satz **265**
11.03 Zusammengesetzte Nomen **266**
11.04 Die Wortbildung und Wortableitung **269**
11.05 Ableitung der Adjektive **275**

12 Nebensätze / الجمل الثانوية

12.01 Nebensätze, Bedeutung und Bildung **280**
12.02 Arten der Nebensätze **283**

13 Das Prädikat / الخبر

13.01 Formen des Prädikats **296**

14 Arten der Satzglieder / عناصر الجملة المختلفة

14.01 Das Subjekt **300**
14.02 Das Akkusativobjekt **303**
14.03 Das Dativobjekt **306**
14.04 Das Genitivobjekt **308**

14.05 Verben mit Präpositionalem Objekt **309**
14.06 Prädikatsergänzungen **312**
14.07 Freie Angaben **315**

15 Die Interpunktion / علامات الترقيم

15.01 Satzzeichen **318**
Der Punkt **319**
Das Fragezeichen **319**
Das Ausrufezeichen **320**
Das Komma **320**
Das Semikolon **321**
Der Doppelpunkt **322**
Die Anführungszeichen **322**
Die Klammern **323**
Der Gedankenstrich **323**
Der Apostroph **324**
Der Bindestrich **324**

16 Die Zusammensetzung mit Präfixen / تركيب الكلمة مع السوابق

16.01 Zusammensetzung mit Präfixen **328**

17 Präpositionen / حروف الجر والنصب

17.01 Rektion und Stellung der Präpositionen **338**
17.02 Präpositionen mit Akkusativ **342**
17.03 Präpositionen mit Dativ **352**
17.04 Die Wechselpräpositionen **368**
17.05 Präpositionen mit Genitiv **392**
17.06 Lokaler Gebrauch der Präpositionen **398**

18 Übungen / تمارين

Übungen zur Verbkonjugation **404**
Übungen zum Perfekt **408**
Übungen zum Partizip Perfekt und Partizip Präsens **411**
Übungen zum Präteritum / Imperfekt **414**
Übungen zum Plusquamperfekt **416**
Übungen zum Futur I und Futur II **418**
Übungen zu Modalverben **419**
Übungen zum Imperativ **422**
Übungen zum Konjunktiv II und Konjunktiv I **424**
Übungen zu trennbaren Verben **432**
Übungen zum Passiv **435**
Übungen zum Infinitiv **437**
Übungen zu reflexiven Verben und Pronomen **438**
Übungen zur Rektion der Verben **440**
Übungen zu Verben mit präpositionalem Objekt **446**
Übungen zu den Artikeln **451**
Übungen zur Adjektivdeklination **455**
Übungen zur Komparation der Adjektive **457**
Übungen zu den Personalpronomen **459**
Übungen zu den Reflexiv-, und den Demonstrativpronomen **461**
Übungen zu den Relativpronomen **463**
Übungen zu den indefiniten Pronomen **466**
Übungen zu den Possesivpronomen **467**
Übungen zu den Fragepronomen **469**
Übungen zu den Konjunktionen **470**
Übungen zur Negation **472**
Übungen zu Nebensätzen **473**
Übungen zum Gebrauch der Kasuszeichen und Präpositionen **475**

- Verzeichnis der starken und unregelmäßigen Verben **S. 496**

- Die Übungen aus diesem Buch finden Sie im A4-Format als **PDF-Datei zum Ausdrucken** unter:

  http://www.rediroma-verlag.de/downloads/deutsche-grammatik_3.pdf

- Eine **Korrekturdatei** dieser Ausgabe finden Sie unter:

  http://www.rediroma-verlag.de/downloads/deutsche-grammatik_korrektur_3.pdf

Kapitel 1

Das Verb

الفعل

1.01 Das Verb und seine Zeiten

صيغ الفعل

يعتبر الفعل في اللّغة الألمانية عماد الجملة. وليس هناك على الإطلاق جملة بدون فعل، على خلاف العربية. وللفعل وظائف عدة. مثال:

- يقوم الفعل بوصف عمل — أكتب — *ich schreibe*
- يقوم الفعل بوصف حدث — إنها تمطر — *es regnet*
- يقوم الفعل بوصف حالة — الشجرة تنمو — *der Baum wächst*

نستنتج من الأمثلة المذكورة أن الفعل يقوم بوظيفة الخبر، كما في العربية تماماً. ويدعى الفعل في الألمانية خبراً أيضاً **das Prädikat**. وللفعل صيغ مختلفة يشارُ بها:

١ إلى الفاعل، أي الشخص الذي يسند إليه الفعل، وذلك بواسطة النهاية المعلقة في آخر الفعل عند تصريفه، مفرداً كان أم جمعاً. مثال:

*ich komm**e,** du lern**st**, der Zug häl**t***

*wir komm**en,** ihr lern**t,** die Züge halt**en***

٢ إلى الزمن الذي وقع فيه العمل، أو الحدث، أو الحالة. ولهذا الزمن ثلاث صيغ:

- **صيغة المضارع** — **Die Gegenwart** — *ich schreibe*
- **صيغة الماضي** — **Die Vergangenheit**

ولهذه الصيغة (أي صيغة الماضي) ثلاثة أزمنة:

- **الماضي التام** — **Das Perfekt** — *ich habe geschrieben*
- **الماضي البسيط** — **Das Präteritum** — *ich schrieb*
- **الماضي التام البعيد** — **Das Plusquamperfekt** — *ich hatte geschrieben*

◄ **صيغة المستقبل** **Die Zukunft**

ولهذه الصيغة زمنان:

◄ **المستقبل العادي**	**Futur I**	*ich werde schreiben*
◄ **المستقبل التام**	**Futur II**	*ich werde geschrieben haben*

٣ **إلى حالة إعرابه** (أي إعراب الفعل) أي أنه يدل على إن كان الخبر شيئاً واقعياً أو كان شيئاً محتملاً، أو أمراً، ومن هذه الحالات:

◄ **حالة الرفع** (أي صيغةالفعل الأصلية) **der Indikativ.** مثال:

sie arbeitete, er hat gelesen, ich gehe

◄ **صيغة الاحتمال der Konjunktiv.** مثال:

ich wäre…, du hättest…, er habe…

ihr habet…, wir wären gegangen…

◄ **صيغة الأمر der Imperativ.** مثال:

Arbeitet!, Lesen Sie!, Komm!

إن الصيغة الأساسية للفعل هي المصدر **der Infinitiv**، وهو الشكل الذي تجده في القاموس، وعلى الطالب أن يتعلمه. ويتألف المصدر من جزئين:

١ الجزء الأول هو جذر الفعل	**Der Verbstamm**
٢ الجزء الثاني هو نهاية الفعل	**Die Endung**

مثال:

Die Endungen	Der Verbstamm	Der Infinitiv
–en	fahr–	fahren
–n	dauer–	dauern

إن أغلب الأفعال لها النهاية **en–** وبعضها لها النهاية **n–**. مثال:

*nehm**en** – komm**en** – dauer**n** – klingel**n***

وبإمكان أغلب الأفعال أن تغيّر شكلها وتغير الشكل يسمى تصريف الفعل **(Konjugation)** وهناك أربع أساليب لتغير شكل الفعل:

- **النهايات:**

  تضاف هذه النهايات على جذر الفعل الذي هو حامل المعنى الحقيقي للفعل. ويمكن أن تعلق في آخر جذر الفعل ١٣ نهاية مختلفة. مثال:

  *Ich fahr**e** morgen nach Köln.*

- تعديل الحرف الصوتي وتحويل الحركة إلى أخرى **Ablaut, Umlaut:**

  كثيرة هي الأفعال التي تغيّر الحرف الصوتي في جذر الفعل:

fahren:	*Dieser Bus f**ä**hrt sonntags nicht.*	**Umlaut**
	*Letztes Jahr f**u**hr er täglich.*	**Ablaut**

- **مع السابقة -ge:**

  ويتّم مع المقطع **-ge** صياغة اسم المفعول **Partizip II**:

  *Ich bin gestern nach Homs **ge**fahren.*

- **الأشكال البسيطة والمركبة:**

  الأشكال البسيطة:

- جذر الفعل + النهاية: *Ich **fahre** nach Homs.*

- **الأشكال المركبة:** أشكال بسيطة لأفعال معينة + أشكال أفعال معينة:

  - الفعل المساعد **sein +** اسم المفعول:

    sein + Partizip II = *Ich **bin gefahren.***

  - الفعل المساعد **werden +** اسم المفعول:

    werden + Partizip II = *Ich **werde gefahren.***

  - الفعل المساعد **werden +** مصدر:

    werden + Infinitiv = *Ich **werde fahren.***

- الفعل المساعد **mögen** + مصدر:

mögen + Infinitiv = *Ich* ***möchte fahren.***

ولتصريف الفعل وظائف معيّنة. وإنه من المميّز للغات كثيرة أن يكون تبديل شكل الأفعال مرفقاً بأشكال جديدة.
ولقد ذكرنا في أولى الصفحات عن وظيفة من وظائف التصريف وهي:

- **الأزمنة المختلفة**
- **الأشخاص**

بواسطة الصيغة التي ينتهي بها الفعل، والضمير الشخصي المناسب:

أنّ هناك متكلماً أو كاتباً:	***Ich*** *komm**e** morgen.*
أنّ هناك شخصاً نكلمه:	***Du*** *komm**st** doch?*
أنّ هناك شيئاً أو شخصاً نتكلم عنه:	***Er*** *komm**t** morgen.*

والمصطلح الفني لذلك هو **الشخص**:

الشخص الأول:	–e	ich
الشخص الثاني:	–st	du
الشخص الثالث:	–t	er

- **العدد:**

نفرق بواسطة شكل الفعل والضمير الشخصي المناسب، وكذلك بواسطة أشكال أخرى كالأداة والاسم:

- أنّ هناك شيئاً أو شخصاً تواجد لمرة واحدة:

Ich *komm**e** morgen. /* ***Der Motor*** *läuf**t** ruhig.*

- أنّ هناك أكثر من شئ أو شخص:

Wir *komm**en** morgen. /* ***Die Motoren*** *lauf**en** ruhig.*

◃ ويمكن أن نفرق بين العددين:

المفرد / **Singular (Einzahl):**	ich	–e	der Motor	–t
الجمع / **Plural (Mehrzahl):**	wir	–en	die Motoren	–en

◂ **الأسلوب والنمط:**

ويمكن بواسطة شكل الفعل وعناصر لغوية أخرى أن يتجلّي معنى الفعاليّة أو الحدث أو الحالة التي يعبر عنها الفعل:

◃ هي بالنسبة للمتكلّم حقيقية:

Das Telegramm kam zu spät.

◃ أو أنّ متكلماً آخر أدلى به:

Peter meint, das Telegramm komme zu spät.

◃ أنها عبارة عن وهم أو موجودة في الخيال:

Wenn sie käme, wäre ich glücklich.

◃ أنها عبارة عن طلب أو رجاء من شخص آخر:

Kommen Sie doch mal zu uns!

◂ **جنس الفعل:**

وبواسطة شكل الفعل وعناصر كلامية أخرى تبين أن الفاعلية التي يشير إليها الفعل هي ناتجة:

◃ عن شخص قام بها:

Er schreibt den Brief.

◃ أنها تتصدر مركز الأهمية:

Der Brief wird geschrieben.

وجنس الفعل هنا:	**مبني للمعلوم**	**das Aktiv**
	مبني للمجهول	**das Passiv**

اذا حاولنا حفظ كل ظاهرة على حدة سبّب ذلك لنا بلبلة أفكار لتنوّع وتعدد أشكال وظائف الفعل. وبإمكاننا نحوياً تجديد كل شكل من أشكال الفعل الألماني على النحو التالي:

الشخص	الشخص الثالث	
العدد	مفرد	
الزمن	مضارع	***Er kommt morgen.***
حالة الإعراب	مرفوع	
الجنس	معلوم	

ينقسم الفعل الألماني حسب بناء صيغته إلى مجموعتين:

١ **المجموعة الأولى وتشمل الأفعال النظامية** (الضعيفة):
die schwachen Verben

٢ **المجموعة الثانية وتشمل الأفعال ذات التصرّف الشاذ** (قوية):
die starken Verben

يمكن أن نميّز بين هذين النوعين من الأفعال من صيغة الماضي البسيط لها (das Präteritum)، أو من صيغة الماضي التام (das Perfekt). وأحياناً من صيغة المضارع المرفوع (das Präsens). مثال:

lernen / فعل ضعيف	**kommen / فعل قوي**
ich lerne / مضارع	ich komme / مضارع
ich lernte / ماض	ich kam / ماض

تتميّز الأفعال الضعيفة عن القوية بأنّ جذر فعلها لا يتغيّر عند تصريفها في مختلف الأزمنة. مثال:

*sagen: ich **sag**–e / ich **sag**–te / ich habe ge–**sag**–t*

أما الأفعال القوية فإنها تغيّر الحرف الصوتي في جذر فعلها، أحياناً في صيغة المضارع، وفي الماضي البسيط وغالباً في الماضي التام. مثال:

trinken	**helfen**
er tr**i**nkt	er h**i**lft
er tr**a**nk	er h**a**lf
er hat getr**u**nken	er hat geh**o**lfen

وبما أن الحرف الصوتي يتغيّر في العديد من الأفعال وبشكل مختلف أيضاً، لذا نرى أن الأفعال الشاذة تزداد شذوذاً. لا نستطيع أحياناً أن نعرف من صيغة المصدر إن كان الفعل ضعيفاً أم قوياً. مثال:

*k**au**fen (k**au**fte)*	*m**ei**nen (m**ei**nte)*
*l**au**fen (l**ie**f)*	*sch**ei**nen (sch**ie**n)*

إن أغلبية الأفعال الألمانية ضعيفة أي نظامية، لذا وجب على الطالب تعلم الجزء الأصغر منها، وهي القوية.

1.02 Konjugation der schwachen Verben im Präsens
صيغ الفعل النظامي تصريف الأفعال الضعيفة في المضارع

الفعل المصرّف	النهاية	جذر الفعل	الفاعل
sage	**–e**	sag–	ich
sagt	**–st**	sag–	du
sagt	**–t**	sag–	er
sagen	**–en**	sag–	wir
sagt	**–t**	sag–	ihr
sagen	**–en**	sag–	sie

أما إذا انتهى جذر الفعل بحرف **d**– أو **t**– أو انتهى بـ **m**– أو **n**– ولم يكن مسبقاً بحرف **r**– أو **e**– أضفنا إلى جذر الفعل الحرف **e**– لتسهيل اللفظ، مثال على ذلك فعل:
widmen, rechnen, bilden, arbeiten فتصبح النهاية:

الفعل المصرّف	النهاية	جذر الفعل	الفاعل
arbeite	**–e**	arbeit–	ich
arbeitest	**–est**	arbeit–	du
arbeitet	**–et**	arbeit–	er
arbeiten	**–en**	arbeit–	wir
arbeitet	**–et**	arbeit–	ihr
arbeiten	**–en**	arbeit–	sie

- أما إذا انتهى جذر الفعل بحرف **s**– أو **ß**– أو **x**– أو **z**– أو **chs**–، مثال:
  *wa**chs**–en, krat**z**–en, mi**x**–en, hei**ß**–en, rei**s**–en*
  إننا نحذف الحرف **s**– من النهاية التي يأخذها المفرد المخاطب في المضارع. مثال:
  *du kraz–**t**, du mix–**t**, du heiß–**t**, du reis–**t***

وهناك بعض الأفعال الضعيفة التي تشذ عن القاعدة. (سنعالج هذا الأمر حين نتكلم عن صيغة الماضي).

- وإذا انتهى جذر الفعل بـ **el**– نحذف ال **e**– من جذر الفعل مع صيغة المتكلم المفرد (ich)، ويحذف الحرف **e**– مع المتكلم الجمع (wir) والجمع الغائب (sie) من النهاية:

handeln	***ich** handle, **wir** handeln, **sie** handeln*
segeln	***ich** segle, **wir** segeln, **sie** segeln*
sammeln	***ich** sammle, **wir** sammeln, **sie** sammeln*

خواص التصريف النظامي:

هناك مجموعة أفعال يتغيّر جذرها ولكن تأخذ نهايات الأفعال الضعيفة. ومن هذه الأفعال:

Infinitiv	**Präsens** (er)	**Präteritum** (er)	**Part. Perfekt**
kennen	kenn–t	k**a**nn–te	gek**a**nn–t
brennen	brenn–t	br**a**nn–te	gebr**a**nn–t
rennen	renn–t	r**a**nn–te	ger**a**nn–t
nennen	nenn–t	n**a**nn–te	gen**a**nn–t
senden	send–et	s**a**nd–te	ges**a**nd–t
wenden	wend–et	w**a**nd–te	gew**a**nd–t
denken	denk–t	d**ach**–te	ged**ach**–t
bringen	bring–t	br**ach**–te	gebr**ach**–t

أما الفعلان **wissen** و **haben** هما شاذان مع المفرد المضارع ويغيران جذرهما في صيغة الماضي، والفعل **wissen** يغير حرفه الصوتي حتى مع اسم المفعول.

wissen	*ich we**i**ß / du we**i**ßt / er we**i**ß / wir wissen, etc.*
	*ich w**u**sste / gew**u**sst*
haben	*ich habe / du **hast** / er **hat** / wir haben, etc.*
	ich hatte / gehabt

صيغة المضارع للأفعال القوية:

هناك عدد من الأفعال القوية التي تصرف كأفعال ضعيفة، أي أنها تأخذ نفس نهايات الأفعال الضعيفة، ومن هذه الأفعال:

gehen, kommen, stehen, trinken

مثال: *ich geh–**e** / du geh–**st** / er geh–**t***

هذا وإن الجزء الأكبر من الأفعال القوية لا تغير الحرف الصوتي في جذر فعلها في صيغتي الماضي التام والماضي البسيط فقط، بل وحتى في صيغة المضارع أيضاً.

مثال على تغيير الحرف الصوتي في جذر الفعل:

Infinitiv	**=**	**Verbstamm**	**+**	**Endung**
sprechen	=	sprich	+	–t

وكما لا يظهر تغيير في الحرف الصوتي عند كل الأفعال الشاذة في المضارع. وهناك قرابة ٢٠٠ فعل قويّ، ويستعمل الكثير منها بوفرة.

1.03 Konjugation der starken Verben im Präsens

تصريف الأفعال القوية في المضارع

قائمة للأفعال القوية التي تغير الحرف الصوتي في جذر الفعل:

		fahren	nehmen	sprechen
1. Pers. Sing.	**ich**	fahre	nehme	spreche
Pl.	**wir**	fahren	nehmen	sprechen
2. Pers. Sing.	**du**	fährst	nimmst	sprichst
	Sie	fahren	nehmen	sprechen
Pl.	**ihr**	fahrt	nehmt	sprecht
	Sie	fahren	nehmen	sprechen
3. Pers. Sing.	**er, sie, es**	fährt	nimmt	spricht
Pl.	**sie**	fahren	nehmen	sprechen
		lesen	**laufen**	**stoßen**
1. Pers. Sing.	**ich**	lese	laufe	stoße
Pl.	**wir**	lesen	laufen	stoßen
2. Pers. Sing.	**du**	liest	läufst	stößt
	Sie	lesen	laufen	stoßen
Pl.	**ihr**	lest	lauft	stoßt
	Sie	lesen	laufen	stoßen
3. Pers. Sing.	**er, sie, es**	liest	läuft	stößt
	sie	lesen	laufen	stoßen

وكما نرى يتم التغيير للحرف الصوتي فقط مع المخاطب المفرد (du) والغائب المفرد (er, sie, es)، وهناك أربع إمكانيات:

a	➜	**ä**
e	➜	**ie / i**
au	➜	**äu**
o	➜	**ö**

لاحظ أن مع الفعل nehmen حدث تغيير إضافي مع بعض الحروف الساكنة.
إن ازدواجية الحرف الساكن في ni**mm**t تجعل الحرف الصوتي مشدداً.
والحرف h في ne**h**men يجعل الحرف الصوتي ممدداً.
والحرفان ie في l**ie**st يشيران أيضاً إلى المد. بينما يكون الحرف **i** غالباً قصيراً.
ومن الأفعال الشاذة التصريف في المضارع: فعل الكون **sein** فعل التملك **haben** وفعل **werden** الدال على المستقبل.

	werden	**sein**	**haben**
ich	werde	bin	habe
du	wirst	bist	hast
er / sie / es	wird	ist	hat
wir	werden	sind	haben
ihr	werdet	seid	habt
sie	werden	sind	haben

► Übungen zur Verbkonjugation **S. 404**

1.04 Gebrauch des Präsens
استعمال فعل المضارع

إن المضارع هو اسم لزمن من الأزمنة الستة للفعل الألماني. إنّ المضارع يربط الحدث الذي يعبر عنه مفهوم العفل مع اللحظة التي يستعمل المتكلم فيها هذا الفعل. وللمضارع استعمالات ووظائف هي:

١ التوافق الزمني بين عمل الفعل ووقت التكلم، أي أنّ ما يعبر عنه الفعل يصلح في هذه البرهة. **مثال:**

الهاتف يرنّ.	*Das Telefon* ***klingelt.***
يُدرس فريتس في برلين.	*Fritz* ***studiert*** *in Berlin.*
أجده لطيفاً جداً.	*Ich* ***finde*** *ihn sehr nett.*

٢ الدلالة على أن الأمر لا يتعلق بأي زمن وهو مستمر دائماً، أي أن الفعل يشير إلى أن الشئ يتكرر بانتظام، أو أنه يدل على حقائق عامة أو على عادة. **مثال:**

الكرة الأرضية تدور.	*Die Erde* ***dreht sich.***
القط حيوان أليف.	*Die Katze* ***ist*** *ein Haustier.*
فلورانسا مدينة فنون.	*Florenz* ***ist*** *eine Kunststadt.*
يذهب والدي كل يوم إلى المكتب.	*Mein Vater* ***geht*** *jeden Morgen ins Büro.*

٣ للدلالة على أن ما عبّر عنه الفعل لم يحدث بعد، أي أنّ الأمر سيبدأ في المستقبل:

سأتصل بك غداً مرةً أخرى.	*Ich* ***rufe*** *Sie morgen wieder* ***an.***
في الأسبوع القادم أسافر إلى مصر.	*Nächste Woche* ***reise*** *ich nach Ägypten.*

٤ حدوث العمل سابق لزمن التكلم، أي أن ما يعبّر عنه الفعل قد تمّ حدوثه:

*1933 **kommt** Hitler an die Macht.*

عام ١٩٣٣ يصل هتلر إلى الحكم.

٥ مع ظرفي الزمن **jetzt** و **gerade**، للإشارة إلى البدء الفوري بعمل ما:

*Ich lese **gerade** ein Buch.*

أقرأ الآن كتاباً.

*Monika wohnt **jetzt** in München.*

مونيكا تسكن الآن في ميونيخ.

٦ للدلالة على أن عملاً قد بدأ في الحاضر وسيستمر في المستقبل:

*Ich bleibe **zwei Tage** in diesem Hotel.*

سأبقى يومين في هذا الفندق.

٧ للدلالة على أن عملاً بدأ في الماضي ويمتد إلى الحاضر:

*Er lernt **seit zwei Monaten** Deutsch.*

إنه يتعلم الألمانية منذ شهرين.

1.05 Das Perfekt
الماضي التام أو الماضي القريب

ليس للماضي التام صيغة خاصة به، وإنما يتم تشكيلها مع أفعال أخرى مساعدة ويصاغ الماضي التام من الفعل المساعد **haben** أو الفعل المساعد **sein** مع اسم المفعول Partizip II للفعل الأصلي، الذي لا يتغير ويأتي دائماً في نهاية الجملة.

- وتشير صيغة الماضي التام إلى أن عملاً أو أمراً ما قد انتهى في الماضي، ولكن هناك علاقة بينه وبين الحاضر. مثال **A:**

*Peter **ist** vor einem Jahr nach Deutschland **gefahren**. Er studiert dort Medizin.*
لقد سافر بيتر إلى ألمانيا منذ عام وهو يدرس هناك الطب.
*Ich verstehe Deutsch. Ich **habe** es in der Schule **gelernt.***
إنني أفهم الألمانية. لقد تعلمتها في المدرسة.

وتعتبر صيغة الماضي التام صيغة التكلم المألوفة حين تقوم بوصف حدث ما وقع في الماضي. ويمكن أن نوضح الفرق بين صيغة الماضي التام das Perfekt وصيغة الماضي البسيط das Präteritum بالشكل التالي:

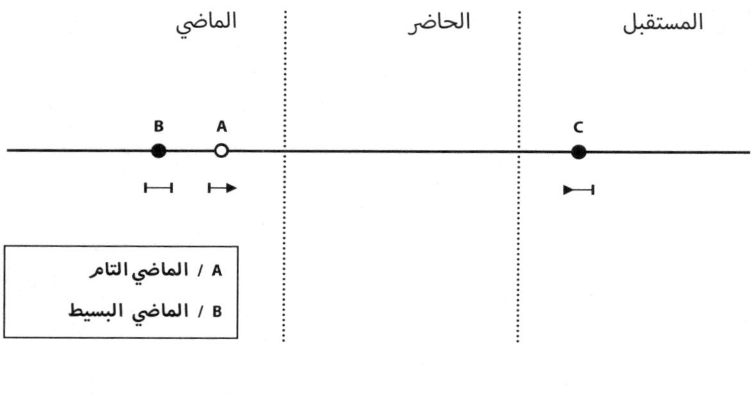

- تستعمل صيغة الماضي التام كذلك مع ظروف الزمان gerade (في التّو) و soeben (منذ لحظات)، للدلالة على أن الأمر أو العمل قد انتهى كلياً قبل بدء بصيغة الحاضر **B.** مثال:

*Hans, ich habe **gerade** dein Buch gefunden.*
هانس، لقد وجدت كتابك الآن.

- وتشير صيغة الماضي التام إلى أن أمراً ما سينجز في وقت ما في المستقبل. وتستخدم عادة مدلولاً زمنياً في المستقبل **C.** مثال:

*Morgen Abend **werde** ich meine Arbeit **beendet haben**.*
غداً مساءً أكون قد أنهيت عملي.

قلنا أن صيغة الماضي التام هي صيغة التكلم المألوفة ولكن هذا لا ينطبق على الأفعال **haben** و **sein** والأفعال الواصفة للحال **(Modalverben)**، إذ أن صيغة الماضي البسيط لها دارجة أكثر في التكلم.

وإليك قاعدة أساسية لاستعمال صيغة الماضي التام وصيغة الماضي البسيط.

حين نتكلم عن الماضي (كتابياً) مع نصوص معينة، مثل الخرافات	**حين نتكلم عن الماضي (شفهياً)**	
الماضي البسيط das Präteritum	**الماضي البسيط** ←	**ل sein** **ل haben** **للأفعال الواصفة للحال**
	الماضي التام ←	**مع بقية الأفعال**

إن أغلبية الأفعال الألمانية تشكل صيغة الماضي التام مع الفعل المساعد haben ومن هذه الأفعال:

١ **الأفعال المتعدية (transitive Verben)** أي تلك التي تأخذ مفعولاً به مباشراً. مثال:

زُرت البارحة صديقي.	*Ich **habe** gestern meinen Freund **besucht.***
وَجَدت الكتاب.	*Sie **hat** das Buch **gefunden.***
اشتريتم دفاتر.	*Ihr **habt** Hefte **gekauft.***

٢ **الأفعال المنعكسة (reflexive Verben)** وذلك سواء كان الضمير المنعكس في حالة **Akkusativ** أم في حالة **Dativ**، مثال:

سُررتَ كثيراً.	*Du **hast dich** sehr **gefreut.***
تمنيت لنفسي سيارة.	*Ich **habe mir** ein Auto **gewünscht.***

٣ **الأفعال اللازمة (intransitive Verben)** التي تدل على أن زمناً ما انقضى على ما حدث.

انتظرَ أمام المنزل.	*Er **hat** vor dem Haus **gewartet.***
نمنا بشكل جيد.	*Wir **haben** gut **geschlafen.***
لقد تذكر عائلته.	*Er **hat** an seine Familie **gedacht.***

٤ **الأفعال غير الشخصية (unpersönliche Verben)**. مثال:

أمطرت البارحة.	*Gestern **hat** es **geregnet**.*
أعجبني ذلك كثيراً.	*Es **hat** mir gut **gefallen.***

٥ **الأفعال اللازمة التي تتطلب حالة ال Dativ وتدل على غاية:**

شكرتني على الزهور.	*Sie **hat** mir für die Blumen **gedankt**.*
جاوب التلميذ المعلم.	*Der Schüler **hat** dem Lehrer **geantwortet**.*

٦ **الأفعال التي تستعمل مع مدلولات الزمان والمكان** ولكنها لا تدل على حركة أو تعبر عن تبديل حالة. مثال:

كان الكتاب على الطاولة. *Das Buch **hat** auf dem Tisch **gelegen**.*
أعجبني الكتاب كثيراً. *Das Buch **hat** mir gut **gefallen**.*

٧ **الأفعال المساعدة الواصفة للحال (Modalverben).** مثال:

اضطر والدي للذهاب إلى المكتب. *Mein Vater **hat** ins Büro **gehen müssen.***
لم يكن بإمكانه دفع الإجار. *Er **hat** die Miete nicht **bezahlen können.***

أما الأفعال التي تأخذ الفعل المساعد **sein**، فهي:

١ **الأفعال اللازمة التي تدل على تبديل الحالة**، ومنها:

وافاه النوم / *einschlafen*، توفي / *sterben*
غاب عن البصر / *verschwinden*، استيقظ / *aufstehen*

الحالة الجديدة	تغيير الحالة	الحالة الأولى
er schläft / إنه ينام	**er schläft ein** / وافاه النوم	er ist wach / هو مستيقظ
er ist tot / هو ميت	**er stirbt** / يموت	er lebt / هو حيّ
er ist fort / لقد ابتعد	**er verschwindet** / إنه اختفى	er ist hier / إنه هنا

وافاه النوم البارحة في وقت متأخر. *Er **ist** gestern spät **eingeschlafen.***
توفيّ المريض الليلة. *Der Kranke **ist** heute Nacht **gestorben.***
لقد اختفى الكتاب. *Das Buch **ist verschwunden.***

٢ **الأفعال اللازمة التي تدل على تبديل المكان أو الانتقال من نقطة إلى أخرى.** مثال:

*Heute **ist** mein Freund **gekommen.***	حضر صديقي اليوم.
*Sie **sind** nach Deutschland **gefahren.***	إنهم قد سافروا إلي ألمانيا.

٣ الأفعال **bleiben** و **werden** و **sein:**

*Er **ist** im Januar in Köln **gewesen.***	إنه كان في كولونيا في كانون الأول.
*Dort **ist** er drei Monate **geblieben.***	بقي هناك ثلاثة أشهر.
*Dann **ist** er krank **geworden.***	ثم وقع مريضاً.

٤ **الأفعال الناقصة وغير الشخصية التي لا تأتي إلا مع الضمير الغائب es.** مثال:

*Der Versuch **ist gelungen.***	نجحت التجربة.
*Gestern **ist** ein Unglück **passiert.***	وقعت البارحة حادثة.
*Das Essen **ist** mir nicht **bekommen.***	لم يناسبني الأكل.

ملاحظة:

١ إن الفعلين **fahren** و **fliegen** يمكن أن يأخذا مفعولاً به عندئذٍ تأتي صيغة الماضي التام مع الفعل المساعد **haben:**

*Ich **habe** das Auto in die Garage **gefahren.***

لقد أدخلت السيارة إلى الكراج.

*Der Pilot **hat** die Maschine nach New York **geflogen.***

قاد القبطان الطائرة إلي نيويورك.

٢ الفعل **schwimmen:**

لقد اجتاز القناة سباحة.	*Er ist über den Kanal geschwommen.*
	الانتقال إلى هدف.
لقد سبح في النهر.	*Er ist hier im Fluss geschwommen.*
	مكان معيّن.

قد أشرنا سابقاً إلى أنّ صيغة الماضي التام تتشكل من الفعل المساعد **haben** أو الفعل المساعد sein ومن اسم المفعول Partizip II للفعل الأصلي. وقد يكون الفعل الأصلي هذا فعلاً نظامياً، أو قوياً، أو شاذاً. سنبين فيما يلي كيفية تشكيل صيغة الماضي التام:

الماضي التام	=	**المضارع من الفعل التملك / الكون**	+	**اسم المفعول**
Das Perfekt	=	Präsens von haben / sein	+	Partizip II

1.06 Das Partizip Perfekt / Das Partizip II
اسم المفعول

يدل اسم المفعول على عملٍ منجز أو حالة تم أداؤها. ويستعمل اسم المفعول بالدرجة الأولى في بناء صيغة الماضي التام (das Perfekt) مع الأفعال المساعدة haben و sein، وكذلك في بناء صيغة الماضي التام البعيد (das Plusquamperfekt)، والمبني للمجهول مع الأفعال werden و sein.

Perfekt	*Er **hat** mich gestern **besucht.***	هو زارني البارحة.
Perfekt	*Ich **bin** zu Hause **geblieben.***	أنا بقيت في المنزل.
Plusqperf.	*Sie **hatte** den Film nicht **gesehen.***	لم تكن قد رأت الفيلم بعد.
Passiv (werden)	*Das Zimmer **wird aufgeräumt.***	سوف تُرتب هذه الغرفة.
Passiv (sein)	*Die Tür **ist geöffnet.***	الباب مفتوح.

ويقوم اسم المفعول أيضاً، مثل اسم الفاعل، بوظيفة الصفة يشرح حالة تمّ أداؤها. ويطرأ على اسم المفعول في هذه الحال ما يطرأ على الصفات العادية، أي أنه يعرب.

*Das **verkaufte** Haus.*	البيت المباع.
*Der **gepflügte** Acker.*	الحقل المحروث.
*Ich möchte ein Frühstück mit **geröstetem** Brot.*	أريد فطوراً مع الخبز المحمّص.

وقد يأتي اسم المفعول كاسم له نهاية الصفة، مثال:

*der **Verletzte*** / المجروح	*die **Verletzte*** / المجروحة
*ein **Verletzter*** / مجروح	*eine **Verletzte*** / مجروحة
	*die **Verletzten*** / المجاريح

die **Bekannte**	der **Bekannte**
eine **Bekannte**	ein **Bekannter**
die **Bekannten**	

إن اسم المفعول للأفعال التالية لا يمكن استعماله كصفة:

١ **اسم المفعول للأفعال اللازمة** التي تبني صيغة الماضي التام مع الفعل المساعد **haben**. إن هذه الأفعال تصف مدة الحدث أو الحالة. مثال:

قد ازدهر الورد. — *Die Rose **hat geblüht.***

ولا يستعمل اسم المفعول كصفات للأفعال:

gewohnt, geschlafen, geantwortet, geholfen, gegessen

٢ اسم المفعول للأفعال اللازمة التي تعبر عن حركة، مثل:

geeilt, gefahren, gegangen, gelaufen

إلاّ إذا وردت مع متمم للمتكلم. مثال:

*Der **zum Unfallort geeilte** Arzt konnte das Leben des Kindes noch retten.*

إن الطبيب الذي سارع إلى مكان الحادث أمكنه إنقاذ حياة الطفل.

٣ **اسم المفعول للأفعال الواصفة للحال können** و **wollen**، هناك استعمال خاص لاسم المفعول لهذين الفعلين، إذا ورد بمعنى**:**

صنع بفن ومهارة = ***gekonnt***

مقصود = ***gewollt***

إليك صورة رُسمت بفن ومهارة.

*Hier sehen Sie ein wirklich **gekonntes** Bild.*

لا أقبل بتلك الاهانة المقصودة.

*Diese **gewollte** Beleidigung lasse ich mir nicht gefallen.*

٤ **اسم المفعول للأفعال المنعكسة: *sich schämen, sich freuen*** الخ، والبعض من هذه الأفعال يمكن استعمالها كصفة لكن حينئذٍ تفقد الضمير المنعكس:

sich verlieben:	*der **verliebte** Bräutigam*	العريس العاشق.
sich betrinken:	*der **betrunkene** Gast*	الضيف الثمل.

Bildung des Partizip Perfekt

صياغة اسم المفعول

١ يصاغ اسم المفعول من الأفعال النظامية (الضعيفة) وذلك بوضع المقطع **-ge** قبل جذر الفعل وإضافة حرف **-t** أو **-et** إلى نهايته فيصبح:

ge —— t	**ge —— et**

sagen:	antworten:
ge-sag-t	**ge-antwort-et**

٢ إذا كان الفعل الضعيف قابلاً للإنفصال فإن المقطع **-ge-** يقع بين الفعل وسابقته. مثال:

abholen:	ab-**ge**-hol-**t**
einkaufen:	ein-**ge**-kauf-**t**

٣ إن الأفعال غير القابلة للإنفصال، مثل تلك التي تبدأ بـ **-ver-, er-, be** إلخ...، لا تأخذ المقطع **-ge** على الإطلاق. مثال:

verkaufen:	verkauf-**t**
erklären:	erklär-**t**
bestellen:	bestell-**t**

٤ وهناك مجموعة أخرى من الأفعال لا تأخذ المقطع **-ge** أيضاً لأنها ليست من أصل ألماني، وخصوصاً تلك التي تنتهي بـ **-ieren**. مثال:

studier-**t**	studieren:

صياغة اسم المفعول من الأفعال القوية:

١ يصاغ اسم المفعول للأفعال القوية (الشاذة) وذلك بوضع المقطع **-ge** قبل جذر الفعل وإضافة حرف **-en** إلى نهايته فيصبح:

ge ——— en

ge-schrieb-**en**	schreiben:
ge-worf-**en**	werfen:
ge-les-**en**	lesen:

٢ إذا كان الفعل القوي قابلاً للإنفصال فإن المقطع **-ge-** يقع بين جذر الفعل وسابقته.

مثال:

an-**ge**-ruf-**en**	anrufen:
ein-**ge**-lad-**en**	einladen:

٣ أما الأفعال التي لا تقبل الإنفصال لا تأخذ المقطع **-ge** إطلاقاً. مثال:

ent**stand**-**en**	entstehen:
vergess-**en**	vergessen:
be**zog**-**en**	beziehen:

ملاحظة: هناك مجموعة من الأفعال الضعيفة التي يتبدل جذرها كما يتبدل جذر الأفعال القوية في صيغتي الماضي البسيط والماضي التام، ولكن اسم مفعولها يصاغ كما يصاغ اسم المفعول للأفعال الضعيفة، أي بإضافة **t-** على نهاية الجذر. مثال:

bringen:	ge-br**ach-t**
denken:	ge-d**ach-t**
kennen:	ge-k**a**nn-**t**

1.07 Das Partizip Präsens / Das Partizip I
اسم الفاعل

يقوم الفعل في الجملة الألمانية مقام الخبر (das Prädikat)، وبإمكانه أيضاً أن يقوم بوظائف أخرى يقوم بها عادة نوع آخر من الكلمات. وفي هذه الحال يتخذ الفعل سلوكاً انتقالياً بين الفعل والصفة لذا يستعمل كخبر، أو صفة، أو حال، إلخ... ويطلق عليه حينئذٍ "اسم الفاعل" "Partizip Präsens„ واسم "اسم المفعول" "Partizip Perfrekt„. ولكل من هاتين الصيغتين استعمالات متشابهة وأخرى مختلفة.

- **صياغة اسم الفاعل**

يصاغ اسم الفاعل الذي يشتق من المصدر (لذا سمّي Partizip Präsens) بزيادة حرف **d-** على نهايته. مثال:

*lachen–**d**, kommen–**d***

- **استعمالات اسم الفاعل**

١ كصفة تقع بين الاسم وأداته:

وينطبق عليه إعراب الصفة (أي أنه يأخذ نهاية)

الطفل الباكي	*das **weinende** Kind*
فتاة رائعة	*ein **rührendes** Mädchen*

٢ مع فعل الكون sein (قلما يأتي كصفة خبرية):

الفيلم شائق.	*Der Film ist **spannend.***
كان تصرفه مخزياً.	*Sein Verhalten war **beleidigend.***

٣ كاسم يحمل نهايات الصفة:

*der **Reisende***	*ein **Reisender***	*(Akk.) den **Reisenden***
المسافر	مسافر	المسافر
*die **Schlafende***	*eine **Schlafende***	*die **Schlafenden***
النائمة	نائمة	النائمون / النائمات

٤ كحال اسماً كان أم جملة:

دخل الأطفال الغرفة وهم يغنّون. *Die Kinder kamen **singend** ins Zimmer.*

► Übungen zum Partizip Pefekt und Partizip Präsens **S. 410**

1.08 Das Präteritum / Das Imperfekt
الماضي البسيط

تدل هذه الصيغة على أن عملاً ما قد حدث في الماضي وانتهى في نفس الوقت، دون أن يكون له علاقة بالحاضر، كما هي الحال مع الماضي التام (das Perfekt).
تستخدم صيغة الماضي البسيط في سرد القصص، والأحداث، أو للتعبير عن عادة. ويمكن أن نرمز إلى هذا الزمن بلشكل التالي:

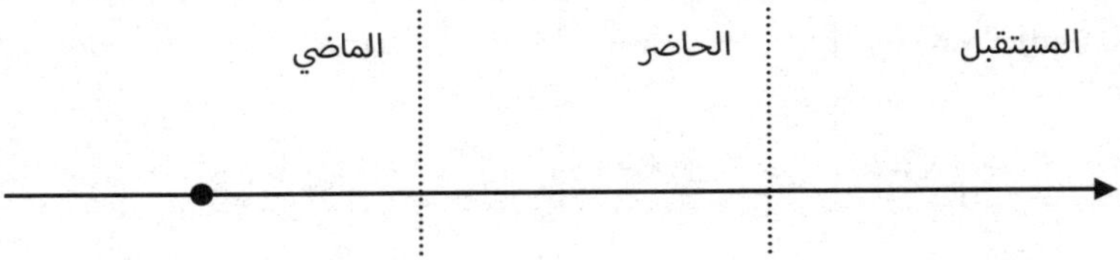

صياغة الماضي البسيط:
يصاغ الماضي البسيط من الأفعال الضعيفة كما يصاغ اسم المفعول الذي يدخل في تركيب صيغة الماضي التام، أي أننا نأخذ جذر الفعل ونضيف إليه الحرف **t**- ولكن هذه الصيغة تحتاج إلى تلك النهايات التي يأخذها الفعل المصرف في المضارع، آخذين بعين الاعتبار أن صيغة الغائب المفرد هي نفس صيغة المتكلم المفرد. مثال: نبني صيغة الماضي البسيط للفعل sagen بالشكل الآتي:

الفعل المصرف	**النهاية**	**جذر الفعل في الماضي**	**الفاعل**
sagte	**-e**	sag-**t**	ich
sagtest	**-est**	sag-**t**	du
sagte	**-e**	sag-**t**	er, sie, es
sagten	**-en**	sag-**t**	wir
sagtet	**-et**	sag-**t**	ihr
sagten	**-en**	sag-**t**	sie

صيغة الماضي البسيط للأفعال المساعدة: werden, haben, sein

الفاعل		**sein**	**haben**	**werden**
1.Pers. Sing.	**ich**	war	hatte	wurde
Pl.	**wir**	waren	hatten	wurden
2. Pers. Sing.	**du**	warst	hattest	wurdest
	Sie	waren	hatten	wurden
Pl.	**ihr**	wart	hattet	wurdet
	Sie	waren	hatten	wurden
3. Pers. Sing.	**er, sie, es**	war	hatte	wurde
Pl.	**sie**	waren	hatten	wurden

صيغة الماضي البسيط للأفعال القوية (أي تلك التي يتغيّر جذر فعلها) تأخذ النهايات التالية:

الفاعل	**kommen**	**gehen**	**fahren**	**النهاية**
ich	kam	ging	fuhr	–
du	kamst	gingst	fuhrst	**–st**
er, sie, es	kam	ging	fuhr	–
wir	kamen	gingen	fuhren	**–en**
ihr	kamt	gingt	fuhrt	**–t**
sie	kamen	gingen	fuhren	**–en**

إن جميع الأفعال القوية تغير في صيغة الماضي الحرف الصوتي في جذر الفعل، وتدعى عملية تغيير الحرف الصوتي هذا بتحويل الحركة إلى أخرى (Ablaut). وبما أن هذا التغيير لا يمكن معرفته بشكل مسبق، وجب على الطالب الأجنبي تعلمه. هناك ٣٩ حالة لتغيير الحرف الصوتي.وأكثرها استعمالاً هي:

ei	→	**i**	streiten – stritt
e	→	**a**	geben – gab
ie	→	**o**	schließen – schloss
ei	→	**ie**	steigen – stieg
a	→	**ie**	schlafen – schlief
i	→	**a**	finden – fand

وإذا كان جذر الفعل ينتهي بـ **d**- أو **t**- نضيف في الأشكال التالية الحرف **e**-:

	binden	**finden**	**halten**	**bitten**
du	band**e**st	fand**e**st	hielt**e**st	bat**e**st
ihr	band**e**t	fand**e**t	hielt**e**t	bat**e**t

ومن مزايا الفعل الماضي أن تتطابق صيغتي المفرد الغائب والمتكلم لهذه الأفعال:

ich	war	hatte	kam	ging
er	war	hatte	kam	ging

أما بالنسبة للأفعال المختلطة فيبنى الماضي البسيط منها بإضافة نهايات الأفعال الضعيفة إلى جذر الفعل الذي يتغير كما في الأفعال القوية.

- الفعل مع تغيير الحرف الصوتي + **t**- + نهاية الفعل الضعيف:

kennen	brennen	rennen
k**ann–t–e**	br**ann–t–e**	r**ann–t–e**

- الفعل مع تغيير الحرف الصوتي + تغيير الحرف الساكن **t**- + نهاية الفعل الضعيف:

denken	wissen	bringen
d**ach–t–e**	w**uss–t–e**	br**ach–t–e**

▶ Übungen zum Präteritum **S. 414**

1.09 Das Plusquamperfekt

الماضي التام البعيد

نستدل من هذه الصيغة أن شيئاً ما قد بدأ وانتهى في الماضي. وقد يكون هذا العمل أو الحدث مرتبطاً بحادث ماضٍ أيضاً. وقلّما تأتي هذه الصيغة في الجمل الرئيسية ولكنها تأتي غالباً مع جمل ثانوية ومع ظروف الزمان: **nachdem** (بعد أن)، أو **vorher** (قبل ذلك) للدلالة على أن شيئاً قد حدث قبل شيئ آخر.

- **صيغة الماضي التام البعيد في جملة رئبسية:**

كنت قد كتبت رسالةً.	*Ich **hatte** einen Brief **geschrieben.***
كان قد ذهب إلى البيت.	*Er **war** nach Hause **gegangen.***

- **صيغة الماضي التام البعيد في جملة ثانوية:**

*Er fuhr in die Ferien, nachdem er die Prüfung **bestanden hatte.***

ذهب لقضاء الإجازة بعد اجتياز الامتحان.

وصيغة الماضي التام البعيد هي كصيغة الماضي التام أي أنها مؤلفة من جزئين مختلفين لتكون جزء موحّد. ونرمز إلى ذلك بالشكل التالي:

الماضي التام البعيد =	**ماضي من فعل الملك / فعل الكون +**	**اسم المفعول**
Das Plusquamperfekt =	Präteritum von haben / sein +	Partizip II

ويمكن أن نرمز إلى زمن الماضي التام البعيد بالشكل التالي:

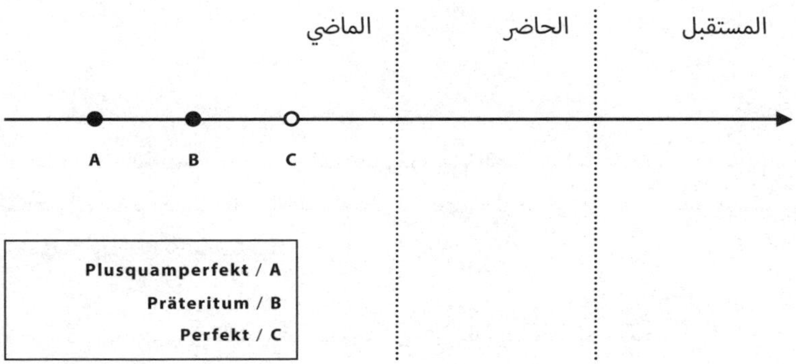

وهذا يعني أن صيغة الماضي التام البعيد تقع في مجال الماضي البسيط والماضي التام.
وإليك أمثلة على ذلك:

حدوث العمل في الماضي الماضي البسيط أو الماضي التام	**حدوث العمل أقدم في الماضي لماضي التام البعيد**	**حدوث العمل في الماضي الماضي البسيط أو الماضي التام**
	Wir **hatten** es ihm **verboten,**	aber er hat es getan
Plötzlich stellte er fest,	dass man ihm die Brieftasche **gestohlen hatte.**	
Als er ankam,	hatte die Diskussion schon **begonnen.**	
	Nachdem er **gegessen** hatte,	ging er ein Stück spazieren.

Ich ging an die Universität Mainz. Vorher **hatte** ich zwei Jahre Deutsch **gelernt.**

► Übungen zum Plusquamperfekt **S. 416**

1.10 Das Futur I

المستقبل العادي

توجد في الألمانية صيغة خاصة بالمستقبل كما هي الحال في لغات أخرى، وإنما يعبر هذا الزمن بالفعل المضارع وظرف زمان ما، للدلالة على أن الحدث أو العمل أو الحالة ستجري بالتأكيد. ولصيغة المستقبل العادي حالتا استعمال أو وظيفتان:

١ حدوث عمل الفعل في وقت متأخر بالنسبة لوقت التكلم، بمعنى أن العمل لم يتم حين التكلم وإنما سيحدث في وقت ما في المستقبل. مثال:

Ich ***werde*** *dich dann* ***besuchen.***	سأزورك بعدئذٍ.
Wir ***werden*** *Sie um sieben* ***wecken.***	سنوقظك في السابعة.
Er ***wird*** *morgen* ***kommen.***	قد يأتي غداً.

٢ تطابق زمن حدوث العمل مع زمن التكلم واعطاء مفهوم التخمين، إذ أن المتكلم لا يتوقع حدوث ذلك. مثال:

Er ***wird*** *im Hotel* ***sein.***	قد يكون في الفندق.
Er ***wird*** *wohl zu Hause* ***sein.***	على الأغلب هو في البيت.
Du ***wirst*** *die Prüfung schon* ***bestehen.***	ستجتاز الامتحان دون شك.

لكن إذا كنت تريد أن تُعبر عن أن الحدث أو العمل سيتم بالتأكيد في المستقل، نستخدم الفعل المضارع مع ظرف زمان. مثال:

Er fährt ***morgen*** *nach Köln.*	غداً سيسافر إلى كولونيا.
Heute Abend *gehe ich ins Kino.*	اليوم مساءً سأذهب إلى النمسا.

لنقارن الفرق بين الجملتين:

قد أسافر غداً.	*Ich **werde** morgen **reisen.***
سأسافر غداً.	*Ich **reise** morgen.*

إن لكلا الجملتين نفس المفهوم تقريباً، لكم الفرق بينهما هو أن صيغة المستقبل العادي تتضمن مفهوم التخمين. ويتم تشكيل صيغة المستقبل العادي بالشكل التالي:

Futur I = Präsens von **werden** + Infinitiv

1.11 Das Futur II
المستقبل التام

تدل هذه الصيغة على أن العمل قد تم انجازه في المستقبل، لذا نستخدم هنا صيغة الماضي التام das Perfekt. هذا وإن لهذه الصيغة حالتي استعمال أو وظيفتين:

١ حدوث العمل بعد فترة من زمن المتكلم ، وما يعبر عنه الفعل هو أن العمل لم يتم حدوثه بعد أو لم ينته بعد، ولكن ينتظر انتهاؤه في زمن معيّن:

In drei Jahren ***werden*** *wir unser Ziel* ***erreicht haben.***

بعد ثلاث سنوات نكون قد توصلنا إلى هدفنا.

Im nächsten Semester ***werde*** *ich die Hälfte meines Studiums* ***geschafft haben.***

في الفصل القادم أكون قد أنهيت نصف دراستي.

٢ تطابق زمن حدوث العمل مع زمن المتكلم ويعبّر الفعل على أنّ المتكلم يتوقع حدوث العمل ولكنه يشك في حدوث ذلك:

Sie ***wird*** *sich* ***verletzt haben.***

على الأغلب جرحت نفسها.

Sind deine Freunde noch da?

– Sie ***werden*** *wahrscheinlich nach Hause* ***gegangen sein.***

ألا يزال أصدقائك هنا؟ – من المحتمل أنهم قد ذهبوا إلى البيت.

إن صيغة المستقبل التام تعبّر أيضاً عن حالة التخمين وكثيراً ما تستخدم مع هذه الصيغة تلك الظروف التي تدل على الظنّ والتخمين، مثل **wohl** (أغلب الظن)، **vielleicht** (ربما / قد)، **sicher** (من المؤكد)، **wahrscheinlich** (من المحتمل / أغلب الظن).

ويمكن أن نعبر عن صيغة المستقبل التام بالشكل التالي:

Futur II = Präsens von **werden** + Infinitiv Perfekt

إن صيغة الـ **Infinitiv Perfekt** تتركب من:

Partizip II + **haben:**	**erreicht haben**
	verletzt haben
	geschafft haben
Partizip II + **sein:**	**gefahren sein**
	geblieben sein
	gewesen sein

► Übungen zum Futur I und Futur II **S. 418**

1.12 Modalverben
الأفعال الواصفة للحال

تعتبر هذه الأفعال من جملة الأفعال المساعدة، إذ لا تأتي لوحدها إلا نادراً، وغالباً ما تأتي مع مصدر لفعل آخر. إنّ الفعل المساعد هو الذي يصرّف، أما الفعل الأصلي فيأتي في آخر الجملة.
وهذه الأفعال تشير إلى موقف الفاعل أو موقف المؤلف غير المذكور في الجملة بالنسبة للواقع. مثال:

بإمكانه الآن الكتابة بشكل جيد. *Er **kann** schon gut **schreiben.***

وتعتبر هذه الأفعال الستة:

können, sollen, müssen, mögen, wollen, dürfen

أفعالاً مساعدة.
ولهذه الأفعال خواص شكلية، خصوصاً في صيغة المضارع:

- فهي تغيّر حرفها الصوتي في جذر الفعل من المفرد إلى الجمع (ما عدا فعل **sollen**).
- إن المتكلم والغائب المفرد لا يأخذان أية نهاية في الحاضر وهي تشبه صيغة الأفعال القوية في الماضي:

لنقارن مثلاً:

ich	kann	muss	darf	Präsens
er	kann	muss	darf	Präsens
ich	kam	ging	fuhr	Präteritum
er	kam	ging	fuhr	Präteritum

Konjugation der Modalverben im Präsens

تصريف الأفعال الواصفة للحال في صيغة المضارع

١ الأفعال الواصفة للحال مع مصدر:

	أمثلة				
الفعل الواصف للحال مع مصدر	**فاعل**	**المرتبة الثانية**		**المرتبة الأخيرة**	
können	ich	**kann**		schwimmen	1
müssen	Wir	**müssen**	noch	einkaufen	2
wollen	Er	**will**	das nicht	lernen	3
dürfen	Sie	**dürfen**	hier	rauchen	4
sollen	Du	**sollst**	den Brief	abgeben	5
mögen	Ich	**möchte**	gern	studieren	6

الوظيفة	**الشرح المفصل**	
المقدرة الشخصية	لقد تعلمت السباحة، وأصبحت ا الآن قادراً على فعل ذلك.	1
الضرورة أو الحتميّة	من الضروري أن نتبضّع.	2
الإرادة	لا رغبة أو عزيمة لديه لتعلم ذلك.	3
السماح	بإمكانك التدخين هنا.	4
الواجب	أنت ملزم بتسليم الرسالة.	5
الرغبة	أتمنى أن أدرس.	6

العرض الأول للأفعال الواصفة للحال: موقعها في الجملة ومعناها الرئيسي.

٢ الأفعال الواصفة للحال دون مصدر:

	المصدر	أمثلة			الفعل الواصف للحال
1	(sprechen / verstehen)	Deutsch	**kann**	Ich	**können**
2	(gebracht werden)	ins Kranken-haus	**muss**	Er	**müssen**
3	(kommen / gehen)	nicht	**wollen**	Sie	**wollen**
4	(gehen)	ins Kino	**dürfen**	Wir	**dürfen**
5	(sein / bedeuten)	das?	**soll**	Was	**sollen**
6	(leiden) (haben / essen)	ihn gern den Fisch	**mag** **möchte**	Ich Ich	**mögen**

	الشرح المفصل	الوظيفة
1	أن أستطيع تكلم اللّغة الألمانية.	المقدرة
2	فقط في المشفى يمكن مساعدته.	الضرورة
3	ليست لديهم الرغبة في الذهاب / المجيء.	الإرادة
4	من المسموح لنا الذهاب إلى السينما.	السماح
5	ماذا يعني ذلك؟	عتاب
6	إنه لطيف ويعجبني / أيها النادل، إجلب لي سمكاً، من فضلك.	استلطاف أو التهذيب في الطلب

٣ صيغة المضارع للأفعال الواصفة للحال:

	können	**müssen**	**wollen**	**dürfen**
ich	kann–	muss–	will–	darf–
du	kann–**st**	muss–**t**	will–**st**	darf–**st**
er	kann–	muss–	will–	darf–
wir	könn–**en**	müss–**en**	woll–**en**	dürf–**en**
ihr	könn–**t**	müss–**t**	woll–**t**	dürf–**t**
sie	könn–**en**	müss–**en**	woll–**en**	dürf–**en**
Sie	könn–**en**	müss–**en**	woll–**en**	dürf–**en**

	sollen	**mögen**	
ich	soll–	mag–	möcht–**e**
du	soll–**st**	mag–**st**	möcht–**est**
er	soll–	mag–	möcht–**e**
wir	soll–**en**	mög–**en**	möcht–**en**
ihr	soll–**t**	mög–**t**	möcht–**et**
sie	soll–**en**	mög–**en**	möcht–**en**
Sie	soll–**en**	mög–**en**	möcht–**en**

ملاحظة:

إن وظيفة الفعل المساعد الواصف للحال هي شرح العلاقة بين الفعل وبين الموضوع الذي نتكلم عنه. وقد رأينا أن هذا الفعل يستعمل مع مصدر أو بدون مصدر، فتكون عندئذٍ أفعالاً قائمة بذاتها. وللأفعال المساعدة الواصفة للحال معانٍ ثانوية أخرى إضافةً إلى معناها الرئيسي.

لا يمكننا في القواعد أن نعدد الحالات الممكنة لهذه الأفعال ونصفها، لكن بالإمكان الإشارة إلى مختلف معاني هذه الأفعال.

■ **المعاني الثانوية للفعل المساعد können.**

الشرح	الوظيفة الممكنة	أمثلة
لقد تعلمت السباحة وبامكاني القيام بذلك. لقد تعلم قيادة السيارة وهو بالتأكيد قادر على فعل ذلك. بالتأكيد أنت قادر على فعل ذلك. أتتكلم الألمانية؟	المقدرة الشخصية	*Ich **kann schwimmen.*** *Er **kann** Auto **fahren.*** *Du **kannst** das bestimmt.* ***Können** Sie Deutsch **sprechen?***
هناك عدة طرق للوصول إلى المحطة. إنه ليس مرتبطاً بشئ ولديه الوقت. هل بالإمكان إصلاح ذلك؟	الإمكانية	*Zum Bahnhof **können** Sie mit dem Bus **fahren.*** *Er **kann kommen.*** ***Kann** man das **reparieren?***
لا مانع لدي من أن تدخن. أتسمح لي باستعمال الآلة؟ أتسمح لي بالنوم هنا!	السماح	*Von mir aus **können** Sie **rauchen.*** ***Kann** ich mal die Maschine **haben?*** ***Kann** ich hier **schlafen?***
من المحتمل أنه لا يزال هنا. لا أظن أنه كان يعني ذلك.	التخمين	*Es **kann sein,** dass er noch da ist.* *So **kann** er das nicht **gemeint haben.***

■ **المعاني الثانوية للفعل المساعد müssen.**

الشرح	الوظيفة الممكنة	أمثلة
من الضروري أن نتسوّق. لقد تعرض لحادث. نمحن نعاني من صعوبات مادية. من الضروري جداً أن أراك.	الضرورة	*Wir **müssen** noch **einkaufen.*** *Er **muss** ins Krankenhaus.* *Wir **müssen** das Haus **verkaufen.*** *Ich **muss** dich dringend **sprechen.***
أنا متأكد أنه يعاني من آلام شديدة. السيدة تبدو كالسيدة كلاين. على ما يبدو العمل يسرّه. عادةً يكون في هذا الوقت في برلين.	التخمين/ اليقين	*Er **muss** starke Schmerzen **haben.*** *Das **muss** Frau Klein **sein.*** *Die Arbeit **muss** ihm Spaß **machen.*** *Er **muss** in Berlin **sein.***
أنصحك بأن تذهب إلى الطبيب. أنصحك بمشاهدة الفيلم. أنه وقت لتنهض. لقد تريثت كثيراً، عليك أن تفعل شيئاً.	الطلب	*Sie **müssen** zum Arzt **gehen.*** *Den Film **musst** du **sehen.*** *Du **musst aufstehen.*** *Sie **müssen** endlich was **tun.***

- **المعاني الثانوية للفعل المساعد wollen.**

الشرح	الوظيفة ا لممكنة	أمثـلـة
ليست لديه الرغبة أو العزيمة لفعل ذلك. إنها مصممة أن تسافر إلى ألمانيا.	العزيمة / القص	*Er **will** das nicht **lernen.*** *Sie **will** nach Deutschland **fahren.***
إنها تعزم أنها كانت مراراً في أميركا.	الادّعاء	*Sie **will** schon oft in Amerika **gewesen sein.***
إجلس من فضلك. أنصحك بأن تنتظر.	الطلب	***Wollen** Sie sich nicht **setzen?*** ***Wollen** Sie nicht lieber **warten?***
من الضروري أن تعامل الغراموفون بحذر.	الضرورة	*Der Plattenspieler **will** vorsichtig **behandelt werden.***

- **المعاني الثانوية للفعل المساعد dürfen.**

الشرح	الوظيفة ا لممكنة	أمثـلـة
ليس التدخين هنا ممنوعاً. أعندك مانع إذا دخلت؟	السماح	*Sie **dürfen** hier **rauchen.*** ***Darf** ich **reinkommen?***
أعتقد أن عمره ١٦ عاماً.	التخمين	*Er **dürfte** jetzt 16 Jahre alt **sein.***
كل من أصبح ١٨ سنة يحق له الإنتخاب.	الحق / الشرعيّة	*Mit 18 Jahren **darf** man **wählen.***

- **المعاني الثانوية للفعل المساعد sollen.**

الشرح	الوظيفة الممكنة	أمثلة
إن أهلك والمدرسون يتوقعون أن تكون دقيقاً في مواعدك. إن صاحب العمل يرسلنا إلى برلين. وصيتان من الوصايا العشر. سأبقى في السرير، الطبيب طلب ذلك.	الواجب / الطلب	*Du **sollst** pünktlich **sein.*** *Wir **sollen** nach Berlin **fahren.*** *Du **sollst** nicht lügen.* *Ich **soll** im Bett **bleiben.***
يقال أنه مريض، شخص ما قال ذلك. لقد قال أحد ما أن لديها أخاً. يقال أن الألمان يكثرون من شرب البيرة.	ادعاء شخص آخر / إعادة الكلام	*Er **soll** krank **sein.*** *Frau Braun **soll** einen Bruder **haben.*** *Die Deutschen **sollen** viel Bier **trinken.***
ما رأيك بالدخول؟	اقتراح	***Sollen** wir mal **reingehen?***
لما تفعل ذلك؟ لم أكن أتوقع منك.	اللوم	*Was **soll** das?*
أيمكنك أن تنصحني؟ لا أجد حلاً.	الحيرة	*Was **soll** ich nur **machen?***

- المعاني الثانوية للفعل المساعد **mögen**.

الشرح	الوظيفة الممكنة	أمثـلـة
إني أستلطفه. إنه يحب أكل السمك. أتحب سماع هذه الموسيقى؟	الاستلطاف / الولع	*Ich **mag** ihn.* *Er **mag** Fisch.* ***Magst** du diese Musik?*
رغبتي أن أتعلم الألمانية. اشتهيت الأكل.	الرغبة / الإرادة	*Ich **möchte** gern Deutsch **lernen.*** *Ich **möchte** etwas **essen.***
حتى لو تكلمت كثيراً، لست مقتنعاً.	الإقرار / الإلتزام	***Magst** du auch noch so viel **reden**, du überzeugst mich nicht.*
أقدر عمرها بعشرين سنة. يمكن أن يعرف كثيراً عن السيارات، لكن بالنسبة للموسيقى فلا يفقه شيئاً.	التخمين	*Sie **mag** 20 Jahre alt **sein.*** *Von Autos **mag** er etwas **ver-stehen,** aber nicht von Musik.*

ملاحظة: هناك فرق آخر بين **mag** و **möchte**:

إذا قلت:

أريد فنجان قهوة — *Ich **möchte** einen Kaffee.*

أو قلت:

أحب القهوة. — *Ich **mag** Kaffee.*

فالجملة الأولى تعني أنك تريد فنجان قهوة الآن، أما الجملة الثانية فتعبر عن أنك تحب القهوة بشكل عام ولا تريد شربها الآن.

صيغة الماضي التام للأفعال الواصفة للحال بدون مصدر:

إن صيغة الماضي التام لهذه الأفعال المساعدة نادرة جداً، بينما ترد صيغتها في الماضي البسيط بشكل واضح. ويكفي فقط التعرف على الصيغ كتابةً وكلاماً وهذا سهل إذ أن الصيغ جميعها نظامية تقريباً.

الماضي البسيط عليك استعمال هذه الصيغ	الماضي التام \ عليك التعرف على هذه الصيغ	المصدر
*Sie **konnte** es natürlich.*	*Sie **hat** es natürlich **gekonnt.***	**können**
*Ich **musste** weg.*	*Ich **habe weg gemusst.***	**müssen**
*Er **wollte** das nicht.*	*Er **hat** das nicht **gewollt.***	**wollen**
*Ich **durfte** das nie.*	*Ich **habe** das nie **gedurft.***	**dürfen**
*Wir **sollten** nach Köln.*	*Wir **haben** nach Köln **gesollt.***	**sollen**
*Sie **mochte** ihn nicht.*	*Sie **hat** ihn nicht **gemocht.***	**mögen**

الماضي البسيط عليك استعمال هذه الصيغ	الماضي التام \ عليك التعرف على هذه الصيغ	المصدر
*Sie **konnte kommen.***	*Sie **hat kommen können.***	**können**
*Ich **musste** beim Friseur **warten.***	*Ich **habe** beim Friseur **warten müssen.***	**müssen**
*Wir **wollten** ins Kino **gehen.***	*Wir **haben** ins Kino **gehen wollen.***	**wollen**
*Sie **durfte** das nicht **tun.***	Sie **hat** das nicht **tun dürfen.**	**dürfen**
*Wir **sollten** es **machen.***	*Wir **haben** es **machen sollen.***	**sollen**
*Wir **mochten** das nicht **essen.***	*Wir **haben** das nicht **essen mögen.***	**mögen**

▶ Übungen zu den Modalverben **S. 419**

1.13 Der Imperativ
فعل الأمر

إن فعل الأمر اسم لأربع حالات من الفعل. مثال:

Sie حالة ال	**du** حالة ال	**ihr** حالة ال	**wir** حالة ال
Kommen *Sie bitte!* ***Trinken*** *Sie Milch!* ***Warten*** *Sie hier!*	***Komm(e)*** *bitte!* ***Trink(e)*** *Milch!* ***Warte*** *hier!*	***Kommt*** *bitte!* ***Trinkt*** *Milch!* ***Wartet*** *hier!*	***Trinken*** *wir das!* ***Gehen*** *wir doch rein!* ***Warten*** *wir hier!*
	Rechne *doch ma!l* ***Atme*** *tief ein!*		
	Gib *es mir!* ***Nimm*** *es doch!* ***Hilf*** *mir!* ***Wirf*** *das weg!* ***Iss*** *nicht viel!*		
Seien *Sie vorsichtig!*	***Sei*** *vorsichtig!*	***Seid*** *vorsichtig!*	

- حالة ال **Sie:** تستعمل هذه الحالة مع المفرد والجمع. ويأتي الفعل في أول الجملة، والضمير **Sie** يليه مباشرةً. مثال:

Nehmen Sie *dieses Buch!* — خذ حضرتك هذا الكتاب!
خذوا حضرتكم هذا الكتاب!

■ حالة ال **du:** تستعمل مع المخاطب المفرد الذي نخاطبه بـ **du** وتبنى صيغة الأمر هذه مع **e**– في لغة الأسلوب المنمق:

Komm(e)!	→	du kommst
Fahr(e)!	→	du fährst

■ أما في اللّغة العامية، وكذلك في الشعر يحذف الحرف **e**– إلا إذا كان جذر الفعل ينتهي بـ: **–el, –d, –t, –ig:**

مثال:

***Entschuldige** bitte!*	*entschuldigen:*
***Warte** hier!*	*warten:*
***Rede** keinen Unsinn!*	*reden:*
***Handle** sofort!*	*handeln:*

■ وإن صعب علينا لفظ جذر الفعل دون **e**– وجب وضع هذا الحرف ثانية:

***Rechne** das bitte!*	*rech–nen:*
***Atme** tief ein!*	*at–men:*

■ إذا كانت صيغة الأمر تبدي تغييراً في الحرف الصوتي من **e**– إلى **i**– فلا يظهر الحرف **e**–

***Gib** es mir!*	*geben:*
***Nimm** es doch!*	*nehmen:*

ويشذ عن القاعدة الفعل:

***Werde** doch Arzt!*	*werden:*

ويتم تشكيل صيغة الأمر من صيغة المضارع للمخاطب المفرد بحذف النهاية **st**– وكذلك الضمير **du.**

- حالة ال **ihr:** هذه الصيغة مشابهة تماماً لصيغة المخاطب الجمع المضارع المرفوع. يأتي الفعل في أول الجملة ويحذف الضمير **ihr.**

Fragt!	*ihr fragt*
Nehmt!	*ihr nehmt*

- حالة ال **wir:** وهذه الصيغة مشابهة تماماً لصيغة المتكلم الجمع المضارع المرفوع. يأتي الفعل في أول الجملة والضمير **wir** يليه مباشرة:

Trinken wir!	*wir trinken*
Warten wir!	*wir warten*

استعمال فعل الأمر:

كطلب المتكلم من شخص أو عدة أشخاص أن يفعل أو يفعلوا شيئاً ما، شيئاً معيناً. إن هذا الطلب هو الوظيفة الأساسية لفعل الأمر وهو يشمل أيضاً الرجاء والأمنية. وإذا ظهرت إلى جانب صيغة الأمر عناصر لغوية أخرى تعددت وتميزت الوظائف. وليست هذه الوظائف وظائف فعل الأمر. وتبقى الوظيفة الأساسية ألا وهي الطلب دائماً. ويمكن أن نظهر ذلك في القائمة التالية:

الوظائف الممكنة	فعل الأمر وعناصر لغوية أخرى
رجاء بسيط	***Fahr*** *bitte langsam!*
عمل مشترك	***Machen wir*** *Schluss!*
رجاء أكبر	***Nehmen Sie*** *mich doch bitte mit!*
طلب في المطاعم	***Bringen Sie*** *mir noch zwei Bier!*
تعليمات	***Fahren Sie*** *hier rechts!*
إلحاح	***Gib*** *schon her!*
تحذير	***Passen Sie*** *doch auf! Da ist ein Loch.*
تهديد	***Mach*** *das nicht kaputt, sonst musst du es bezahlen.*
تشجيع	***Nehmen Sie*** *ruhig mehr!*
اقتراح	***Gehen Sie*** *doch ins Schwimmbad!*
نصيحة	***Geh*** *doch mal zum Arzt!*

► Übungen zum Imperativ **S. 422**

1.14 Der Konjunktiv II
صيغة الاحتمال في الماضي

صيغة الاحتمال في الماضي اسم يطلق على عدة احتمالات من الفعل ويمكن بواسطتها التعبير عن مختلف المظاهر بالنسبة للواقع.

والكلام هنا يكون عن: آراء افتراضيّة
شروط وهميّة
رغبات وهميّة
التماس مهذب

إن الفعل في حالة الرفع يدل على أن ما يحدث هو الواقع والتطبيق، إذ أنه يعطي الخبر صفة موضوعية ويبقى المتكلم محايداً لا يبدي رأيه. مثال:

*Er ist nicht ins Kino **gegangen,** denn er **hatte** kein Geld.*
لو كان معه نقود لذهب إلى السينما.

هذه الأمثلة تدل على أن ما حدث هو حقيقي وواقعي، لكن هناك أسلوب آخر للتعبير عن الأشياء إن كانت هذه غير واقعية، أي لا يقين بحدوثها. هذه هي حالة الريب والاستحالة، فالخبر يكسب هنا صفة شخصية إذ أن رأي المتكلم يظهر بشكل أمنية أو افتراض أو شك. مثال:

*Wenn er Geld **hätte, ginge** er ins Kino.* لو كان معه نقود لذهب إلى السينما.

إن هذه الجملة تعبر عن أمنية أو شرط لا يمكن تحقيقه الآن. ويدعى هذا الزمن **(صيغة الاحتمال في الماضي)** لأنه يشتق من الزمن الماضي. وهل هناك فرق بين صيغة الاحتمال في الماضي والماضي البسيط؟

- بالنسبة للأفعال الضعيفة لا فرق هناك.
- أما بالنسبة للأفعال القوية فالفرق يكمن:

آ **في بعض النهايات.**

ب **في جذر الفعل:** الحروف الصوتية **au, a, o, u** تعدل فتصبح: **äu, ä, ö, ü**.

الفرق بالنسبة للنهايات: إنّ الأفعال القوية في حالة الاحتمال في الماضي تأخذ دائماً الحرف **e-**، ولنقارن ذلك بين حالة الاحتمال في الماضي والماضي المرفوع:

١ الفرق في النهايات للأفعال القوية في حالة الاحتمال في الماضي أو المضارع:

الماضي المرفوع	الاحتمال في الماضي	
ging-	ging-**e**	ich
ging-**st**	ging-**est**	du
ging-	ging-**e**	er, sie, es
ging-**en**	ging-**en**	wir, sie, Sie
ging-**t**	ging-**et**	ihr

٢ أما بالنسبة للأفعال القوية التي تعدل فيها الحروف الصوتية:

الماضي المرفوع	الاحتمال في الماضي	
kam-	käm-**e**	ich
kam-**st**	käm-**est**	du
kam-	käm-**e**	er, sie, es
kam-**en**	käm-**en**	wir, sie, Sie
kam-**t**	käm-**et**	ihr

صيغة الاحتمال للأفعال المساعدة **haben** و **sein** و **werden** هي:

	haben	**sein**	**werden**
ich	hätt-**e**	wär-**e**	würd-**e**
du	hätt-**est**	wär-**(e)st**	würd-**est**
er, sie, es	hätt-**e**	wär-**e**	würd-**e**
wir, sie, Sie	hätt-**en**	wär-**en**	würd-**en**
ihr	hätt-**et**	wär-**et**	würd-**et**

أما صيغة الاحتمال في الماضي للأفعال المساعدة الواصفة للحال فتكون بتعديل حروف العلّة كما في المصدر، ما عدا الفعلين **sollen** و **wollen**

الاحتمال في الماضـي	**können**	**müssen**	**dürfen**
ich	könn-**te**	müss-**te**	dürf-**te**
du	könn-**test**	müss-**test**	dürf-**test**
er, sie, es	könn-**te**	müss-**te**	dürf-**te**
wir, sie, Sie	könn-**ten**	müss-**ten**	dürf-**ten**
ihr	könn-**tet**	müss-**tet**	dürf-**tet**
	wollen	**sollen**	**mögen**
ich	woll-**te**	soll-**te**	هنا نستخدم
du	woll-**test**	soll-**test**	صيغة
er, sie, es	woll-**te**	soll-**te**	**wollen**
wir, sie, Sie	woll-**ten**	soll-**ten**	
ihr	woll-**tet**	soll-**tet**	

Gebrauch des Konjunktiv II

استعمال صيغة الاحتمال في الماضي

يستخدم فعل الاحتمال في الماضي بدرجات مختلفة، فبعض الأفعال تستخدم بكثرة نسبياً وبعضها الأخر لا تستخدم البتة، ونادراً ما نسمع أو نقرأ صيغة الاحتمال في الماضي للأفعال النظامية (الضعيفة) التي لا تختلف بشئ عن صيغة الفعل المرفوع في الماضي البسيط. مثال:

Präteritum:	*Ich **machte** das nicht.*	لم أفعل ذلك.
Konjunktiv II:	*Ich **machte** das nicht.*	ما كنت لأفعل ذلك.

ومع فعل قوي:

*Ich **ginge** da nicht hin.* ما كنت لأذهب إلى هناك.

إن الصيغتين المذكورتين أعلاه مع الفعل انظامي والفعل القوي لا تستعمل على الإطلاق مع أنها قواعدياً صحيحة. وفي هذه الحال تفضل الصيغ:

würde + Infinitiv: *Ich **würde** das nicht **machen.***
*Ich **würde** da nicht **hingehen.***

ومن ناحية أخرى تجد هناك صيغاً لاحتمال الماضي لا تعوض بصيغة **würde** مع المصدر.
وهذه هي الحال مع الأفعال **wissen**، **sein**، **haben**، مثال: لا يقال:

*Ich **würde haben***		*Ich **hätte***
*Ich **würde sein***	وإنما	*Ich **wäre***
*Ich **würde wissen***		*Ich **wüsste***

*Ich **wünschte,** ich **wäre** jetzt in Paris.*	أتمنى لو كنت الآن في باريس.
*Wenn ich eine große Wohnung **hätte!***	لو كنت أملك شقة كبيرة.
*Nicht, dass ich **wüsste.***	كلا، ما كنت لأعلم بذلك.

وكذلك لا تستعمل صيغة **würde** مع الأفعال الواصفة للحال:

كان يجب أن يكون هكذا. *So **müsste** es **sein.***

■ **صيغة الاحتمال في الماضي: الآراء الافتراضية**

رأي افتراضي محتمل	تعبير محتمل	
*Er **würde** das sofort **machen.*** *Wir **würden** auch Deutsch **lernen.*** *An ihrer Stelle **würde** ich doch **warten.***	*Sie **macht** das nicht.* *Er **lernt** Deutsch.* *Ich **warte** nicht mehr.*	أفعال نظامية
*Sie **würde** aber nicht alles **nehmen.*** *Ich **würde** aber sofort **kommen.***	*Er **nimmt** alles.* *Sie **kommt** einfach nicht.*	أفعال قوية
*Man **könnte** es viel besser **machen.*** *Ja, das **solltest** du **tun.***	***Kann** er das nicht besser **machen?*** ***Soll** ich die Einladung **annehmen?***	الأفعال الواصفة للحال
*An seiner Stellle **wäre** ich vorsichtiger.*	*Er **ist** so leichtsinnig.*	فعل الكون
*Ich **hätte** bestimmt Zeit für dich.*	*Er **hat** nie Zeit für mich.*	فعل الملك
*Wer **hätte** das **gedacht?*** *Ich **hätte** das nicht **getan.*** *Ich **wäre geblieben**.*	*Er **hat** die Prüfung **bestanden.*** *Ich **habe** den Vetrag **unterschrieben.*** *Und dann **bin** ich **gegangen.***	أفعال مركبة

- **الاحتمال في الماضي: الشروط الممكنة والوهمية:**

ممكن غير واقعي ممكن غير واقعي	***Wenn** er Zeit hätte, **würde** er **spazieren gehen.*** ***Wenn** er Zeit **gehabt hätte,*** *wäre er **spazieren gegangen.*** ***Wenn** es billig **wäre, würde** ich es kaufen.* ***Wenn** es billig **gewesen wäre, hätte** ich* *es **gekauft.***	التركيب الأول
ممكن غير واقعي	***Hätte** er Zeit, **würde** er **spazieren gehen.*** ***Hätte** er Zeit **gehabt, wäre** er* ***spazieren gegangen.***	التركيب الثاني
ممكن غير واقعي	*Er **würde spazieren gehen, wenn** er Zeit **hätte.*** *Er **wäre spazieren gegangen, wenn** er Zeit* ***gehabt hätte.***	التركيب الثالث

في اللوحة أعلاه تركيب مؤلف من جملتين. وفي كل جملة مفهوم افتراضي، من ناحية الشرط الممكن حدوثه أو الشرط الوهمي الذي لا يمكن تحقيقه. إن الجمل التي تأتي مع **wenn** تدعى جملاً شرطية غير واقعية أو ممكنة.

- **حالة الاحتمال في الماضي: التمني:**

في الأمثلة التالية لدينا شروط مختلفة يمكن أن تتحقق.

***Würde** Brigitte mitfahren, dann **wäre** alles schön.*	*Alles **wäre** schön, **wenn** Brigitte mitfahren **würde.***
***Hätte** ich Geld, dann **wäre** ich froh.*	*Ich **wäre** froh, **wenn** ich Geld **hätte.***
***Wärst** du hier, dann **wäre** alles gut.*	*Es **wäre** prima, **wenn** du hier **wärst.***

- **الاحتمال في الماضي: جمل مقارنة مع als ob:**

يأتي مع التعابير التي تظهر شعوراً أو انطباعاً. حالة المقارنة تبدأ مع الكلمات **als ob** ويكون الفعل الوارد في آخر هذا التركيب في حالة الاحتمال في الماضي:

*Er tat (so), **als ob** er noch nie davon **gehört hätte.***

*Er tat (so), **als hätte** er noch nie etwas davon **gehört.***

*Tun Sie doch nicht (so), **als ob** Sie das nicht **wüssten.***

*Sie tat (so), **als würde** sie mich nicht **kennen.***

- **الاحتمال في الماضي: الالتماس أو الطلب المهذب:**

في اللوحة التالية يظهر الاحتمال في الماضي في الالتماس المهذب بشكل سؤال، إنّ صيغة الاحتمال في الماضي تجعل التعبير أكثر لطفاً وتحفظاً وتهذيباً، طبعاً يكون الطلب في الحقل الأول من اللوحة مهذباً أيضاً خصوصاً إذا كان تعبير الوجه أو النبرة يشير إلى المجاملة.

***Passt** es Ihnen morgen Abend?* ***Sprechen** Sie etwas lauter!* ***Buchstabieren** Sie Ihren Namen!* ***Wiederholen** Sie die Rufnummer bitte!*	***Würde** es Ihnen morgen Abend **passen?*** ***Würden** Sie etwas lauter **sprechen?*** ***Würden** Sie Ihren Namen **buchstabieren?*** ***Würden** Sie die Rufnummer **wiederholen?***
Können** Sie mich **abholen? ***Darf** ich deine Kamera **mitnehmen?***	***Könnten** Sie mich bitte **abholen?*** ***Dürfte** ich deine Kamera **mitnehmen?***
***Haben** Sie heute Zeit?*	***Hätten** Sie heute Zeit?*
Können** Sie mich **anrufen?	***Wäre** es möglich, dass Sie mich **anrufen?***

- **صيغة الاحتمال في الماضي للأفعال النظامية:**

إن صيغة الاحتمال في الماضي للأفعال النظامية هي نفس الصيغة للأفعال النظامية في الماضي.

الماضي البسيط واقعي / ماض	الاحتمال في الماضي يمكن حدوثه	يمكن حدوثه **würde(n)+ Infinitiv**
*Ich **fragte** ihn.*	*Ich **fragte** ihn auch.*	*Ich **würde** ihn auch **fragen.***
*Er **glaubte** das nicht.*	*Er **glaubte** das nicht.*	*Er **würde** das nicht **glauben.***
*Sie **kauften** einen Wagen.*	*Sie **kauften** einen Wagen.*	*Sie **würden** einen Wagen **kaufen.***

بما أن هاتين الحالتين متشابهتين يمكن حدوث التباس فيختلط علينا المقصود. إن لم ندرك من المضمون أو من الحالة أن المطلوب هو الاحتمال في الماضي استبدلنا صيغة الاحتمال للفعل النظامي مع الفعل **würde** والمصدر.

Konjunktiv II: **würde + Infinitiv**

وإذا فهمنا من سياق الكلام أن الحالة هي وهمية، فلا خوف هناك من استعمال صيغة الاحتمال العادية للأفعال النظامية:

*Er tat so, als ob er **sich freute.***
*Es sah so aus, als **regnete** es.*
*Wie wäre es denn, wenn wir ihm ein Buch **schenkten?***

- **الاحتمال في الماضي للأفعال القوية:**

تشتق صيغة الاحتمال في الماضي للأفعال القوية من صيغة الماضي المرفوع وباضافة الحرف **e-** على نهاية:

الماضي المرفوع	=	ich schrieb
الاحتمال في الماضي	=	ich schriebe

هناك تشابه بين صيغ الاحتمال في الماضي والماضي البسيط مع بعض الأفعال وهي تلك التي لا تبدل حرفها الصوتي، وذلك مع الأشخاص في الجمع / مثل: **sie, ihr, wir** والضمير **Sie** في صيغة المفرد.

الاحتمال في الماضي يمكن حدوثه	الماضي المرفوع ماض / واقعي
*Ich **käm–e** sofort.*	*Ich **kam** sofort.*
*Wir **käm–en** sofort.*	*Wir **kamen** sofort.*
*Du **käm–est** sofort.*	*Du **kamst** sofort.*
*Sie **käm–en** sofort.*	*Sie **kamen** sofort.*
*Ihr **käm–t** sofort.*	*Ihr **kamt** sofort.*
*Sie **käm–en** sofort.*	*Sie **kamen** sofort.*
*Er, sie, es **käm–e** sofort.*	*Er, sie es **kam** sofort.*
*Sie **käm–en** sofort*	*Sie **kamen** sofort.*
*Ich **ging–e** nach Hause.*	*Ich **ging** nach Hause.*
*Wir **ging–en** nach Hause*	*Wir **gingen** nach Hause*
*Du **ging–est** nach Hause*	*Du **gingst** nach Hause*
*Sie **ging–en** nach Hause*	*Sie **gingen** nach Hause*
*Ihr **ging–et** nach Hause*	*Ihr **gingt** nach Hause*
*Sie **ging–en** nach Hause*	*Sie **gingen** nach Hause*
*Er, sie es **ging–e** nach Hause*	*Er, sie es **ging** nach Hause*
*Sie **ging–en** nach Hause*	*Sie **gingen** nach Hause*

وبما أن هناك أربع صيغ من الأفعال القوية لا تغير حرفها الصوتي وهي متشابهة مع صيغ الماضي، استخدمنا هذا الشكل: **würde(n) + Infinitiv**

*Sie / wir / sie **gingen** nach Hause.*	الماضي المرفوع
*Sie / wir / sie **gingen** nach Hause.*	الاحتمال في الماضي
*Sie / wir / sie **würden** nach Hause **gehen.***	يفضل

1.15 Der Konjunktiv I
صيغة الاحتمال للمضارع

تسمى هذه الصيغة باحتمال المضارع لأنها تشتق من الفعل المضارع المرفوع (Indikativ Präsens) وتختلف عنه:

- في بعض النهايات.
- في جذر الفعل: الخلاف واضح مع الأفعال القوية التي يتغير حرفها الصوتي، حيث **e**- تصبح **i**- و **a** تصبح **ä** وكذلك مع الأفعال المساعدة الواصفة للحال **Modalverben**، ومع الفعلين **wissen** و **werden**. أما مع بقية الأفعال القوية والنظامية منها فلا خلاف هناك.

إن حالة الاحتمال للمضارع تأخذ دائماً الحرف **e**- إلا مع بعض الأشخاص. لنقارن بينهما:

	الاحتمال المضارع **Konjunktiv I**	**المضارع المرفوع** **Indikativ**
ich	sag-**e**	sag-**e**
du	sag-**est**	sag-**st**
er, sie, es	sag-**e**	sag-**t**
wir, sie, Sie	sag-**en**	sag-**en**
ihr	sag-**et**	sag-**t**

نلاحظ أن بعض النهايات لا تختلف أبداً وهي نهايات المتكلم المفرد والمتكلم الجمع.

لنر كيف بعض الأفعال القوية لا تغير حرفها الصوتي في صيغ الاحتمال المضارع:

	Konjunktiv I	**Indikativ**	**Konjunktiv I**	**Indikativ**
ich	helf-**e**	helf-**e**	fahr-**e**	fahr-**e**
du	helf-**est**	hilf-**st**	fahr-**est**	fähr-**st**
er, sie, es	helf-**e**	hilf-**t**	fahr-**e**	fähr-**t**
wir, sie, Sie	helf-**en**	helf-**en**	fahr-**en**	fahr-**en**
ihr	helf-**et**	helf-**t**	fahr-**et**	fahr-**t**
ich	werd-**e**	werd-**e**	wiss-**e**	weiß-
du	werd-**est**	wir-**st**	wiss-**est**	weiß-**t**
er, sie, es	werd-**e**	wird-	wiss-**e**	weiß-
wir, sie, Sie	werd-**en**	werd-**en**	wiss-**en**	wiss-**en**
ihr	werd-**et**	werd-**et**	wiss-**et**	wiss-**t**

وتبنى صيغة الماضي الاحتمال للمضارع مع الفعلين المساعدين **haben** و **sein** واسم المفعول **(Partizip II)** للفعل الأصلي:

	Konjunktiv I haben	**Konjunktiv I sein**
ich	hab-**e**	sei-
du	hab-**est**	sei-**st**
er, sie, es	hab-**e**	sei-
wir, sie, Sie	hab-**en**	sei-**en**
ihr	hab-**et**	sei-**et**

استعمال صيغة الاحتمال للمضارع:

إن صيغة الاحتمال للمضارع تستعمل بشكل خاص مع الكلام غير المباشر، أي إعادة سرد ما قاله شخص آخر أو المتكلم ذاته. فهي إذن تبيّن لنا كيف نخبر أحداً ما بما أخبرنا به ثالثٌ. مثال: نتكلم عن الحالة المذكورة: الشخص (آ) يقول شيئاً ما، الشخص (ب) يسمع ما قاله الشخص (آ). الشخص (ب) يخبر الشخص (ج) بما سمعه.

إذن الشخص (ج) سمع ما قاله الشخص (آ) ولكن ليس حرفياً منه، وإنما من الشخص (ب). الشخص (ب) يخبر ويعيد ويسرد ويذكر وينقل ما قاله الشخص (آ). الشخص (ج) لا يسمع الكلام مباشرة من الشخص (آ) وإنما عن طريق السشخص (ب).

إذن هناك احتمالات السرد التالية:

	كلام منقول / كلام مروى **كلام غير مباشر / إعادة الكلام**	**كلام أدلي به مباشرة** **كلام حرفي / كلام مباشر**
	ب يقول لـ ج:	**آ يقول:**
مضارع مرفوع =	*A sagt, er ist müde.* *A sagt, dass er müde ist.*	*Ich bin müde.*
احتمال المضارع =	*A sagt, er sei müde.* *A sagt, dass er müde sei.*	
احتمال الماضي =	*A sagt, er wäre müde.* *A sagt, dass er müde wäre.*	
مصدر =	*A erklärt, müde zu sein.*	

هذه القائمة ترينا إمكانيات إعادة سرد الكلام. لو سئل الألمان أنفسهم عن الفرق بين مضمون وأسلوب هذه الجمل لوقعوا في حيرة وذلك لأنهم لا يعرفون قواعد هذه الصيغة وهم يمزجون بعضها ببعض. في الأوساط الخاصة تستعمل غالباً صيغة المضارع المرفوع، وفي اللّغة العامية بإمكانك سماع الحالات الثلاث، وذلك لجهل الناس، كما قلت بقواعد صيغة الاحتمال.

هذا وأن حالة الاحتمال للمضارع هي الصيغة الصحيحة في النصوص الرسمية، لكن للأسف لهذه الحالة خلل أيضاً، إذ أنها في حالات كثيرة لا تختلف عن صيغة الفعل المضارع المرفوع، لذا نضطر أن نستخدم بدلاً عنها صيغة الاحتمال في الماضي.

■ إعادة سرد الكلام في اللّغة العامية دون صيغة الاحتمال للمضارع:

الكلام المنقول		الكلام المباشر
sie ist müde. *dass sie müde ist.* *sie wäre müde.* *dass sie müde wäre.*	*Sie sagt,* *Sie hat gesagt,* *Sie sagte,*	*„Ich bin müde!"*
sie hat Hunger. *dass sie Hunger hat.* *sie hätte Hunger.* *dass sie Hunger hätte.*	*Er bemerkt,* *Er hat bemerkt,* *Er bemerkte,*	*„Ich habe Hunger."*

نرى أن مع الكلام المنقول يظهر دائماً فعل يبدأ به الجملة وهو من أفعال القول: erzählen, berichten, bemerken, sagen الخ....

إن الشخص في الكلام المباشر **(ich)** يظهر في الكلام المنقول كـ **sie** أو **er**.

التغيير المنظور في الكلام المنقول:

من الطبيعي أن يطرأ تغيير مع الكلام المنقول إذ أن المتكلم والمخبر يتواجد في مكان وزمان يختلفان عن مكان وزمان المتكلم الأصلي. مثال:

الكلام المنقول	الكلام المباشر
Die Sekretärin erzählt am 3. August ihrem Mann zu Hause: „Dann hat sie mir gestern auch noch gesagt, sie wäre den ganzen Tag da."	*Die Chefin erzählt am 2. August in ihrem Büro ihrer Sekretärin: „Ich bin heute den ganzen Tag hier."*

■ **صيغة الاحتمال للمضارع للأفعال المساعدة الواصفة للحال:**

إن هذه الأفعال تتميّز في صيغة الاحتمال عن صيغتها في المضارع المرفوع وذلك مع الأشخاص: **ich / du** ومع **er / es / sie**، ولذلك لا نعوض عنها بصيغة الاحتمال للماضي:

صيغة الاحتمال للمضارع	المضارع المرفوع	
*Es heißt, ich **könne** den Job bekommen.*	**kann**	ich
*Es heißt, er / sie **könne** den Job bekommen.*	**kann**	er, sie, es
*Man sagt, ich **wolle** jedem helfen.*	**will**	ich
*Er dachte, er / sie **müsse** eine Sekretärin haben.*	**muss**	er, sie, es
*Sie glaubt, ich **dürfte** das.*	**darf**	ich
*Sie meinten, er / sie **solle** besser bezahlt werden.*	**soll**	er, sie, es
*Erzählen Sie ihm, er **möge** mich in Ruhe lassen.*	**mag**	er, sie, es

■ **صيغة الاحتمال للمضارع للأفعال النظامية والأفعال الشاذة:**

إن الأفعال النظامية تأخذ أيضاً في نهاية الجذر الحرف **e-** والنهايات اللازمة. مثال:

*Er behauptet, er brauch**e** keine Pflege.*

*Sie sagt, sie glaub**e** nicht daran.*

أما الأفعال القوية (الشاذة) لا تعدل في حرف العلّة ولا تغير حرفها الصوتي من **e-** إلى **i-**.

Konjunktiv I	Indikativ
*Er sagt, dass er sehr fest **schlafe.***	*Er **schläft** sehr fest.*
*Sie erklärt uns, dass sie alles ernst **nehme.***	*Sie **nimmt** alles ernst.*
*Man wirft ihr vor, dass sie viel Geld **ausgebe.***	*Du **gibst** viel Geld **aus.***

■ **استعمال صيغة الاحتمال في الماضي بدل الاحتمال المضارع مع الكلام المنقول:**

du, ihr: Konj. II	oder	**würde(s)t + Infinitiv**
ich, wir: Konj. II	oder	**würde(n) + Infinitiv**
er, sie, es: Konj. I	oder	**würde + Infinitiv**
sie (Pl.): Konj. II	oder	**würden + Infinitiv**

Er hat gesagt,	*Er hat gesagt,*
*du **kämst** morgen.*	*du **würdest** morgen **kommen.***
*ihr **kämt** morgen.*	*ihr **würdet** morgen **kommen.***
*du **machtest** das sofort.*	*du **würdest** das sofort **machen.***
*ihr **machtet** das sofort.*	*ihr **würdet** das sofort **machen.***

*Man erzählt, ich **führe** weg.*	*Man erzählt, ich **würde wegfahren.***
*Man erzählt, wir **führen** weg.*	*Man erzählt, wir **würden wegfahren.***
*Er meinte, ich **redete** zu viel.*	*Er meinte, ich **würde** zu viel **reden.***
*Er meinte, wir **redeten** zu viel.*	*Er meinte, wir **würden** zu viel **reden.***

*Er sagt, er **habe** keine Zeit.* (Konj. I)
*Er sagt, sie **hätten** keine Zeit.*
*Sie sagt, sie **glaube** nicht daran.* (Konj. I)
*Sie sagt, sie **glaubten** nicht daran.*
*Sie sagt, sie **wisse,** wo wir wohnen.* (Konj. I)
*Sie sagt, sie **wüssten,** wo wir wohnen.*

■ تستعمل صيغة الاحتمال للمضارع للتعبير عن أمنية يمكن أن تتحقق، وتأخذ في هذه الحال احتمال المضارع للفعل **mögen**. مثال:

عسى أن تكون ناجحاً في حياتك. — *Mögest du in deinem Leben Erfolg **haben.***

- وتستعمل هذه الصيغة في جملة ثانوية عندما لا تؤيّد قول شخص آخر. مثال:

Hans ist nicht gekommen, weil er Fieber ***habe.***
لم يأت هانس لأنه كان محموماً. (هذا ما يقوله هو)

هذا ويمكن أن نلخص استعمال صيغة الاحتمال للمضارع القول: ليست في اللّغة الألمانية أفعال أو حروف تتطلب هذه الصيغة إنما هي تعبير عن رأي المتكلم حول موضوع ما. قد يكون مضمون الكلام بالنسبة للمتكلم ممكناً، غير واقعي أو غامضاً، حينئذٍ نستخدم صيغة الاحتمال للمضارع. أما إذا كان رأي المتكلم منافياً لذلك نستخدم صيغة الفعل المرفوع. مثال:

Ich habe gehört, dass Peter ***geheiratet hat.***
سمعت أن بيتر تزوج. (أنا لا أشك في هذا الكلام).
Ich habe gehört, dass Peter ***geheiratet habe.***
سمعت أن بيتر تزوج. (أنا لا أضمن هذا الكلام).

► Übungen zum Konjunktiv II und Konjunktiv I **S. 424**

1.16 Trennbare Verben
الأفعال القابلة للإنفصال أو المركبة

هناك عدد كبير من الأفعال التي ترتبط بكلمات او مقاطع فيتغير بذلك المعنى الأصلي للفعل.
إن هذه المقاطع أو الكلمات تنفصل عن جذر الفعل في حالات خاصة، لذا تدعى القابلة للإنفصال.
إن الأجزاء التي تنفصل لا تنفصل إلا في الجملة الرئيسية في صيغة المضارع والماضي فقط. مثال:

ما مشروعك اليوم مساءً؟ (مضارع)	***Hast** du heute Abend etwas **vor?***
ما كان مشروعك البارحة مساءً؟ (ماض)	***Hattest** du gestern Abend etwas **vor?***

لا ينفصل الجزء **vor** إذا قلنا:

*Ich habe gestern Abend nichts **vorgehabt.***
لم يكن لدي البارحة مساءً أي مشروع.
*Ich habe dir schon gesagt, dass ich nichts **vorhabe.***
لقد قلت لك أنه لم يكن لدي مشروع.

نجد أن السابقة **vor** لا تنفصل مع صيغة الماضي التام ومع الجمل الثانوية.
إن السابقة التي تنفصل عن الفعل تدعى في الألمانية **Verbzusatz** وتكون هذه منبورة (أي يكون لفظها مشدداً)، وعندما نصرف الفعل تأتي هذه السابقة في نهاية الجملة. وهناك أيضاً أجزاء ومقاطع مرتبطة بالفعل ولا تنفصل عنه أبداً عندما نصرف الفعل، وذلك لأن هذه الأجزاء غير منبورة (أي أن لفظها يكون غير مشدد)، وتدعى هذه **Vorsilbe**، ولكي لا تختلط الأمور علينا سنبقى على التسمية الألمانية.
أمثلة على ا **Verbzusatz** أو ا **Vorsilbe:**

١ المقطع الأول مشدد **Verbzusatz:**

***auf**schreiben*	*schreiben:*
يسجل النادل الطلب.	*Der Kellner schreibt die Bestellung **auf.***

٢ المقطع الأولي غير مشدد **Vorsilbe**:

schreiben: ***be**schreiben*

يصف الطالب الرحلة.	*Der Student **be**schreibt eine Reise.*

إن المقطع الأولي الذي ينفصل هو غالباً حرف جر Präposition أو ظرف Adverb، ونادراً ما يكون اسماً Substantiv، أو صفة Adjektiv. مثال على ذلك:

إنه يصل إلى كولونيا.	*Er kommt in Köln **an.***
هي تكتب على الآلة.	*Sie schreibt **Maschine.***
أنا أقتل الذبابة.	*Ich schlage die Fliege **tot.***
ماريون تتفرج على التلفاز.	*Marion sieht **fern.***

٣ هناك مجموعة من السوابق التي تنفصل إن أتت مشددة ولا تنفصل إن أتت غير مشددة. ومن هذه السوابق:

durch, über, um, unter, voll, wider, wieder

trennbar:	*Das Schiff **geht** im Sturm **unter.*** (Präsens)
	*Das Schiff **ist** im Sturm **untergegangen.*** (Perfekt)
untrennbar:	*Er **unterschreibt** den Brief.* (Präsens)
	*Er **hat** den Brief **unterschrieben.*** (Perfekt)
trennbar:	*Er **holt** das Buch **wieder.***
untrennbar:	*Er **wiederholt** den Satz.*
trennbar:	*Sie **geht** zum nächsten Punkt über.*
untrennbar:	*Sie **übersetzt** den Brief.*

إن مفهوم حرف الجر مع الأفعال القابلة للإنفصال بشكل عام لا يتغير، بينما تأخذ الأفعال غير القابلة للإنفصال مع السوابق على الأغلب مفهوماً جديداً.

وهناك أفعال مركبة تكون أحياناً قابلة للإنفصال وأحياناً غير قابلة للإنفصال ولكن معناها يتغير. مثال:

(قال شيئاً مرة أخرى =) **wiederholen**	*Er **wiederholt** die Verben.*
(أعاد شيئاً =) **wiederholen**	*Das Kind **holt** den Ball **wieder.***
(تجنب صعوبة =) **umgehen**	*Das Problem **umgehen** wir lieber.*
(عامل أحداً أو شيئاً بشكل جيد =) **umgehen**	***Geh** mit diesem Glas sorgfältig **um.***

وهناك مجموعة أخرى من السوابق التي لا تنفصل أبداً، وهي:

يطلب الضيف الطعام.	*Der Gast bestellt das Essen*	**be**stellen	**be– :**
بماذا تنصحني؟	*Was empfehlen Sie mir?*	**emp**fehlen	**emp– :**
اكتشف كولومبوس أميركا.	*Kolumbus entdeckte Amerika.*	**ent**decken	**ent– :**
يشرح المعلم الجملة.	*Der Lehrer erklärt den Satz.*	**er**klären	**er– :**
تعجبني السترة.	*Die Jacke gefällt mir.*	**ge**fallen	**ge– :**
ترك المرحوم منزلاَ.	*Der Verstorbene hinterließ ein Haus.*	**hinter**lassen	**hinter– :**
استغل الوزير منصبه.	*Der Minister missbrauchte sein Amt.*	**miss**brauchen	**miss– :**
ألقي إلينا أن نفعل شيئاً.	*Es obliegt uns das zu tun.*	**ob**liegen	**ob– :**
يبيع الخباز خبزاً.	*Der Bäcker verkauft Brot.*	**ver**kaufen	**ver– :**
إنه حَطَم الشقة.	*Er zerstörte die Wohnung.*	**zer**stören	**zer– :**

ملاحظة: على الطالب أن ينتبه إلى الفرق بين السابقة وحرف الجر. مثال:

لقد تجولنا في فرنسا.	*Wir reisten **durch** Frankreich.*
اجتازنا فرنسا بدون توقف.	*Wir **durch**reisten Frankreich.*

وهناك أفعال تبدو أفعالاً مركبة ولكنها في الواقع مركبة من اسم وصفة، وهذه الأفعال هي غير قابلة للإنفصال مع أن مقطعها الأول منبور، مثل:

das Frühstück:	*frühstücken*	*ich frühstücke*
die Antwort:	*antworten*	*ich antworte*
der Wetteifer:	*wetteifern*	*ich wetteifere*

▶ Übungen zu den trennbaren Verben **S. 432**

1.17 Das Passiv
المبني للمجهول

تستخدم صيغة المبني للمجهول في الألمانية كما في العربية وذلك دون ذكر الفاعل نظراً لقلة أهميته أو لعدم معرفته، أو لأسباب أخرى.
إن الفاعل في جملة المبني للمعلوم هو صاحب الأهمية في الدرجة الأولى وما يقوم به من عمل يأتي في الدرجة الثانية. مثال:

يشرح المعلم الجملة. ***Der Lehrer*** *erklärt den Satz.*

بينما نرى في جملة المبني للمجهول أن العمل الذي قام به الفاعل (الشخص في جملة المبني للمعلوم) يحتل الصدارة والفاعل بحد ذاته لا أهمية له البتة، وغالباً ما يحذف. مثال:

تشرح الجملة. ***Der Satz*** *wird erklärt.*

يتم تحويل جملة المبني للمعلوم (أي الجملة التي تشمل على فعل وفاعل ومفعول به) إلى جملة المبني للمجهول (جملة فعل ونائب فاعل) بالشكل التالي:

Der Lehrer erklärt den Satz. (جملة المبني للمعلوم)
Der Satz wird erklärt. (جملة المبني للمجهول)

إن المفعول به (المنصوب) يصبح نائب فاعل (مرفوعاً) والفاعل يحذف وقد يأتي بشكل جار ومجرور (von + Dativ)، ثم يصرف الفعل المساعد werden حسب نائب الفاعل (مفرداً كان أم جمعاً) ونضع في آخر الجملة اسم المفعول (Partizip II) للفعل الأصلي.

ويمكن توضيح طريقة تحويل جملة المبني للمعلوم إلى مبني للمجهول بالشكل التالي:

Der Lehrer erklärt den Satz.
Subjekt — Akk.-Obj.

*Der Satz **wird** (vom Lehrer) **erklärt.***
Subjekt — von + Dativ

إذا كان الفاعل في جملة المبني للمعلوم مجهولاً نستعمل عندئذٍ الضمير **man** كفاعل ونحذفه عندما نحول الجملة إلى المبني للمجهول. مثال:

***Man** spricht hier Deutsch.*	(مبني للمعلوم)
*Hier **wird** Deutsch **gesprochen.***	(مبني للمجهول)

إن الفعل المساعد **werden** يصرف حسب زمن الفعل الوارد في جملة المبني للمعلوم (مضارع، ماضٍ، ماضٍ تام، إلخ...) وحسب فاعله الجديد (مفرد، جمع)، وعليه نجد الحالات التالية:

١ المضارع المبني للمجهول: Passiv Präsens

Präsens Aktiv:	*Der Lehrer fragt den Schüler.*	يسأل المعلم التلميذ.
Präsens Passiv:	*Der Schüler **wird gefragt**.*	يُسأل التلميذ.
Präsens Aktiv:	*Der Lehrer fragt die Schüler.*	يسأل المعلم التلاميذ.
Präsens Passiv:	*Die Schüler **werden gefragt.***	تُسْأل التلاميذ.

Passiv Präsens = Präsens von **werden + Partizip II**

٢ الماضي البسيط المبني للمجهول: Passiv Präteritum

Prät. Aktiv:	*Ich holte sie vom Bahnhof ab.*	جلبتها من المحطة.
Prät. Passiv:	*Sie **wurde** vom Bahnhof **abgeholt.***	جُلِبت من المحطة.
Prät. Aktiv:	*Der Direktor wusch das Auto.*	غسل المدير السيارة.
Prät. Passiv:	*Das Auto **wurde gewaschen.***	غُسِلت السيارة.

Passiv Präteritum = Präteritum von **werden + Partizip II**

٣ الماضي التام المبني للمجهول: Passiv Perfekt

Perf. Aktiv:	*Der Schüler hat die Aufgabe geschrieben.*	كتب التلميذ الوظيفة.
Perf. Passiv:	*Die Aufgabe **ist geschrieben worden.***	كُتِبت الوظيفة.
Perf. Aktiv:	*Man hat drei Wohnungen gebaut.*	تم بناء ثلاث شقق.
Perf. Passiv:	*Drei Wohnungen **sind gebaut worden.***	بُنِيت ثلاث شقق.

Passiv Perfekt = Präteritum von **sein + Partizip II + worden**

٤ المبني للمجهول مع الأفعال المساعدة الواصفة للحال: Passiv mit Modalverben

Präs. Aktiv:	*Er muss das Auto waschen.*	عليه أن يغسل السيارة.
Präs. Passiv:	*Das Auto **muss gewaschen werden.***	يجب أن تُغْسل السيارة.
Präs. Aktiv:	*Er musste das Auto waschen.*	وجب عليه غسل السيارة.
Präs. Passiv:	*Das Auto **musste gewaschen werden.***	وجب غسل السيارة.

Passiv mit Modalverben = Modalverb Präsens / Präteritum + **Partizp II + werden**

ملاحظة:

- يرد اسم المفعول للفعل المساعد **werden** بشكل **worden** وليس **geworden**
- يمكن أن نعتبر الصيغة **gebaut werden** كاسم مفعول مبني للمجهول.
- يمكن أن نعتبر الصيغة **gewaschen werden** كمصدر مضارع مبني للمجهول.

- **صيغة المبني للمجهول لأفعال تعبر عن نشاط انساني:**

إن صيغة المبني للمجهول لتلك الأفعال التي تعبر عن نشاط إنساني مثل:

weinen, tanzen, schlafen, lachen, essen, arbeiten

تسمح بالتركيز على النشاط فقط دون ذكر الشخص.

الشرح المفصل	صيغة المبني للمجهول	وظيفة التعبير
تم شراء الكثير. يعمل هنا. كانوا يضحكون بعد كل نكتة. كان أحدهم يصرخ خارجاً.	*Es wurde viel gekauft.* *Hier wird gearbeitet.* *Bei jedem Witz wurde gelacht.* *Draußen wurde geschrien.*	**بيان الحقائق**
في ألمانيا تشرب البيرة بكثرة. في هذه الأيام يتلفن بكثرة.	*In Deutschland wird viel Bier getrunken.* *Heutzutage wird viel telefoniert.*	**التعميم**
عليك أخيراً أن تتعلم. أريد أن تناموا أخيراً. هنا لا يدخن أحد.	*Heute wird gelernt.* *Jetzt wird geschlafen.* *Hier wird nicht geraucht.*	**الطلب**

- إن الجمل المذكورة أعلاه لا تحتوي متممات خبرية، لا يوجد فاعل.
- إن أمثلة الطلب تظهر أنه حان الوقت كي يحدث أو لا يحدث شئ، أو أن هذا النشاط ليس في مكانه المناسب.

◄ إذا حذفنا الكلمات مثل: heute, jetzt, draußen, hier، وجب وضع محلها الضمير **es**.

■ **الأفعال التي لا يمكن لها تشكيل صيغة المبني للمجهول:**
هناك أفعال لا يمكن لها تشكيل صيغة المبني للمجهول:

◄ ما أنها تأخذ مفعولاً به لا تشكل المبني للمجهول، وتكون هذه الحالة دائماً عندما لا يدل مفهوم الفعل على قضية أو حدث أو عمل. مثال:

Er hat ein Auto.	jemand hat etwas: Akk.
Es gibt dort gutes Essen.	es gibt etwas: Akk.
Ich kenne die Stadt.	jemand kennt etwas: Akk.
Er weiß das.	jemand weiß etwas: Akk.
Das Buch kostet drei Euro.	etwas kostet etwas: Akk.
Das Buch enthält 100 Seiten.	etwas enthält etwas: Akk.

◄ أحياناً مع مصطلحات ثابتة:

Er hat die Nerven verloren.	jemand verliert die Nerven
	etwas nimmt einen guten Ausgang

◄ مع الفعل المساعد الواصف للحال الذي يأتي مع مفعول به ومصدر، فقط مع الفعلين **wollen, mögen**:
Sie möchte ihn sehen. / Sie will ihn besuchen.

◄ الفعل مع مفعول به والمصدر بدون **zu**:
Ich sehe ihn arbeiten. / Ich höre ihn kommen.

◄ الأفعال اللازمة التي تبني صيغة الماضي التام مع الفعل المساعد **sein**:
Sie ist eine Stunde bei mir geblieben.

◄ الأفعال التي يكون مفعولها الضمير المنعكس:
Ich wasche mich.

- الأفعال التي هيكل صيغتها يتطلب ضميراً منعكساً:
  jemand beeilt sich / jemand bedankt sich

وهناك صيغة أخرى للمبني للمجهول تدعى: Passiv mit sein وهذه الأخيرة تدعى أيضاً: Zustandspassiv أي بما معناه (المبني للمجهول للحالة) ونعني بالحالة نتيجة العمل المسبق. مثال:

أكتب رسالة (مبني للمعلوم)	*Ich schreibe einen Brief.*
رسالة تكتب (مبني للمجهول)	*Ein Brief wird geschrieben.*
كتبت الرسالة (الرسالة مكتوبة (مبني للمجهول للحالة)	*Jetzt ist der Brief **geschrieben.***

ملاحظة: يجب ملاحظة الفرق بين هذا النوع من المبني للمجهول وبين المبني للمجهول في صيغة الماضي التام (المثال الثالث).

إن كل الأفعال التي تشكل المبني للمجهول مع **werden** تشكل أيضاً المبني للمجهول مع فعل الكون **.sein**

► Übungen zum Passiv **S. 435**

1.18 Der Infinitiv
المصدر

لقد رأينا أن اسم الفاعل واسم المفعول هما من مشتقات الفعل وأن لهما في الجملة وظائف أخرى غير وظيفة الخبر. وهناك أيضاً صيغة أخرى تشبهها في أعمالها، وهذه الصيغة هي المصدر، أي الشكل الأساسي للفعل والذي تجده في القاموس.

إن أغلب الأفعال الألمانية تأخذ كعلامة مصدر النهاية **en-** وبعضها النهاية **n-**.

إن جذر الفعل هو الذي يعطي مفهوم الكلمة.

*fehl–**en**, folg–**en**, red–**en**, seh–**en***

*feier–**n**, forder–**n**, regel–**n**, segel–**n***

هذا وإن بجانب الصيغة الأساسية للمصدر هناك عدة أشكال مركبة أخرى له:

صيغة المصدر	اسم الصيغة
arbeiten, kommen	Infinitiv Präsens Aktiv
gearbeitet haben, gekommen sein	Infinitiv Perfekt Aktiv
gebaut werden	Infinitiv Präsens **werden** Passiv
gebaut worden sein	Infinitiv Perfekt **werden** Passiv
geöffnet sein	Infinitiv Präsens **sein** Passiv
geöffnet gewesen sein	Infinitiv Perfekt **sein** Passiv

إذن هناك ستة صيغ للمصدر.

إن هذه المصادر لا تغير صيغتها أبداً، ولكنها تأتي غالباً مع أفعالٍ أخرى هي التي يطرأ عليها التبدلات الضرورية والمميزة.

والمصدر في اللّغة الألمانية نوعان:

- **المصدر بدون zu** (der einfache Infinitiv)
- **المصدر مع zu** (der präpositionale Infinitiv)

Infinitiv mit zu	**Infinitiv ohne zu**
*Ich **habe zu arbeiten***	*Ich **werde arbeiten***
*Ich **versuche zu arbeiten***	*Ich **würde arbeiten***
*Ich **brauche** nicht **zu arbeiten***	*Ich **will arbeiten***
*Ich **pflege** viel **zu arbeiten***	*Ich **gehe arbeiten***
*Ich verdiene, **ohne zu arbeiten***	*Ich **sehe** ihn **arbeiten***

- **المصدر كاسم**

بإمكاننا أن نشكل من كل مصدر اسماً. الأداة تكون عندئذٍ **das.**

das Singen ← singen
das Essen ← essen
das Schweigen ← schweigen

مثال:

*Wir treffen uns jeden Samstag Abend **zum Kartenspielen.***
***Das Fehlen** der Papiere wurde am nächsten Tag bemerkt.*
*Der Verband hindert mich **am Schreiben.***

- **المصدر بدون zu:**

عندما يأتي المصدر كجزء من فعل مركب (كالمستقبل العادي، والمستقبل المركب، والاحتمال في الماضي)، أو مع الأفعال المساعدة الواصفة للحال Modalverben يأتي دائماً بدون **zu.**

werden + Infinitiv إن هذه الصيغة المركبة هي:
صيغة المستقبل (Futur I) وصيغة (Futur II).

المصدر	أمثلة
Infinitiv Präsens Aktiv	*Das **wird** schon **klappen.*** *Wir **werden** bald Geld **bekommen.*** *Ich **werde** bald eine Brille **tragen müssen.***
Infinitiv Perfekt Aktiv	*Er **wird** es inzwischen **erfahren haben.*** *Sie **wird** es wohl inzwischen **gemerkt haben.***

:würde(n) + Infinitiv
إن هذه الصيغة المركبة هي غالباً كناية عن الاحتمال في الماضي:

*An ihrer Stelle **würde** ich mir das **bestätigen lassen.***
*An seiner Stelle **würde** ich noch etwas **warten.***

:Modalverb + Infinitiv
إن هذه الأفعال المساعدة تعدل من مفهوم الأفعال مع المصدر:

المصدر	أمثلة
Infinitiv / Präsens / Aktiv	*Sie **kann** gut **kochen.*** ***Können** Sie das für mich **erledigen?***
Infinitiv / Perfekt / Aktiv	*Das **kann** er doch gar nicht **gesagt haben.*** *Sie **kann** das nicht **gemeint haben.***

أمثـلة	المصدر
Das Baby ***muss*** *noch* ***gebadet werden.*** *Das Auto* ***muss repariert werden.***	Infinitiv / Präsens / **werden** – Passiv
Das Buch ***soll*** *auch ins Arabische* ***übersetzt worden sein.***	Infinitiv / Perfekt / **werden** – Passiv
In dieser Firma ***müssen*** *mehr Männer als Frauen* ***beschäftigt sein.***	Infinitiv / Präsens / **sein** – Passiv
Für die letzte Sitzung ***muss*** *doch vorher ein Termin bestimmt* ***gewesen sein.***	Infinitiv / Perfekt / **sein** – Passiv

المصدر العادي مع الأفعال:

sehen, lassen, hören, gehen, fühlen, fahren, bleiben

المصدر	أمثـلة
hören **sehen** **fühlen**	*Ich* ***höre*** *ihn* ***kommen.*** *Ich* ***sehe*** *ihn im Garten* ***arbeiten.*** *Ich* ***fühle*** *eine Erkältung* ***kommen.***
gehen **fahren**	*Sie* ***geht*** *nie allein* ***einkaufen.*** *Sie* ***fährt*** *nach Paris* ***einkaufen.***
bleiben	*Er* ***bleibt*** *einfach* ***sitzen.***
lassen	***Lassen*** *Sie es nur* ***liegen.*** ***Lassen*** *Sie ihn doch* ***schlafen.*** *Ich* ***lasse*** *mir einen Anzug* ***machen.*** *Warum* ***lassen*** *Sie sich das* ***gefallen?***

إن الأفعال الدالة على إحساس أو شعور مثل **sehen, hören, fühlen** والفعل **lassen** تبني صيغة الماضي التام مثل الأفعال المساعدة الواصفة للحال:

Präsens	*Ich **höre** ihn **kommen.***
Perfekt	*Ich **habe** ihn **kommen hören.***
Präsens	*Ich **lasse** mir einen Anzug **machen.***
Perfekt	*Ich **habe** mir einen Anzug **machen lassen.***

- والأفعال الدالة على حركة **fahren, kommen, gehen** والفعل **bleiben** تبني صيغة الماضي التام مع الفعل المساعد **sein**.

Präsens	*Sie **geht einkaufen.***
Perfekt	*Sie ist **einkaufen gegangen.***
Präsens	*Er **bleibt stehen.***
Perfekt	*Er **ist stehen geblieben.***

- **المصدر مع zu:**

◂ **الجمل المصدرية**

هناك عدد كبير من الأفعال الهامة يتطلب تكوينها مصدراً مع **zu**. فإن لم يرد هذا المصدر مع **zu**، اعتبر ت الجملة نحوياً ومن حيث المحتوى جملة غير تامة.
والمصادر مع **zu** التي تدعى أيضاً جملاً مصدرية، هي من متممات الجملة. إن النقص في هذه الجمل ظاهر بشكل أنه تستدعي الاتمام بسؤال:

Ich habe vergessen,…	*– Ja, was denn?*	*…die Briefe **einzuwerfen.***
Er glaubte,…	*– Ja, was denn?*	*…sein Ziel **erreichen zu können.***
Er dachte daran,…	*– Ja, woran denn?*	*…Medizin **zu studieren.***

◄ **الصيغة sein + zu + Infinitiv**

الشرح المفصل	**sein + zu + Infinitiv**
حسب اعتقادي ان هذه الخطة سهلة التحقيق.	*Meiner Ansicht nach ist der Plan leicht **zu realisieren.***
لا يمكن قراءة خطه إلا بصعوبة.	*Seine Schrift **ist** schwer **zu lesen.***
إنه من السهل تنظيف هذه الأرض.	*Diese Böden **sind** leicht **zu pflegen.***

◄ **الصيغة haben + zu + Infinitiv**

بما أن هذه الصيغة يمكن مقارنتها مع فعل مساعد واصف للحال Modalverb لذا يقال أن لهذه الصيغة مفهوماً واصفاً للحال.

الشرح المفصل	**haben + zu + Infinitiv**
عليك أن تفعل ما يقال لك.	*Du **hast zu tun,** was man dir sagt.*
علي أن أنجز اليوم كثيراً.	*Ich habe heute noch viel **zu tun.***
علينا أن ننهي أعمالاً كثيرة.	*Wir **haben** noch viel **zu erledigen.***

◄ الصيغة **brauchen + zu + Infinitiv**

brauchen + zu + Infinitiv	**müssen**
*Nein, er **braucht nicht zu arbeiten.***	*Muss er arbeiten?*
*Nein, er **braucht nicht zu kommen.***	*Muss er kommen?*
*Nein, Sie **brauchen** sich keine Sorgen **zu machen.***	*Muss ich mir Sorgen machen?*

um + zu + Infinitiv الصيغة ◄

Ich komme, ***um*** *meine Schulden* ***zu bezahlen.***

Wir essen, ***um zu leben.***

Wir sind in die Stadt gefahren, ***um einzukaufen.***

► Übungen zum Infinitiv **S. 437**

1.19 Reflexive Verben und Pronomen
الأفعال والضمائر المنعكسة

إذا ورد الفعل والمفعول به في جملة ما، وكان كلاهما يمثلان نفس الشخص أو نفس الشئ فإن المفعول به يأتي بشكل ضمير منعكس، أي أن الضمير يشير إلى أن العمل، أو الحدث، أو الشعور الصادر عن الفعل يعود إلى الفاعل. وتسمى هذه الأفعال بالأفعال المنعكسة. تأتي الأفعال المنعكسة:

- **الأفعال المنعكسة غير الحقيقية:** تبديل الضمير المنعكس في حالة المفعول به باسم: إن هذه مجموعة من الأفعال يتطلب تكوينها مفعولاً به. مثال:

Akkusativ:	*Der Friseur rasiert **seinen Kunden.***
	*Der Friseur rasiert **ihn.***

لكن عندما يكون الفاعل والمفعول به نفس الشخص ورد المفعول به ضميراً منعكساً.

Akkusativ:	*Der Friseur rasiert **sich.***
	*Ich rasiere **mich.***
	*Du rasierst **dich.***

إن المفعول به مع هذه الأفعال هو متمم إلزامي. ويمكن أن يرد بشكل اسم أو ضمير شخصي أو ضمير منعكس. لذا نقول أن هذه الأفعال، إذا أخذت ضميراً، تعتبر من الأفعال الانعكاسية أو تلك التي تدعى بالأفعال الانعكاسية غير الحقيقية.

أمثلة	المصدر
*Die Mutter zieht **ihr Kind** an.*	***an-ziehen***
*Die Mutter zieht **sich** an.*	***sich anziehen***
*Ich wasche **das Baby.***	***waschen***
*Ich wasche **mich.***	***sich waschen***

مثال على تصريف فعل منعكس:

Infinitiv: sich ärgern		
mich	ärgere	ich
dich	ärgerst	du
sich	ärgert	er, sie, es
uns	ärgern	wir
euch	ärgert	ihr
sich	ärgern	sie, Sie

إن الضمير المنعكس مع الأشخاص:

- المتكلم المفرد والجمع **ich** و **wir**.
- المفرد والجمع **du** و **ihr** هو نفس الضمير الشخصي في حالة ال Akkusativ، أما مع الغائب المفرد والجمع وكذلك مع صيغة المخاطب الرسمي فيستعمل الضمير **sich**.

- **الأفعال المنعكسة الحقيقية:**

إن هذه الأفعال، بعكس الأفعال المنعكسة الوهمية، لا تبدل الضمير المنعكس بأي اسم.
فالضمير المنعكس هو جزء ضروري من بنية الفعل وهو يكون إما:

Akkusativ: *jemand* ***regt sich*** (über etwas) ***auf***

Warum ***regen sich*** *die Leute über den Artikel* ***auf?***

Deine Mutter hat ***sich aufgeregt.*** *Ruf sie an!*

oder Dativ: *jemand* ***bildet sich*** (etwas Akk.) ***ein***

Ich ***habe mir*** *das* ***eingebildet.***

Wir ***haben uns*** *das* ***eingebildet.***

أمثلة	بنية الفعل	المصدر
*Warum **regen sich** die Leute über den Artikel **auf?***	*jemand **regt sich*** (über etwas: Akk.) ***auf***	***sich aufregen***
*Ich **möchte mich** bei Ihnen für Ihre Hilfe **bedanken.***	*jemand **bedankt sich** (bei jemandem)* (für etwas: Akk)	***sich bedanken***
*Wenn wir **uns** nicht **beeilen,** verpassen wir den Zug*	*jemand **beeilt sich***	***sich beeilen***
*Ich **werde mich** um einen Termin **bemühen.***	*jemand **bemüht sich*** (um etwas: Akk)	***sich bemühen***

أظن أن هذا النوع من الأفعال صعبة بالنسبة لمن يتعلم الألمانية، إذ أن الضمير المنعكس يجب أن يظهر، بينما في لغات أخرى ومنها العربية تترجم بفعل ما لا يملك هذا ضميراً منعكساً. لذا ينصح هؤلاء بتعلمها كما هي.

تصريف فعل منعكس في حالة الـ Dativ:

Infinitiv: ***sich etwas waschen***			
ich	wasche	**mir**	die Hand
du	wäschst	**dir**	die Hand
er, sie, es	wäscht	**sich**	die Hand
wir	waschen	**uns**	die Hand
ihr	wascht	**euch**	die Hand
sie, Sie	waschen	**sich**	die Hand

نستنتج مما سبق أن الضمير المنعكس **sich** هو مفرد وجمع، مذكر ومؤنث ومحايد وهو أيضاً الضمير المنعكس للمخاطب الرسمي **Sie**، ولكنه يكتب بحرف صغير، وهذا الضمير هو نفسه في حالتي ال Akkusativ وال Dativ.

وهناك مجموعة من الأفعال يمكن استعمالها كأفعال منعكسة، ولكن عندما تأخذ هذه الأفعال مفعولاً به مستقلاً يتغير معناها. مثال:

يتمالك نفسه.	*Er beherrscht **sich.***
إنه يتقن الانكليزية.	*Er beherrscht **die englische Sprache.***
تغتاظ من فلان / من شئ.	*Sie ärgert **sich.***
تضايق صديقها.	*Sie ärgert **ihren Freund.***

- **الأفعال مع ضمير متبادل:**

يستخدم الضمير المنعكس أحياناً في جملة لا يكون العمل فيها منعكساً وإنما متبادلاً، مثال: **sich besuchen** لا يعني أنهم يذهبون ويزورون أنفسهم، لكن في الواقع، يذهبون ليروا بعضهم بعضاً. ويسمى هذا بالضمير المنعكس **Reziprok**. مثال:

هانس ومونيكا يحب أحدهم الآخر.	*Hans und Monika lieben **sich.***
أنتم تلتقون غداً.	*Ihr trefft **euch** morgen.*

في حالة كهذه يشترك دائماً وعلى الأقل شخصان، لذا تظهر صيغة الجمع للضمير المنعكس.

- **تركيب خاص للفعل المنعكس sich lassen + Infinitiv:**

الشرح المفصل	***sich lassen*** **+ Infinitiv**
لا يمكن دائماً تجنب هذه الحوادث.	*Unfälle dieser Art **lassen sich** nicht immer verhindern.*
باللإمكان فعل هذا بسهولة.	*Das **lässt sicht** leicht **machen.***
بالإمكان بيع الكتاب بشكل جيد.	*Das Buch **lässt sich** gut **verkaufen.***
أمكن حل هذه المشكلة.	*Das Problem **lässt sich lösen.***

 ► Übungen zu den reflexiven Verben und Pronomen **S. 438**

Kapitel 2

Rektion der Verben

الحالات التي يتطلبها الفعل

2.01 Rektion der Verben
الحالات التي يتطلبها الفعل

إن كثيراً من الأفعال يمكن أن تأخذ مفعولاً به أو مفعولين، ولكن بعضها الآخر تستلزم المفعول أو المفعولين. ويعني هذا أن أفعالاً معنية تستلزم حالات معينة, وليست هناك قاعدة ثابتة تشير إلى الحالات التي تتطلبها الأفعال. وتكمن الصعوبة بالنسبة للطالب في إيجاد الفرق بين الأفعال التي تأخذ حالة الـ Akkusativ وبين تلك التي تأخذ حالة الـ Dativ. مثال:

*Er besucht **mich.***	*Ich frage **sie.***
*Er begegnet **mir.***	*Ich antworte **ihr.***

Verben mit Akkusativ

- إن أغلبية الأفعال تتطلب حالة الـ **Akkusativ**.
  وتدعى الأفعال التي يأتي أو قد يأتي بعدها مفعول به بالأفعال المتعدية (**transitive Verben**)، وما تبقى منها هي لأفعال لازمة (**intransitive Verben**).
- يمكن لجميع الأفعال المتعدية أن تشكل صيغة المبني للمجهول:

يشرب الألمان البيرة.	*Die Deutschen trinken **Bier.***
تُشْربُ البيرة.	***Bier** wird getrunken.*

- **الأفعال المتعدية هي:**

١ أغلب الأفعال التي تدل على عمل، مثل:

schreiben, machen, lesen, herstellen, essen, braten, bauen

إذا كان المفعول به شخصاً سئل عنه باسم الاستفهام **wen?** من؟ أما إذا كان شيئاً أو مفهوماً سئل عنه بـ **was?** ماذا؟. مثال:

*Der Schüler fragt **den Lehrer.*** ➔ ***Wen** fragt der Schüler?*

*Der Junge isst **den Apfel.*** ➔ ***Was** isst der Junge?*

٢ الأفعال السببية faktitive Verben:

تدل هذه الأفعال أيضاً، نظراً إلى تسميتها، على القيام بعمل ما. وهذه الأفعال هي دائماً أفعال ضعيفة، ويقابل كل فعل من هذه الأفعال الضعيفة فعل قوي يدل على حالة السكون والاستقرارية، أو يدل بشكل أدق على نتيجة العمل الذي قام به الفعل المسبب، مثال:

أضع الكأس على الطاولة.	*Ich **stelle** das Glas auf den Tisch. (schwach)*
الكأس على الطاولة.	*Das Glas **steht** auf dem Tisch. (stark)*

ومن هذه الأفعال:

stellen, setzten, legen, hängen, stecken:

أذهب وأقف بجوار النافذة.	*Ich **stelle** mich ans Fenster.*
إنه يجلس الطفل على الكرسي.	*Er **setzt** das Kind auf den Stuhl.*
تضع الكتاب على الطاولة.	*Sie **legt** das Buch auf den Tisch.*
نعلق الثوب في الخزانة.	*Wir **hängen** das Kleid in den Schrank.*
يضع المفتاح في جيبه.	*Er **steckt** den Schlüssel in die Tasche.*

٣ الأفعال التي لا تنفصل عن السابقة:

مثل: **-zer-, ver-, er-, be** وكذلك السوابق التي لا تأتي مشددة ولا تنفصل. مثل:
:über-, unter-, um-, hinter-, durch-

beschreiben, erklären, verlieren, zerlegen, unterschreiben, übersetzen, hinterlegen, durchleuchten, umgeben:

*Der Student **be**schreibt eine Reise.*	يصف الطالب رحلة.
*Der Lehrer **er**klärt den Satz.*	يشرح المعلم الجملة.
*Beim Spielen **ver**liere ich immer.*	أخسر دائماً عندما ألعب.
*Das Kind **zer**legt das Fahrrad.*	يفكك الولد الدراجة.
*Der Partner **unter**schreibt den Vertrag.*	يوقّع الشريك الاتفاق.
*Ich **über**setze den Text.*	أنا أترجم النص.
*Die Frau **hinter**legt einen Brief.*	تودع المرأة رسالة.
*Der Arzt **durch**leuchtet den Patienten.*	يفحص الطبيب المريض بالأشعة.
*Der Wald **um**gibt die Stadt.*	تحيط الغابة بالمدينة.

٤ مجموعة من الأفعال غير الشخصية unpersönliche Verben:

إن عدداً كبيراً من الأفعال المتعدية يمكن استعمالها كأفعال غير شخصية، فيكون الفاعل في هذه الحال الضمير **es** والذي يأتي في أول الجملة، مثال:

Dein Besuch freut mich.	تسرني زيارتك.
Es freut mich, dass du mich besuchst.	يسرني بأنك تزورني.
Das schlechte Wetter ärgert mich.	الطقس السئ يزعجني.
Es ärgert mich, dass das Wetter schlecht ist.	يزعجني أن الطقس سئ.

٥ إن المصطلح es gibt يستلزم دائماً مفعولاً به:

*In dieser Stadt **gibt** es ein gutes Theater.*	هناك مسرح جيد في هذه المدينة.
*Im Institut **gibt es** viele Studenten.*	في المعهد كثير من الطلاب.

٦ أفعال لازمة تدل على تبديل المكان intransitive Verben:

تأخذ هذه الأفعال مفعولاً به يدعى مفعول الاتجاه، إذ أنه يسمي الاتجاه أو الطريق. مثال:

*Wir gehen **den Berg** hinauf.*	نصعد الجبل.
*Er kommt **die Treppe** herunter.*	إنه ينزل الدرج.

٧ الفعل المساعد haben إذا أتى كفعل قائم بذاته:

أملك شقة.	*Ich habe eine Wohnung.*
حصل على أفضل وثيقة.	*Er hatte das beste Zeugnis.*

Verben mit Dativ

- **الأفعال مع حالة الـ Dativ:**

إن الأفعال التي تتطلب حالة الـ Dativ هي قليلة بشكل عام. وغالباً ما يكون اسم الـ Dativ الذي يلي هذه الأفعال شخصاً ونادراً ما يكون شيئاً. إن هذه الأفعال تدل عامة على علاقة شخصية، إذ هي أفعال المحبة والكراهية، الفائدة والضرر، التضامن والانفصال، الخ...

مثال:

الكتاب يخصني.	*Das Buch gehört **mir.***
التدخين مضر بالصحة.	*Rauchen schadet **der Gesundheit.***
أنت مشتاق لأطفالك.	*Deine Kinder fehlen **dir.***
فشلت تجربة الكيميائي.	*Der Versuch ist **dem Chemiker** misslungen.*

تعتبر مجموعة هذه الأفعال في اللّغة الألمانية أفعالاً لازمة، بينما تكون في لغات أخرى متعدية. لذا وجب تعلمها دونما مقارنة. وإليك لعض هذه الأفعال:

١ الأفعال التي تعبر عن الفائدة والضرر، عن الفرح والألم ، عن المحبة والكراهية:

helfen, schaden, gefallen, drohen, nützen:

يساعد السيد السيدة.	*Der Herr hilft **der Dame.***
الكحول يضر بالجسم .	*Alkohol schadet **dem Körper**.*
تعجبني الصورة.	*Das Bild gefällt **mir.***
يهدد المعلم التلميذ بيده.	*Der Lehrer droht **dem Schüler** mit der Hand.*
الدواء يفيد المريض.	*Die Medizin nützt **dem Kranken.***

٢ أفعال التقارب والتباعد، المساواة وعدم المساواة:

sich nähern, folgen, gleichen, ähneln:

Der Zug nähert sich ***der Brücke.***	يقترب القطار من الجسر.
Der Hund folgt ***seinem Herrn.***	يتبع الكلب صاحبه.
Der Sohn gleicht ***dem Vater*** *in Charakter.*	يشبه الابن الأب بسلوكه.
Die Tochter ähnelt ***der Mutter*** *sehr.*	تشبه البنت الأم كثيراً.

٣ أفعال القول:

antworten, danken, gratulieren:

Der Lehrer antwortet ***dem Schüler.***	يجاوب المعلم التلميذ.
Ich danke ***dir*** *für die Einladung.*	أشكرك على الدعوة.
Er gratuliert ***seinem Vater.***	إنه يهنئ والده.

٤ بعض الأفعال الشخصية:

schmecken, passen, stehen, einfallen, es geht:

Das Essen schmeckt ***mir*** *nicht gut.*	لا يعجبني الطعام كثيراً.
Der Anzug passt ***dem Kunden.***	الحلة تناسب الزبون.
Das Hemd steht ***ihm*** *gut.*	القميص يناسبه تماماً.
Sein Name fällt ***mir*** *nicht ein.*	لا يخطر اسمه ببالي.
Es geht ***dem Kranken*** *besser.*	صحة المريض تتحسن.

Verben mit Akkusativ und Dativ

- **الأفعال مع حالتي الـ Akkusativ و الـ Dativ:**

يمكن لهذه الأفعال أن تأخذ مفعولين وهما الـ Akkusativ والـ Dativ، كما أنها تأخذ مفعولاً واحدا فقط وهو الـ Akkusativ ويكون هذا المفعول عادة شيئاً، أما الاسم في حالة الـ Dativ فهو غالباً شخص ونادراً شئ. مثال:

يشتري الأب لابنته محفظة (مفعولان). *Der Vater kauft seiner Tochter eine Tasche.*
يشتري الأب محفظة (مفعول واحد). *Der Vater kauft eine Tasche.*

ملاحظة:

- إن الشخص الذي يأتي مع هذه الأفعال يكون في حالة الـ Dativ والشئ في حالة الـ Akkusativ. ويسبق الـ Dativ الـ Akkusativ في الجملة إذا كانا طبعاً اسمين.
- إن هذه الأفعال تستلزم مفعولاً به فهي تسمح إذن ببناء حالة المبني للمجهول ويبقى الـ Dativ كما هو. مثال:

تُشترى المحفظة للابنة. *Die Tasche wird **der Tochter** gekauft.*

إن عدد هذه الأفعال كبير، وهي في الأساس أفعال تعبر عن معنى:
العطاء والأخذ، القول والاعتقاد والإخبار، إلخ... . والاسم الـ Dativ الذي يأتي مع الأفعال هو الشخص الذي نعطيه أو نأخذ منه أو نقول له شيئاً.

١ الأفعال بمعنى الأخذ:

wegnehmen, stehlen, entziehen:

*Das schlechte Wetter nimmt **mir meine gute Laune** weg.*
إن الطقس السئ انتزع مني المزاج الجيد.
*Der Taschendieb stiehlt **der Dame die Tasche**.*
سرق النشال المحفظة من السيدة.
*Die Polizei entzieht **dem Fahrer den Führerschein.***
سحب الشرطي رخصة القيادة من السائق.

٢ أفعال العطاء:

geben, leihen, schenken, schicken, mitbringen:

Der Student gibt ***seinem Freund ein Buch.***	يعطي الطالب صديقه كتاباً.
Mein Freund leiht ***mir 100 Euro.***	يقرضني صديقي ١٠٠ يورو.
Er schenkt ***ihr Blumen.***	أهداها زهوراً.
Seine Eltern schickten ***ihm ein Paket.***	أرسل الأهل له طرداً.

٣ لأفعال بمعنى الإخبار والإعلام:

sagen, mitteilen, erzählen, beantworten:

Ich habe ***ihm meine Meinung*** *gesagt.*	قد قلت له ما أفكر به.
Er teilte ***mir die*** *letzte* ***Nachricht*** *mit.*	بلغني آخر خبر.
Sie erzählt ***uns eine Geschichte.***	إنها تقصّ علينا حكايةً.
Ihr beantwortet ***ihm die Frage.***	أنتم تجاوبونه على سؤاله.

Verben mit zwei Akkusativen

- **الأفعال التي تستلزم مفعولين: Verben mit zwei Akkusativen**

إن عدداً قليلاً من الأفعال يتطلب مفعولين وهما في حالة ال Akkusativ. وأهم هذه الأفعال أفعال التسمية. مثال:

nennen, rufen, lehren, kosten, taufen, schelten:

Die Eltern nennen ***das Kind Peter.***

سمى الأهل الولد بيتر.

Die Mutter ruft ***den kleinen Hans „Hänschen".***

تنادي الأم ابنها هانس الصغير هينشن.

Der Lehrer lehrt ***den Ausländer Deutsch.***

علم المعلم الأجنبي الألمانية.

*Meine Diplomarbeit kostete **mich ein Jahr.***

كلفتني أطروحة الديبلوم عاماً كاملاً.

*Der Pfarrer taufte **das Kind Clara.***

عمد الكاهن الفتاة باسم كلارا.

*Der Junge schimpfte **seinen Kameraden einen Dummkopf.***

شتم الشاب زميله بأنه غبي.

Verben mit Genitiv

- **الأفعال مع المضاف إليه: Verben mit Genitiv**

أصبح استخدام هذه الأفعال نادراً جداً. وقلما نسمع بها، ولا تجدها إلا في لغة الشعر.
bedürfen, gedenken:

أنا بحاجة ماسة إلى مساعدتك.	*Ich bedarf dringend **deiner Hilfe.***
في عيد الموتى يتذكر الناس موتاهم.	*Am Totensonntag gedenkt man **der Toten.***

Verben mit Akkusativ und Genitiv

- **الأفعال في حالتي ال Akkusativ ال Genitiv**

تستخدم هذه الأفعال في المحكمة، ويكون الشخص الذي يأتي بعدها في حالة ال Akkusativ والشئ في حالة ال Genitiv. مثال:
würdigen, anklagen, verdächtigen:

لم تجُد عليه بنظرة.	*Sie würdigte **ihn keines Blickes.***
اتُهم بيمين كاذب.	*Man klagte **ihn des Meineides** an.*
اتُهم الشاهد بالكذب.	*Man verdächtigte **den Zeugen der Lüge.***

Verben mit zwei Nominativen

- **الأفعال التي تستلزم اسمين في حالة الرفع Verben mit zwei Nominativen**

إن الفعلين **sein** و **werden** يمكن أن استخدامهما مع اسم مرفوع آخر، في هذه الحال يكون الاسم الثاني خبراً للأول. والاسم الثاني يكون عادة إما اسم يدل على الجنسية أو المهنة أو النوعية. مثال:

Die Katze *ist* ***ein Haustier.***	القط حيوان أهلي.
Ich *bin* ***Syrer.***	أنا سوري.
Sie *sind* ***Studenten.***	هم طلاب.
Mein Sohn *wird* ***Arzt.***	ابني سيصبح طبيباً.
Wir *werden später* ***Ingenieure.***	سنصبح فيما بعد مهندسين.

► Übungen zur Rektion der Verben **S. 440**

2.02 Verben mit präpositionalem Objekt
الأفعال التي تستلزم جاراً ومجروراً

هناك عدد كبير من الأفعال تتطلب مفعولاً أو مجروراً بالحرف ويمكن لهذه الأفعال اللازمة أن تصبح متعدية بواسطة حرف الجر. وتشكل هذه الحروف مع الأفعال وحدة قائمة بذاتها، وتكون مرتبطة بها، لذا وجب حفظها ككلمة واحدة.
ولكي يستطيع الطالب تعلم هذه الأفعال مع حروف الجر عليه أن يتمرن عليها باستمرار، وإن كان ذلك بشكل بطئ. ففي كل مرة عليه أن يتعلم عدة أفعال وأن يستخدمها في أمثلة متنوعة مع أشخاص وأزمنة مختلفة.
ليست هناك قاعدة ثابتة تشير إلى الفعل والحرف التابع له، أو إلى محل إعراب الاسم، وإنما التمرين وحده كفيل بذلك. وإذا أراد الطالب معرفة الفعل والحرف الخاص به فسيجده في القاموس.
وإليك مجموعة من هذه الأفعال وأكثرها استعمالاً:

أفعال مع حرف الجر an في حالة ال Akkusativ

denken an + A	*Ich denke an den Urlaub.*
	Ich denke an meine Mutter.
sich erinnern an + A	*Der Mann erinnert sich an die Jugend.*
sich gewöhnen an + A	*Er hat sich an das Klima gewöhnt.*
sich wenden an + A	*Sie wendet sich an den Direktor.*
glauben an + A	*Wir glauben nicht an sein Talent.*
schreiben an + A	*Die Mutter schreibt an ihre Tochter einen Brief.*

أفعال مع حرف الجر auf في حالة ال Akkusativ

sich beziehen auf + A	*Ich beziehe mich auf Ihren Anruf.*
sich freuen auf + A	*Der Student freut sich auf die Ferien.*
warten auf + A	*Er wartet auf den Zug.*
verzichten auf + A	*Auf die Stelle verzichtet sie nicht.*

sich verlassen auf + A	*Kann ich mich auf dich verlassen?*
hoffen auf + A	*Der Junge hofft auf die Zukunft.*
hinweisen auf + A	*Der Lehrer weist auf die Regel hin.*

أفعال مع حرف الجر **für** في حالة الـ **Akkusativ**

sorgen für + A	*Der Vater sorgt für seine Familie.*
kämpfen für + A	*Sie kämpfen für die Unabhängigkeit.*
halten für + A	*Er hält sich für einen Künstler.*
sich interessieren für + A	*Sie interessiert sich für Musik.*
sich entscheiden für + A	*Der Student entscheidet sich für Jura.*
bürgen für + A	*Schon der Name bürgt für Qualität.*
sich eignen für + A	*Er eignet sich für diesen Beruf.*
danken für + A	*Ich danke für die Einladung.*

أفعال مع حرف الجر **in** في حالة الـ **Akkusativ**

sich verlieben in + A	*Peter verliebt sich in seine Kollegin.*
sich vertiefen in + A	*Die Studentin vertieft sich in die Philosophie Kants.*

أفعال مع حرف الجر **gegen** في حالة الـ **Akkusativ**

kämpfen gegen + A	*Die Polizei kämpft gegen das Verbrechen.*
sich richten gegen + A	*Das Schreiben richtet sich gegen die Verwaltung.*

أفعال مع حرف الجر **über** في حالة الـ **Akkusativ**

sich freuen über + A	*Sie hat sich über den Brief gefreut.*
sich ärgern über + A	*Er hat sich über den Lehrer geärgert.*
sich wundern über + A	*Ich wunderte mich über den hohen Preis.*
sich amüsieren über + A	*Wir amüsierten uns über seine Witze.*

sich beschweren über + A	*Der Gast beschwert sich über den Kellner.*
sich informieren über + A	*Der Passagier informiert sich über den Flug.*
sich unterhalten über + A	*Wir haben uns über Literatur unterhalten.*
nachdenken über + A	*Man denkt oft über heutige Probleme nach.*
berichten über + A	*Die Zeitung berichtet über den Krieg.*
diskutieren über + A	*Sie diskutierten über Politik.*
sprechen über + A	*Die Dame hat über die Reise gesprochen.*

أفعال مع حرف الجر **um** في حالة الـ **Akkusativ**

bitten um + A	*Der Schüler bittet den Lehrer um Rat.*
sich bemühen um + A	*Mein Kollege bemüht sich um eine neue Stelle.*
sich kümmern um + A	*Die Mutter kümmert sich um die Kinder.*
sich bewerben um + A	*Der Student bewirbt sich um ein Stipendium.*
sich handeln um + A	*Es handelt sich um eine alte Dame.*
trauern um + A	*Die Mutter trauert um ihr totes Kind.*

أفعال مع حرف الجر **aus** في حالة الـ **Dativ**

bestehen aus + D	*Die Diplomarbeit besteht aus 20 Seiten.*
stammen aus + D	*Er stammt aus einer armen Familie.*
werden aus + D	*Ich weiß nicht, was aus ihm wird.*

أفعال مع حرف الجر **an** في حالة الـ **Dativ**

leiden an + D	*Er leidet an Asthma.*
erkennen an + D	*Ich habe ihn an seiner Stimme erkannt.*
sterben an + D	*Der Patient ist an Krebs gestorben.*
teilnehmen an + D	*Wir nehmen an der Besprechung teil.*
zweifeln an + D	*Sie zweifelt an seinen Worten nicht.*
arbeiten an + D	*Der Ingenieur arbeitet an einem Projekt.*

fehlen an + D	*Bei uns fehlt es an Arbeitern.*
sich beteiligen an + D	*Ich werde mich an der Wahl beteiligen.*

أفعال مع حرف الجر in في حالة الـ Dativ

sich irren in + D	*Der Reisende irrte sich in der Abfahrtzeit.*

أفعال مع حرف الجر mit في حالة الـ Dativ

beginnen mit + D	*Er beginnt früh mit der Arbeit.*
sich beschäftigen mit + D	*Ich beschäftige mich mit meinen Kindern.*
sich streiten mit + D	*Streitest du dich immer mit deiner Frau?*
sich vertragen mit + D	*Und wann verträgst du dich mit ihr?*
sich verabreden mit + D	*Ich habe mich mit Freunden verabredet.*
rechnen mit + D	*Mit mir könnt ihr bestimmt rechnen.*
verbinden mit + D	*Bitte, verbinden Sie mich mit Herrn Mayer.*
vergleichen mit + D	*Du kannst dich mit ihm nicht vergleichen.*

أفعال مع حرف الجر nach في حالة الـ Dativ

fragen nach + D	*Der Direktor hat nach dir gefragt.*
sich sehnen nach + D	*Ich sehne mich nach Hause und nach dir.*
sich richten nach + D	*Die Miete richtet sich nach dem Einkommen.*
streben nach + D	*Der Richter strebt immer nach Gerechtigkeit.*

أفعال مع حرف الجر vor في حالة الـ Dativ

sich fürchten vor + D	*Das Kind fürchtet sich vor dem Hund.*
schützen vor + D	*Der Schirm schützt uns vor der Sonne.*
warnen vor + D	*Die Polizei warnt die Leute vor den Dieben.*

أفعال مع حرف الجر von في حالة ال Dativ

befreien von + D	*Der Arzt befreit die Frau von den Schmerzen.*
abhängen von + D	*Meine Stimmung hängt oft vom Wetter ab.*
erwarten von + D	*Das habe ich nicht von dir erwartet.*
verstehen von + D	*Ich verstehe nichts von Motoren.*
reden von + D	*Er redet nur von seiner Reise.*
stammen von + D	*Das Bild stammt von meinem Vater.*
träumen von + D	*Sie träumt immer von einer Weltreise.*

أفعال مع حرف الجر zu في حالة ال Dativ

gehören zu + D	*Gold gehört zu den Edelmetallen.*
aufrufen zu + D	*Die Arbeiter riefen zu einem Streik auf.*
beitragen zu + D	*Sie hat zu seinem Glück beigetragen.*
einladen zu + D	*Mein Freund lud mich zu einer Party ein.*
gelangen zu + D	*Bei den Verhandlungen gelangte man zu einer Lösung.*

وجدنا من الأمثلة المذكورة آنفاً أن هناك أفعالاً أخذت إضافة إلى الجار والمجرور مفعولاً آخر وأن أغلب هذه الأفعال هي أفعال منعكسة. مثال:

لقد فرحت لقضائها الإجازة.	*Sie freute **sich** über **den Urlaub.***
نشكركم على الهدية.	*Wir danken **euch** für **das Geschenk.***

- إن كثيراً من الأفعال تغيّر معناها إذا أخذت حروف جر مختلفة.

(إنه تكلم عن تفاصيل الرحلة)	*Er hat **über seine Reise** gesprochen.*
(حكي أنه قام أو سيقوم برحلة)	*Er hat **von seiner Reise** gesprochen.*

- يجب الانتباه أيضاً إلى الفرق الموجود بين الأفعال مع حروف الجر والأفعال القابلة للإنفصال. **مثال:**

إنه تعود على الطقس. (فعل مع حرف جر)	*Er gewöhnt **sich an das Klima.***
أنه تعود على التدخين.	*Er **gewöhnt sich** das Rauchen **an.***

ويجب كذلك الأخذ بعين الاعتبار الفرق بين حرف الجر التابع للفعل وحرف الجر الذي يدل على الزمن. مثال:

أطلب منك ساعتك. (فعل مع حرف جر)	*Ich bitte dich **um deine Uhr.***
سآتي في الواحدة. (حرف حر للزمن)	*Ich komme **um** ein Uhr.*

ملاحظة هامة: إذا سألنا عن الجار والمجرور يجب الانتباه إلى الاسم المجرور أو المنصوب إن كان هذا شخصاً أو شيئاً:

- إن كان شخصاً أتى حرف الجر مع اسم الاستفهام الشخصي:
  مثال: **an wen?, nach wem?**، إلخ...
  نقول مثلاً:

إنه يفكر بزوجته.	*Er denkt **an seine Frau.***
هنا نسأل:	↓
من يتذكر؟	***An wen** denkt er?*
سأل الوالد عن ولده.	*Der Vater fragt **nach seinem Sohn.***
	↓
عمن سأل الوالد؟	***Nach wem** fragt der Vater?*

■ وإن كان شيئاً نربط حرف الجر مع الظرف **wo** وإذا كان حرف الجر ينتهي بحرف صوتي نضع بين حرف الجر وكلمة **wo** الحرف **-r-**، فيصبح:

worin, woraus, woran

مثال:

إنه يفكر برحلته.	*Er denkt **an seine Reise.***
	⬇
بما يفكر؟	***Woran** denkt er?*
إنه يسأل عن موعد وصول القطار.	*Er fragt **nach der Ankunft** des Zuges.*
	⬇
عما يسأل؟	***Wonach** fragt er?*

◂ إذا تم تحويل الجار والمجرور إلى ضمير وجب أيضاً التفريق بين الأشخاص والأشياء.

◂ بالنسبة للأشخاص يأتي حرف الجر قبل الضمير. مثال:

هل يفكر بزوجته؟	*Denkt er **an seine Frau?***
نعم، إنه يفكر بها.	*Ja, er denkt **an sie.***
هل يسأل الوالد عن ولده؟	*Fragt der Vater **nach seinem Sohn?***
نعم، إنه يسأل عنه.	*Ja, er fragt **nach ihm.***

■ أما بالنسبة للأشياء فنربط حرف الجر مع الظرف **-da**، وإذا بدأ حرف الجر بحرف صوتي نضع حرف **-r-** بينه وبين **-da**، فيصبح:

darin, daraus, daran

مثال:

هل يفكر برحلته؟	*Denkt er **an seine Reise?***
نعم، إنه يفكر بها.	*Ja, er denkt **daran.***
هل يسأل عن موعد وصول القطار؟	*Fragt er **nach der Ankuft** des Zuges?*
نعم، إنه يسأل عنه.	*Ja, er fragt **danach.***

► Übungen zu den Verben mit präpositionalem Objekt **S. 446**

Kapitel 3

Das Nomen

الاسم

3.01 Das Nomen

الاسم

ما هو الاسم؟

الأسماء كلمات لها الصفات الأربع التالية. وبعض هذ الصفات تتواجد عند عناصر أخرى من الكلمات.

أولاً: مفهوم هذه الكلمات: يرمز الاسم في الألمانية دائماً إلى:

◄ **مخلوق**	**(إنسان):**	Mutter / أم، Freund / صديق، Arbeiter / عامل
	(حيوان):	Hund / كلب، Vogel / عصفور، Insekt حشرة
	(نبات):	Baum / شجرة، Blume / زهرة، Gurke / خيار
◄ **شئ**	**(جماد):**	Tisch / طاولة، Haus / منزل، Buch / كتاب
	(مفهوم):	Liebe / حب، Frieden / سلام، Politik / سياسة
	(اسم خاص):	Peter / بيتر، Berlin / برلين

ملاحظة: يكتب الحرف الأول للاسم دائماً وأبداً **بحرف كبير.**

ثانياً: إمكانية تركيب الكلمة:

بإمكان تشكيل كلمات أخرى بواسطة التركيب أو الاشتقاق:

Drucksache, Schwimmbad, Krankenschwester, Ehepaar, Trinkgeld

ثالثاً: الإعراب:

بإمكان جميع الأسماء أن تغير بنيتها. وإن هذا التبديل الذي يطرأ على الاسم يدعى إعراب.

وظيفة هذا التغيير:

◄ بواسطة تغيرات معينة لبنية الاسم يبدو جلياً:

أن الشئ وجد مرة واحدة.	***Der*** *Tisch* ***ist*** *kaputt.*
أن الشئ وجد أكثر من مرة.	***Die*** *Tische* ***sind*** *kaputt.*

إن المصطلح الفني لذلك هو العدد، ويمكن أن نفرق بين **المفرد** (Singular) **والجمع** (Plural) وفي كثير من الأحيان يرمز المفرد إلى مجموعة كاملة من الأشياء أو المخلوقات:

الكلب صديق الإنسان. *__Der Hund__ ist ein Freund des Menschen.*

- بواسطة تغيرات معينة لبنية الاسم تتوضح العلاقات بين الكلمات في جملة ما. والمصطلح الفني لذلك هو **الحالة** (der Kasus). ويمكن أن نفرق بين:

  - حالة الرفع **Nominativ**
    __Der Student__ lernt.
    __Die Damen__ trinken Kaffee.

  - حالة النصب **Akkusativ**
    Ich frage __den Schüler.__
    Wir kaufen __Bücher.__

  - حالة المنصوب و المجرور **Dativ**
    Er gibt __dem Hund__ Fleisch.
    Wer mit den Hunden *zu Bett geht, steht mit __den Flöhen auf.__*

  - حالة المضاف إليه **Genitiv**
    Das Buch __des Lehrers__ liegt da.
    Die Tasche __der Frau__ ist neu.

رابعاً: مرافق الاسم:

يرافق الاسم عادة أداة:

__Das__ Haus ist vermietet. *__Die__ Tasse ist voll.* *__Der__ Wagen ist neu.*

__Eine__ gute Idee ist das. *__Ein__ Buch liegt hier.*

3.02 Das Geschlecht der Nomen

جنس الاسم

تنقسم الأسماء في اللّغة الألمانية إلى ثلاثة أقسام، ويمكن التعرف على كل جنس بمفرده من أداته.

الجنس	الأداة	الأسم والصفة باللاتينية مع	الصفة
مذكر	der	Maskulinum, maskulin, (m)	männlich
مؤنث	die	Femininum, feminin, (f)	weiblich
محايد	das	Neutrum, neutral, (n)	sächlich

وقد تصبح هذه الأجناس الثلاثة غير مفهومة وغامضة حين يحاول الطالب التعبير عنها برموز الجنس كمذكر، ومؤنث، ومحايد. بما أن هذه التسمية النحوية لا تطابق الجنس الطبيعي للمخلوقات والأشياء، نتكلم حينئذٍ عن الجنس النحوي.

ليست هناك قاعدة ثابتة بالنسبة للجنس النحوي للأسماء لذا وجب دائماً حفظ الاسم مع أداته. مثال:

مخلوق	شئ	مفهوم
der Mann	**der** Tisch	**der** Glaube
die Frau	**die** Tasche	**die** Lust
das Kind	**das** Buch	**das** Glück

وقد يتطابق أحياناً الجنس الطبيعي للمخلوقات مع جنسها النحوي، ولكن هذا لا يحدث دائماً. **مثال:**

das Weib / المرأة
das Pferd / الحصان

das Fräulein / الآنسة
das Kalb / العجل

ويمكن تحديد الجنس النحوي للكلمة في حالات معينة، ولذلك من معنى الكلمة أو من نهايتها، أو من اللواحق (Suffixe) التي تدخل في تركيبها. **مثال:**

◄ من المعنى: **صديق** Freund: إنه مذكر، لذا نقول: der Freund
◄ من النهاية: **tion–** Nation: إنها مؤنث، لذا نقول: die Nation
◄ من اللاحقة: **lein–** Fräulein: إنه محايد، لذا نقول: das Fräulein

وبما أن لكل اسم جنساً لذا يتبع هذا الجنس أيضاً كل ما يرافق الاسم من أداة، وصفة، وما ينوب عنه من ضمائر.
قلنا أن الجنس النحوي (das Genus) للمخلوقات المذكرة والمؤنثة يتفق في أغلب الأحيان مع جنسها الطبيعي. ولكن نرى أحياناً أنه لا توجد بينها علاقة. ومن هذه الحالات عندما يصغر الاسم. **مثال:**

الآنسة / das Fräu**lein** الفتاة / das Mäd**chen**

رأينا أن الرجل لغوياً هو مذكر، وأن المرأة هي مؤنثة، وأن هناك شواذ، لكن الأشياء لا يمكن أن تكون رجلاً أو امرأة، إلا أن اللّغة الألمانية منحتها نوعاً من الحيوية جعلتها تكسب سلوكاً شخصياً.

نحن في الواقع لا ندرك لماذا سميت الأرض **die Erde**، والسماء **der Himmel**، والماء **das Wasser**. ترى، هل أدرك أسلافنا ذلك؟ ولكي نساعد الطالب في حفظ الاسم وأداته، وجنسه النحوي، ندرج فيما يلي بعض القواعد التي يبلغ صحتها من ٪ ٩٠ إلى ٪ ٩٥.

- **مذكر هو:**

١ المخلوقات والحيوانات المذكرة:
der Herr, der Bruder, der Lehrer, der Junge
der Hahn, der Löwe, der Stier, der Hirsch
شاذ هو: die Drohne / اليعسوب، die Schildwache / الحارس

٢ الأيام والأشهر، أوقات النهار، والفصول الأربعة، والجهات:
der Montag, der Mai, der Morgen, der Winter
der Norden, der Süden, der Westen
شاذ هو: das Jahr, die Woche, die Nacht

٣ مظاهر الطبيعة بشكل عام، كالعواصف، والرياح، والأمطار، إلخ...:

der Blitz, der Regen, der Wind, der Sturm

der Donner, der Schnee, der Föhn, der Taifun

٤ الفلزات المعدنية:

der Diamant, der Granit, der Kalk, der Schwefel

شاذ هو: die Kreide

٥ رمز العملة (النقود):

der Franken, der Rubel, der Dollar, der Schilling

شاذ هو: das Pfund, die Krone, die Mark

٦ الأسماء المنتهية باللواحق المشتقة مثل: -er, -el, -ling, -s

der Lehrer, der Kocher, der Schlüssel, der Sessel

der Säugling, der Feigling, der Schnaps, der Schlips

أما الأسماء التي تنتهي باللواحق **-er, -el** وهي ليست مشتقة فإنها تأخذ جنساً آخر:

die Butter, das Wetter, das Zimmer

die Schüssel, die Trommel, das Siegel

٧ الأسماء التي تنتهي باللواحق الأجنبية:

der Konfim**and**	المثبت	**-and**
der Spekul**ant**	مضارب (البورصة)	**-ant**
der Kommis**ar**	المأمور / المفوض	**-ar**
der Dirig**ent**	قائد الاوكسترا	**-ent**
der Spedit**eur**	وكيل شحن / شاحن	**-eur**
der Pian**ist**	عازف البيان	**-ist**
der Lekt**or**	المحاضر	**-or**

الأسماء المنتهية باللواحق:

der Pala**st**	القصر	**-ast**
der Reg**en**	المطر	**-en**
der Tepp**ich**	السجاد	**-ich**
der Hon**ig**	العسل	**-ig**
der Sperl**ing**	العصفور	**-ing**

شاذ هو: das Zeichen, das Kissen, das Wappen

وكذلك الأسماء المشتقة من الأفعال: das Essen, das Lesen

- **مؤنث هو:**

١ الأشخاص والحيوانات المؤنثة:

die Frau, die Dame, die Tochter, die Königin

die Kuh, die Ente, die Gans, die Löwin

شاذ هو: das Weib, das Mannequin, das Huhn

٢ أغلب الأنهر الألمانية وأسماء المراكب والطائرات:

die Elbe, die Ruhr, die Donau, die Weser

die Boing, die Caravelle, die Bismarck (باخرة)

der Inn, der Neckar, der Main, der Rhein

der Condor (طائرة)

٣ الأشجار، والأزهار، والفواكه:

die Tanne, die Kiefer, die Buche, die Eiche

Die Pappel, die Rose, die Nelke, die Tulpe

Die Birne, die Kirsche, die Banane, die Traube

شاذ هو: der Ahorn, das Vergissmeinnicht, der Apfel

٤ الأعداد والأرقام:

die Eins, die Zehn, die Hundert, die Tausend

٥ أغلب الأسماء المنتهية بـ e-، وبشكل خاص المؤلفة من مقطعين:

die Sonne, die Straße, die Freude, die Stunde, die Lampe

شاذ هو: das Erbe, das Ende, das Auge
das Gemüse, das Gewerbe, das Gebirge
der Name, der Käse, der Buchstabe
der Gedanke, der Friede, der Glaube

٦ كل الأسماء المنهية باللواحق المشتقة:

Freiheit, Schönheit	**-heit**
Fähigkeit, Höflichkeit	**-keit**
Spannung, Wirkung	**-ung**
Bäckerei, Malerei	**-ei**
Jagd	**-d**
Fahrt	**-t**

٧ الأسماء الغريبة المنهية بـ :

die Komöd**ie**	**-ie**	die Logi**k**	**-ik**
die Souffl**euse**	**-euse**	die Delikat**esse**	**-esse**
die Gar**age**	**-age**	die Liz**enz**	**-enz**
die Universi**tät**	**-tät**	die Literat**ur**	**-ur**
die Relig**ion**	**-ion**	die Gastr**itis**	**-itis**

شاذ هو: das Genie

■ محايد هو:

١ بعض الأشخاص والحيوانات الصغيرة:

das Kind, das Kalb, das Küken, das Lamm, das Fohlen

٢ أسماء الحيوانات المستعملة لكلا الجنسين:

das Pferd, das Kamel, das Schwein, das Rind

٣ أسماء المعادن والعناصر الكيميائية:

das Gold, das Silber, das Eisen, das Nickel

das Chrom, das Blei, das Brom, das Uran

شاذ هو: der Stahl, der Schwefel, die Bronze

٤ كل أنواع الكلمات التي تستعمل كأسماء بشرط ألا تكون أشخاصاً:

das Essen, das Leben, das Rauchen, das Ich

das Blau, das Blaue, das A, das O

٥ جميع الكلمات المنتهية بلاحقة التصغير: chen- و lein-:

das Fräulein, das Mädchen, das Brötchen, das Büchlein

٦ الأسماء الجامعة التي تبدأ بالسابقة -Ge:

das Gemüse, das Gebirge, das Gepäck

٧ الكلمات المنتهية بـ:

	das Zentr**um**	das Evangeli**um**	**-(i)um:**
	das Wachs**tum**	das Eigen**tum**	**-tum:**
ولكن:	der Reich**tum**	der Irr**tum**	
	das Ele**ment**	das Funda**ment**	**-ment:**
ولكن:	der Mo**ment**	der Ze**ment**	

-ma:	das Dra**ma**	das Kli**ma**
		ولكن: die Fir**ma**

- **الحالات الخاصة بجنس الأسماء:**

هناك أسماء مذكرة تستعمل للمذكر والمؤنث على السواء:

der Gast / الضيف

der Besuch / الزائر

der Star / النجم

- **الأسماء ذات الجنس النحوي المختلف:**

هناك أسماء لها معان مختلفة وجنسها النحوي يتغير وقد يكون لها نفس الجذر أو جذراً مختلفاً.

- **الأسماء التي لها نفس الجذر:**

البحر	**die** See	البحيرة	**der** See
		الورث	**das** Erbe
العمل الصالح	**das** Verdienst	الربح	**der** Verdienst
الضرائب	**die** Steuer	مقود السيارة	**das** Steuer

- **الأسماء التي لها جذر مختلف فهي:**

الحبل	**das** Tau	الندى	**der** Tau
البوابة	**das** Tor	الأحمق	**der** Tor
الغصن	**das** Reis	الأرز	**der** Reis
الصنوبر	**die** Kiefer	الفك	**der** Kiefer
السلّم	**die** Leiter	المدير	**der** Leiter

3.03 Der Numerus der Nomen
العدد: المفرد والجمع

إن العدد هو الذي يدل إن كان الاسم يرمز إلى مخلوق واحد أو شئ واحد، أو إلى أكثر من ذلك.

وللاسم في اللّغة الألمانية عددان ، هما المفرد والجمع. والمثنى لا وجود له.

ليس لكل اسم في الألمانية صيغة خاصة بها، ولكن يمكن معرفة صيغة الجمع من الأداة، أو من الصفة، أو من الاسم نفسه. وبما أن التحويل من المفرد إلى الجمع لا يكون حسب قاعدة أو نظام ثابت، لذا وجب على الطالب حفظ صيغة الجمع للمفردات الجديدة.

لدينا خمس طرق للتحويل من المفرد إلى الجمع، ثلاث منها تكون بوضع النقطتين **Umlaut** على الحروف **a**، **o**، **u** أو الحروف المزدوجة au فتصبح **ü**، **ö**، **ä**، **äu**.

١ **الطريقة الأولى:** الجمع لا يأخذ أية نهاية، أي أن الاسم يبقى محتفظاً بنفس الصيغة في كلا الحالتين. مثال:

	الجمع	**المفرد**
آ **بدون نقطتين:**	die Lehrer	der Lehrer
	die Sessel	der Sessel
ب **مع نقطتين:**	die Väter	der Vater
	die Böden	der Boden

٢ **الطريقة الثانية:** حيث يأخذ الجمع في نهايته الحرف **e**-.

آ **بدون نقطتين:**	die Gedichte	das Gedicht
	die Hunde	der Hund
ب **مع نقطتين:**	die Söhne	der Sohn
	die Hände	die Hand

٣ **الطريقة الثالثة:** ويجمع الاسم بـ **er**–. مثال:

آ	**بدون نقطتين:**	die Kinder	das Kind
		die Geister	der Geist
ب	**مع نقطتين:**	die Männer	der Mann
		die Häuser	das Haus

٤ **الطريقة الرابعة:** ويأخذ الجمع في نهايته إما **n**– أو **en**– أو **s**– لا تأخذ أبداً نقطتين:

آ	**بدون نقطتين:**	die Kollegen	der Kollege
		die Dosen	die Dose
ب	**بدون نقطتين:**	die Menschen	der Mensch
		die Frauen	die Frau

٥ **الطريقة الخامسة:** ويجمع الاسم في هذه الحالة بإضافة حرف **s**– على نهايته.
إن أغلب هذه الكلمات ليست من أصل ألماني. مثال:
die Hotels / das Hotel
die Kinos / das Kino

ملاحظة: إن الكلمات التي تنتهي بـ **en**– أو **s**– لا تأخذ أبداً النقطتين.
إن الكلمات التي تنتهي بـ **nis**– تجمع بـ **nisse**–. مثال:
das Verhältnis / die Verhältn**isse**
die Erkenntnis / die Erkenntn**isse**

- إن الأسماء المؤنثة التي تنتهي بـ **in**– تصبح في الجمع **innen**–. مثال:
die Lehrerin / die Lehrer**innen**
die Freundin / die Freund**innen**

لسنا الآن في مجال سرد كل ما يتعلق بصيغة الجمع، فإن أردت أن تعرف جمع كلمة ما، عليك بالقاموس فهو يعطيك الكلمة وجمعها وأداتها.

3.04 Deklination der Nomen
إعراب الاسم

للاسم في الجملة عدة وظائف، ويتم إعراب الاسم حسب الوظيفة التي يشغلها. وهناك عناصر تحدد هذه المهمة. ومن هذه العناصر: الفعل، الاسم، وحرف الجر.
إن الاسم بحد ذاته لا يحمل تلك العلامات التي تشير إلى العمل الذي يقوم به، لذلك ظهرت هذه العلامات على الأداة، أو الضمير، أو الصفات التي تسبق الموصوف.
وللاسم في اللّغة الألمانية أربع حالات إعراب، وهي:

١ **حالة الرفع** (الفاعل)	**Der Nominativ** (Subjekt)
٢ **حالة النصب** (المفعول به المباشر)	**Der Akkusativ** (Objekt)
٣ **حالة النصب الثانية** (المفعول به غير المباشر)	**Der Dativ** (Objekt)
٤ **حالة المضاف إليه** (مجرور بالإضافة)	**Der Genitiv** (Objekt)

مثال على ما ذكر:

يشرح المعلم الجملة. *__Der Lehrer__ erklärt den Satz.*

أما في الجملة فكلمة **Lehrer** تلعب الدور الرئيسي وتكون في حالة الرفع.

أسأل المعلم. *Ich frage __den Lehrer.__*

وفي هذه الجملة فكلمة **Lehrer** تلعب دور الشريك، أي الشخص الذي أسأله، وتكون في حالة النصب (Akkusativ).
كما ترى تستطيع الكلمة أن تلعب عدة أدوار في الجملة، وتنوع الدور هذا هو ما يسمى بالإعراب. وليس الاسم وحده هو الذي يبدل دوره، فهناك الأدوات، والضمائر، والصفات أيضاً.
أمثلة على الأدوار الرئيسية التي يلعبها الاسم في الجملة:

١ **المرفوع (der Nominativ)** وهو يلعب دائماً الدور الرئيسي:

***Das Wetter** ist schön.*	الطقس جميل.
***Wir** sind gefahren.*	لقد سافرنا.

٢ **المنصوب (der Akkusativ)** ويدعى غالباً بالهدف، أو الموضوع (موضوع مباشر). مثال:

*Ich lerne **Deutsch.***	أتعلم الألمانية. (هدف العمل)
*Er sieht **das Haus.***	إنه يرى المنزل. (هدف العين)
*Wir fahren **in die Stadt.***	نسافر إلى المدينة. (هدف السفر)

٣ **المفعول المدعى Dativ:**

◄ عندما يصف الفعل عملاً ينعكس على الشخص أو الشئ:

*Der Schüler antwortet **dem Lehrer.***	يجاوب التلميذ المعلم.

◄ إذا ارتبط أل **Dativ** بالفعل يسمى يسمى الطرف الآخر (الطرف المشارك):

*Ich bringe **dir** das Buch zurück.*	أعيد لك الكتاب (غير مباشر).

◄ إذا كان أل **Dativ** مرتبطاً بحرف جر فإنه يدل على مكان وموقع:

*Sie wohnt **in der Bergstraße.***	إنها تسكن في شارع بيرغ.

٤ **المضاف إليه (der Genitiv)** ونستطيع بواسطته أن نصف شيئاً بشكل دقيق.

*Das ist der Sohn **des Lehrers.***	إنه ابن المعلم.
*Ich habe den Besitzer **des Hauses** getroffen.*	قابلت صاحب البيت.

◄ هناك نوع آخر من إعراب الاسم. وهو اعراب الاسم الذي ينتهي جمعه بـ **en-** أو **n-**. وجميع هذه الأسماء هي أسماء مذكرة.

لنتعرف الآن على تلك الأسماء التي تعرب بإضافة حرف **n-** على نهايتها، والأخرى التي تأخذ **en-**. مثال:

١ **صيغة الجمع** | **صيغة المفرد**

صيغة الجمع	صيغة المفرد
die Nachbar**n**	der Nachbar
die Bauer**n**	der Bauer
die Herr**en**	der Herr
die Student**en**	der Student

٢ **الأسماء المذكرة** التي تنتهي بـ **e-**، سواء كانت تدل على أشخاص أو حيوانات. مثال:

أشخاص مذكرة		حيوانات مذكرة
der Kolleg**e**	der Deutsch**e**	der Löw**e**
der Jung**e**	der Dän**e**	der Has**e**
der Kund**e**	der Franzos**e**	der Aff**e**
der Bot**e**	der Pol**e**	der Ochs**e**

٣ **الأسماء المشتقة من اللاتيني أو اليوناني**، التي تنتهي بالمقطع:

der Doktor**and**	der Prob**and**	**-and**
der Elef**ant**	der Musik**ant**	**-ant**
der Produz**ent**	der Dirig**ent**	**-ent**
der Kapital**ist**	der Poliz**ist**	**-ist**

٤ **الأسماء التي غالباً ما تدل على مهنة وهي مشتاقة من اليونانية.** مثال:

der Architekt	der Fotograf
der Philosoph	der Biologe
der Monarch	der Diplomat
der Vagabund	der Astronom

٥ **بعض المفاهيم المجردة.** مثال:

der Name, der Glaube, der Friede

٦ **وأخيراً هناك كلمة محايدة واحدة فقط تعرب بإضافة n-، وهي: das Herz.**

dem Herz**en** (Dativ), des Herz**ens** (Genitiv)

ويمكن أن نسمي جميع الأسماء التي وردت أعلاه بالمذكر الثاني (Mask. II) لأن إعرابها يختلف عن المذكر العادي.
كما قلنا، الأسماء التي تكلمنا عنها هي مذكرة فقط وهي لا تأخذ النقطتين (Umlaut) في حالة الجمع، وجميع هذه الأسماء تستلزم **n**- أو **en**- في صيغة المفرد إذا ورد إعرابها في حالات ال Akkusativ و ال Dativ و ال Genitiv. مثال:

يتعلم الطالب الألمانية.	*Der Student lernt Deutsch.*	Nom. Sing.
يسأل المعلم الطالب.	*Der Lehrer fragt* ***den Studenten.***	Akk. Sing.
أجاوب الطالب.	*Ich antworte* ***dem Studenten.***	Dat. Sing.
هذا كتاب الطالب.	*Das ist das Buch* ***des Studenten.***	Gen. Sing.

ملاحظة: هناك عدد قليل من الأسماء التي تأخذ في حالة المضاف إليه (Genitiv) الحرف **s**- إضافة إلى النهاية **n**- أو **en**- وهذه الأسماء هي مجردة.

des Friede**ns**	der Friede
des Name**ns**	der Name

بعد أن تعرفنا على حالات إعراب الاسم في صيغتي المفرد والجمع، يمكن أن نوضحها بالشكل التالي:

	Maskulin	**Feminin**	**Neutrum**
			Singular
Nom.	**der** Mann	**die** Frau	**das** Kind
Akk.	**den** Mann		
Dat.	**dem** Mann	**der** Frau	**dem** Kind
Gen.	**des** Mann**es**		**des** Kind**es**
			Plural
Nom.	**die** Männer	**die** Frauen	**die** Kinder
Akk.			
Dat.	**den** Männer**n**	**den** Frauen	**den** Kinder**n**
Gen.	**der** Männer	**der** Frauen	**der** Kinder

وتصبح الأسماء المذكرة التي تأخذ النهاية **n**– أو **en**– في المفرد والجمع كما يلي:

	Singular	**Plural**
Nom.	**der** Mensch	**die** Menschen
Akk.	**den** Mensch**en**	
Dat.	**dem** Mensch**en**	**den** Menschen
Gen.	**des** Mensch**en**	**der** Menschen

Kapitel 4

Artikel

الأداة

4.01 Der bestimmte und der unbestimmte Artikel

إن الأداة تعرفنا بالجنس النحوي للكلمة وإعرابها، أي النهاية التي تأخذها. وتدلنا إن كان الاسم مفرداً أو جمعاً، أو إن أتى الاسم (فاعلاً، مفعولاً، مجروراً، إلخ ...)
وبما أن لغات لديها أدتان (كالفرنسية)، أو أداة واحدة (كالإنحليزية) أو لا أداة لها (كالصينية والروسية)، يتساءل الطالب، هل الأداة هي **das, die, der**؟ وهل هناك قاعدة؟
الجواب هو: ليست هناك قاعدة عامة، وعليك أن تتعلم الأداة والاسم معاً. الأداة في الألمانية نوعان:

١ **أداة التعريف**	der definite (bestimmte) Artikel
٢ **أداة التنكير**	der indefinite (unbestimmte) Artikel

وتأتي الأداة سواء كانت معرفة أو نكرة قبل الاسم أو الشئ المعروفين لدينا، أو كانا قد ذكرا من قبل، أو أن الأمر الذي نتكلم عنه يتعلق بأشخاصبأشخاص، وبأشياء، أو بمفاهيم معروفة بشكل عام.
مثال:

هناك يقف رجل.	*Dort steht **ein** Mann.*

هنا ذكر الرجل لأول مرة، وبعد ذكره أصبح معروفاً لدينا. إذن نقول:

الرجل هو صديقي.	***Der** Mann ist mein Freund.*
الإنسان فانٍ (مفهوم عام معروف)	***Der** Mensch ist sterblich.*
الشمس تشرق (مفهوم عام معروف)	***Die** Sonne scheint.*
الحياة صعبة (مفهوم عام معروف)	***Das** Leben ist schwer.*

وتقسم أداة التعريف هذه إلى ثلاثة أقسام، وهي:

١ حالة الـ **der** وهي المذكر:	**der** Stuhl / **der** Mann
٢ حالة الـ **die** وهي المؤنث:	**die** Tasche / **die** Frau
٣ حالة الـ **das** وهي المحايد:	**das** Buch / **das** Kind

ولهذه الحالات الثلاث جمع هو: **die** Stühle / **die** Männer
die Taschen / **die** Frauen
die Bücher / **die** Kinder

- **حالات إعراب أداة التعريف: Deklination des bestimmten Artikels**

	Singular			Plural
	mask.	neutr.	fem.	mask., neutr., fem.
Nom.	der	das	die	die
Akk.	den	das	die	die
Dat.	dem	dem	der	den
Gen.	des	des	der	der

إنّ لأداة التعريف ست حالات إعراب مختلفة:

der مرفوع، مفرد، مذكر
مؤنث مفرد مع الحالتين Dativ و Genitiv
حالة الـ Genitiv للجميع
das محايد مفرد مع حالتي الرفع والنصب
die مؤنث مفرد مع حالتي الرفع والنصب، وحالتي الرفع والصب في الجمع
den مذكر مفرد منصوب وجمع في حالة الـ Dativ
dem مفرد مذكر ومحايد في حالة الـ Dativ
des مفرد مذكر ومحايد مع حالة الـ Genitiv

ملاحظة: إذا كانت صيغة المفرد لأداة التعريف متعلقة بحروف جر اندمجت هذه مع أداة التعريف مشكلة الاتحاد التالي:

Akkusativ: das (neutr.): ans, aufs, fürs, ins

Dativ: dem (mask., neutr.): am, beim, im, vom, zum

der (fem.): zur

- **حالات إعراب أداة التنكير: Deklination des unbestimmten Artikels**

	Singular			Plural
	mask.	neutr.	fem.	mask., neutr., fem.
Nom.	ein	ein	eine	…
Akk.	ein**en**	ein	eine	…
Dat.	ein**em**	ein**em**	ein**er**	…
Gen.	ein**es**	ein**es**	ein**er**	…

- **حالات النفي لأداة التنكير:**

	Singular			Plural
	mask.	neutr.	fem.	mask., neutr., fem.
Nom.	kein	kein	kein**e**	kein**e**
Akk.	kein**en**	kein	kein**e**	kein**e**
Dat.	kein**em**	kein**em**	kein**er**	kein**en**
Gen.	kein**es**	kein**es**	kein**er**	kein**er**

نلاحظ أن أداة التنكير تجمع فقط في حالة النفي. وكذلك نجد أنها لا تأخذ نهاية مع المفرد المذكر المرفوع والمفرد المحايد المرفوع والمنصوب. وفيما تبقى لها نفس نهايات أداة التعريف.

4.02 Der Gebrauch des Artikels
استعمال أداة التعريف

■ **استعمال أداة التعريف:**

◄ تستعمل أداة التعريف إذا كان الشخص أو الشئ معروف لدينا أو كانا قد ذكرا من قبل، أو أن الأمر الذي نتكلم عنه يتعلق بأشخاص، أو بأشياء، أو بمفاهيم معروفة بشكل عام:

Dort steht ein Mann. ***Der*** *Mann ist mein Freund.*

Auf dem Tisch liegt ein Buch. ***Das*** *Buch gehört mir.*

◄ عندما تشير أو نعبر عن مفهوم عام:

Die *Erde dreht sich um die Sonne.*

Das *Leben ist nicht leicht.*

◄ وتستعمل أداة التعريف أيضاً مع صيغة أفعل التفضيل، سواء كانت هذه صفة أم عدداً ترتيبياً. مثال:

اليوم هو أجمل أيام حياتي.	*Heute ist* ***der*** *schönste Tag meines Lebens.*
البورشه هي أسرع سيارة.	*Der Porsche ist* ***das*** *schnellste Auto.*
أيار هو الشهر الخامس من العام.	*Der Mai ist* ***der*** *fünfte Monat im Jahr.*

◄ وتستعمل هذه الأداة بشكل خاص مع أشخاص أو أشياء تمثل بني جنسها، وهي دائماً في المفرد.

الحصان حيوان للركوب.	***Das*** *Pferd ist ein Reittier.*
يحب الإيطالي الموسيقى.	***Der*** *Italiener liebt die Musik.*
السيارة وسيلة نقل.	***Das*** *Auto ist ein Transportmittel.*

◄ مع المفاهيم والتعابير الجماعية والدينية والأخلاقية التي تتعلق بحياة الإنسان.

die Nation	**die** Menschheit	**die** Regierung
die Liebe	**die** Sünde	**der** Himmel
das Christentum	**die** Treue	**der** Glaube

ولكن إذا ارتبطت هذه المفاهيم بحرف العطف **und** حذفت الأداة:

Liebe und Treue, Himmel und Erde

◄ مع أسماء الأشهر والفصول الأربعة وأوقات النهار وأوقات الطعام:

***Das** Frühstück ist von 8 Uhr bis 9 Uhr.*

***Der** Mai ist der schönste Monat im Jahr.*

***Der** Abend war mild.*

◄ مع أسماء الشوارع والجبال والبحار والأنهر:

***die** Schillerstraße, **der** Kaukasus, **der** Rhein*

***das** Mittelmeer, **die** Zugspitze, **der** Bodensee*

◄ مع بعض أسماء الدول، إما مؤنث أو جمع:

***die** Schweiz, **die** Pfalz, **die** Bretagne*

***die** Türkei, **die** Niederlande, **die** Vereinigten Staaten*

◄ مع بعض الأسماء المذكرة، أغلبيتها مشتقة من أسماء الجبال، ومحايدة:

***der** Irak, **der** Libanon, **der** Sudan, **der** Balkan*

◄ مع الأسماء الخاصة عندما تكون هذه مسبقة بصفة مميزة لها:

***der** fleißige Karl, **das** schöne Italien, **das** nächtliche Paris*

ولكن: *Karl **der** Große*

◄ مع أسماء الأشخاص إذا كان هؤلاء يقومون بتمثيل دوراً:

*Wer spielt heute **den** Faust?*

*Der bekannte Schauspieler spielte gestern **den** Hamlet.*

◄ مع الاستخدام المنتظم للمعايير:

*Diese Äpfel kosten 80 Cent **das** Pfund.*

*Das Schiff fährt zweimal **die** Woche (**in der** Woche).*

استعمال الأداة مندمجة مع حرف جر:

◄ مع كثير من متممات الخبر وخصوصاً مع التاريخ:

***am** Mittwoch, **am** 5. März, Ihre Nachricht **vom** 10. Mai*

***zum** Geburtstag gratulieren, **ins** Theater (ins Kino) gehen*

*jemanden **zur** Frau nehmen, etwas **ins** Auge fassen*

◄ مع المصدر المستخدم كاسم:

***beim** Essen, **zum** Essen, die Freude **am** Tanzen, sie wartete **aufs** Essen*

◄ مع الصفات الخبرية في صيغة أفعل التفضيل:

***am** besten, **aufs** freundlichste*

◄ عندما يربط حرف الجر اسمين لإعطاء مفهوم:

*Frankfurt **am** Main, Hotel **zur** Post, Gasthaus **zum** goldenen Löwen*

ولأداة التنكير نفس أقسام أداة التعريف، وهي:

١ المذكر	**ein** Stuhl	**ein** Mann
٢ المؤنث	**eine** Tasche	**eine** Frau
٣ المحايد	**ein** Buch	**ein** Kind

وصيغة الجمع للنكرة هي:

Stühle	Männer
Taschen	Frauen
Bücher	Kinder

أي أن جمع النكرة يكون بجمع الاسم فقط، أما الأدتان eine, ein فلا جمع لهما. وإذا وردت أداة التنكير في حالة النفي تصبح بالشكل التالي:

kein Stuhl	**kein** Mann
keine Tasche	**keine** Frau
kein Buch	**kein** Kind

وفي حالة الجمع:

keine Stühle	**keine** Männer
keine Taschen	**keine** Frauen
keine Bücher	**keine** Kinder

نلاحظ أن لصيغة الجمع النكرة المنفية جمعاً للاسم والأداة معاً، بعكس جمع النكرة العادي.

استعمال أداة التنكير

- تستعمل هذه الأداة حين يكون الشخص أو الشئ غير معروف، أو غير محدد، وكذلك عندما يذكر لأول مرة. مثال:

(يذكر لأول مرة)	*Das ist **eine** Wohnung. Die Wohnung ist neu.*
(غير محدد)	*Was ist das? Das ist **ein** Buch.*

- وتستعمل أيضاً عندما نعطي الاسم مفهوماً عاماً:

__Ein__ Haus kostet viel Geld.

__Ein__ Hund sollte immer gut erzogen sein.

- وتستخدم بشكل خاص عندما يعطي الشخص أو الشئ صفة مميزة، وكذلك مع المقارنة.

*Er ist **ein** Held.*

*Du bist **ein** Dummkopf.*

*Er arbeitet wie **ein** Pferd.*

*Du siehst wie **ein** Vagabund aus.*

لا تستخدم الأداة مع:

- **أسماء الأشخاص، والمدن، والدول والقارات:**

***Sabine** ist die Tante von Peter.*

***München** ist die Hauptstadt von Bayern.*

***Deutschland** ist ein Industrieland.*

- **المفاهيم التي تدل على كمية غير محددة:**

الأكسجين هو غاز.	*Sauerstoff ist ein Gas.*
تستخرج الزبدة من الحليب.	*Man gewinnt Butter aus Milch.*
الحديد والنحاس معادن.	*Eisen und Kupfer sind Metalle.*

- **المفاهيم والأسماء المجردة:**

يدفع الحب بالحب.	*Liebe wird mit Gegenliebe bezahlt.*
الإهداء يجلب الفرح.	*Schenken macht Freude.*
أنا جوعان وعطشان.	*Ich habe Hunger und Durst.*

- **أسماء الوظائف:**

أخي طبيب.	*Mein Bruder ist Arzt.*
هي كانت معلمة.	*Sie war Lehrerin.*
إنه لا يزال طالباً.	*Er ist noch Student.*

◄ **بعض المصطلحات المؤلفة من جار ومجرور:**

في بداية المفاوضات.	*Zu Beginn der Verhandlungen.*
بتوصية من المصرف.	*Auf Empfehlung der Bank.*

◄ **أسماء المادة:**

الخاتم من ذهب.	*Der Ring ist aus Gold.*
نشرب دائماً قهوة.	*Wir trinken immer Kaffee.*

◄ **أسماء الكتب والإعلانات**

Eintritt verboten

Sprachkurs Deutsch

◄ **حرف الجر ohne وكذلك مع vor, nach, bei, außer, aus, an, ab.**

إنه بدون عمل.	*Er ist **ohne** Arbeit.*
إنها تعاني من السرطان.	*Sie leidet **an** Krebs.*
اقسم بالله!	*Ich schwöre **bei** Gott!*

◄ **أداة الوصل als بمعني:**

أقول لك ذلك كصديق.	*Ich sage dir das **als** Freund.*
إنه يعمل كمتمرن.	*Er arbeitet **als** Praktikant.*

◄ **أسماء الأعياد الكبيرة:**

Weihnachten, Ostern, Pfingsten

► Übungen zu den Artikeln **S. 451**

Kapitel 5

Das Adjektiv

الصفة

5.01 Das Adjektiv, Deklination und Gebrauch

الصفة، إعرابها واستعمالها

ترمز الصفة إلى خواص وعلامات مميزة وحالات خاصة، سواء كانت هذه داخلية أم خارجية. وتأتي الصفة عادة مع أنواع أخرى من الكلمات تحدد عملها بشكل أوضح.
وسنتكلم فيما يلي بشكل مفصل عن حالات وخواص الصفة.
والصفات كلمات لها الخواص الأربع التالية:

١ يدل مفهوم الصفة غالباً على النوعية أو كمية الأشخاص أو الأشياء، مثال:

*Maria ist **fleißig.** / die **fleißige** Maria*

◂ الأحداث والأحوال:

*Er grüßte mich **freundlich.** / ein **freundlicher** Gruß*

*mit **freundlichem** Gruß*

◂ الأسباب والظروف:

*Maria lernt **schnell.***

*Der Motor läuft **ruhig.** / ein **ruhiger** Motor*

٢ بإمكاننا أن نحصل بواسطة تركيب صفة مع اسم أو صفة مع صفة أخرى على صفات جديدة:

اسم / Gesundheit
صفة / schädlich
→ ***gesundheitsschädlich***

اسم / Idee
صفة / reich
→ ***ideenreich***

صفة / dünn
صفة / flüssig
→ ***dünnflüssig***

ويمكن كذلك اشتقاقها من الفعل:

essbar, bezahlbar, sehenswert

٣ يمكن إعراب أغلبية الصفات، وهذا يعني أنها تغير شكلها إذا وردت قبل الاسم:

*eine intelligent**e** Studentin*

*mit intelligent**en** Studentinnen*

*ein neu**es** Haus*

*im neu**en** Haus*

٤ إن عدداً كبيراً من الصفات قابلة لعملية التدريج، أي أنه بتغيير معين يمكن تعديل مفهوم الصفة:

*ein **schnelles** Auto*

*ein **schnelleres** Auto*

*das **schnellste** Auto*

*Er fährt **schnell.***

*Sie fährt **schneller.***

*Wir fahren **am schnellsten.***

إنّ هذا التباين في الدرجات بين الصفات يدعى صيغة التفضيل. ويمكن أن نفرق بين:

الصيغة الأساسية للصفة	**der Positiv** (schnell)
صيغة أفعل التفضيل	**der Komparativ** (schneller)
المرتبة الأولى في أفعل التفضيل (الأفعل)	**der Superlativ** (der schnellste, am schnellsten)

■ طرق استعمال الصفة

◄ الصفة الخبرية والظرفية

تأتي الصفة في مجال الفعل. وهي ترد مع الأفعال:

sein, werden, bleiben, finden, scheinen

(die fleißige Maria)	*Maria ist **fleißig.***
(der müde Hans)	*Hans ist **müde.***
(das warme Essen)	*Das Essen bleibt **warm.***
(das interessante Buch)	*Ich finde das Buch **interessant.***
(die warme Suppe)	*Die Mutter macht die Suppe **warm**.*

إنّ المصطلح الخاص لهذا الاستعمال يدعى **(prädikativ)** (خبر)، إذ أنّ الصفة ترد هنا كجزء من الخبر، والخبر هذا يذكر صفة الفاعل أو المفعول به. هذا هو المصطلح التقليدي. والقاعدة هنا تقول بشكل بسيط: إنّ الصفة جزء ضروري من بنية الفعل المذكور. مثال:

*Maria ist **schön.***	*jemand ist irgendwie:*
*Ich finde Maria **schön.***	*jemand findet etwas: Akk. irgendwie*

وإذا حذفنا الصفة لا يكون لدينا نحوياً جملة كاملة. فالصفة إذن، في هذه الحال، هي متمم إجباري.

- **ترد الصفة مع أغلبية الأفعال الأخرى بالشكل التالي:**

(Wie lernt er?)	*Karl lernt **schnell.***
(Wie läuft der Motor?)	*Der Motor läuft **ruhig.***
(Wie begrüßt man ihn?)	*Man begrüßt ihn **freundlich.***
(Wie bin ich gefahren?)	*Sie sind **falsch** gefahren.*

وتدعى الصفة في استعمالها هذا **adverbial** (ظرفية / حالية). فالصفة هنا تصف عمل الفعل. وهي كجزء من الجملة عبارة عن متمم إضافي (حر).

- **الصفة قبل الموصوف:**

الصفة ترد في مجال صفة ما أو ظرف.

◄ **في مجال الظرف:**

*Die Sitzung dauerte **ungewöhnlich** lange.*

*Der Motor läuft **außerordentlich** ruhig.*

◄ **في مجال الصفة:**

*Der Wagen steht mit **ruhig** laufendem Motor.*

*Er kam mit **unerwartet** guten Ergebnissen zurück.*

أن العديد من المدرسين يسمون هذا الاستعمال (ظرفياً)، ولكن من الأفضل لو سمي (وصفياً) لأن الصفة هنا لا تعدل الأسماء فقط وإنما الصفات والظروف معاً.

■ **الصفة ترد في مجال الاسم:**

*Ich kaufe das **neue** Haus da drüben.*

*Das ist aber ein **altes** Auto.*

*Morgen gibt es sicher **schönes** Wetter.*

*Der Pass ist in der **linken** Tasche.*

ملاحظة: بما أنّ الصفات تبدل من شكلها إذا أتت قبل الاسم، وجب على من يتعلم الألمانية تعلم هذا التبديل الطارئ. إنّ كثيراً من المدرسين والطلاب يعنون أن تعلم الصفات الألمانية صعب بشكل. فما رأيك أنت. إذن إقرأ الفصول التالية:

إعراب الصفة

- **إعراب الصفة بعد الكلمات التي تدعى: der-Wörter**

هناك مجموعة من الكلمات تعرب كما تعرب أداة التعريف. وتدعى هذه الكلمات بـ **der-Wörter**.

Der-Wörter				Singular	Plural
		mask.	neutr.	fem.	m., n., f.
أداة التعريف كمرافق للاسم	Nom. Akk. Dat. Gen.	der den dem des	das das dem des	die die der der	die die den der
اسم الإشارة كمرافق للاسم وكذلك مع: derselbe derjenige	Nom. Akk. Dat. Gen.	dieser diesen diesem dieses	dieses dieses diesem dieses	diese diese dieser dieser	diese diese diesen dieser
الضمائر النكرة كمرافق للاسم وكذلك: folgend- / solch-	Nom. Akk. Dat. Gen.	jener jenen jenem jenes	jenes jenes jenem jenes	jene jene jener jener	jene jene jenen jener
	Nom. Akk. Dat. Gen.	mancher manchen manchem manches	manches manches manchem manches	manche manche mancher mancher	manche manche manchen mancher

Der-Wörter		Singular			Plural
		mask.	neutr.	fem.	m., n., f.
أسماء الاستفهام	Nom.	welcher	welches	welche	welche
كمرافق للاسم	Akk.	welchen	welches	welche	welche
	Dat.	welchem	welchem	welcher	welchen
	Gen.	welches	welches	welcher	welcher

- **والآن ما هي نهايات الصفة بعد الكلمات: der-Wörter؟**

	maskulin	neutral	feminin
			مفرد
Nom.	der gut-**e** Mann	das gut-**e** Kind	die gut-**e** Frau
Akk.	den gut-**en** Mann	das gut-**e** Kind	die gut-**e** Frau
Dat.	dem gut-**en** Mann	dem gut-**en** Kind	der gut-**en** Frau
Gen.	des gut-**en** Mannes	des gut-**en** Kindes	der gut-**en** Frau
			جمع
Nom.	die gut-**en** Männer	die gut-**en** Kinder	die gut-**en** Frauen
Akk.	die gut-**en** Männer	die gut-**en** Kinder	die gut-**en** Frauen
Dat.	den gut-**en** Männern	den gut-**en** Kindern	der gut-**en** Frauen
Gen.	der gut-**en** Männer	der gut-**en** Kinder	der gut-**en** Frauen

■ **إعراب الصفة بعد الكلمات التي تدعى ein-Wörter:**

Ein-Wörter				**Singular**	**Plural**
		mask.	**neutr.**	**fem.**	mask., fem. neutr.
أداة التنكير كمرافق للاسم وكذلك manch ein / solch ein / irgendein	Nom.	ein	ein	eine	…
	Akk.	einen	ein	eine	…
	Dat.	einem	einem	einer	…
	Gen.	eines	eines	einer	…
أدوات التنكير كمرافق للاسم	Nom.	kein	kein	keine	keine
	Akk.	keinen	kein	keine	keine
	Dat.	keinem	keinem	keiner	keinen
	Gen.	keines	keines	keiner	keiner
ضمائر الملكية كمرافق للاسم	Nom.	mein	mein	meine	meine
	Akk.	meinen	mein	meine	meine
	Dat.	meinem	meinem	meiner	meinen
	Gen.	meines	meines	meiner	meiner
وعلى نفس المنوال	Nom.	dein	dein	deine	deine
	Nom.	sein	mein	seine	seine
	Nom.	ihr	ihr	ihre	ihre
	Nom.	unser	unser	unsere	unsere
	Nom.	euer	euer	eure	eure

وهناك مجموعة أخرى من الكلمات تعرب تماماً كما تعرب أداة التنكير وتدعى هذه الكلمات بـ:
ein-Wörter: ولنر الآن ما هي نهايات الصفة مع الكلمات ein-Wörter:

	maskulin	**neutral**	**feminin**
			مفرد
Nom.	kein neu–**er** Tisch	kein neu–**es** Buch	keine neu–**e** Tasche
Akk.	keinen neu–**en** Tisch	kein neu–**es** Buch	keine neu–**e** Tasche
Dat.	keinem neu–**en** Tisch	keinem neu–**en** Buch	keiner neu–**en** Tasche
Gen.	keines neu–**en** Tisches	keines neu–**en** Buchs	keiner neu–**en** Tasche
			جمع
Nom.	keine neu–**en** Tische	keine neu–**en** Bücher	keine neu–**en** Taschen
Akk.	keine neu–**en** Tische	keine neu–**en** Bücher	keine neu–**en** Taschen
Dat.	keinen neu–**en** Tischen	keinen neu–**en** Büchern	keinen neu–**en** Taschen
Gen.	keiner neu–**en** Tische	keiner neu–**en** Bücher	keiner neu–**en** Taschen

ملاحظة على ما ورد أعلاه:

- تأخذ الصفة مع الأسماء المذكرة النهاية **er**- في صيغة المفرد / وهذه النهاية هي نهاية أداة التعريف.

  *d**er** neue Tisch / ein neue**r** Tisch*

- تأخذ مع الأسماء المحايدة النهاية **es**- في صيغتي الرفع والنصب، وهي كذلك نهاية أداة التعريف.

  *da**s** Buch / ein neue**s** Buch*

- وتأخذ الصفة مع الأسماء المؤنثة النهاية **e**- في حالتي الرفع والنصب، وهي نهاية أداة التعريف.

  *di**e** neue Tasche / eine neu**e** Tasche*

◄ أما مع الحالات الأخرى وعددها ٩١ حالة تأخذ الصفة النهاية **en-**.

إعراب الصفة بدون أداة:

يطرأ على الصفة نظام الإعراب التالي، إن وردت هذه غير مرفقة بكلمة **der-Wörter** أو **ein-Wörter:**

	maskulin	**neutral**	**feminin**
	مفرد		
Nom.	gut-**er** Erfolg	gut-**es** Ergebnis	gut-**e** Leistung
Akk.	gut-**en** Erfolg	gut-**es** Ergebnis	gut-**e** Leistung
Dat.	gut-**em** Erfolg	gut-**em** Ergebnis	gut-**er** Leistung
Gen.	gut-**en** Erfolges	gut-**en** Ergebnisses	gut-**er** Leistung
	جمع		
Nom.	gut-**e** Erfolge	gut-**e** Ergebnisse	gut-**e** Leistungen
Akk.	gut-**e** Erfolge	gut-**e** Ergebnisse	gut-**e** Leistungen
Dat.	gut-**en** Erfolgen	gut-**en** Ergebnissen	gut-**en** Leistungen
Gen.	gut-**er** Erfolge	gut-**er** Ergebnisse	gut-**er** Leistungen

إذا لاحظنا ما ورد نجد أنّ الصفة هنا تختلف عن تلك التي وردت مع الكلمات **der-Wörter** ومع الكلمات **ein-Wörter**، إذ أنها تأخذ هنا نهايات عديدة. ففي المفرد تأخذ الصفة:

قبل الأسماء المذكرة النهايات: **-en, -em, -er**

قبل الأسماء المحايدة النهايات: **-en, -em, -es**

وقبل الأسماء المؤنثة النهايات: **-er, -e**

وإليك المقارنة التالية:

	maskulin	**neutral**	**feminin**
Nom. best. Art.	de**r** Erfolg	da**s** Ergebnis	di**e** Leistung
Adj. ohne Art.	große**r** Erfolg	gute**s** Ergebnis	gut**e** Leistung
Akk. best. Art.	de**n** Erfolg	da**s** Ergebnis	di**e** Leistung
Adj. ohne Art.	große**n** Erfolg	gute**s** Ergebnis	gut**e** Leistung
Dat. best. Art.	de**m** Erfolg	de**m** Ergebnis	de**r** Leistung
Adj. ohne Art.	große**m** Erfolg	gute**m** Ergebnis	gute**r** Leistung
Gen. best. Art.	de**s** Erfolges	de**s** Ergebnisses	de**r** Leistung
Adj. ohne Art.	große**n** Erfolges	gute**n** Ergebnisses	gute**r** Leistung

تقول القاعدة:

إذا وردت صفة قبل اسم ما بدون أداة تكون نهاية الصفة عندئذٍ مثل نهاية أداة التعريف، أي مثل آخر حرف لها.

وتشذّ عن هذه القاعدة صيغة المضاف إليه المفرد مع الأسماء المذكرة والمحايدة. فالصفة تأخذ النهاية **en**– ولا تأخذ نهاية الأداة **des**، وذلك لأن الاسم نفسه يشير إلى تلك الحالة، إذ يأخذ **s**– أو **es**–.

- **بعض خواص إعراب الصفة:**

◄ إن الصفة المنتهية بـ **le**– وورد بعدها الحرف الصوتي **e**– حذف الحرف **e**– من آخر المقطع.

dunkel: *das dun**kle** Zimmer*
*im dun**klen** Zimmer*

◄ هذا وإن الصفات المنتهية بـ **er**- أو **en**- يمكن أن تفقد أيضاً الحرف **e**- إذا بدأت نهايتها بحرف صوتي:

bitter:	*ein bitt**erer** Kaffee*	*einen bitt**eren** Kaffee*
	*ein bitt**rer** Kaffee*	*einen bitt**ren** Kaffee*
		*ein bitt**rer** Kaffee*
teuer:	*ein teu**eres** Auto*	*eines teu**eren** Autos*
	*ein teu**res** Auto*	*eines teu**ren** Autos*
offen:	*eine off**ene** Tür*	*einer off**enen** Tür*
	*eine off**ne** Tür*	*einer off**nen** Tür*

◄ إنّ الصفة **hoch** تفقد حرفها **c**- عندما تبدأ النهاية ب **e-:**

*Das Haus ist **hoch.***

*das ho**he** Haus*

*ein ho**hes** Haus*

◄ هناك بعض الصفات التي لا تعرب إذا أتت قبل الاسم. وهذه الصفات هي:

١ الصفات الأجنبية (أي أنها ليست ألمانية الأصل) التي تنتهي بـ a-، وهي بشكل خاص صفات الألوان:

*Das Mädchen trägt ein ros**a** Kleid.*

*Es hat ein lil**a** Band im Haar.*

٢ الصفات المشتقة من أسماء المدن والمنتهية بـ er- وتكتب هذه الصفات دائماً بحرف كبير:

*die **F**rankfurt**er** Straße – im **K**öln**er** Dom*

*Ich wohne in der Salzburg**er** Straße.*

٣ هناك ظروف زمان يمكن أن تبني صفات مع النهاية ig-، وهي ترد فقط قبل الاسم:

heute / gestern:	*Ist das die heut**ige** Zeitung oder die gestr**ige**?*
vor:	*Wir sahen uns vor**ige** Woche.*
hier:	*Er besuchte die hies**igen** Museen.*

٤ ظروف الزمان المنتهية باللاحقة s- تفقد هذه النهاية قبل اللاحقة ig- لتصبح صفة:

damals:	*Bei unserer **damaligen** Besprechung war er nicht da.*
ehemals	*Die **ehemaligen** Besitzer dieses Hauses sind weggezogen.*

▶ Übungen zur Adjektivdeklination **S. 455**

5.02 Die Komparation der Adjektive
أفعل التفضيل للصفة

إنّ عدداً كبيراً من الصفات تقبل التدريج، إذ بتغيير معين لشكل الصفة يتعدل خاصّتها، فيحدث هنا تغيير نسميه تفضيل الصفة **(Komparation)**. ويمكن أن نفرق بين الصفة الأساسية **(der Positiv)** وأفعل التفضيل **(der Komparativ)** والدرجة الأولى للتفضيل (الأفعل) **(der Superlativ)** (الدرجة العليا).
هذا وإنّ الحالات الثلاث هذه تأتي كصفة خبرية وظرفية أو كنعت قبل الموصوف.
أشكال التفضيل:

Der Superlativ **كخبر أو ظرف**	**قبل الموصوف**	**Der Komperativ** **قبل الموصوف كخبر وكظرف**	**Der Positiv** **قبل الموصوف كخبر وكظرف**
am – (e) sten	**– (e) ste**	**– (e)r**	**الصفات النظامية**
am billigsten	der billigste	billiger	billig
am dunkelsten	das dunkelste	dunkler	dunkel
am hellsten	die hellste	heller	hell
am lautesten	der lauteste	lauter	laut
			الصفات الشاذة
am besten	der beste	besser	gut
am meisten	das meiste	mehr	viel
am liebsten	die liebste	lieber	gern
am höchsten	der höchste	höher	hoch
am nächsten	das nächste	näher	nah

▪ صيغ التفضيل للصفة قبل الموصوف

وجدنا أنّ صيغة التفضيل تأخذ النهاية **er-** وإنّ أعلى الدرجات للتفضيل هي النهاية st-. ولكن إذا انتهت الصفة بالحروف: **-z, -x, -st, -ß, -s, -tz. -t, -d**، تكون نهاية الصفة في أعلى الدرجات **est-** وكذلك مع الصفات المنتهية بـ **sch-**. أما الصفات المؤلفة من مقطع واحد فإنها تشكل صيغتي التفضيل بإضافة معدل الحرف (أي النقطتين Umlaut (...)) إلى الصفة الأساسية. مثال:

alt–	**ä**lter	(der, die, das) **ä**ltest–
jung–	j**ü**nger	(der, die, das) j**ü**ngst–
dumm–	d**ü**mmer	(der, die, das) d**ü**mmst–

وهناك بعض الصفات يمكن أن تشكل صيغة أفعل التفضيل مع أو بدون النقطتين، وهي:
lang, blass, glatt, nass, schmal, fromm, rot, krumm, gesund

ملاحظة حول صيغة أفعل التفضيل:

إذا وجدنا في مقارنة ما تباينا استخدمنا الأداة **als** مع صيغة التفضيل. وتدعى هذه المقارنة **"بالمقارنة غير المتكافئة"**. مثال:

*Ein Flugzeug ist **schneller** als ein Auto.*

*Ich habe ein **billigeres** Buch gekauft als du.*

أما إذا كانت لدى المقارنة مساواة استخدمنا **so... wie** أو **ebenso... wie والصيغة الأصلية للصفة**. وتدعى هذه المقارنة: **"بالمقارنة المتكافئة"**. مثال:

*Ich bin **so** alt **wie** er.*

*Mein Freund studiert **so** lange **wie** ich.*

ويمكن أن نعبر عن هذه الصيغة أيضاً باستخدامنا صيغة التفضيل في حالة النكرة مع الأداة **als**.

*Ich bin **nicht älter** als er.*

وحين نقارن صيغتين مع بعضهما نستخدم التركيب **mehr ... als**.

*Er ist **mehr** traurig **als** ärgerlich.*

إمكانيات المقارنة:

في جملة مثل: Heute ist das Wetter besser، لدينا أفعل التفضيل besser، ونفهم من من ذلك أن الطقس اليوم يقارن مع الطقس البارحة. وبإمكاننا أن نجعل لغوياً من هذه المقارنة المضمرة تفسيراً واضحاً. مثال:

*Heute ist das Wetter besser **als gestern.***

وهناك إمكانيات عديدة لادراج عناصر لغوية مختلفة. مثال:

Den anderen Wagen finde ich aber besser.
Der da ist der Beste von allen.
Den hier finde ich am besten.
Sein Wagen ist so gut wie meiner.

القائمة التالية تعطيك صورة واضحة عما ذكر:

Positiv	*Hier ist es **schön.*** *Sein Wagen ist **gut.*** *Wir sind alle **müde.***	*Hier ist es **so schön wie** bei uns* *Sein Wagen ist **so gut wie** meiner.* *Aber keiner ist **so müde wie** ich.*
Komparativ	*Den anderen Wagen finde ich **schöner.*** *Heute geht es ihm **besser.*** *Sie ist etwas **älter.***	*Den finde ich **schöner als** diesen.* *Heute geht es ihm **besser als** gestern.* *Sie ist etwas **älter als** ich.*
Superlativ	*Den Wagen finde ich **am besten.*** *Der da ist **der Beste.*** *Wer ist **die Schönste** im ganzen Land?*	*Den finde ich **am besten** von allen.* *Der da ist **der Beste** von allen.* *Schneewitchen ist **die Schönste** von allen.*

► Übungen zur Komparation der Adjektive **S. 457**

5.03 Das nominale Adjektiv

استعمال الصفة كاسم

إنّ عدداً كبيراً من الصفات وكذلك من أسماء الفعل والمفعول المستعملة كصفات يمكن أن تستخدم كأسماء. تكتب هذه بحرف كبير وتبقى محتفظة بسلوكها وخواصها كصف. تسمى هذه الصفات **الصفات كأسماء:**

- مصدر الفعل كاسم: ***das Essen, das Singen***
- اسم المفعول كاسم: ***der Verletzte, die Illustrierte***
- اسم الفاعل كاسم: ***der Reisende, die Streikende***
- الصفة كاسم: ***der Kranke, ein Kranker***

إعراب الاسم كصفة:

	maskulin		**feminin**		**neutrum**	
					Singular	
Nom.	der	Krank **-e**	die	Krank **-e**	das	Gut **-e**
Akk.	den	**-en**	die	**-e**	das	**-e**
Dat.	dem	**-en**	der	**-en**	dem	**-en**
Gen.	des	**-en**	der	**-en**	des	**-en**
					Plural	
Nom.	die	**-en**	die	**-en**		
Akk.	die	**-en**	die	**-en**		
Dat.	den	**-en**	den	**-en**		
Gen.	der	**-en**	der	**-en**		

	maskulin	**feminin**	**neutrum**
			Singular
Nom.	ein Krank **-er**	eine Krank **-e**	ein Gut **-es**
Akk.	einen **-en**	eine **-e**	ein **-es**
Dat.	einem **-en**	einer **-en**	einem **-en**
Gen.	eines **-en**	einer **-en**	eines **-en**
			Plural
Nom.	**-e**	**-e**	
Akk.	**-e**	**-e**	
Dat.	**-en**	**-en**	
Gen.	**-er**	**-en**	

- نرى من القائمة أنّ المذكر والمؤنث المفرد وكذلك الجمع تدل غالباً على أشخاص.

  Der Reiche *hat* ***einer Armen*** *geholfen.*

  Dem Tüchtigen *gehört die Welt.*

- بينما يشير المحايد إلى شئ أو مفهوم.وهذا المعنى لا جمع له.

  Man muss den Armen ***Gutes*** *tun.*

  Das Schöne *im Leben währt oft nicht lange.*

- هناك العديد من الصفات وأسماء المفاعيل التي تستخدم كأسماء مذكرة ومؤنثة ولها معنى خاص بالنسبة للأشخاص أو المفاهيم، مثال:

der (die) Abgeordnete, der (die) Angeklagte, der (die) Bekannte
der (die) Fremde, der (die) Gesandte, der (die) Irre, der (die) Verwandte
die Rechte (Hand, Partei), die Moderne (Kunst, Literatur), die Senkrechte,…

ولكن:

der Beamte (fem.: die Beamtin)

***Der Beamte** ist **ein** guter **Bekannter** von mir.*

*Dieser Herr ist **der** deutsche **Gesandte.***

Ein Gesandter** ist **ein** hoher **Beamter.

- ويمكن تشكيل صيغتين مختلفتين من الصفات التي تدل على الجنسية. وهاتان الصيغتان محايدتان وترمزان إلى اللّغة.

١ مع النهاية **e-:**

*das Italienisch**e**, das Deutsch**e**,...*

٢ بدون نهاية:

das antike Latein, das beste Deutsch.

وتأتي كأسماء تلك الصفات المنتهية بـ **e-** مرفقة بأداة التعريف ولا حاجة لوجود نعت ما.

*Wir übersetzen aus **dem Deutschen** ins Spanische.*

*Im Mittelalter war **das Lateinische** die Sprache der Gelehrten.*

- ويمكن أيضاً تشكيل نوعين من الصفات كأسماء محايدة، إحداهنّ بالنهاية **e-** والأخرى بدون نهاية.

*Wir fahren **ins Grüne.***

***Das Grün** der Wälder wechselte mit **dem Grau** der Felsen.*

ويمكن كذلك تشكيل عدد كبير من صفات الألوان كأسماء مؤنثة:

die Bläue, die Röte, die Schwärze

5.04 Zahlwörter
الأعداد

هناك عدد كبير من الأعداد يمكن تقسيمها إلى مجموعات لأنها تملك عناصر مشتركة في المضمون والنحو. وسوف نعالج كل مجموعة على حدة.

■ الأعداد الأصلية:	drei, zwei, eins
■ الأعداد الترتيبية:	dritter, zweiter, erster
■ الكسور:	ein achtel, ein drittel
■ أعداد التكرار:	zweimal, einmal / zwei Mal, ein Mal
■ أعداد التقسيم:	zweitens, erstens
■ التأريخ:	der fünfte Mai
■ التوقيت:	um zwölf Uhr
■ المال:	drei Euro zwanzig

الأعداد الأصلية:

تدل هذه الأعداد على كمية معينة. ونسأل عن الأعداد بـ **?wieviel** عندما يكون الاسم مفرداً، و بـ **?wie viele** إذا كان الاسم جمعاً. وتعتبر الأعداد صفات لا تعرب. مثال:

كم الساعة؟	*Wieviel Uhr ist es?* (الاسم مفرداً)
كم طالباً يدرس الألمانية؟	*Wie viele Studenten lernen Deutsch?* (الاسم جمعاً)

والأعداد الأصلية هي:

0	null	10	zehn	20	zwanzig	30	dreißig
1	eins	11	elf	21	einundzwanzig	40	vierzig
2	zwei	12	zwölf	22	zweiundzwanzig	50	fünfzig
3	drei	13	dreizehn	23	dreiundzwanzig	60	sechzig
4	vier	14	vierzehn	24	vierundzwanzig	70	siebzig
5	fünf	15	fünfzehn	25	fünfundzwanzig	80	achtzig
6	sechs	16	sechzehn	26	sechsundzwanig	90	neunzig
7	sieben	17	siebzehn	27	siebenundzwanzig	100	(ein)hundert
8	acht	18	achtzehn	28	achtundzwanzig	101	hunderteins
9	neun	19	neunzehn	29	neunundzwanzig		einhunderteins

200	zweihundert	1000	tausend, eintausend
400	vierhundert	1101	tausendeinhunderteins

ملاحظة هامة: يجب الانتباه إلى لفظ وكتابة الأعداد التالية:

إن العدد **eins** (واحد) يصبح **-ein** إذا وصل مع العشرات:

einundzwanzig	واحد وعشرون
einunddreißig	واحد وثلاثون

ولكن إذا ورد العدد **eins** في نهاية مجموعة عددية، كتب كاملاً:

2001	zweitausend**eins**
101	hundert**eins**

لا تقرأ أرقام الهاتف كعدد وإنما يقرأ كل رقم على حدة أو كل رقمين معاً. مثال:

316720
drei / eins sechs / / sieben zwei / null
einunddreißig / siebenundsechzig / zwanzig

- تكون الأعداد التالية مؤنثة دائماً وتجمع بـ **n**- أو **en**-. مثال:

eine Million	1 000 000
zwei Millionen	2 000 000
eine Milliarde	1 000 000 000
zwei Milliarden	2 000 000 000
eine Billion	1 000 000 000 000

- لا تقرأ السنوات كأعداد بل تقول:

Ich bin 1947 geboren. ولدت عام ١٩٤٧
Ich bin neunzehnhundertsiebenundvierzig geboren.

Die Uhrzeit
التوقيت

للإستفهام عن الوقت نسأل بـ: *Wie viel Uhr ist es?*
أو بـ: *Wie spät ist es?*

وهناك طريقتان للتعبير عن الوقت:
الطريقة الرسمية: die offizielle Zeitangabe وتعتبر هذه الطريقة اليوم ٢٤ ساعة. وحين نريد اعلان التوقيت نذكر الساعات أولاً ثم الدقائق. مثال:

الساعة الثامنة والدقيقة ١٥	acht Uhr fünfzehn	8:15 Uhr
الساعة الثانية عشرة والدقيقة ٣٠	zwölf Uhr dreißig	12:30 Uhr
الساعة العشرون والدقيقة ١٠	zwanzig Uhr zehn	20:10 Uhr
الدقيقة ١٠ بعد منتصف الليل	null Uhr zehn	00:10 Uhr

الطريقة العامية: die umgangssprachliche Zeitangabe، وتعتبر هذه الطريقة اليوم ١٢ ساعة و نستخدم معها توقيتاً آخر إذ نذكر الدقائق أولاً ثم الساعات (بعكس التوقيت الرسمي)، مع استعمال الكلمات: **halb** و **ein Viertel** والحروف **nach** و **vor**. مثال:

الساعة الثامنة والربع (صباحاً)	Viertel nach acht	8:15 Uhr
الساعة الثانية عشرة والنصف	halb eins	12:30 Uhr
الساعة الثامنة (مساءً)	acht Uhr (abends)	20:00 Uhr
الساعة الثانية عشرة وربع (ظهراً)	Viertel nach zwölf	12:15 Uhr
الساعة الثانية عشرة وربع (بعد منتصف الليل)	Viertel nach zwölf	00:15 Uhr

ونقول بالنسبة للتوقيت التالي:

الساعة السابعة والثلث	zwanzig nach sieben zehn vor halb acht	7:20 Uhr
الساعة التاسعة إلا ثلث	zwanzig vor neun zehn nach halb neun	8:40 Uhr

ويرمز إلى الساعات الكاملة بـ:

Es ist ein Uhr.	oder	Es ist eins.
Es ist zwei Uhr.	oder	Es ist zwei.

إن التعبير ich habe drei Uhr (تقال في العامية) يعني أن ساعتي تشير إلى الساعة الثالثة.
ويكون السؤال عندئذٍ:

Wie viel Uhr haben Sie? أو Wie spät haben Sie?

عليك أن تفرق بين العبيرين:

ساعتي تشير إلى الواحدة.	Ich habe ein Uhr.
أملك ساعة.	Ich habe eine Uhr.
ساعتي تشير إلى الثانية.	Ich habe zwei Uhr.
أملك ساعتين.	Ich habe zwei Uhren.

■ **التوقيت**

sieben Uhr	7:00 Uhr
fünf (Minuten) **nach** sieben	7:05 Uhr
zehn (Minuten) **nach** sieben	7:10 Uhr
(ein) Viertel **nach** sieben / Viertel acht	7:15 Uhr
zwanzig **nach** sieben / zehn **vor** halb acht	7:20 Uhr
fünf **vor** halb acht	7:25 Uhr
halb acht	7:30 Uhr
fünf **nach** halb acht	7:35 Uhr
(ein) Viertel **vor** acht / drei Viertel acht	7:45 Uhr
zehn **vor** acht	7:50 Uhr
fünf **vor** acht	7:55 Uhr
acht Uhr	8:00 Uhr

Rechenübungen

■ **مسائل حسابية تكتب وتقرأ:**

5 und 3 ist 8	$5 + 3 = 8$
5 plus 3 ist 8	

$8 - 3 = 5$	8 weniger 3 ist 5
	8 minus 3 ist 5
$3 \times 5 = 15$	3 mal 5 ist 15
$12/4 = 3$	12 durch 4 ist 3
	12 geteilt durch 4 ist 3
$6^2 = 36$	6 hoch 2 ist 36
$6^3 = 216$	6 hoch 3 ist 216
$\sqrt{36} = 6$	Quadratwurzel aus 36 gleich 6
$\sqrt[3]{216} = 6$	Kubikwurzel aus 216 gleich 6

- **الصفة العددية "eins"**

يعرب الرقم ١ (واحد) قبل الاسم كأداة التنكير، وله صيغة مذكرة ومحايدة ومؤنثة. ولكي نفرق بينه وبين أداة التنكير نشدد عليه، أي على العدد واحد. مثال:

*Wir haben alle aus **einem** Glas getrunken.*

ويكتب العدد واحد (eins) منفصلاً إذا أتى مع المئات والآلاف في الموضع الأخير، وقبل الاسم، ويربط مع بقية الأعداد بالأداة **und**. وفي هذه الحال يأتي الاسم في صيغة المفرد:

*Meine Reise hat genau **hundert und einen Tag** gedauert.*
دامت رحلتي تماماً مائة يوم ويوم.
*Märchen aus **Tausend und einer** Nacht.*
أساطير ألف ليلة وليلة.

- إذا ورد العدد **ein** بعد أداة التعريف أو اسم إشارة أو ضمير ملكية أو اسم موصول استخدم كصفة:

*Hast du mit **der einen** Schülerin gesprochen, die uns neulich besuchte?*
*Schon bei **diesem einen** Unfall hat es viele Verletzte gegeben.*
*Der alte Mann geriet mit **seinem einen** Bein ins Loch und stürzte.*
*Der Wagen, **dessen eines** Rad zerbrochen war, lag auf der Straße.*

- وعندما يأتي **ein** كضمير يأخذ نهاية إعراب الأداة:

__Einer__ der Reisenden fuhr mit mir bis Köln.

Er ging mit __einem__ von ihnen ins Theater.

الأعداد الأصلية كأسماء

- يمكننا استخدام جميع الأعداد كأسماء، وتكون عندئذٍ مؤنثة، وهي في صيغة المفرد لا تتغير. أما في صيغة الجمع (استعمالها قليل) تأخذ النهاية **en**– (ما عدا الرقم **sieben**).

مثال:

__Die Sieben__ ist eine Glückszahl.

Sie kamen zu __Tausenden.__

- وتستعمل هذه الأعداد الاسمية مع خطوط الترم والحافلات:

Die Vier ist eben abgefahren. Steigen Sie in __die Zehn__ ein!

- مع علامات الجلاء وخصوصاً في شمال ألمانيا:

Hans hat im Rechnen __eine Drei__ bekommen.

In Deutsch har er __eine Eins__ geschrieben.

- للتعبير عن فريق كرة القدم: **die Elf**

__Die__ Münchner __Elf__ spielt heute gegen Köln.

- للدلالة على العمر:

Sie hat __die Zwanzig__ längst überschritten.

Ordnungszahlen

الأعداد الترتيبية

تدل الأعداد الترتيبية على أنّ شخصاً أو شيئاً يحتل مركزاً في صف ما. ويتم تشكيل العدد الترتيبي من العدد الأصلي، وذلك بإضافة الحرف **t-** على نهايته.
تأخذ الأعداد الترتيبية من الرقم ٢ إلى الرقم ٩١ النهاية **t-** وتأخذ اعتباراً من الرقم ٢٠ النهاية **st-**. أما الأعداد الترتيبية التالية فتعتبر شاذة:

erste	**der (die, das)**
dritte	
achte	

هذا وتعتبر الأعداد الترتيبية بشكل عام كصفة:

zwanzig**ste**	er**ste**	**der die das**
einundzwanzig**ste**	zwei**te**	
hundert**ste**	drit**te**	
tausend**ste**	vier**te**	
	fünf**te**	
	sech**ste**	
	sieb**te**	
	ach**te**	
	neun**te**	
	zehn**te**	

ونسأل عن العدد الترتيبي بـ: **der, die, das wie vielte?**

Der wievielte *Schüler ist Samer in der Klasse?*
Er ist ***der zehnte*** *Schüler.*

■ حين نعبر عن عدد ترتيبي برقم وضعنا نقطة بعد الرقم الأصلي:

der erste	der **1.**
der dritte	der **3.**
der fünfundzwanzigste	der **25.**

■ ومع أسماء الحكام نستخدم الأرقام الرومانية: **Georg V.**

Nom.	Georg V.	Georg der Fünfte
Akk.	Georg V.	Georg den Fünften
Dat.	Georg V.	Georg dem Fünften
Gen.	Georg V.	Georg des Fünften

■ يعادل التعبير **der erste** التعبير **der letzte:**
*Wir wohnen dort im **letzten** Haus der Straße.*

■ وللتعبير عن التاريخ نستخدم الصفة المذكرة للأعداد الترتيبية، لأنها تعود على الاسم **"يوم، Tag"**. ويأتي اليوم قبل الشهر.
ونسأل عن التاريخ بـ **der wievielte?** إذا كان الشخص ينتظر معلومة دقيقة عن اليوم، وإلاّ سألنا ب: **wann?** متى؟
إذا سألنا بـ **der wievielte?** شددنا على تاريخ اليوم.
يكتب التاريخ عادة بأرقام:

der vierzehnte elfte	14.11.
am sechs**ten** ach**ten**	am 6.8

Einteilungszahlen

الظروف الترتيبية

ومن الأعداد أيضاً الظروف الترتيبية، وهي أعداد تشير إلى ترتيب معين. ويتم تشكيلها من الأعداد الترتيبية بحيث نضيف المقطع **ens-** على نهايتها. وبهذا الشكل تصبح ظروفاً وهي لا تتغير أبداً. وإذا كتبت هذه الظروف العددية بشكل أرقام فلا فرق هناك بينها وبين الأعداد الترتيبية. مثال:

1.	erst**ens**
2.	zweit**ens**
3.	dritt**ens**
10.	zehnt**ens**
11.	elft**ens**
15.	fünfzehnt**ens**
20.	zwanzigst**ens**
30.	dreißigst**ens**
35.	fünfunddreißigt**ens**

Heute gehe ich nicht aus. ***Erstens*** *habe ich keine Lust,* ***zweitens*** *habe ich kein Geld und* ***drittens*** *muss ich früh ins Bett.*

اليوم لن أخرج لأنه: أولاً لا رغبة لدي، وثانياً لا أملك نقوداً، وثالثاً علي أن أذهب إلى السرير باكراً.

Bruchzahlen

الكسور

ترمز الكسور إلى جزء من وحدة. وتشكل كلمة "كسر" في الألمانية من اختصار العدد الترتيبي مع كلمة **Teil**:

der dritte Teil → drittel

ويمكن أن نقول أيضاً أنّ هذه الكسور تنشأ من إضافة المقطع **el-** على نهاية العدد الترتيبي. وغالباً ما تكتب هذه الكسور بشكل أرقام. مثال:

1/3	ein Dritt**el**	**3/100**	drei Hunderst**el**
1/4	ein Viert**el**	**1/250**	ein Zweihundertfünfzigst**el**
1/16	ein Sechzehnt**el**	**1/1000**	ein Tausendst**el**

و يمكن للكسور أن تأتي بشكل أسماء أو صفات. إذا أتت اسماً أخذت أداة تعريف الاسم المحايد:

das Drittel, das Hundertstel

أما إذا أتت بشكل صفة فإنها لا تعرب وتكتب كلمة واحدة:

*Er hat **dreiviertel** Liter Bier getrunken.*

إن العدد العلوي للكسر هو عدد أصلي ويدعى **der Zähler** (البسط / الصورة) (ein = 1)، والعدد السفلي للكسر يدعى: **der Nenner** (المقام / المخرج)

*1/5 ein ist **Zähler,** fünftel ist **Nenner***

إنّ الكسرين (½) **halb** و (1/1) **ganz** صفات تعرب عادة كالصفات والأسماء منهما: **die Hälfte** و **das Ganze**.

*Er war **ein halbes** Jahr in Damaskus.*

*Was ist **die Hälfte** von 26?*

*Die Reise dauerte **ein ganzes** Jahr.*

*Wir müssen immer an **das Ganze** denken.*

عندما يرد **halb** بعد عدد كامل كتبا سوياً دون أن تعرب. ويأتي الاسم في صيغة الجمع:

*Ich nehme **zweieinhalb** Pfund Tomaten.*

*Sie hat **eineinhalb (anderthalb)** Jahre Deutsch gelernt.*

Wiederholungszahlen

أعداد وظروف التكرار

تدل هذه الأعداد على المرات التي يتكرر الشئ. ويتم تشكيلها من الأعداد الأصلية وذلك بوضع المقطع **mal-** في نهايتها. ويسأل عن هذه الأعداد بـ **?wie oft** كم مرة؟

إنّ هذه الأعداد لا تتغير أبداً:

***Wie oft** besuchst du die Berufsschule?*	كم مرة تزور المدرسة المهنية؟
*Ich besuche sie **drei Mal** in der Woche.*	أزورها ثلاث مرات في الأسبوع.
*Er ist schon **zwei Mal** in Köln gewesen.*	لقد كان مرتين في كولونيا.

Kapitel 6

Das Adverb

الظرف

6.01 Formen und Arten der Adverbien

الظرف

إنّ الظروف هي من نوع الكلمات التي لا تبدل في صيغتها، كما هي الحال مع حروف العطف وحروف الجر. لذا صنفت مع هذه الزمرة (Konjunktionen)، يأتي الظرف دائماً بعد الأسماء والضمائر ولكنه يسبق الصفة وظروف أخرى. مثال:

Die Autos fahren in Deutschland ***rechts.***	تسير السيارات في ألمانيا على اليمين.
Ich habe dich schon ***sehr oft*** *angerufen.*	لقد اتصلت بك على الهاتف مراراً.
Hier *liegt dein Buch.*	كتابك هنا.
Kommst du ***heute*** *zu mir?*	اتأتي لعندي اليوم؟

أنواع الظروف حسب التركيب:

تنقسم الظروف حسب تركيبها إلى:

١ **الظروف البسيطة (الأصلية):**

ja, da, hier, sehr, oft, *etc.*

Kommst du ***morgen? Ja,*** *ich komme.*

Hier *hängt dein Mantel.*

Ich habe mich über Ihren Brief ***sehr*** *gefreut.*

٢ **الظروف المشتقة: وتشتق هذه الظروف من كلمات أخرى مع المقاطع:**

–s, –falls, –erlei, –lich, –lings

Das neue Hotel liegt hier ***rechts.***

Meine Eltern waren ***kürzlich*** *in Spanien.*

Sie haben dort ***mancherlei*** *gesehen.*

Er kann ***bestenfalls*** *um 3 Uhr hier sein.*

ومن جملة هذه الظروف تلك الظروف المشتقة من صفات / أو ضمائر، أو حروف جر، وتأتي هذه الظروف مع المقاطع:

–weise, –maßen, –mal (mals), –wärts, –art, *etc.*

*Wir haben heute **glücklicherweise** schönes Wetter.*
*Bei **einigermaßen** schönem Wetter machen wir einen Ausflug.*
*Ich danke Ihnen **vielmals.***
*Unser Weg ging steil **aufwärts.***

٣ الظروف المركبة:

تأتي هذه الظروف مركبة مع حرف جر، أو صفة، أو ظرف آخر. مثال:

*Wer kommt **zuerst?***
*Sie können **überall** Arbeit finden.*
*Gehen Sie immer **geradeaus.***
*Ich lege das Buch **hierher.***
*Der Motor funktioniert **einwandfrei.***

6.02 Komparation der Adverbien
أفعل التفضيل للظروف

يمكن تشكيل صيغة أفعل التفضيل للظروف التالية وذلك حسب مفهومها، وفي هذه الحال تستخدم ظروف أخرى، تختلف عن الأصلية، لتشكيل صيغة أفعل التفضيل من الدرجة الثانية والثالثة. مثال:

Positiv	Komperativ	Superlativ
bald	**früher** **eher**	**am frühsten** **am ehesten** **baldigst**
gern	**lieber**	**am liebsten**
sehr viel	**mehr**	**am meisten**
wenig	**minder**	**am mindesten** **mindestens**
wohl	**besser**	**am besten** **bestens**

وتشكل **wenig** صيغاً نظامية لأفعل التفضيل: **am wenigsten, weniger** وهي الأكثر استعمالاً.

6.03 Arten der Adverbien

أنواع الظروف حسب المعنى:

تنقسم الظروف حسب المعنى إلى:

١ ظروف المكان:

- تدل على مكان حدوث الشئ، ونسأل عنه بـ **?wo** أين؟
- أو تشير إلى أي اتجاه يتحرك الشئ، ونسأل عنه بـ **?wohin** إلى أين؟
- أو تدل من أين أتى الشئ، ونسأل عنه بـ **?woher** من أين؟

مثال:

هناك يسكن صديقي.	***Dort** wohnt mein Freund.*
يلعب الولد في الخارج.	*Das Kind spielt **draußen.***
هنا في الداخل دافئ.	***Hier drinnen** ist es warm.*
أصعد الدرج.	*Ich gehe die Treppe **hinauf.***
أجلس هناك.	*Setze dich **dahin!***
يأتي الناس من كل حدب وصوب.	*Die Leute kommen von **überallher.***

٢ ظروف الزمان:

وتدل هذه الظروف على:

- زمن وقوع الحادث، ونسأل عنه بـ **?wann** متى؟
- المدة التي استغرقها الحادث، ونسأل عنه بـ **?wie lange** كم من الزمن؟
- عدد مرات الحادث في ذلك الوقت، ونسأل عنه بـ **?wie oft** كم مرة؟

مثال على ذلك:

كنا حديثاً في ميونيخ.	*Wir waren **kürzlich** in München.*
آكل ثلاث مرات يومياً.	*Ich esse **dreimal** täglich.*
استغرقت الرحلة خمس ساعات.	*Die Fahrt dauerte **fünf Stunden.***

٣ ظروف الحال:

تدل هذه على الأسلوب أو كيفية حدوث الشئ، ويتضمن معناها أيضاً النوعية، والكثافة، والكمية. ونسأل عنها بـ **?wie** كيف؟، أو بـ **?wie sehr** كيف / ما أشد؟ إلخ... . مثال:

أحب شرب النبيذ.	*Ich trinke **gern** Wein.*
إن الفيلم ممل بشكل بالغ.	*Der Film ist **ausgesprochen** langweilig.*
لقد فتشت عنك عبثاً.	*Ich habe dich **vergebens** gesucht.*
بالطبع سآتي معك.	***Natürlich** komme ich mit.*

٤ ظروف الاستفهام:

تأتي هذه الظروف في جمل متممة للخبر. وهذه الجمل تبدأ بظرف استفهام. وحسب السؤال يمكن أن نفرق بين:

١ ظروف الاستفهام للمكان: ?wo أين؟، و**?wohin** إلى أين؟، و **?woher** من أين؟ مثال:

أين الكتاب؟ على الطاولة.	***Wo** liegt das? – Auf dem Tisch.*
إلى أين ستسافر غداً؟ إلى باريس.	***Wohin** fährt sie morgen? – Nach Paris.*
من أين يأتي بيتر؟ من انكلترا.	***Woher** kommt Peter? – Aus England.*

٢ ظروف الاستفهام للزمان: ?wann متى؟، و **?wie lange** كم من الزمن؟، و **?wie oft** كم مرة؟

***Wann** gehst du ins Kino? – Morgen.*

متى ستذهب إلى السينما؟ غداً.

***Wie lange** dauert der Unterricht? – Zwei Stunden.*

كم يدوم الدرس؟ ساعتان.

***Wie oft** habt ihr Unterricht? – Dreimal in der Woche.*

كم مرة عندكم درس؟ ثلاث مرات أسبوعياً.

٣ ظروف الاستفهام الحال: **wie?** كيف؟

كيف كان الفيلم ؟ رائعاً.	***Wie*** *war der Film? – Er war interessant.*
كيف وجدت الرحلة؟ جيدة.	***Wie*** *hat dir die Reise gefallen? – Gut.*

٤ ظروف الاستفهام السببية: **warum?** لماذا؟، و **weshalb?** لأي سبب؟ **wozu?** ما الهدف؟، و **womit?** بما؟ ز مثال:

Warum *bist du gestern nicht gekommen? – Ich war krank.*

لما لم تأت البارحة؟ لأني كنت مريضاً.

Wozu *lernen Sie Deutsch? – Damit ich in Deutschland studieren kann.*

لأي سبب تتعلم الألمانية؟ حتى أستطيع الدراسة في ألمانيا.

Weshalb *fährt er nicht mit? – Er hat kein Geld.*

لما لا يسافر معنا؟ لأنه لا يملك نقوداً.

ظرفا الاتجاه hin و her:

يأتي ظرفا الاتجاه **hin** و **her** مع خبر يدل على أن العمل أو الحدث يسير باتجاه ما، لذا سمّيا بظرفي الاتجاه. وغالباً ما يأتي هذان الظرفان بشكل سوابق (Verbzusatz) أي أنها تنفصل عن الفعل، ويشيران إلى الجهة التي يسير نحوها العمل أو الحدث بالنظر إلى المتكلم. فالظرف her يدل على أن العمل يتم باتجاه المتكلم بينما يدل الظرف **hin** على أن العمل يسير بالاتجاه المعاكس. مثال:

Er fährt morgen nach Aleppo. Ich fahre auch ***hin.***

سيسافر غداً إلى حلب، وأنا سأسافر أيضاً إلى هناك.

Bringen Sie das Buch ***her!***

اجلب الكتاب إلى هنا!

وقد يتصل هذان الحرفان بحرف جر فيصبحان: ***herab, heraus, herunter, herein***

إنه يصعد الدرج.	*Er steigt die Treppe* ***hinauf.***
إنها تهبط السلم .	*Sie kommt die Treppe* ***herunter.***
يا أولاد، اخرجوا من فضلكم .	*Kinder, geht bitte* ***hinaus!***

Ortsadverbien

Wo bin ich?	Wohin gehe ich?	Woher komme ich?	Adjektiv
hier	hierhin (nach hier)	von hier	der / die / das hiesige
dort	dorthin (nach dort)	von dort / dorther	der dortige
da	dahin	von da / daher	
draußen **außen** **auswärts**	nach draußen / hinaus nach aufwärts	von draußen von außen von auswärts	der äußere / auswärtige
drinnen **innen**	nach drinnen / hinein	von drinnen von innen	der innere
oben	nach oben / aufwärts hinauf	von oben	der obere
unten	nach unten / abwärts hinunter	von unten	der untere
vorn	nach vorn / vorwärts	von vorn	der vordere
hinten	nach hinten / rückwärts	von hinten	der hintere
links **rechts**	nach links / seitwärts nach rechts	von links von rechts	der linke der rechte
drüber	nach drüben hinüber	von drüben herüber	der jenseitige

Kapitel 7

Das Pronomen

الضمير

7.01 Das Pronomen
الضمائـر

إن الضمائر تنوب عن الأسماء أو ترافقها. وهي تقوم مقامها مؤدية نفس الوظيفة. وتشير أغلب الضمائر إلى جنس الكلمة التي تنوب عنها وهي قابلة للإعراب.
إنّ المصطلح لكلمة (Pronomen) هو من أصل لاتيني ومعناه: "pro nomen„ أي نائب عن الاسم.
وعلينا أن نفرق بين الضمائر التي تنوب فقط عن الاسم وبين تلك التي ترافق الاسم.

إنّ القائمة التالية تعطيك فكرة عن ذلك:

الضمائر	الاستعمال كـ	أمثلة
Personalpronomen	نائب	*Wartest **du** hier auf **mich?***
Reflexivpronomen	نائب	*Karin wundert **sich.***
Reziprokpronomen	نائب	*Karin und Hans lieben **sich.***
Relativpronomen	نائب	*Das ist der Mann, **der** dort steht.*
Fragepronomen	نائب مرافق ونائب	***Wer** ist das?* ***Welches** Buch gefällt dir?* *Hier sind zwei. **Welches** nimmst du?*
Indefinitpronomen	نائب مرافق ونائب	***Kein** Mensch hat mir geholfen.* ***Keiner** hat mir geholfen.*
Demonstrativ- pronomen	مرافق ونائب	***Dieser** Pullover gefällt mir.* *Ich möchte **diesen.***
Possessivpronomen	مرافق ونائب	***Mein** Bruder lernt Deutsch.* ***Meiner** lernt auch Deutsch.*

ملاحظة:

- مع أنّ الضمائر تنوب عن الأسماء فإنها لا تأخذ أداة.
- تعرب الضمائر كالأسماء.
- مع أن الضمائر تأتي كالصفات مرافقة للأسماء فإنها لا تشكل صيغة التفضيل.

7.02 Personalpronomen
الضمائر الشخصية

■ الضمائر الشخصية في حالة الرفع

المجموعة الثانية هي الأشخاص أو الأشياء أو المفاهيم التي نتكلم عنها	
er (مفرد)	der Vater der Motor der Prozess
es (مفرد)	das Kind das Auto das Examen
sie (مفرد)	die Mutter die Maschine die Methode
sie (جمع)	die Eltern die Autos die Methoden

المجموعة الأولى هم المشتركون في الحديث	
ich	هذا هو المتكلم أو الكاتب.
wir	مجموعة من الأشخاص والمتكلم واحد منهم.
du	هذا هو المخاطب / المستمع: وهو فرد من العائلة أو صديق أو شخص نثق به.
Sie	هذا هو المخاطب له نفس المركز الاجتماعي ولكنه غير معروف للمتكلم أو مركزه مجهول. صيغة المخاطبة الرسمية.
ihr	مجموعة أشخاص نتكلم إليهم: وهم من العائلة أو الأصدقاء، لهم نفس المركز الاجتماعي ومعروفون فيما بينهم.

أمثلة على الضمائر الشخصية في حالة الرفع:

أنا أتكلم.	***Ich** spreche.*
نحن نكتب رسالة.	***Wir** schreiben einen Brief.*
هو / هي تشاهد التلفاز.	***Er (sie, es)** sieht fern.*

هي تتعلم العربية.	***Sie** lernt Arabisch.*
أنت سعيد.	***Du** bist glücklich.*
متى ستأتون؟	*Wann kommt **ihr?***

■ **استعمال الضمير الشخصي المخاطب du و ihr:**

هناك صيغتان لمخاطبة الشخص الثاني في اللّغة الألمانية:

١ **صيغة** ال **du** للمفرد و **ihr** للجمع. وهذه الصيغة هي صيغة رفع الكلفة. وتستعمل بين الأصدقاء، وأفراد العائلة، والزملاء، والأطفال. وحين نخاطب الشخص بهذه الصيغة نناديه باسمه الأول. مثال:

ماذا تتعلم يا بيتر؟	*Was lernst **du,** Peter?*
يا إينغه و يا هلموت، أين تسكنان؟	*Inge und Helmuth, wo wohnt **ihr?***

٢ **صيغة** ال **Sie** للمفرد والجمع، نخاطب بها أشخاصاً لا نعرفهم ولا تربطنا بهم علاقة قرابة أو زمالة. وهذه الصيغة هي صيغة المخاطبة الرسمية. ونكتب بحرف كبير في جميع حالات إعرابها.

إذا كان الضمير **Sie** فاعلاً أتى معه الفعل في صيغة الجمع. وحبين نخاطب بها شخصاً نناديه بكنيته، أو بلقبه. مثال:

من أين أنت، يا سيد بيرغ؟	*Woher kommen **Sie,** Herr Berger?*
أين تعمل، أيها السيد الدكتور؟	*Wo arbeiten **Sie,** Herr Doktor?*

ملاحظة: عندما نكتب رسالة ونخاطب الشخص بـ **du** أو **ihr**، وجب كتابة هذين الضميرين في جميع حالات إعرابه بحرف كبير. مثال:

*Ich danke **D**ir für **D**einen Brief. Ich freue mich, dass **D**u und **D**eine Schwester uns bald besucht. Wir erwarten **E**uch. Schreibt uns bitte, wann **I**hr ankommt.*

أشكرك على رسالتك. يسرني أنك وأختك ستزوراني قريباً. نحن بانتظاركما. اكتبا لنا، متى ستصلان.

3. Person der Personalpronomen

الشخص الثالث للضمير الشخصي

إنّ الضمائر الشخصية للشخص الثالث المفرد والجمع **(er, sie, es, sie)** لا تنوب عن أشخاص فقط وإنما عن أشياء، أو مفاهيم. وينوب الضمير عن الاسم وأداته معاً. مثال:

*Hier ist **das Buch. Es** gehört mir.*	الكتاب هنا. إنه يخصني.
*Wo liegt **der Bleistift? Er** ist da.*	أين قلم الرصاص؟ إنه هنا.

إذا كان الاسم المحايد يرمز إلى شخص، مثل **das Mädchen** (الفتاة) فإننا نعوض عنه بالضمير **es.**

*Wie alt ist **das Mädchen? Es** ist 7 Jahre.*	كم عمر الفتاة؟ عمرها ٧ سنوات.

ولكن إذا ذكر اسم الفتاة يعود الضمير الشخصي فيتبع جنسها الطبيعي. مثال:

*Wie heißt das Mädchen. Es heißt **Karin.***	ما اسم الفتاة؟ اسمها كارين.
***Sie** lässt dich herzlich grüßen.*	إنها تهديك تحياتها القلبية.

Das unbestimmte Pronomen „Es"

الضمير غير الشخصي es واستعماله

إن الكلمة **es** هي عنصر بناء في الجملة، وغالباً لا يكون لها معنى لذا يهملها من يتعلم الألمانية، أو بالأحرى ينساها. وللكلمة **es** ثلاثة وظائف:

١ كضمير لاسم في حالة الرفع:

يذهب الولد إلى المدرسة. — ***Das*** *Kind geht zur Schule.*

وهو يتعلم بنشاط. — ***Es*** *lernt fleißig.*

٢ كضمير في حالة النصب:

الولد يتعلم. أنا أسأله. — ***Das*** *Kind lernt. Ich frage es.*

٣ كضمير لصفة:

هل تريد أن تجمّلها؟ إنها كذلك. — *Willst du sie* ***schön*** *machen? Sie ist es schon.*

إنّ الضمير غير الشخصي **es** لا ينوب عن الاسم المحايد فقط، بل وإن كان شيئاً أيضاً.

الكتاب جميل. إنه يعجبني. — ***Das*** *Buch ist schön.* ***Es*** *gefällt mir.*

- **بعض الأفعال غير الشخصية** تأخذ الفاعل غير الشخصي **es** ومفعولاً به يأتي بعده غالباً جملة ثانوية مع **dass**. مثال:

يسرني أنّ... — ***Es*** *freut mich, dass…*

يدهشه أنّ... — ***Es*** *wundert ihn, dass…*

- **يأتي الضمير es كمبتدأ** ولكن الفعل يتبع فاعله الحقيقي وليس الضمير الذي يعتبر زائداً.

لقد وقع حادث. — *Es ist ein Unfall passiert.*
(Ein Unfall ist passiert)

لقد حضر عدد كبير من الطلاب. — *Es sind viele Studenten gekommen.*
(Viele Studenten sind gekommen).

- **يستخدم الضمير es مع أفعال تدل على حالة الطقس أو على شعور أو على وقع أصوات،** وهنا يكون الضمير الشخصي فاعلاً رسمياً. مثال:

__Es__ klopft an die Tür.	يطرق على الباب.
__Es__ blüht schon.	لقد أزهرت.
Wie geht __es__ dir?	كيف حالك؟
__Es__ ist mir kalt.	أشعر بالبرد.

- **إعراب الضمير الشخصي** (دون حالة المضاف إليه):

		Nom.	Akk.	Dat.	أمثلة
1. Pers.	Sing.	**ich**	**mich**	**mir**	*Wartest du hier auf __mich?__*
	Plur.	**wir**	**uns**	**uns**	*__Wir__ haben __uns__ überlegt, ins Kino zu gehen.*
2. Pers.	Sing.	**du**	**dich**	**dir**	*Warum machst __du__ das? Was denken die Leute von __dir?__*
		Sie	**Sie**	**Ihnen**	*Wenn __Sie__ Hilfe brauchen, helfe ich __Ihnen.__*
	Plur.	**ihr**	**euch**	**euch**	*Da kann ich __euch__ nicht helfen.*
		Sie	**Sie**	**Ihnen**	*Wir danken __Ihnen__ für den Brief.*
3. Pers.	Sing.	**er**	**ihn**	**ihm**	*__Er__ tut, was sie will.*
		es	**es**	**ihm**	*Es hatte nicht den Mut, es __ihm__ zu sagen.*
		sie	**sie**	**ihr**	*Sie hatte schon mit __ihr__ gesprochen.*
	Plur.	**sie**	**sie**	**ihnen**	*Sie erzählen __ihnen,__ dass __sie__ weggehen.*

- **الضمير الشخصي في حالة المضاف إليه:**

الضمير الشخصي في حالة المضاف إليه **(Genitiv)** يأتي غالباً مع جمل خاصة تعبر عن جزء من كل. لقد أصبح هذا الضمير قليل الاستعمال.

وإليك هذه الضمائر مع الأشخاص التابعة له:

Nom.	ich	du	Sie	er / es
Gen.	**meiner**	**deiner**	**Ihrer**	**seiner**
Nom.	**sie**	**wir**	**ihr**	**sie**
Gen.	**ihrer**	**unser**	**euer**	**ihrer**

مثال:

*Wir gedenken **seiner.***

نحن نتذكره.

Gibt es viele Ausländer an den deutschen Universitäten?

هل هناك كثير من الأجانب في جامعات الألمانية؟

*Ja, es gibt **ihrer** viele.*

نعم هناك كثير منهم.

ويمكن للضمير الشخصي في حالة المضاف إليه أن يأتي قبل الضمائر **-all** و **-beid** وتأخذ هذه عندئذٍ نهاية أداة المضاف إليه في صيغتي الجمع وهي **-er.** مثال:

*Peter ist unser all**er** Freund (= der Freund von uns allen).*

*Sie ist euer beid**er** Tochter (= die Tochter von euch beiden).*

7.03 Das Reflexivpronomen
الضمائر المنعكسة

في الألمانية نوع من الجمل يكون فيها الفاعل والمفعول به نفس الشخص أو نفس الشئ. ويأتي المفعول به في هذه الجمل بشكل ضمير يسمى الضمير المنعكس. ويشير الضمير إلى أن العمل أو الحدث يعود إلى الفاعل. مثال:

أنا مسرور. *Ich freue* ***mich.***

- هناك أفعال يكون الضمير المنعكس فيها في حالة النصب قابلاً للتبديل باسم. مثال:

Er rasiert ***sich.*** */ Er rasiert* ***den Kunden.***

- هناك أفعال يكون الضمير المنعكس فيها في حالة ال Dativ قابلاً للتبديل باسم. مثال:

Ich kaufe ***mir*** *einen Pullover.*
Ich kaufe ***meiner Freundin*** *einen Pullover.*

- هناك أفعال يكون الضمير المنعكس فيها قابلاً للتبديل باسم إذا أتى بعد حرف جر. مثال:

Er zweifelt ***an sich.*** */ Er zweifelt* ***an seinem Freund.***

- هناك أفعال يكون الضمير المنعكس فيها غير قابل البتة للتبديل باسم. مثال:

Er hat ***sich*** *sehr aufgeregt.*

ملاحظة: نرى أنّ الضمير المنعكس مع الأفعال في الحالات الثلاث الأولى له بديل. ومع أفعال الحالة الرابعة لا بديل له أبداً.

ويمكن إيضاح هذا الفرق في اللوحة التاية:

الضمير المنعكس كجزء من الفعل لا مضمون له، ولكنه ضروري لبنية الفعل.	الضمير المنعكس كبديل وهو ضروري للمضمون ولبنية الفعل.
Hans wundert sich.	***Hans wäscht sich.***
لا مجال لذلك هنا	***Hans wäscht sich und seinen Sohn / ihn.*** **بإمكاننا هنا أن نعلق اسماً أو ضميراً شخصياً**
لا مجال لذلك هنا	***Hans wäscht.*** **بالإمكان هنا الاستغناء عن الضمير sich**
لا مجال لذلك هنا	***Wen wäscht er? – Sich!*** **بالإمكان هنا السؤال عن الضمير sich**

أشكال الضمائر المنعكسة مع الضمائر الشخصية:

		Personalpronomen			**Reflexivpronomen**	
		Nom.	**Akk.**	**Dat.**	**Akk.**	**Dat.**
1. Pers.	Sing.	**ich**	**mich**	**mir**	**mich**	**mir**
	Plur.	**wir**	**uns**	**uns**	**uns**	**uns**
2. Pers.	Sing.	**du**	**dich**	**dir**	**dich**	**dir**
		Sie	**Sie**	**Ihnen**	sich	sich
	Plur.	**ihr**	**euch**	**euch**	**euch**	**euch**
		Sie	**Sie**	**Ihnen**	sich	sich
3. Pers.	Sing.	**er**	**ihn**	**ihm**	sich	sich
		es	**es**	**ihm**	sich	sich
		sie	**sie**	**ihr**	sich	sich
	Plur.	**sie**	**sie**	**ihnen**	sich	sich

ملاحظة:

- إنّ الضمير المنعكس له صيغة خاصة به وهي **sich**، و هذا الضمير هو مفرد وجمع، مذكر ومؤنث ومحايد، وهو أيضاً الضمير المنعكس للمخاطب الرسمي **Sie**، ولكنه يكتب بحرف صغير. وهذا الضمير هو نفسه في حالتي ال **Akkusativ** و ال **Dativ**.
- وفي الحالات الباقية تكون الضمائر الشخصية والضمائر المنعكسة متشابهة تماماً.
- إنّ الضمير المنعكس يشير إلى هوية الشخص:

Jemand fragt jemanden

*Ich frage **ihn** (2 Personen)*

*Ich frage **mich** (1 Person)*

► Übungen zu den Reflexivpronomen **S. 461**

7.04 Das Demonstrativpronomen
اسم الإشارة

يدل اسم الإشارة على شخص أو شئ معروف لدينا، أو قد تعرفنا عليه. وتستخدم أسماء الإشارة بشكل مستقل. واسم الإشارة والضمير الشخصي ينوب عن الاسم والأداة معاً، وهو نفس أداة التعريف. وأسماء الإشارة أكثر استعمالاً هي:

١ **der, die, das والجمع die**

هذه الأسماء وهي أهمها وهي تحصل عند المتكلم على نبرة خاصة، إذ نشدد عليها وبذلك تختلف عن أداة التعريف. ويكون لهذه الأداة ارتباط أوثق بالاسم المذكور في الجملة من ارتباط الضمير الشخصي به. وهذا ما جعلها أكثر وضوحاً من ذلك الضمير.

يتميز اسم الإشارة في لغة المحادثة، ببينما نستخدم في النصوص المكتوبة الضمير الشخصي. مثال:

Die Wohnung, ist ***die*** *noch frei?*

الشقة، هل هي فارغة؟

Ein netter Mensch, ***den*** *ich kennen lernen möchte.*

إنه رجل لطيف، أحب أن أتعرف عليه.

ويعرب اسم الإشارة كما تعرب أداة التعريف في جميع حالاتها، في صيغتي المفرد والجمع.

إعراب اسم الإشارة der, die, das والجمع die:

	الحالة	الاسم	أمثلة
maskulin	Nom.	**der**	***Der*** *Mantel gefällt mir.*
Singular	Akk.	**den**	***Den*** *nehme ich.*
	Dat.	**dem**	***Dem*** *glaube ich kein Wort.*
	Gen.	**dessen**	*Ich traf Klaus und* ***dessen*** *jüngeren Bruder.*
neutral	Nom.	**das**	***Das*** *ist meine Schwester.* ***Das*** *weiß ich nicht.*
Singular	Akk.	**das**	*Ein tolles Auto.* ***Das*** *rote da.*
	Dat.	**dem**	***Dem*** *fehlt absolut nichts.*
	Gen.	**dessen**	*Kennst du Herrn Mai?* ***Dessen*** *Haus gefällt mir.*
feminin	Nom.	**die**	*Das ist* ***die*** *Idee.*
Singular	Akk.	**die**	***Die*** *hier möchte ich kaufen.*
	Dat.	**der**	*Frau Braun,* ***der*** *gehört die Firma.*
	Gen.	**deren**	*Dort steht Monika und* ***deren*** *Schwester.*
maskulin	Nom.	**die**	***Die*** *das gesagt haben, waren unklug.*
neutral	Akk.	**die**	*Wir müssen* ***die*** *finden.*
feminin	Dat.	**denen**	***Denen*** *habe ich nichts gesagt.*
Plural	Gen.	**deren**	*Die Müllers und* ***deren*** *Kinder verreisen.*

٢ **dieser, diese, dieses والجمع diese**

تستخدم هذه الأسماء كأداة التعريف قبل الاسم ومستقلة بشكل ضمير، وهي تشير إلى شخص أو شئ. وكثيراً ما تستخدم مع الظروف مثل: **da, hier, dort.** مثال:

Welches Hemd möchten Sie? – ***Dieses hier.***

أي قميص تريد؟ هذا هنا.

Mit ***dieser*** *Frau möchte ich nicht verheiratet sein.*

لا أحب أن أكون متزوجاً من تلك المرأة.

٣ jener, jene, jenes والجمع jene

وتدل هذه الأسماء أيضاً على شخص أو شئ معروف أو قد ذكر، وهي تأخذ نهايات أداة التعريف في حالاتها المختلفة. وتستخدم هذه غالباً مع أشخاص أو أشياء موجودة على مسافة ما منا، أو حين يريد التكلم أن يبعدها عنه. استعمالها أصبح نادراً. مثال:

إنها من ذلك البلد البعيد. *Sie kommt aus **jenem** fernen Land.*

كانت في تلك الأزمنة عادات أخرى. *In **jenen** alten Zeiten galten andere Sitten.*

ويستخدم الاسم **-jen** أيضاً للإشارة إلى أنّ شيئاً يختلف عن آخر وذلك بالنسبة للزمان والمكان. ويأتي عادة مع الاسم **-dies:**

Wem gehören die beiden Häuser?

*– **Dieses** gehört mir und **jenes** gehört meinem Vater.*

لمن هذان البيتان؟ هذا لي وذلك لأبي.

٤ derselbe, dieselbe, dasselbe والجمع dieselben

إنّ هذه الأسماء مركبة من الأداة **der, die, das** والمقطع **-selb** وتدل أسماء الإشارة هذه على التشابه ويعرب فيه الجزء الأول منه وهو **der, die, das** مثلما نعرب أداة التعريف، والجزء الثاني يعرب كما تعرب الصفة.

			Singular	**Plural**
	maskulin	neutral	feminin	m., n., f.
Nom.	derselbe	dasselbe	diesselbe	dieselben
Akk.	denselben	dasselbe	dieselbe	dieselben
Dat.	demselben	demselben	derselben	denselben
Gen.	desselben	desselben	derselben	derselben

نحن من نفس المدينة. *Wir kommen aus **derselben** Stadt.*

نشرب من نفس الكأس. *Wir trinken aus **demselben** Glas.*

لدينا نفس الاسم. *Wir haben **denselben** Namen.*

٥ selbst أو selber

لهذين الاسمين نفس المعنى ونفس الاستعمال، وهي لا تعرب وتأتي بعد الاسم أو بعد الضمير التابع له. مثال:

هو بنفسه لا يصدق هذا.	*Das glaubt* ***er selber*** *nicht.*
السيارة يقودها الرئيس بنفسه.	*Das Auto fährt* ***der Chef selbst.***

ويستعمل هذان الاسمان بمعنى شخصياً:

إنّ والدي شخصياً سلمني النقود.	*Mein Vater* ***selbst*** *hat mir das Geld gegeben.*
عليك أن تنجز العمل وحدك.	*Diese Arbeit solltest du* ***selber*** *tun.*

٦ derjenige, diejenige, dasjenige والجمع diejenigen

تستخدم هذه الأسماء قبل كل شئ في اللّغة الرسمية وهي تعرب كما يعرب الاسم **derselbe**، هذا يعني أن الجزء الأول منه يعرب كأداة التعريف والقسم الثاني **jenig–** يعرب كما تعرب الصفة.

إن اسم الإشارة **derjenige** وغيره يشير إلى إنّ جملة موصولة تليه في الجملة:

Die Polizei sucht ***denjenigen, der das Verbrechen begangen hat.***

إنّ الشرطة تفتش عن ذلك الذي ارتكب الجريمة.

٧ solcher, solche, solches والجمع solche

تدل هذه الأسماء بشكل عام على نوعية أو خاصية الشخص أو الشئ، وذلك دون إعطاء أي شرح، وهي تسبق الاسم النكرة وتعرب كصفة.

هل سبق وشربت نبيذاً كهذا؟	*Hast du schon* ***solchen*** *Wein getrunken?*

وإذا سبق اسم الإشارة **solch–** نعت أتى بدون نهاية. مثال:

أريد أن أشتري معطفاً كهذا.	*Ich möchte* ***solch*** *einen Mantel kaufen.*
أحب أن أسكن في منزل حديث كهذا.	*Ich möchte in* ***solch*** *einem Haus wohnen.*

▶ Übungen zu den Demonstrativpronomen **S. 461**

7.05 Das Relativpronomen
اسم الموصول

يدعى اسم الموصول بالألمانية بضمير الموصول، وهو يتبع الاسم بجنسه، وعدده، أما بالنسبة لإعرابه فيتبع جملة اسم الموصول، ويأتي اسم الموصول في أول الجملة الثانوية. أما في آخر الجملة الثانوية فيأتي الفعل. إنّ ٥٠٪ من الجمل الثانوية تبدأ باسم الموصول و ٨٥٪ منها تبدأ بـ:

der, die, das

وتدعى الجمل التي تبدأ باسم موصول الجمل الموصولة. إن هذه الجملة تأتي عادة بعد اسم لنعطي عنه معلومات إضافية. لذا تدعى هذه الجمل الثانوية بالجمل الوصفية.

يمكن أن نفرق:

- بين جملة موصولة تصف الاسم ، لذلك فهي ضرورية جداً الإدراك:

Ich möchte den Anzug. ***Der Anzug*** *liegt im Schaufenster*

⬇

Ich möchte den Anzug, ***der im Schaufenster*** *liegt.*

(هنا نجد أن بين الجملة الرئيسية والجملة الثانوية لا يوجد أي توقف)

- وبين جملة موصولة تعطي معلومة إضافية ولكنها غير ضرورية:

Den blauen Anzug finde ich schön.

Der Anzug *liegt im Schaufenster.*

⬇

Den blauen Anzug, ***der im Schaufenster liegt,***

finde ich schön.

(هنا نجد أن بعد الفاصلتين يوجد توقف واضح).

الحالة	الاسم	أمثلة
		maskulin Singular
Nom.	**der**	*Der Herr,* ***der*** *dort steht, ist mein Vater.*
Akk.	**den**	*Der Herr,* ***den*** *Sie dort sehen, ist mein Vater.*
Dat.	**dem**	*Der Herr,* ***dem*** *Sie helfen, ist mein Vater.*
Gen.	**dessen**	*Der Herr,* ***dessen*** *Auto dort steht, ist mein Vater.*
Präp.+Akk.	**auf den**	*Der Herr,* ***auf den*** *Sie warten, ist mein Vater.*
Präp.+Dat.	**mit dem**	*Der Herr,* ***mit dem*** *Sie sprechen, ist mein Vater.*
		neutral Singular
Nom.	**das**	*Das ist das Auto,* ***das*** *so teuer ist.*
Akk.	**das**	*Das ist das Auto,* ***das*** *er gekauft hat.*
Dat.	**dem**	*Das ist das Auto,* ***dem*** *das Reserverad fehlt.*
Gen.	**dessen**	*Das ist das Auto,* ***dessen*** *Motor nicht funktioniert.*
Präp.+Akk.	**in das**	*Das ist das Auto,* ***in das*** *er verliebt ist.*
Präp.+Dat.	**mit dem**	*Das ist das Auto,* ***mit dem*** *er immer fährt.*
		feminin Singular
Nom.	**die**	*Kennen Sie die Dame,* ***die*** *dort steht?*
Akk.	**die**	*Kennen Sie die Dame,* ***die*** *Sie dort sehen?*
Dat.	**der**	*Kennen Sie die Dame,* ***der*** *er Blumen schenkt?*
Gen.	**deren**	*Kennen Sie die Dame,* ***deren*** *Auto er fährt?*
Präp.+Akk.	**auf die**	*Kennen Sie die Dame,* ***auf die*** *er lange wartet?*
Präp.+Dat.	**mit der**	*Kennen Sie die Dame,* ***mit der*** *er gerade spricht?*

الحالة	الاسم	أمثلة
		maskulin, feminin, neutral Plural
Nom.	**die**	*Das sind die Leute, **die** so nett zu mir waren.*
Akk.	**die**	*Das sind die Leute, **die** ich kennengelernt habe.*
Dat.	**denen**	*Das sind die Leute, **denen** ich geholfen habe.*
Gen.	**deren**	*Das sind die Leute, **deren** Wagen kaputt ist.*
Präp.+Akk.	**auf die**	*Das sind die Leute, **auf die** ich gewartet habe.*
Präp.+Dat.	**von denen**	*Das sind die Leute, **von denen** ich dir erzählt habe.*

ملاحظات حول القائمة المذكورة:

- إنّ صيغ أسماء الموصولة هي نفسها صيغ أداة التعريف (الأشكال المعربة)
- هناك ثلاث حالات لا تشبه أداة التعريف:

dessen مضاف إليه مفرد، مذكر ومحايد.
deren مضاف إليه مؤنث، ومضاف إليه جمع (مذكر ومؤنث ومحايد).
denen حالة ال Dativ في الجمع، مذكر ومؤنث ومحايد.

- **الاسم الموصول بعد الضمير:**

رأينا فيما سبق أن الاسم الموصول ورد بعد اسم. وبما أن الضمير ينوب عن الاسم فاسم الموصول يظهر أيضاً بعد الضمير. مثال:

Hier ist ein Mann, der Sie sprechen möchte.
*Hier ist **jemand,** der Sie sprechen möchte.*

وفي هذه الحال يأتي اسم الموصول غالباً بعد الضمائر النكرة.

بنية اسم الموصول	أمثـلة
Er *kennt mich.*	*Hier ist* ***jemand, der*** *micht kennt.*
Ich kennen ***ihn.***	*Hier ist* ***jemand, den*** *ich kenne.*
Ich habe ***ihm*** *geholfen.*	*Hier ist* ***jemand, dem*** *ich geholfen habe.*
Ich möchte ***mit ihm*** *sprechen.*	*Hier ist* ***jemand, mit*** *dem ich sprechen will.*
Er *ist kleiner.*	*Haben Sie* ***keinen, der*** *kleiner ist?*
Er *heißt so.*	*Ich kenne* ***niemanden, der*** *so heißt.*
Er kennt ***ihn.***	*Er spricht mit* ***jedem, den*** *er kennt.*
Er will was ***von ihm.***	*Er spricht* ***mit jedem, von dem*** *er was will.*

- **أسماء موصولة was و wer**

إن الاسم الموصول **wer (wessen, wem, wen)** يدل على شخص غير معروف عن قرب وتأتي غالباً هذه الجملة الموصولة قبل الجملة الرئيسية التي تبدأ باسم الإشارة **der (dessen, dem, den)**. مثال:

Wer *den ganzen Tag arbeitet,* ***der*** *ist abends müde.*

Wen *ich zuerst treffe,* ***den*** *werde ich fragen.*

Wem *nicht zu raten ist,* ***dem*** *ist nicht zu helfen.*

Wer *mir hilft,* ***dem*** *bin ich dankbar.*

أما إذا أتت اسم الموصول بعد الجملة الرئيسية لا تأخذ هذه اسم إشارة:

Glücklich lebt, ***wer*** *sorglos ist.*

إن اسم الموصول **was** يربط بالجملة الموصولة الضمائر النكرة والأعداد والصفات أيضاً، والتي تستعمل كأسماء محايدة:

Sport ist ***das Liebste, was*** *ich treibe.*

Du hast ***etwas*** *gemacht,* ***was*** *verboten ist.*

Er schenkt ihr ***alles, was*** *sie sich wünscht.*

■ **اسم الموصول wo:**

يمكن استعمال **wo** بدل حرف الجر واسم الموصول إذا كنا نتكلم عن مكان ما. مثال:

*Hier ist das Hotel, **in dem** ich eine Woche gewohnt habe.*
*Hier ist das Hotel, **wo** ich eine Woche gewohnt habe.*
*Er will mir die Schule zeigen, **in der** er Deutsch lernt.*
*Er will mir die Schule zeigen, **wo** er Deutsch lernt.*

■ **اسم الموصول -welch**

إن الأسماء الموصولة **welches, welche, welcher** والجمع **welche** لها نفس معنى **das, die, der**، وهي تعرب مثلها. لكن ليس لها صيغة مضاف إليه، واستعمال هذه الأسماء الموصولة نادر اليوم. في الواقع نستخدم هذا الاسم فقط عندما نريد ألا يحدث التباس قد ينشأ حين ورود عدة أسماء أو ضمائر لها حمل موصولة في جملة ما. مثال:

*Anna spielt nicht mehr mit Peter, **welcher** den Ball, **der** ihr gehörte, verloren hatte.*

ويستخدم هذا الاسم أيضاً عندما نريد أن نتجنب تكرار الكلمة، يحدث ذلك في اللّغة المكتوبة.

*Es sprach ein bekannter Gelehrter, **welcher der** Erfinder dieses Verfahrens ist.*

▶ Übungen zu den Relativpronomen **S. 463**

7.06 Das indefinite Pronomen
الضمائر النكرة أو غير الشخصية

إذا كنا لا نرغب أو لا نستطيع تحديد الشخص، أو الشئ، أو المفهوم، استخدمنا الضمير النكرة. إنّ بعض أنواع هذه الضمائر تدل على أشخاص فقط.
مثل:**irgendwer, niemand, jemand, man**، إلخ...
وبعضها الآخر على أشياء، مثل: **etwas, nichts**
ومجموعة أخرى على الأشياء والأشخاص معاً، مثل: **jeder, welcher, einer**

- **الضمائر النكرة welcher, einer مستقلة:**
إن لهذه الضمائر نظام إعراب كامل. والقائمة التالية تريك مبدأ كيفية وضع النهايات الضرورية، وإليك الفرق بين **einer** و **welcher:**

العدد	الحالة	أداة التعريف	أداة الضمير	التنكير
Sing.	Nom.	**der**	*Wo ist der Anzug?*	*Hier ist* ***einer.***
		die	*Wo ist eine Bluse?*	*Hier ist* ***eine.***
		das	*Wo ist ein Hemd?*	*Hier ist* ***eins.***
Sing.	Akk.	**den**	*Wer hat einen Hut?*	*Ich habe* ***einen.***
		die	*Wer hat eine Bluse?*	*Ich habe* ***eine.***
		das	*Wer hat ein Hemd?*	*Ich habe* ***eins.***
Sing.	Nom.	**der**	*Wo ist der Kaffee?*	*Hier ist* ***welcher.***
		die	*Wo ist die Milch?*	*Hier ist* ***welche.***
		das	*Wo ist das Geld?*	*Hier ist* ***welches.***
Sing.	Akk.	**den**	*Wer hat Kaffee?*	*Ich habe* ***welchen.***
		die	*Wer hat Milch?*	*Ich habe* ***welche.***
		das	*Wer hat Geld?*	*Ich habe* ***welches.***

التنكير	أداة الضمير	أداة التعريف	الحالة	العدد
Hier sind ***welche.***	*Wo sind die Hüte?*	**die**	Nom.	Plural
Hier sind ***welche.***	*Wo sind die Blusen?*	**die**		
Hier sind ***welche.***	*Wo sind die Hemden?*	**die**		
Ich habe ***welche.***	*Wer hat Hüte?*	**die**	Akk.	Plural
Ich habe ***welche.***	*Wer hat Blusen?*	**die**		
Ich habe ***welche.***	*Wer hat Hemden?*	**die**		

- **الضمائر النكرة einer و welcher مستقلة:**

يعوض بـ	أمثلة	الحالة
Jemand / irgendwer	*Ist hier* ***einer,*** *der das kann?*	Nominativ
Jemanden / irgendwen	*Gestern haben sie* ***einen*** *verurteilt.*	Akkusativ
= Dativ von man	*Das tut* ***einem*** *Leid.*	Dativ
= Akk. von man	*Einer für alle, alle für* ***einen.***	Präp. + Akk.
jemandem	*Ich habe auch mit* ***einem*** *gesprochen.*	Präp. + Dat.
eins	*Da ist noch Bier. Möchtest du* ***welches?***	Akkusativ
(einen)	*Verstand zeigt, wer* ***welchen*** *hat.*	Akkusativ
einige / einpaar	*Wo sind die Klammern?* *Haben Sie* ***welche?***	Akk. Plural

- **الضمير النكرة man**

Man *lebt nur einmal auf der Welt.*

Man *muss es tun.*

Das kann ***man*** *wirklich sagen.*

Gibst du ***einen*** *aus?* أتدفع ثمن مشروب؟

Das geht ***einem*** *auf die Nerven.*

■ **الضمائر النكرة nichts, etwas مستقلة:**

Etwas *ist besser als nichts.*	Nominativ
Hat er ***(et)was*** *gesagt?*	Akkusativ
Möchten Sie noch ***(et)was?***	Akkusativ
Er wird es noch ***zu etwas*** *bringen.*	Präp. + Dat.
Das ist ***nichts*** *für mich.*	Nominativ
Von nichts *kommt nichts.*	Präp. + Dat.
Er arbeitet ***für nichts.***	Präp. + Akk.
Sie ist ***mit nichts*** *zufrieden.*	Präp. + Dat.

■ **الضمير النكرة كمرافق ومستقل:**

إليك بعض الضمائر النكرة للأشخاص أو لمجموعات أشخاص:

	الضمير كمرلفق	الضمير مستقل
Nom.	***Kein*** *Mensch hat mir geholfen.*	***Keiner*** *hat mir geholfen.*
Akk.	*Ich habe* ***keinen*** *Menschen gesehen.*	*Ich habe* ***keinen*** *gesehen.*
Dat.	*Ich glaube* ***keinem*** *Menschen.*	*Ich glaube* ***keinem.***
Nom.	***Ein*** *Polizist stand da.*	*Da stand* ***einer.***
Nom.	***Wenige*** *Besucher waren gekommen.*	***Wenige*** *waren gekommen.*
Akk.	*Wir haben nur* ***wenige*** *Besucher gehabt.*	*Wir habe* ***wenige*** *gesehen.*
Dat.	*Er ist mit* ***wenigen*** *Begleitern gekommen.*	*Er hat zu* ***wenigen*** *Vertrauen.*
Nom.	***Einige*** *Freunde waren da.*	***Einige*** *waren da.*
Akk.	*Ich kenne* ***einige*** *Freunde von ihm.*	*Ich kenne* ***einige*** *von ihnen.*
Dat.	*Ich vertraue nur* ***einigen.***	*Ich vertraue nur* ***einigen.***

	الضمير كمرلفق	الضمير مستقل
Nom. Akk. Dat.	***Viele*** *Leute standen da herum.* *Ich hatte* ***viele*** *Stunden.* *Sie sprach mit* ***vielen*** *Studenten.*	*Da standen* ***viele*** *herum.* *Ich hatte* ***viele*** *davon.* *Wir haben mit* ***vielen*** *gesprochen.*

- **الضمير النكرة -all كمرافق ومستقل:**
ويستخدم في صيغة الجمع للدلالة على أشخاص أو أشياء معروفة، أو ذكرت من قبل. ويعرب هذا الاسم كما تعرب أداة التعريف الجمع. مثال:

	كمرافق	مستقل
		maskulin Singular
Nom. Akk. Dat.	***Aller*** *Anfang ist schwer.* *Ohne* ***allen*** *Zweifel.* *Mit* ***allem*** *Mut.*	
		neutral Singular
Nom. Akk. Dat.	***Alles*** *Gute kommt von oben.* *Ich wünsche dir* ***alles*** *Gute.* *Zu* ***allem*** *Unglück kommt er noch spät.*	***Alles*** *in Ordnung.* *Er bekommt immer* ***alles.*** *Sie ist mit* ***allem*** *zufrieden.*
		feminin Singular
Nom. Akk. Dat.	***Alle*** *Schuld rächt sich auf Erden.* *Er sieht* ***alle*** *Welt in gutem Licht.* *Ich bin in* ***aller*** *Frühe weggefahren.*	

	كمرافق	مستقل
	maskulin, neutral, feminin Plural	
Nom.	***Alle*** *Menschen werden Brüder.*	***Alle*** *für einen.*
Akk.	*Das gilt für* ***alle*** *Menschen.*	*Einer für* ***alle.***
Dat.	*Er hat von* ***allen*** *Leuten gesagt, dass…*	*Er sagt das zu* ***allen.***
	Die Bremsen ***aller*** *Autos…*	*Das Leben* ***aller*** *steht auf dem Spiel.*

بما أن هذا الضمير النكرة يأتي بدون أداة لذا يأخذ نهايات أداة التعريف.

- **ضمائر النكرة بدون نهاية + الصفة كاسم:**

nichts Gutes	**wenig** Schlechtes	**etwas** Schönes
durch nichts Gutes	**wenig** Schlechtes	**gegen etwas** Schönes
vor nichts Gutem	**mit wenig** Schlechtem	**mit etwas** Schönem

في هذه الأمثلة تكون الصفة كاسم دائماً محايدة **das** Gute, **das** Schöne، الضمائر النكرة تكون فقط مرافقة.

- **الضمائر مع نهاية + الصفة كاسم:**

عندما تأتي الصفات كاسم تحتفظ هذه بنهاياتها. ويأخذ الضمير النكرة كمرافق لهذا الاسم في صيغة المفرد نهايات أداة التعريف، وفي صيغة الجمع نهايات الصفة.

Singular

Nom.	*jede**r***	***R**eiche*	*de**r***	*reiche*	*Mann*
Präp.+Akk.	*für jede**n***	***R**eichen*	*für de**n***	*reichen*	*Mann*
Präp.+Dat.	*mit jede**m***	***R**eichen*	*mit de**m***	*reichen*	*Mann*
Nom.	*manch**e***	***A**rme*	*di**e***	*arme*	*Frau*
Präp.+Akk.	*für manch**e***	***K**ranke*	*für di**e***	*kranke*	*Frau*
Präp.+Dat.	*zu manch**er***	***K**ranken*	*zu de**r***	*kranken*	*Frau*
Nom.	*alle**s***	***W**ichtige*	*da**s***	*wichtige*	*Telefonat*
Präp.+Akk.	*gegen alle**s***	***W**ichtige*	*gegen da**s***	*wichtige*	*Telefonat*
Präp.+Dat.	*mit alle**m***	***W**ichtigen*	*mit de**m***	*wichtigen*	*Telefonat*

Plural

Nom.	*wenig**e***	***A**rme*	*wenig**e***	*arm**e***	*Menschen*
Präp.+Akk.	*für wenig**e***	***A**rme*	*für wenig**e***	*arm**e***	*Menschen*
Präp.+Dat.	*mit wenig**en***	***A**rmen*	*mit wenige**n***	*arm**en***	*Menschen*

▶ Übungen zu den indefiniten Pronomen **S. 466**

7.07 Das Possessivpronomen
ضمائر الملكية

تدل هذه الضمائر على ما يمتلكه الإنسان، أو شئ آخر. ويمكن استعمال هذه الضمائر مع أسماء، أو وحدها. مثال:

*Das Haus gehört mir. Es ist **mein** Haus.*
*Der Baum hat viele Blüten. **Seine** Blüten sind weiß.*
*Hier ist mein Heft. Wo ist **deins?***
*Wem gehört der Bleistift? – Das ist **meiner.***

إذا أتت ضمائر الملكية قبل اسم فإنها تقوم مقام أداة التعريف وهي تأخذ نهايات إعراب أداة التنكير.

وضمائر الملكية تعود إلى الضمائر الشخصية التالية:

Personal-pronomen		**Singular**			**Plural**
		mask.	**neutr.**	**fem.**	**mask., neutr., fem.**
ich	Nom.	mein	mein	meine	meine
	Akk.	mein**en**	mein	meine	meine
	Dat.	mein**em**	mein**em**	mein**er**	mein**en**
	Gen.	mein**es**	mein**es**	mein**er**	mein**er**
du	Nom.	dein	dein	deine	deine
	Akk.	dein**en**	dein	deine	deine
	Dat.	dein**em**	dein**em**	dein**er**	dein**en**
	Gen.	dein**es**	dein**es**	dein**er**	dein**er**

Personal-promonen				**Singular**	**Plural**
		mask.	**neutr.**	**fem.**	**m., n., f.**
er, es, man	Nom.	sein	sein	seine	seine
	Akk.	sein**en**	sein	seine	seine
	Dat.	sein**em**	sein**em**	sein**er**	sein**en**
	Gen.	sein**es**	sein**es**	sein**er**	sein**er**
sie	Nom.	ihr	ihr	ihr	ihr
	Akk.	ihr**en**	ihr	ihre	ihre
	Dat.	ihr**em**	ihr**em**	ihr**er**	ihr**en**
	Gen.	ihr**es**	ihr**es**	ihr**er**	ihr**er**
wir	Nom.	unser	unser	unser	unser
	Akk.	unser**en**	unser	unser	unser
	Dat.	unser**em**	unser**em**	unser**er**	unser**en**
	Gen.	unser**es**	unser**es**	unser**er**	unser**er**
ihr	Nom.	euer	euer	eure	eure
	Akk.	eur**en**	euer	eure	eure
	Dat.	eur**em**	eur**em**	eur**er**	eur**en**
	Gen.	eur**es**	eur**es**	eur**er**	eur**er**
sie	Nom.	ihr	ihr	ihre	ihre
	Akk.	ihr**en**	ihr	ihre	ihre
	Dat.	ihr**em**	ihr**em**	ihr**er**	ihr**en**
	Gen.	ihr**es**	ihr**es**	ihr**er**	ihr**er**
Sie	Nom.	Ihr	Ihr	Ihre	Ihre
	Akk.	Ihr**en**	Ihr	Ihre	Ihre
	Dat.	Ihr**em**	Ihr**em**	Ihr**er**	Ihr**en**
	Gen.	Ihr**es**	Ihr**es**	Ihr**er**	Ihr**er**

ملاحظة: عليك أن تفرق بين الضمير الشخصي **ihr** وضمير الملكية: **ihr**

ضمير شخصي + فعل	**ihr kommt**	أنتم تأتون
	ihr arbeitet	أنتم تعملون
ضمير ملكية + اسم	**ihr Vater**	والدها
	ihr Kind	طفلها

- وكذلك بين ضمير الملكية **ihr** المفرد و **ihr** الجمع، وبين **Ihr:**

*Die Mutter liebt **ihr** Kind*
*Die Eltern lieben **ihr** Kind.*
*Herr Müller, **Ihr** Kind möchte Sie sprechen.*

- ضمير الملكية للشخص الثالث (**sein** و **ihr**) يتبع الاسم الذي يسبقه أما نهايتها فتتبع الاسم الذي تعود إليه والذي يليها:

*Der Vater liebt **seinen** Sohn, **sein** Kind, **seine** Tochter, **seine** Kinder.*
*Das Kind liebt **seinen** Vater, **sein** Brüderchen, **seine** Mutter, **seine** Eltern.*
*Die Mutter liebt **ihren** Sohn, **ihr** Kind, **ihre** Tochter, **ihre** Kinder.*

- إنّ ضمير الملكية يدلنا من هو المالك. مثال:

هذه ساعتي. إنها تخصّني.	*Das ist meine Uhr. Sie gehört **mir.***
هذه ساعتها. إنها تخص المعلمة.	*Das ist ihre Uhr. Sie gehört **der Lehrerin.***
هذه ساعته. إنها تخص المدير.	*Das ist seine Uhr. Sie gehört **dem Direktor.***
هذه ساعتهم. إنها تخص الزملاء.	*Das ist ihre Uhr. Sie gehört **den Kollegen.***

- أما صيغة الملكية مع المخاطب الرسمي **Sie** أي: **Ihre, Ihr, Ihr** قد تعود بالملكية إلى شخص أو عدة أشخاص، مثال:

*Ist das **Ihre** Uhr? Ja, sie gehört **mir.** / Ist das **Ihre** Uhr? Ja, sie gehört **uns.***

- حينما نريد استخدام ضمير الملك يجب أن ننتبه إلى شيئين أساسيين:

١ من هو المالك.
٢ ما هي النهاية الصحيحة.

مثال:

أفتش عن حقيبة زوجتي.	*Ich suche die Tasche **meiner Frau.***
(غائب، مؤنث، مفرد، مضاف)	
أفتش عن حقيبتها.	*Ich suche **ihre** Tasche.*
(منصوب، مؤنث، مفرد)	

► Übungen zu den Possesivpronomen **S. 467**

7.08 Das Fragepronomen
أسماء الاستفهام

تستخدم أسماء الاستفهام (أو الضمائر كما تدعى بالألمانية) للسؤال عن شخص، أو شئ، أو عمل، أو حدث ما. وهذه الأدوات تسبق دائماً الاسم، أو قد تأتي منفردة. فمع الأسماء تأتي في أول الجملة الاستفهامية، أما إذا أتت مع حرف الجر فإنها تأتي بعده.
إنّ كل أسماء الاستفهام تشترك بشيئين، وهما:

- أنها تأتي دائماً في أول الجملة.
- أنّ جملتها تكون جملة متممة.

مثال:

Wer *ist das? Peter.*

Wann *kommt er? Morgen.*

Wo *wohnt er? In Köln.*

وعلينا أن نفرق بين:

- أسماء الاستفهام: *was für ein?, welcher?, was?, wer?*
- ظروف الاستفهام: *wie?, warum?, wohin?, wo?, wann?*

اسم الاستفهام ?wer من؟

نسأل بهذا الاسم عن أشخاص، وهو دائماً مستقل، ويأخذ الفعل في صيغة المفرد. أما الجواب عليه فقد يكون مذكراً، أو مؤنثاً، أو محايداً، في المفرد والجمع معاً. مثال:

Wer *kommt?*	***Die*** *Männer (kommen) –* ***Der*** *Mann (kommt)*
	Die *Frauen (kommen) –* ***Die*** *Frau (kommt)*
	Die *Kinder (kommen) –* ***Das*** *Kind (kommt)*

إذا كان اسم الاستفهام **wer** خبراً لفعل الكون **sein** وليس فاعلاً كما في الأمثلة المذكورة، فإنّ الفعل يتبع عندئذٍ الاسم الذي يليه وليس اسم الاستفهام **wer.** مثال

من هو هذا الرجل؟	***Wer** ist dieser Mann?*
من هم هؤلاء الناس؟	***Wer** sind diese Leute?*

ولا يدل اسم الاستفهام **wer** على الجنس، أو العدد، ويعرب بالشكل التالي:

أمثلة	الصيغة	الحالة	اسم الاستفهام
***Wer** ist das? **Wer** kommt da?*	**wer?**	Nom.	**wer?**
***Wen** suchst du? **Für wen** arbeitet er?*	**wen?**	Akk.	
***Wem** glauben Sie? **Zu wem** gehst du?*	**wem?**	Dat.	
***Wessen** Buch ist das?*	**wessen?**	Gen.	

اسم الاستفهام ?was ماذا؟

نسأل بهذا الاسم عن الأشياء أو الأعمال، أو الحالات. أما إذا سألنا به عن الأشخاص فإننا نسأل عن مهنتهم، أو مركزهم. وقد يكون الجواب عليه اسماً مذكراً، مؤنثاً، أو محايداً، في المفرد والجمع معاً. مثال:

Was ist dort	*(Dort ist)* ***ein*** *Stuhl.*	*(Dort sind) Stühle.*
	(Dort ist) ***das*** *Buch.*	*(Dort sind)* ***die*** *Bücher.*
	(Dort ist) ***die*** *Tasche.*	*(Dort sind)* ***die*** *Taschen.*

إنّ اسم الاستفهام **was** لا يعرب أبداً وتسخدم نفس الصيغة مع المفعول به.

أمثلة	الصيغة	الحالة	اسم الاستفهام
***Was** ist das? **Was** war los?*	**was?**	Nom.	**was?**
***Was** machen Sie?*	**was?**	Akk.	

إنّ اسم الاستفهام **was** لا يأتي في حالة ال **Dativ** أبداً، ولا يأخذ حرف جر قبله على الإطلاق.
ويأتي الفعل معه في صيغة المفرد.
ونسأل باسم الاستفهام **was** عن مهنة أو عمل سشخص ما، عندئذٍ يتبع الفعل الاسم وليس اسم الاستفهام. مثال:

Was ist *dein Bruder? Mein Bruder ist Lehrer.*

Was sind *die Leute? Diese Leute sind Studenten.*

لاحظ:

Wer ist *Ihr Bruder? Er ist Herr Salem.*

Was ist *Ihr Bruder? Er ist Arzt.*

ونسأل مع التعبير **was tut?** و **was macht?** عن عمل، ويكون الجواب على هذا السؤال فعلاً.

Was machen *Sie heute Abend? Wir* ***gehen ins Kino.***

Was tust *du? Ich* ***schreibe*** *einen Brief.*

اسم الاستفهام ?-welch أي / أية؟

يستخدم هذا الاسم للسؤال عن الشخص، أو الشئ بذاته، وذلك من ضمن مجموعة من الأشخاص أو الأشياء. ويظهر على نهاية هذا الاسم نهاية أداة التعريف:
welch**er**, welch**e**, welch**es** والجمع welch**e**

إليك إعراب **-welch** في حالاته المختلفة:

أمـثـلة	مثال	الحالة	الحنس
Welcher Mantel gefällt dir?	***welcher*** *Mantel*	Nom.	**maskulin**
Welchen Mantel nimmst du?	***welchen*** *Mantel*	Akk.	Singular
Mit welchem Mantel bist du	***welchem*** *Mantel*	Dat.	
zufrieden?	***welchen*** *Mantels*	Gen.	

الجنس	**الحالة**	**مثال**	**أمثلة**
neutral	Nom.	***welches*** *Kleid*	*Welches Kleid gehört ihr?*
Singular	Akk.	***welches*** *Kleid*	*Welches Kleid kauft sie?*
	Dat.	***welchem*** *Kleid*	*In welchem Kleid sieht sie gut aus?*
	Gen.	***welchen*** *Kleides*	
feminin	Nom.	***welche*** *Bluse*	*Welche Bluse ist das?*
Singular	Akk.	***welche*** *Bluse*	*Welche Bluse ziehst du an?*
	Dat.	***welcher*** *Bluse*	*Zu welcher Bluse passt das?*
	Gen.	***welcher*** *Bluse*	
maskulin	Nom.	***welche*** *Mäntel*	*Welche Mäntel gefallen dir?*
neutral	Akk.	***welche*** *Kleider*	*Welche Kleider nimmst du?*
feminin	Dat.	***welchen*** *Blusen*	*Zu welchen Blusen passt das?*
Plural	Gen.	***welcher*** *Kleider*	

ملاحظة: يعوض عادة عن اسم الاستفهام **-welch** في حالة المضاف إليه (Genitiv) بحرف جر واسم استفهام مجرور:

Die Farbe welchen Mantels…
Die Farbe ***von welchem*** *Mantel gefällt dir am besten?*

اسم الاستفهام -was für ein

يستخدم هذا التعبير غالباً قبل اسم ونسأل به عن شخص غير معروف من مجموعة أشخاص أو أشياء معروفة. ونسأل به كذلك عن خاصية معينة في الشخص، أو الشئ. وعند إعرابه نعرب فقط أداة التنكير في صيغة المفرد، ويكون الجواب على هذا التعبير اسماً مرفقاً بأداة التنكير أو صفة نكرة. مثال:

Ich möchte einen Hut kaufen.
Was für einen Hut *wünschen Sie?*
Ich möchte ***einen*** *blauen. / Ich möchte* ***einen*** *Sommerhut.*

إن صيغة الجمع لهذا التعبير هي: **was für welche, was für.** مثال:

Was für Blumen möchten Sie?

Rosen, *bitte.*

ملاحظة: في هذا التعبير **?was für ein** نجد أن حرف الجر **für** لا تأثير لديه على الأداة التي تليه وعلى الاسم. لكن إذا ورد حرف جر قبل هذا التعبير فإنّ الأداة و الاسم يتبعانه. مثال:

Ich kaufe das Buch ***für einen*** *Schüler.*

Für was für einen *Schüler kaufst du das Buch?*

Mit was für einem *Mann haben Sie gesprochen?*

In was für einem *Haus haben Sie gewohnt?*

- عندما يأتي التعبير **?was für ein** كضمير تأخذ أداة التنكير ein نهايات أخرى، فهي تأخذ نهايات أداة التعريف، أما في حالة الجمع تصبح الأداة النكرة **(was für welche) welche.** ولا صيغة هناك للمضاف إليه الجمع.

◄ إليك إعراب **?was für ein** في حالاته المختلفة:

	Singular			**Plural**
	maskulin	**neutral**	**feminin**	**mask., neutr., fem.**
Nom.	was für einer	was für ein	was für eine	was für welche
Akk.	was für einen	was für ein	was für eine	was für welche
Dat.	was für einem	was für einem	was für einer	was für welchen
Gen.	was für eines	was für eines	was für einer	(keine Form)

▪ انتبه إلى السؤال بعد صيغة المضاف إليه!

إذا كان الموضوع يتعلق بشخص سألنا عنه بـ **?wessen** إذا كان يتعلق بشئ سألنا عنه بـ **?-welch** أو **?-was für ein**:

*Das ist der Turm **der** Kirche. **Welcher** Turm ist das?*

*Das der Turm **einer** Kirche. **Was für ein** Turm ist das?*

◂ تأتي أسماء الاستفهام **-welch** و **was für ein** أيضاً مع جمل التعجب، وإذا كان الاسم مسبوقاً بصفة ما يمكن حذف أداة التنكير بعد الاسم **welch**:

***Welch** ein schönes Auto! – **Welch** schönes Auto!*

***Was für ein** schönes Auto!*

◂ إذا أتى التعبير **was für ein** قبل أسماء المادة حذفت الأداة:

***Was für** Wein trinken Sie? Ich trinke Rotwein.*

***Was für** Holz ist das? Das ist Teakholz.*

▶ Übungen zu den Fragepronomen **S. 469**

Kapitel 8

Konjunktionen

حروف العطف وأدوات الربط

8.01 Arten und Gebrauch der Konjunktionen

حروف الطف وأدوات الربط

تربط هذه الحروف بين عناصر الجملة الواحدة، أو بين الجمل ببعضها البعض. وينتج عن هذا الارتباط علاقات نحوية وطبيعية بين تلك العناصر والجمل. مثال:

Meine Schwester geht ins Kino.

Die Freundin meiner Schwester geht auch ins Kino.

➔ *Meine Schwester **und** ihre Freundin gehen ins Kino.*

أختي تذهب إلى السينما. صديقة أختي تذهب أيضاً إلى السينما.

أختي وصديقتها ➔ تذهبان إلى السينما.

لا أستطيع القدوم. أنا مريض.	*Ich kann nicht kommen. Ich bin krank.*
لا أستطيع القدوم لأني مريض.	*Ich kann nicht kommen, **weil** ich krank bin.*

إنّ هذه الحروف هي التي تحدد بنية الجملة التابعة لها، وهي تجعل العلاقة الطبيعية واضحة بين جملتها والجملة المسبقة. ولهذه الحروف الخواص الخمس التالية:

١ إنّ حروف العطف وأدوات الربط لا تغير شكلها أبداً.

٢ مجموعة من هذه الحروف تصل بين:

◂ كلمات: *heute **und** morgen / eins **und** eins*

◂ أجزاء جمل: *Ich möchte Kaffee **und** ein Stück Kuchen.*
*Er **und** sein Freund fahren morgen.*

◂ جمل: *Das Auto hält, **und** wir steigen ein.*
*Dir geht es gut, **und** mir geht es schlecht.*

ويدعى هذا النوع من الحروف بالحروف المنسقة
(koordinierende Konjunktionen)

٣ مجموعة أخرى تربط بين الجمل الرئيسية والجمل الثانوية.

*Er kommt nicht, **weil** er krank ist.*
*Sie kommt, **wenn** sie Zeit hat.*
*Ich weiß, **dass** er keine Zeit hat.*

وتدعى هذه المجموعة من الأدوات (حسب التسمية الألمانية) **بالحروف التابعة**
(Subordinierende Konjunktionen)

٤ لهذه الأدوات عادة مفهوم واضح وملحوظ.

- الحرف المنسق **oder** يعبر مثلاً أنه يمكن اختيار إمكانية من اثنين:
  *Sie kommen morgen **oder** übermorgen.*
- الجملة الثانوية التي تبدأ بالحرف weil تعطي السبب للموضوع المذكور في الجملة الرئيسية.
  *Er kommt nicht, **weil** er krank ist.*

٥ إن الحروف التابعة (إن صحت التسمية) **(die subordinierende Konjunktion)** تتطلب أن يأتي الفعل في نهاية الجملة الثانوية.

Koordinierende Konjunktionen

- إن أهم وأبسط الحروف هي: **und, oder, denn, aber**
- وأهم الحروف المؤلفة من أكثر من مقطع والمركبة هي:

entweder... oder, nicht... sondern, kein... sondern, nichts... sondern, nicht nur... sondern auch, sowohl... als auch, weder... noch, zwar... aber

الحرف	المفهوم	الاستعمال	أمثلة
aber	التناقض الاختلاف التقييد	بين الكلمات بين أجزاء الجملة بين الجمل	*arm, **aber** glücklich* *das Wetter war nicht gut,* ***aber** auch nicht schlecht.* *Ich würde den nehmen,* ***aber** er ist zu teuer.*
denn		فقط بين الجمل	*Du musst ins Bett,* ***denn** es ist schon spät.*
oder	وجود إمكانية أخرى	بين كلمات بين أجزاء جملة بين جمل	*Kaffee **oder** Tee / so **oder** so* *Fahren Sie mit dem Zug* ***oder** mit dem Wagen?* *Kannst du kommen* ***oder** hast du viel zu tun?*
und	الجمع الإضافة	بين الكلمات بين أجزاء جملة بين الجمل	*Eins **und** zwei / heute **und** morgen* *Einmal Kaffee **und** ein Eis bitte.* *Das Auto hält* ***und** wir steigen sofort ein.*
entweder ... oder	الاختيار تشديد على اختيار	بين أجزاء جملة بين الجمل	*Es ist **entweder** falsch **oder** richtig.* ***Entweder** tun Sie das* ***oder** Sie sind entlassen.*
nicht / kein ... sondern nichts...	التناقض الإضافة	بين كلمات بين أجزاء جملة بين جمل	***nicht** gestern, **sondern** heute.* ***kein** Geld, **sondern** nur Schulden.* ***Nichts** Gutes, **sondern** nur* *Schlechtes.*

أمثلة	الاستعمال	المفهوم	الحرف
*Du bist **nicht nur** dick,* ***sondern** auch faul.* *Er hat **nicht nur** gearbeitet,* ***sondern** auch gelernt.*	ين أجزاء جملة بين جمل	الجمع االاضافة	**nicht nur... sondern auch**
*Sie ist **sowohl** schön* ***als auch** intelligent.*	ين أجزاء جملة	الجمع / الإضافة	**sowohl... als auch**
Die meisten Leute sind ***weder** arm **noch** reich.* *Wir haben **weder** Geld **noch** Zeit.*	غالباً ين أجزاء جملة	الجمع الإضافة	**weder... noch**
*Das ist **zwar** teuer,* ***aber** wirklich gut.* *Er ist **zwar** intelligent,* ***aber** nicht fleißig.*	ين أجزاء جملة وبين جمل	التناقض التقيد	**zwar... aber**

ملاحظات: بخصوص ما ذُكِرَ في القائمة:

◂ **aber**

▹ يأتي قبل هذا الحرف فاصلة. وعليك أن تنتبه لحال الفعل. إنَّ هذا الحرف يرد كحرف واصف لحال الفعل.

حرف رابط: *Das ist billig, **aber** gut.*

حرف واصف: *Das ist **aber** schlimm.*

إن وضعية **aber** في الجملة مرنة جداً:

▹ في أول الجملة:

*Monika geht zur Arbeit, **aber** Jürgen bleibt zu Hause.*

وهذه هي أيضاً الوضعية الطبيعية للحروف: **sondern, oder, und**

◃ بعد متمم في حالة الرفع:

*Monika geht zur Arbeit, Jürgen **aber** bleibt zu Hause.*

في هذه الوضعية يعطي الحرف **aber** للمتمم المرفوع **(Jürgen)** أهمية خاصة.

◃ بعد الفعل:

*Monika geht zur Arbeit, Jürgen bleibt **aber** zu Hause.*

وفي هذه الوضعية يضعف مفهوم aber.

◂ **denn**

إن الجملة الرئيسية التي تبدأ بهذا الحرف هي التي تشرح سبب الموضوع المذكور في الجملة الرئيسية الأولى.

*Wir gehen spazieren, **denn** das Wetter ist so schön.*

هذه هي الوضعية الوحيدة لهذا الحرف في الجملة.

◂ **oder**

بجانب مفهوم هذا الحرف كوجود إمكانية أخرى، فإنه يعبر عن نوع من الصعوبة الضمنية:

Er geht ins Kino, oder er geht nicht ins Kino.

هذا هو الموقع الوحيد له في الجملة، والفاصلة يجب وضعها قبل الجملة الرئيسية الثانية.

◂ **und**

عندما يربط الحرف und جملتين رئيسيتين فإنه يأتي قبل الجملة الرئيسية الثانية. ووجود الفاصلة ضروري.

*Das Fenster war offen, **und** die Temperatur sank schnell.*

◂ **entweder... oder**

إن هذه الأداة المركبة هي عبارة عن تقوية للحرف **oder**، هذا وإن وضعية **entweder** في الجملة مرنة:

*Wir bleiben hier, **oder** wir gehen nach Hause.*

***Entweder** bleiben wir hier, **oder** wir gehen nach Hause.*

***Entweder** wir bleiben hier, **oder** wir gehen nach Hause.*

*Wir bleiben entweder hier, **oder** wir gehen nach Hause.*

◂ **nichts... sondern, kein... sondern, nicht... sondern**

تأتي الفاصلة دائماً قبل **sondern**، وبعكس الحرف aber يتطلب الحرف **sondern** دائماً نفياً مسبقاً. يعتبر الأمر الأول خطأً والأمر الثاني صحيحاً:

*Sie ist nicht groß, **sondern** klein.*

◃ **nicht nur – sondern auch:**

إنّ هذه الأداة المركبة هي تقوية للحرف ***und***:

*Er ist **nicht nur** dumm, **sondern** auch faul.*

*(Er ist dumm **und** faul)*

◂ **sowohl – als auch:**

هذه الأداة المركبة هي أيضاً تقوية للحرف **und**

*Sie spricht **sowohl** Englisch **als auch** Spanisch.*

(Sie spricht Englisch und Spanisch)

وصيغة النفي لها هي **weder... noch**

◂ **weder... noch**

إنّ هذين الحرفين كأداة يشيران إلى نفي أمرين:

*Sie spricht **weder** Englisch **noch** Spanisch.*

*(Sie spricht **nicht** Englisch und auch **nicht** Spanisch)*

◂ **zwar... aber**

إن الظرف **zwar** يقر بترتيب أمر ولكن الحرف **aber** بينقض ذلك:

*Diese Artikel sind **zwar** teuer, **aber** von bester Qualität.*

*Es schmeckt **zwar** nicht gut, **aber** es soll gesund sein.*

*Es schmeckt **zwar** nicht gut, soll **aber** gesund sein.*

Subordinierende Konjunktionen

إن أهم أبسط هذه الأدوات هي:

als, bevor, bis, da, damit, dass, ehe, falls, nachdem, ob, obwohl, seit, sobald, solange, während, weil, wenn

وأهم الأدوات المركبة هي:

als ob, (an)statt dass, je... desto, um so, ohne dass, sodass, so... dass

إنّ لجميع هذه الأدوات ميزتين شكليتين:

- كلها تتصدر جملاً ثانوية.
- وهي تدفع بالفعل المصرف إلى نهاية الجملة الثانوية.

جملة ثانوية	أداة ذات تبعية	جمة رئيسية
ich in den Urlaub gefahren ***bin.***	***bevor***	*Ich habe ihn besucht,*
du aus dem Büro ***kommst.***	***bis***	*Ich warte hier*

وتختلف هذه الأدوات كثيراً في مضمونها واستعمالها، ويمكن أن نوردها باختصار في القائمة التالية:

أمثلة	الاستعمال	المفهوم	الحرف
Als *wir dort ankamen, regnete es.* ***Als*** *ich 20 war, lebte ich in Italien.* ***Als*** *er gehen wollte, klingelte es.*	مع أحداث تمت في الماضي في وقت واحد	الزمن	**als**
Es hat besser geklappt, ***als*** *wir gedacht haben.* ***Als*** *der Regen aufgehört hatte, gingen wir Heim.*	الحدث يعود إلى الماضي البعيد	الزمن	**als**

als	وصف الحالة مقارنة		*Er machte den Eindruck, **als** wäre er betrunken.* *Sie spricht Deutsch, **als** wäre sie hier aufgewachsen.*
als	وصف الحالة مقارنة		*Er blieb länger, **als** ursprünglich geplant war.* *Er kam früher, **als** man erwartet hatte.*
als ob	وصف الحالة مقارنة		*Mir ist, **als ob** ich etwas vergessen hatte.* *Es sieht so aus, **als ob** es regnen würde.*
bevor	الزمن عدم التوافق الزمني		*Überlegen Sie sich genau, **bevor** Sie unterschreiben* ***Bevor** er unterschrieb, holte er sich Rat.*
bis	الزمن عدم التوافق الزمني		*Warte hier, **bis** ich zurückkomme.* *Wir bleiben zusammen, **bis** der Tod uns scheidet.*
da	سببي	لدى اعطاء الأسباب غالباً تتصدر الجملة	***Da** er von der Sache nichts verstand, ging er aus.* ***Da** ich großen Durst hatte, trank ich viel Wasser.*
damit	نهاية	الحدث في الجملة الرئيسية له هدف يذكر في الجملة الثانوية	*Mach das Fenster zu, **damit** es hier warm bleibt.* *Vater schickt mir Geld, **damit** ich studieren kann.*

أمثلة	الاستعمال	المفهوم	الحرف
*Es freut mich, **dass** du kommst.* *Glaubst du, **dass** er kommt?* *Ich freue mich darüber,* ***dass** alles gut gegangen ist.*	عندما ترد الجملة مع متمم مرفوع أو منصوب	دون معنى خاص	**dass**
Ich habe dir nicht gesagt, ***dass** du es kaufen sollst.* *Zieh die Gardinen zurück,* ***dass** die Sonne rein kommt.*	الحدث في الجملة الرئيسية له هدف	مهاية	**dass**
*Dadurch **dass** er sehr jung ist,* *hat er mehr Freiheit.* *Dadurch **dass** ich spät kam,* *verpasste ich das Spiel.*	من يذكر في الجملة الرئيسية السبب / الوسيط	واصف للحال آلي / سببي	**dass**
***Ehe** wir gehen, sollen wir* *einen Termin abmachen.*	الحدث في الجملة الرئيسية	عدم توافق زمني	**ehe**
***Falls** sich Schwierigkeiten* *ergeben sollten, bitten wir Sie,* *sich an uns zu wenden.*	الجملة الريسية تعطي الشرط والثانوية النتيجة	شرطي	**falls**
***Je** mehr ich verdiene,* ***desto** mehr gebe ich aus.* ***Je** mehr ich verdiene,* ***umso** mehr gebe ich aus.*	ما يقرأ في الجملة الرئيسية غير ما يقرأ في الثانوية	واصف للحال نسبي	**je... desto** **je... umso**
***Nachdem** er fertig war,* *ging er nach Hause.* ***Nachdem** ich das erledigt habe,* *lege ich mich hin.*	الحدث في الجملة الرئيسية تابع للحدث في الثانوية	عدم التوافق الزمني	**nachdem**

ob	دون معنى خاص	مع السؤل غير المباشر تكون جملة ob متممة	*Er war nicht sicher, **ob** er kommt. (Nom.)* *Sie sagte mir nicht, **ob** sie kommen würde. (Akk)*
obwohl	التزام سبب معاكس	حين يرد شئ غير متوقع مرفوعاً أو منصوباً	*Er redete weiter, **obwohl** ihn niemand hörte.* *Er bestand die Prüfung, **obwohl** er wenig gelernt hatte.*
ohne dass	واصف للحال	الجملة الثانوية حين لا يتحقق المنتظر	*Er ging davon, **ohne dass** er sich verabschiedete.* *Sie half mir, **ohne dass** ich sie gebeten hatte.*
seit	زمني	أحدات حصلت في نفس الوقت. بدأت في الماضي وهي مستمرة	***Seit** ich das weiß, bin ich noch vorsichtiger.* ***Seit** sie in München lebt, ist sie glücklich.* ***Seit** er einen Unfall hatte, fährt er nicht mehr Auto.*
seit	زمني	مع زمن في الماضي. إما الماضي التام البعيد أو التام القريب	***Seit** er seine Frau verloren hatte, lacht er nur selten.* ***Seit** er mit dem Rauchen aufgehört hat, geht es ihm besser.*
sobald	زمني عدم التوافق الزمني	عندما يتبع أمر أمراً آخر مباشرة	***Sobald** ich Näheres erfahre, gebe ich dir Bescheid.* ***Sobald** ich die Prüfung bestanden habe, arbeite ich.*

الحرف	المفهوم	الاستعمال	أمثلة
..., sodass **so..., dass**	التزام نتيجة، غاية	الجملة الثانوية تذكر النتائج الرئيسية	*Er musste heftig bremsen, **sodass** er ins Schleudern geriet. Er musste **so** heftig bremsen, **dass** er ins Schleudern geriet.*
solange		في نفس الزمن والبداية والنهاية	***Solange** Sie Fieber haben, müssen Sie im Bett bleiben. **Solange** du hier bist, fürchte ich mich nicht.*
(an)statt dass	يمكن الاخبار التبديل	مع ذكر عمل في الثانوية مخالف للرئيسية	*Er machte ihm Probleme, **anstatt dass** er ihm half. Sie ruft ihn **an, statt dass** sie ihn persönlich besucht.*
während	زمني	مع أمرين متعاكسين	***Während** sie sich beleidigt fühlte, fand er die Sache komisch.*
während	زمني	مع زمنين في وقت واحد	***Während** das Kind schläft, macht die Mutter sauber.*
weil	سببي	مع ذكر أسباب الحدث في الرئيسية وتكراره	*Sie kommt nicht, **weil** sie zu viel Arbeit hat. Er kommt persönlich, **weil** die Sache dringend ist.*
wenn **jedes Mal, immer wenn**	زمني	عندما يحدث نفس الشئ	***Wenn** es klingelt, ist Pause. **Jedes Mal** wenn sie vorbei kommt, grüsst sie mich.*

Wenn *man den Knopf drückt, öffnet sich die Tür.* ***Wenn*** *er doch schon da wäre!* ***Wenn*** *du ihn angerufen hättest, wäre er gekommen.*	مع شرط يذكر في الجملة الثانوية، وفي الثانوية شرط افتراضي	شرطي	**wenn**

لا بأس هنا من اعطاء فكرة بسيطة عن الفرق بين als و wenn، إذ كثيراً ما يقع الطالب في حيرة عند استخدامها.

		الماضي	**الحاضر والمستقبل**
مرة واحدة ←	حدث	**als**	wenn
	حالة	**als**	wenn
تكرار الحدث والحالة		**wenn**	wenn

(مرة واحدة) ***Als*** *er kam, war ich zu Hause.*

(تكرار) ***Immer wenn*** *er kam, war ich nicht zu Hause.*

(ماض) ***Als*** *ich an meine Mutter dachte, kamen mir die Tränen.*

(حاضر) ***Wenn*** *ich an meine Mutter denke, kommen mir die Tränen.*

► Übungen zu den Konjunktionen **S. 470**

Kapitel 9

Zeitangaben

مدلولات الزمن

9.01 Zeitangaben und Akkusativ der Zeit

مدلولات الزمن

لسنا في مجال التكلم عن الساعة (كما ورد في ص ١٩٩)، وإنما سنتكلم عن تلك المصطلحات التي تعبر عن الزمن ككلمة: دقيقة، وساعة، وبرهة، وأسبوع، وسنة، وأسماء الأعياد، وغيرها. والموضوع الذي سنعالجه هو كيفية استخدام هذه المصطلحات بشكل صحيح. فمن هذه المصطلحات ما تأخذ حرف جر، أو حرف نصب، منها ما تأتي بدونها، ومنها ما تستلزم حالة المنصوب، وأخرى تأتي بشكل ظرف، كظرف مشتق من الاسم ، أو بشكل جملة ثانوية.

وللاستفهام عن الزمن نسأل بـ **wann?** متى؟ وللجواب على هذا السؤال ردود عديدة.

١ مع حروف جر أو نصب:

- **in** بـ / خلال / في / بعد: نستخدم مع هذا الحرف المفردات التالية:

Jahr, Monat, Woche, Stunde, Minute, Sekunde, Nacht, Moment, Zeit, Epoche, Urlaub, Ferien, Januar, Frühling, Montag, Dienstag usw.

مثال:

__In__ dies__em__ Monat fahren wir __in__ Urlaub.	سنسافر في هذا الشهر في إجازة.
Wir lernen Deutsch dreimal __in der__ Woche.	نتعلم الألمانية ثلاث مرات في الأسبوع.
Ich fahre nach Spanien immer __im__ Sommer.	أسافر إلى اسبانيا دائماً في الصيف.

- **an** في / بـ: ويستخدم هذا الحرف مع أوقات النهار، وأيام السبوع، وأيام الأعياد. مثال:

Abend, Nachmittag, Mittag, Vormittag, Tag, Montag, Dienstag, Feiertag, Anfang, Ende, usw.

Er arbeitet vier Stunden __am__ Vormittag.	إنه يعمل أربع ساعات قبل الظهر.
Sie hat __am__ 5. April Geburtstag.	عيد ميلادها في ٥ نيسان.
__Am__ Sonntag gehen wir spazieren.	في يوم الأحد نتنزه.

◄ **um** في / حين / حوالي: لا تستعمل إلا مع أوقات الساعة. مثال:

سآتي في العاشرة.	*Ich komme **um** 10:00 Uhr.*
يبدأ الدرس في السابعة عشرة.	*Der Unterricht beginnt **um** 17:00 Uhr.*

◄ **gegen** زهاء / نحو / حوالي: تستعمل مع الساعات، وأوقات النهار، وأيام الأسبوع. مثال:

سيأتي حوالي الظهر.	*Er kommt **gegen** Mittag.*
سأبقى في المنزل حتى قرابة التاسعة.	*Ich bin **gegen** 21:00 Uhr zu Hause.*

◄ **bei** في / أثناء / عند / حين: تأتي مع المصطلحات: Wetter, Essen, Arbeit إلخ...

نتنزه عندما يكون الطقس جيداً.	*Wir gehen nur **bei** gutem Wetter spazieren.*
أقابل المعلم دائماً أثناء الغذاء.	*Ich treffe den Meister **beim** Essen.*

وهناك عدد آخر من الحروف يمكن استخدامها مع ما سبق من المصطلحات، منها:
zu, während, nach, vor, zwischen

٢ دون حروف جر أو نصب: نستخدم السنوات بدون أي حرف إذا لم يسبقها عام أو سنة. مثال:

ولدت عام ١٩٤٧.	*Ich bin 1947 geboren.*

ومع المصطلحات: بداية / Anfang، منتصف / Mitte، نهاية / Ende

مثال:

ستبدأ المدرسة في بداية أيلول.	*Die Schule beginnt **Anfang** September.*
ينتهي العقد في نهاية العام.	*Das Abkommen läuft **Ende** des Jahres ab.*

٣ الزمن في حالة النصب:

مثال:

dies**es** Mal	dies**en** Montag
dies**es** Jahr	dies**en** Monat
dies**es** Wochenende	dies**en** Sommer
	dies**en** Mai

dies**e** Woche

dies**e** Nacht

لقد أمطرت فصل الشتاء بأكمله. — *Es hat den ganzen **Winter** geregnet.*

لن نخرج في نهاية هذا الأسبوع. — *Dieses **Wochenende** gehen wir nicht aus.*

٤ بعض الظروف:

vorhin, damals, früher, nachher, morgen, heute, usw. ...

مثال:

سابقاً كان يعمل١٢ ساعة في الأسبوع. — *Man arbeitete **früher** 12 Stunden.*

غداً ليست عندنا دروس. — ***Morgen** haben wir keinen Unterricht.*

٥ الظروف المشتقة من أوقات النهار، وأيام الأسبوع، وذلك بإضافة حرف s- على نهاية الكلمة، وكتابها بحرف صغير.

مثال:

morgens, vormittags, mittags, usw. ...

montags, dienstags, mittwochs, usw. ...

إنه يعمل ٤ ساعات قبل الظهر. (كل يوم قبل الظهر) — *Er arbeitet **vormittags** 4 Stunden.*

لا يشتغل يوم الأحد. (عادة كل يوم أحد) — ***Sonntags** arbeitet man nicht.*

٦ **مع جملة ثانوية:** وتستخدم مع هذه الجمل أداة الربط مثل:

wenn, während, sobald, als, usw. …

مثال:

*Ich konnte nicht arbeiten, **während** ich studierte.*

لم أستطع العمل خلال دراستي.

*Ich schlief noch, **als** wir in Bonn landeten.*

كنت نائماً عندما هبطتنا في بون.

Kapitel 10

Die Negation

النفي

10.01 Negationsformen und Negationswörter
النفـي

يشكل موضوع النفي في اللّغة الألمانية بعض الصعوبات، لذا وجب علينا أن ننتبه بشكل جيد إلى ما يراد نفيه في الجملة. ومن أدوات النفي في الألمانية:

nicht, nichts, nie, niemals, nirgends, nirgendwo, kein (e, –er, –es), nirgendwohin, nirgendwoher, keinesfalls, keineswegs, nein, weder… noch

إن أغلب هذه الكلمات، ما عدا **kein, niemand** فلهما صيغة مميزة.
إنّ أداة النفي **kein** تعرب أي تأخذ نهايات أدات التنكير **ein**، وفي صيغة الجمع تعرب كالصفة.

*Er hat ein**en** – **keinen** Freund.*
*Er hat gut**e** – **keine** Freunde.*

ومن **niemand** لدينا الأشكال التالية:

Nom.:	niemand
Akk.:	niemand**en**
Dat.:	niemand**em**
Gen.:	niemand**(es)**

ونظراً إلى مواقعها المختلفة في الجملة وجب إلحاق أدوات النفي في الألمانية بمجموعات من الكلمات.
مثال:

1.	(keiner, niemand, nichts)	*…kommt.*
2.	(nie, niemals, nirgends, nicht, nirgendwohin, keinesfalls, keineswegs)	*Er läuft…*

3.	(kein)	*Er liest Buch.*
4.	(nein, keineswegs, keinesfalls)	*Kommt er? ..., er kommt nicht.*
5.	(nicht)	*...ein Schüler war krank.*
6.	(weder... noch)	*Er ist... im Institut... zu Hause.*

في المثل رقم ١ أدوات النفي هي عبارة عن ضمائر (ويمكن التعويض عنها بـ er, der Freund إلخ...)
في المثل رقم ٢ هي ظروف (تعوض بـ dort, heute إلخ...)
في المثل رقم ٣ هي عبارة عن أداة في مفهومها الواسع (تعوض بـ mein, ein إلخ...)
في المثل رقم ٤ هي معادلة لجمل (يمكن التعويض عنها بـ doch, ja، إلخ...)
في المثل ٥ هي عبارة عن حروف (تعوض بـ nur, auch، إلخ...)
وفي المثل رقم ٦ هي أدوات ربط (يمكن تعويضها بـ entweder – oder و sowohl – als auch إلخ...)

ويبدو لنا من هذه الأمثلة أنه ليس فقط أدوات النفي بأجمعها وإنما هناك كلمات نفي متفرقة تتبع نحوياً لفصائل مختلفة.

صعوبات تصادف الطالب عند استعمال بعض أدوات النفي:

- **kein** (أداة تنكير منفية)
- **nicht** (ظرف)

عندما يكون **kein** أداة فلا يمكن في الأغلب الاستغناء عنها، دون أن تبقى الجملة نحوياً صحيحة. مثال:

نقول: *Inge ist **keine** Schönheit.*

ولا نقول: *Inge ist eine Schönheit.*

وهذا هو الفرق بين **kein** و **nicht** (الذي هو من الناحية القواعدية اختياري) ولذا يمكن الاستغناء عنه إطار مشابه بـ **kein:**

*Werner ist **nicht** Lehrer.*

Werner ist Lehrer.

ولكن يمكن الاستغناء عن **kein**:

- عندما يكون الاسم التابع له في صيغة الجمع:

*Er hat Freunde. – Er hat **keine** Freunde.*

- عندما يأتي الاسم التابع له دون أداة:

*Er hat Butter. – Er hat **keine** Butter.*

- إذا كان الاسم التابع له يدل على مهنة، أو جنسية، أو عقيدة، أو على لقب دون أداة وموقعه في الجملة خبر.

*Er ist Lehrer. – Er ist **kein** Lehrer.*

*Er ist Araber. – Er ist **kein** Araber.*

*Er ist Marxist. – Er ist **kein** Marxist.*

*Er ist Professor. – Er ist **kein** Professor.*

والنفي في الألمانية أشكال:

١ نفي الجملة:

لم أزورك.	*Ich habe dich **nicht** besucht.*
لم أهتف لك.	*Ich habe dich **nicht** angerufen.*

٢ النفي الجزئي:

لم أزرك أنت (وإنما صديقك	*Ich habe dich **nicht** besucht.*
لم أزوك أنا (وإنما صديقك زارك)	***Nicht** ich habe dich besucht.*

٣ بعض صيغ النفي المنفردة:

لم أزر أحداً.	*Ich habe **niemanden** besucht.*
لم أزره أبداً.	*Ich habe ihn **nie** besucht.*

أولاً: نفي الجملة: بما أن كلمة **nicht** هي من عناصر الجملة المضافة (الحرة) لذا تأتي في منتصف الجملة. مثال:

إنه طالبنا بإعادة النقود.	*Er hat das Geld von uns nicht verlangt.* (+)
لم يطالبنا بإعادة النقود.	*Er hat das Geld **nicht** von uns verlangt.* (–)

فكلمة نقود هنا من متممات الجملة التي تتجه نحو اليسار، وكلمة منّا (von uns) من المتممات التي تتجه نحو اليمين، لذا تأتي كلمة **nicht** في منتصف الجملة، سميت freie Angabe (إضافة حرة). لأنه لا يمكن الاستغناء عنها.

رأينا أنه إذا أردنا نفي الجملة بكاملها نفيت بـ **nicht**، وذلك قبل متممات الخبر.

بينما ننفي الخبر إذا كان في حالة النصب بـ **kein**، وذلك حين لا يكون الاسم مسبوقاً بأداة التعريف أو ضمير الملك، وإذا استخدمنا **nicht**. مثال:

إنه ليس طبيباً.	*Er ist **kein** Arzt.*
إنه ليس عاملاً جيداً.	*Er ist **kein** guter Arbeiter.*
إنه لا يملك كتاباً.	*Er hat **kein** Buch.*

بينما نقول:

إنه ليس مدرس صفنا.	*Er ist **nicht** der Lehrer unserer Klasse.*
إنه ليس صديقي	*Er ist **nicht** mein Freund.*

والنفي مع بعض المصطلحات الثابتة يكون مع:

Auto fahren, Radio hören

لا أقود سيارة.	*Ich fahre **nicht** Auto.*
لا أسمع المذياع.	*Ich höre **nicht** Radio.*

في هذه الجمل كان النفي بـ **nicht** لأننا نعتبر كلمة Radio و Auto من الفعل Auto fahren وRadio hören إلخ... وهي أفعال مركبة قابلة للإنفصال، إذ يأتي الجزء الأول والمشدد منه في آخر الجملة، كما يحدث مع الأفعال spazieren gehen و fernsehen. مثال:

لا أنظر إلى التلفزيون.	*Ich sehe **nicht** fern.*
لا أتنزّه.	*Ich gehe **nicht** spazieren.*

وتقول القاعدة للنفي بـ **nicht:**

- **حين نريد نفي الجملة بكاملها (أي نفي حدوث الأمر كلياً) تأتي nicht في نهاية الجملة.**

لا يريد الطالب أن يدرس.	*Der Student möchte **nicht** studieren.*
لا يعطي الأب ابنه النقود.	*Der Vater gibt dem Sohn das Geld **nicht.***
لم أسمع الأخبار البارحة.	*Ich hörte die Nachrichten gestern **nicht.***
لم يعطني الكتاب.	*Er hat mir das Buch **nicht** gegeben.*

- **تأتي nicht قبل الاسم الذي يسبقه حرف نصب أو جر:**

لم تنتظرني اليوم صباحاً.	*Sie hat heute **nicht** auf mich gewartet.*
لم يشكر والده على الهدية.	*Er dankte seinem Vater **nicht** fürs Geschenk.*

- **تأتي nicht قبل الخبر:**

لم أكن الأسبوع الماضي مريضاً.	*Ich war letzte Woche **nicht** krank.*
لن يسافر الأسبوع القادم إلى البحر.	*Er fährt nächste Woche **nicht** an die See.*

- **إذا شدد على الخبر أتى هذا في أول الجملة وتأتي nicht في آخر الجملة.**

نقود ليست لدي.	*Geld habe ich **nicht.***
مدرس لست أنا.	*Lehrer bin ich **nicht.***

ثانياً: النفي الجزئي: يتم النفي الجزئي بوضع أداة النفي على يمين عنصر الجملة الذي تريد نفيه. مثال:

لست أنا من طلب العصير (إنما أنت).	***Nicht** ich habe den Saft bestellt.*

لم أسألك أنت (إنما هو).	*Ich habe **nicht** dich gefragt.*

- إذا أردنا تصحيح المنفي استخدمنا الأداة **sondern** وتأتي هذه غالباً في آخر الجملة. مثال:

*Mein Freund kommt **nicht** morgen, **sondern** übermorgen.*

لن يأتي صديقي غداً وإنما بعد غد.

***Nicht** du solltest die Arbeit machen, **sondern** dein Bruder.*

لست أنت مسؤولاً عن العمل إنما أخوك.

- إذا أردنا نفي عنصر جملة بشكل كامل استخدمنا مع الأشخاص الضميرين **niemand** و **kein**، ومع الأشياء **nichts**. وإذا ذكر اسم الشيء استخدمنا أداة التنكير **kein**. مثال:

لم أر أحداً.	*Ich habe **niemanden** gesehen.*
لم يأت أحد.	*Es ist **keiner** gekommen.*
لم أسمع شيئاً.	*Ich höre **nichts.***
لا يشرب الخمر.	*Er trinkt **keinen** Wein.*

ثالثاً: أشكال متفرقة للنفي: ويكون النفي هنا بكلمات نفي مثل:

–	+
keiner	einer
niemand	jemand
nichts	etwas, was
nie, niemals	einmal, mal
nirgends, nirgendwo	irgendwo, wo

لم يأت أحد.	***Niemand** ist gekommen.*
في بلدنا لا تمطر أبداً في الصيف.	*Bei uns regnet es **nie** im Sommer.*
إنه لا يفعل شيئاً.	*Er tut **nichts.***
لن تجد الكتاب في مكان.	*Das Buch findest du **nirgendwo.***

ملاحظة: إن النفي المزدوج يعني الإيجاب:

*Er ist **nicht un**freundlich. = Er ist freundlich.*

إنه ليس غير لطيف = إنه لطيف

■ **نفي الظرف noch:**

*Trinkt er **noch?***	*Ja, er trinkt noch.*
	*Nein, er trinkt **nicht mehr.***
*Trinkst du **noch** etwas?*	*Ja, ich trinke noch etwas.*
	*Nein, ich trinke **nichts mehr.***
*Hat er **noch** Kaffee?*	*Ja, er hat noch Kaffee.*
	*Nein, er hat **keinen mehr.***
*Hat er **noch** Geld?*	*Ja, er hat noch Geld.*
	*Nein, er hat **keins mehr.***
*Hat er **noch** Zeit?*	*Ja, er hat noch Zeit.*
	*Nein, er hat **keine** Zeit **mehr.***

ملاحظة: يمكن تقوية النفي الكلي إذا استخدمنا **nicht** قبل اسم يحمل أداة التنكير. وتكون النبرة متساوية على أداة النفي وأداة التنكير وعلى الاسم. مثال:

*Ich habe **nicht** ein Wort zu ihm gesagt.* — لم أقل له ولا كلمة.

 ► Übungen zur Negation **S. 472**

Kapitel 11

Das Wort und der Satz

الكلمة والجملة

11.01 Der Buchstabe und das Wort
الحروف والكلمة

تتألف الأبجدية الألمانية من ٢٦ حرفاً:

a	**b**	**c**	**d**	**e**	**f**	**g**	**h**	**i**
j	**k**	**l**	**m**	**n**	**o**	**p**	**q**	**r**
	s	**t**	**u**	**v**	**w**	**x**	**y**	**z**

ستة من هذه الحروف هي حروف صوتية (Vokale):

a e i o u y

والحروف الباقية هي حروف ساكنة (Konsonanten).

وهناك حروف معدلة (Umlautzeichen):

ä ö ü

وفي الألمانية أيضاً ثلاث حركات صوتية مزدوجة (مدغمة) (Diphtonge):

ei (ei, eu, au) **eu (äu, au)**

وفي هذا النوع من التركيب الصوتي تكون النبرة على الحرف الأول:

ومن التركيب **s** و **z** و نتج الحرف **ß**.

يمكن لأغلب الحروف الساكنة أن تأتي مزدوجة، فقط الحرف **k** يكتب مزدوجاً لكن عند فصل الكلمة إلى مقاطع تصبح: **kk**.

*me**ck**ern* ➔ *(me**k**–**k**ern)*

والحرف **z** يصبح في الكلمات الألمانية **tz** ولا يتغير عند فصل المقاطع:

*Ka**tz**e* ➔ *(Ka**t**–ze)*

ولكن نكتب: *A**kk**usativ – Mo**kk**a*
*Baja**zz**o – Ski**zz**e*

إن الكلمة هي أصغر عناصر اللّغة، فهناك كلمات لها مفهوم معين مثل:
Mann / رجل، schön / جميل، geben / أعطى، ich / أنا

وكلمات لا تدل على مفهوم خاص بها، وإنما تشير إلى العلاقة الكائنة بين الكلمات والجمل ببعضها.
aber / لكن، und / و، denn / أنّ

ويمكن كذلك تصنيف الكلمات إلى مجموعات، تلك التي تغير في صيغتها وتلك التي لا تعرب (أي لا تأخذ نهاية). ومن الكلمات التي يطرأ تغيير على صيغتها:

الأفعال (Verben) و الأسماء (Nomen) و الضمائر (Pronomen) والصفات (Adjektive)

Baum / Bäume, kommen / er kommt
alt / altes / älter, ich / mir

أما حروف الجر، وأدوات الربط، والظروف هي أجزاء لا يتغير شكلها:
für, ohne, und, nachdem, noch, nur

وهناك صفة أخرى للكلمات تميزها عن بعضها البعض، فمنها ما يكتب بحرف كبير ومنها ما يكتب بحرف صغير.

يكتب بحرف كبير:

- الكلمة الأولى في الجملة: *__E__r lernt Deutsch.*
- الكلمة الأولى بعد إشارة الاستفهام: *Wo wohnen Sie? __I__n Köln.*
- الكلمة الأولى بعد إشارة التعجب: *Komm bitte! __G__ut, ich komme.*
- الكلمة الأولى بعد النقطة: *Er arbeitet. __S__ie arbeitet auch.*
- الكلمة الأولى بعد النقطتين في الكلام غير المباشر: *Er fragt: __S__ind Sie Arzt?*

- كل الأسماء الحقيقية، هذا يعني جميع الأسماء، بما فيها تلك التي تستعمل كأسماء:

*das **H**aus, das **K**ind, der **A**rme, das **B**este*
*das **D**u, der **L**esende, der **E**rste, das **A**ber*
*das **A** und das **O**, das **L**esen und das **S**chreiben*

وتصنف مع هذه الأسماء الصفات التي تأتي بعد ضمائر نكرة مثل:
nichts, viel, etwas, alles
*alles **G**ute, etwas **B**esonderes, nichts **W**ichtiges, viele **B**linde*

- الضمائر التي تعود إلى الشخص المخاطب مثل:**du** و **ihr** وكذلك **dein** و **euer** في الرسائل، والضمير Sie للمخاطبة الرسمية يكتب دائماً بحرف كبير وكذلك ضمير الملك التابع له **Ihr**.

- الصفات المشتقة من أسماء الدول أو مكان والتي تنتهي بـ **-er:**
***M**ünchner **Z**eitung, **E**mmentaler **K**äse*

11.02 Die Wortstellung im Satz
ترتيب الكلمة في الجملة

تتألف الجملة الألمانية عادة من فعل وفاعل ومفعول به. ويتخذ الفعل المصرف في الجملة المركز الثاني دائماً، وذلك حين تكون الجملة خبرية أو جملة مسماة بـ **W-Frage**. مثال:

	I.	II.	
جملة خبرية	*Wir*	*kommen*	*aus Italien.*
	Er	*hat*	*ein Buch geschrieben.*
جملة W-Frage	*Was*	*möchtest*	*du trinken?*
	Wo	*haben*	*Sie Deutsch gelernt?*

هذه هي القاعدة الأساسية لبناء جملة صحيحة، وهي القاعدة النظامية. عليك إذن أن تتعلمها. كل عناصر الجملة تقريباً (بما فيها الجملة الثانوية) يمكن أن تأتي في المرتبة الأولى وفي المرتبة الثانية الفعل المنصرف. مثال:

	I.	II.
	Ich	***frühstücke.***
Um neun	*frühstücke*	***ich.***
Um neun	*möchte*	***ich frühstücken.***
Wenn du willst,	*frühstücken*	***wir.***
Darum	*möchte*	***ich frühstücken.***

وإذا بدأت الجملة بالفعل تكون هذه إما جملة استفهامية أو جملة في صيغة الأمر.

جملة استفهامية (Ja-Nein-Frage)	***Lernen** Sie Deutsch?*
	***Darf** ich hier bleiben?*
جملة في صيغة الأمر	***Lesen** Sie bitte!*
	Komm!

11.03 Zusammengesetzte Nomen

الأسماء المركبة

تتميز الألمانية بمرونتها ومقدرتها على تركيب كلمات جديدة، مما يزيد في غنى ثروتها اللّغوية. وبهذا الشكل لا تأخذ الكلمة طابعاً جديداً، وإنما يتم تركيبها على أساس كلمات أخرى متوفرة في الأصل، وتتم عملية تركيب الاسم بوضع كلمة أو عدة كلمات قبل الاسم الأصلي **(Grundwort)** الذي يحدد جنس وعدد إعراب الكلمة الجديدة. أما الكلمة المضافة **(Bestimmungswort)** والتي تأتي على يسار الكلمة الأصلية تكون بمثابة صفة للكلمة الأصلية. وقد تكون الكلمة المضافة اسماً، أو صفة، أو فعلاً.

مثال:

إذا كانت الكلمة Haus هي الكلمة الأصلية وأخذنا الكلمات التالية ككلمات مضافة:

Holz, Sommer, Hoch, Kauf

بحيث تصبح:

بيت تشتري فيه (متجر)	Kauf**haus**	Kauf / فعل
بناء عال	Hoch**haus**	hoch / صفة
منزل صيفي	Sommer**haus**	Sommer / اسم
منزل من خشب	Holz**haus**	Holz / اسم

ففي الكلمة المركبة (الجديدة) تكون الكلمة الأولى مشددة (منبورة)، وهي لا تأخذ أداة ولا صفة. إذا قلنا:

*Das teure Sommer**haus***

تكون كلمة **Haus** هي التي تأخذ الصفة **teuer** وليست كلمة **Sommer**، كأن تقول:

Das teure Haus

إنه ليس من الضروري أن تعرف أصول تركيب الكلمة، لكن من الضروري أن تكون حذراً حين تريد أن تفسر كلمة من الكلمات. مثال:

إذا قلت: **Auto**fahrer تعني سائق سيارة.
بينما: **Auto**gramm لا تعني غرام السيارة، وإنما توقيع أو إمضاء.

تقول القاعدة الأولى في تركيب الكلمة:

١ **إنّ الكلمة على اليسار تصف الكلمة على اليمين:**
الكلمة على اليسار تكون الكلمة المضافة (Bestimmungswort) وعلى اليمين تأتي الكلمة الأصلية (Grundwort). مثال:

سكين لقطع الخبز.	*Brot–**messer***
سكين للحلاقة (موس).	Rasier–***messer***
سكين للجيب.	Taschen–***messer***

٢ **إنّ الكلمة على اليمين تقرر فيما إذا كانت الكلمة الجديدة مذكرة، أم مؤنثة، أم محايدة.**

مثال:

*die Tasche + **das** Messer ➜ **das** Taschenmeser*

*der Käse + **das** Messer ➜ **das** Käsemesser*

وقد يتم تركيب الكلمات دون أداة تربط بينهما.

مثال:

*der Tisch + **die** Decke ➜ **die** Tischdecke*

*der Flug + **die** Karte ➜ **die** Flugkarte*

ولكن هناك حروف تصل بين الكلمات، ووظيفة هذه الحروف هي تسهيل لفظ الكلمة الجديدة. ومن هذه الحروف:

أداة الوصل	الكلمة المركبة	الكلمة المركبة
–s	*der Recht**s**anwalt*	*der Zeitung**s**artikel*
–es	*der Bund**es**tag*	*das Tag**es**licht*
–e	*das Bad**e**zimmer*	*der Hund**e**baum*
–n	*der Kerze**n**ständer*	*der Woche**n**tag*
–en	*das Student**en**leben*	*die Bär**en**kraft*
–er	*der Kleid**er**schrank*	*das Kind**er**zimmer*

رأينا أنّ الاسم الأصلي للكلمة لا يتغير أبداً، أما الاسم المضاف إليه فقد يكون على الأغلب اسماً أو فعلاً، أو صفة، أو حرفاً، ولكن لا يمكن أن يكون حرف عطف أو وصل. مثال:

الكلمة الأصلية	الكلمة المضافة
*das **Kinder**zimmer*	اسم
*das **Hoch**haus*	صفة
*der **Vier**füßler*	عدد
*der **Vor**ort*	مقطع
*das **Wohn**zimmer*	فعل

11.04 Die Wortbildung und die Wortableitung
تركيب الكلمة واشتقاقها

إنّ اشتقاق الكلمة قد يوسع أو يضيق إطار مفهومها، وذلك بتغيير الحرف الصوتي فيها، أو بتعليق بعض المقاطع في نهايتها. ولا معنى لهذه إن وردت منفردة. مثال:

فعل (استمتع / تذوق)	*genießen*
اسم (متعة)	*Genuss*
صفة (صالح للأكل والشرب)	*genießbar*

وللاسم حسب تركيبه أنواع:

- الأسماء الأصلية (البسيطة)
- الأسماء المشتقة
- الأسماء المركبة

١ **الأسماء الأصلية:** وتتألف غالباً من مقطع واحد:
الجدول / *der* ***Bach***، اليد / *die* ***Hand***، القلب / *das* ***Herz***

٢ **الأسماء المشتقة:** وهي على نوعين:

آ **الاشتقاق البسيط (العادي).** ويتم الاشتقاق بالشكل التالي:

- يشتق الاسم من مصدر الفعل، وذلك بكتابة الفعل بحرف كبير وبوضع أداة التعريف **das** للمحايد أمامه. مثال:

Infinitv		→	Nomen
شرب	trinken	الشرب	**das T**rinken
عرف	wissen	المعرفة	**das W**issen
أكل	essen	الأكل	**das E**ssen

يشتق الاسم من مصدر الفعل بحذف الفعل بحذف علامة المصدر من آخره (غالباً يكون الاسم مذكراً). مثال:

Infinitv		→	Nomen
بدأ	beginnen	البداية	**der B**eginn
بنى	bauen	البناء	**der B**au
اشترى	kaufen	الشراء	**der K**auf

إن هذا النوع من الاشتقاق يتعلق بشكل خاص بالأفعال القوية، ولكن مع ذلك يمكن اشتقاق بعض الأسماء من الأفعال الضعيفة، كما هي الحال مع الفعلين المذكورين آنفاً: kaufen و bauen.

ويشذ عن هذه القاعدة:

das L*eid* / الألم, ***das G****rab* / القبر, ***die K****lingel* / الجرس

- يشتق الاسم من صيغة الماضي. مثال:

der Band, der Drang, der Ritt, der Sang, der Schritt

der Schwur, der Wuchs, der Griff, das Band, das Maß

وبالمناسبة يمكن أن نقول أيضاً أنّ هناك أفعالاً تشتق من الأسماء أو الصفات. مثال:

Verb	**➔**	**Nomen**
beantragen		der Antrag
bemitleiden		das Mitleid
antworten		die Antwort

Verb	**➔**	**Adjektiv**
läuten		laut
röten		rot
grünen		grün

ب **الاشتقاق باللواحق** (Suffixe):

يمكن بواسطة اللاحقة اشتقاق كلمة من كلمة أخرى دون أن يتغير المعنى الأصلي للكلمة الأصلية. مثال:

*fragen – die Frage – frag**lich***

◁ يشتق الاسم من الفعل بإضافة **er-** على نهايته وإشارة تعديل بالحرف (...). وتشتق هذه الأسماء أبضاً من أسماء أخرى دالة على مهنة رجل. مثال:

Nomen	**➔**	**Verbstamm + –er**
der Bäck**er**		back–
der Verkäuf**er**		verkauf–
der Lehr**er**		lehr–
der Schül**er**		Schule
der Schäf**er**		Schaf

ويمكن أن يدل نفس الاشتقاق على اسم آلة:

Verbstamm + -er	➜ Nomen
bohr-	der Bohr**er**
füll-	der Füll**er**
koch-	der Koch**er**
weck-	der Weck**er**

◃ تشتق الأسماء من الأفعال المنتهية بـ **el-** دالة هذه على آلات، منها المذكر ومنها المؤنث:

Verbstamm + -el	➜ Nomen
deck-	der Deck**el**
heb-	der Heb**el**
schauf-	die Schauf**el**
schauk-	die Schauk**el**

◃ إذا أضيفت اللاحقة **ling-** إلى جذر الفعل فإنّ الأسماء الناتجة تدل على أصل، أو على منصب الشخص. وغالباً ما يأخذ الاسم (...) Umlaut. مثال:

Verbstamm + -ling	➜ Nomen
flücht-	der Flüchtling
lehr-	der Lehrling
misch-	der Mischling
saug-	der Säugling

◁ تشتق الأسماء أيضاً بإضافة اللاحقة **de-** على جذر الفعل.

Verbstamm + –de	➔ Nomen
freu–	die Freu**de**
zier–	die Zier**de**

◁ إذا أضفنا إلى الحرف **e-** إلى الفعل، أو الصفة نحصل على أسماء مؤنثة:

*die Hilf**e**, die Blüt**e**, die Lieb**e**, die Anlag**e***

*die Eben**e**, die Breit**e**, die Größ**e**, die Röt**e***

وكذلك نحصل على أسماء مؤنثة إذا أضفنا إلى الفعل، أو الصفة، أو اسم آخر اللواحق التالية: **–ei, –heit, –keit, schaft**

مثال:

*die Zauber**ei***	zauber–	**فعل**
*die Drucker**ei***	druck–	**فعل**
*die Schön**heit***	schön–	**صفة**
*die Eitel**keit***	eitel–	**صفة**
*die Mensch**heit***	Mensch–	**اسم**
*die Tapfer**keit***	tapfer–	**صفة**
*die Verwand**schaft***	verwandt–	**صفة**
*die Land**schaft***	Land–	**اسم**

◁ إنّ اللاحقة **t-** إذا أضيفت إلى جذر الفعل شكلت أسماء مؤنثة:

Verbstamm + –t	➔ Nomen
fahr–	die Fahr**t**
mach–	die Mach**t**
wach–	die Wach**t**

◃ واللاحقة **ung-** تشكل كذلك أسماء مؤنثة إذا أضيفت إلى جذر الفعل:

Verbstamm + –ung	➜ Nomen
üb–	die Üb**ung**
scheid–	die Scheid**ung**
voraussetz–	die Voraussetz**ung**

◃ إنّ اللاحقة **in**– إذا أضيفت إلى أسماء مذكرة دلت على أسماء مهنة مؤنثة أو على الجنس:

Nomen mask. + –in	➜ Nomen fem.
der Lehrer–	die Lehrerin
der Verkäufer–	die Verkäuferin
der König–	die Königin
der Löwe	die Löwin

◃ وبإضافة اللاحقة **nis**– على أفعال، أو أسماء، أو صفات نحصل على أسماء أضيفت إلى الأسماء المحايدة أو المؤنثة:

das Hinder**nis**	hindern	**فعل**
das Verzeich**nis**	verzeichnen	**فعل**
das Bünd**nis**	der Bund	**اسم**
die Bitter**nis**	bitter	**صفة**

◃ إنّ اللاحقتين **chen**– و **lein**– وهي أدوات تصغير تشكل أسماء محايدة إذا أضيفت إلى المذكرة والمؤنثة:

das Fräu**lein**	die Frau	das Tisch**lein**	der Tisch
das Mäd**chen**	die Magd	das Gärt**chen**	der Garten

11.05 Ableitung der Adjektive
تشكيل الصفات

إنّ هناك بعض اللواحق التي إذا أضيفت إلى أفعال، أو أسماء، أو صفات أخرى شكلت صفات جديدة. ومنها:

- اللاحقة **bar**–، هذه اللاحقة تشكل صفات من الأسماء ومن أنواع أخرى من الكلمات:

trag**bar**	tragen	**فعل**
erkenn**bar**	erkennen	**فعل**
frucht**bar**	Frucht	**اسم**
offen**bar**	offen	**صفة**

- اللاحقة **haft**– تشكل صفات من الأسماء والصفات:

krank**haft**	krank	**صفة**
mädchen**haft**	Mädchen	**اسم**
sünd**haft**	Sünde	**اسم**

- اللاحقة **ig**– تشكل صفات من جميع أنواع الكلمات:

dort**ig**	dort	**ظرف**
hies**ig**	hier	**ظرف**
fleiß**ig**	Fleiß	**اسم**
anmut**ig**	Anmut	**اسم**
gült**ig**	gelten	**فعل**
anhäng**ig**	anhängen	**فعل**

◄ اللاحقة **-isch** التي تشكل من الأسماء ونادراً من الأفعال صفات تشير إلى الأصل، أو التبعية، أو الخواص:

franzö**sisch**	Franzose
himml**isch**	Himmel
chem**isch**	Chemie
ausländ**isch**	Ausland

◄ اللاحقة **-lich** تشكل صفات من جميع أنواع الكلمات:

freund**lich**	Freund	**اسم**
herz**lich**	Herz	**اسم**
erfreu**lich**	erfreuen	**فعل**
zerbrech**lich**	zerbrechen	**فعل**
verläss**lich**	verlassen	**فعل + (...)**
empfäng**lich**	empfangen	**فعل + (...)**

◄ اللواحق **-wert, -voll, -sam, -reich, -los, -arm** تشكل صفات، على الأغلب من الأسماء:

sinn**los**	sinn**voll**	Sinn	**اسم**
wert**los**	wert**voll**	Wert	**اسم**
erfolg**los**	erfolg**reich**	Erfolg	**اسم**
zahl**los**	zahl**reich**	Zahl	**اسم**
ideen**arm**	ideen**reich**	Idee	**اسم**
preis**wert**		Preis	**اسم**
wünschens**wert**		wünschen	**فعل**
betrieb**sam**		Betrieb	**اسم**
lang**sam**		lang	**صفة**
arbeit**sam**		arbeiten	**فعل**

Kapitel 12

Nebensätze

الجمل الثانوية

12.01 Nebensätze, Bedeutung und Bildung
الجمل الثانوية، مفهومها وتشكيلها

إنّ الجمل هي تركيب من عناصر (متممات ومعلومات) ومجموعة كلمات (صفات) قائمة على أسس بسيطة ومعقدة لبنية الفعل. إنّ ارتباط الجمل هو تركيب لا يقل عن جملتين. وهي تتصل ببعضها في العادة بواسطة أدوات منسقة.

*Es regnete, **und** wir blieben deshalb zu Hause.*

والجملة المركبة هي تركيب من أجزاء جملة، على الأقل من جملة رئيسية وأخرى ثانوية.

*Wir blieben zu Hause, **weil** es regnete.*

إنّ الجمل الرئيسية هي عادة مستقلة، هذا يعني أن بإمكانها أن تأتي وحدها دون جملة ثانوية.
والجملة الثانوية هي عادة غير مستقلة، فهي بدون الجملة الرئيسية غير كاملة وغير مفهومة نحوياً.

***weil** es regnete*

لذا يقال أن الجملة الرئيسية هي جملة منسقة، والجملة الثانوية جملة تبعية.

خواص شكلية:

١ إنّ جميع الجمل الثانوية تقريباً تبدأ بعنصر يتصدر الجملة الثانوية. وهذا العنصر الممهد والتبعي هو مثلاً:

- أداة الربط ذات التبعية:
  ***Als** er aus der Wohnung gehen wollte, klingelte das Telefon.*

◄ اسم موصول:

*Ich möchte den Anzug, **der** im Fenster liegt.*

◄ اسم استفهام:

*Ich frage sie, **wann** sie kommt.*

ويعد كذلك من الجمل الثانوية الجمل المصدرية:

◄ **ohne + zu** + Infinitiv

*Er ging vorbei, **ohne** mich **zu** grüßen.*

◄ **um + zu** + Infinitiv

*Wir essen, **um zu** leben.*

◄ **statt + zu** + Infinitiv

*Sie las die ganze Nacht, **statt zu** schlafen.*

٢ يأتي الفعل المصرف في كل الجمل الثانوية في نهاية الجملة. أما في الجمل المصدرية يأتي المصدر في النهاية.

٣ في الجمل الثانوية مع الأدوات التبعية يأتي الفاعل مباشرة بعد الأداة المتصدرة. إذا بدأت الجملة المركبة بالجملة الثانوية أتى في الجملة الرئيسية أولاً الفعل المصرف ومن ثمّ الفاعل. لنر ذلك في القائمة التالية:

جملة رئيسية	جملة ثانوية				
	الأداة	**الفاعل**		**الفعل**	**الفعل المصرف**
Ich komme später,	***weil***	*ich*	*erst spät nach Hause*	***gekommen***	***bin.***
Ist das der Brief,	***den***	*Sie*		***suchen?***	
Ich verstehe nicht,	***warum***	*sie*	*zu spät*	***kommen***	***müssen.***

أو:

				جملة ثانوية	**جملة رئيسية**
الأداة	**الفاعل**		**الفعل**	**الفعل المصرف**	
Nachdem	*er*	*zu Ende*	***gegessen***	***hatte,***	*ging er spazieren.*
Wenn	*der Mann*	*das*	***gewusst***	***hätte,***	*wäre er nicht gekommen.*

12.02 Arten der Nebensätze

أنواع الجمل الثانوية

- **الجمل الموصولة Relativsätze:**

- ◄ يربط اسم الموصول الجملة الثانوية بالجملة الرئيسية، وتدعى هذه الجمل بالجمل الموصولة.
- ◄ في الجمل الموصولة يكون الفعل في نهاية الجملة.
- ◄ يتبع اسم الموصول الاسم الذي يتبعه في الجنس، والعدد (تمرين ١ و ٤).
- ◄ يتخذ اسم الموصول في الجملة الموصولة حالة عنصر الجملة التي يمثله (الجمل ٥ و ٧).

مثال على ما ورد:

1. *Der Student, **der** fleißig war, wurde gelobt.*
2. *Die Studentin, **die** fleißig war, wurde gelobt.*
3. *Das Kind, **das** fleißig war, wurde gelobt.*
4. *Die Kinder, **die** fleißig waren, wurden gelobt.*
5. *Der Student, **dessen** Eltern ich kannte, flog nach Amerika.*
6. *Der Student, **dem** ich oft begegnete, flog nach Amerika.*
7. *Der Student, **den** ich in der Universität traf, flog nach Amerika.*

- **الجمل السببية مع Kausale Nebensätze da, weil, denn:**

1. *Ich konnte **wegen** des Lärms nicht arbeiten.*
2. *Ich konnte nicht arbeiten, **denn** der Lärm war zu groß.*
3. *Ich konnte nicht arbeiten, **weil** der Lärm zu groß war.*
4. ***Weil (da)** der Lärm zu groß war, konnte ich nicht arbeiten.*

نرى في الجملة رقم (.1) أن الضجة هي سبب كل ازعاج. وبإمكاننا أن نعبر عن السبب بالطرق التالية:

١ بواسطة الحرف **wegen** الذي يتطلب حالة المضاف إليه.
٢ بواسطة جملة مع أداة الوصل **denn** التي تتصدر جملة رئيسية وتفصل بين الجملتين الرئيسيتين بالفاصلة المنقوطة (;).
٣ بواسطة جملة مع الأدوات **da** و **weil** التي تتصدر الجملة الثانوية لذا يكون الفعل في النهاية. وندعى هذه الجمل الجمل السببية.
٤ إذا بدأنا بالجملة الثانوية ورد بعدها مباشرة الفعل المصرف للجملة الرئيسية.

<u>**ملاحظة:**</u> لنقارن هنا الفرق بين **weil** و **darum:**

*Ich gehe zum Arzt, **weil** ich krank bin.*

*Ich bin krank, **darum** gehe ich zum Arzt.*

◂ بعد **weil** تأتي جملة ثانوية.
◂ بعد **darum** تأتي جملة رئيسية.

وهناك أدوات أخرى تشبه darum في عملها وهي:

deshalb, deswegen, also, daher, folglich

■ جمل القصد (النيّة) **um... zu, damit (finale Nebensätze)**

◂ لنعمل أولاً مقارنة بين **weil** و **damit:**

Ich trage eine Brille, ich will besser sehen.

*Ich trage eine Brille, **damit** ich besser sehe.*

*Ich trage einen Mantel, **weil** es kalt ist.*

*Ich trage einen Mantel, **damit** ich nicht friere.*

◂ إنّ **weil** يعطي السبب، العلة، فهي أداة سببية.
◂ بينما تشرح **damit** القصد، الهدف فهي إذن أداة غائية يكون الفعل أيضاً في نهاية الجملة.
◂ تدعى هذه الجملة جملة غائية وجملة الهدف.

◁ ثانياً الفرق بين **damit** و **um... zu:**

1. ***Ich*** *komme nach Berlin,* ***damit ich*** *hier studiere.*
2. ***Ich*** *komme nach Berlin,* ***um*** *hier* ***zu*** *studieren.*
3. ***Wir*** *tragen das Geld auf die Bank,* ***damit es*** *Zinsen gibt.*
4. ***Das Geld*** *wird auf die Bank getragen,* ***damit es*** *Zinsen bringt.*
*(**um** Zinsen **zu** bringen).*

◄ بإمكاننا أن نعوض عن الجملة مع **damit** بجملة مصدرية مع **um... zu** (في الجملتين .1 و .3). ولا يأتي مع الجملة المصدرية فاعل. فهو نفسه في الجملة الرئيسية.

◄ لا يمكن أن نستخدم **um... zu** حين يكون الفاعل في كلا الجملتين مختلفاً (جملة رقم .2).

◄ إذا تتالت جمل مصدرية وجب وضع **zu** مع كل مصدر.

■ **جمل الالتزام (obwohl, trotz (konzessive Nebensätze:**

Trotz *aller Gefahren, wagte er den Versuch.*

Obwohl *der Versuch gefährlich war, wagte er ihn doch.*

◄ بامكاننا أن نبدل الحرف **trotz** الذي يتطلب حالة المضاف إليه بأداة الربط **obwohl** التي تشكل جملة ثانوية، وتدعى هذه الجملة جملة الالتزام أو التقييد.

◄ هناك حروف أخرى مثل **obwohl** وهي: **trotzdem, obgleich, obschon**

حالات معقدة للجمل الالتزامية مع: wenn... auch noch so

Wenn *der Versuch* ***auch noch so*** *gefährlich war, wagte er ihn doch.*

War *der Versuch* ***auch noch so*** *gefährlich, so wagte er ihn.*

■ **الجمل الثانوية الواصفة للحال (modale Nebensätze):**

1. ***Wie*** *man in den Wald ruft, so schallt es heraus.*
2. *Er ist* ***so reich, wie*** *ich vermutet habe.*
3. *Er ist* ***reicher, als*** *ich erwartet habe.*
4. *Er war* ***klüger, als*** *ich dachte.*

القاعدة تقول: في جمل المقارنة مع **wie** و **als** هناك خلاف في الزمن، إذ غالباً ما يقارن احتمال أو شك مسبق مع حدث حقيقي.

- في الجملة رقم (.1) و (.2) إذا حدث تطابق بين الواقعة والاحتمال استخدمنا في الجملة الثانوية **wie** وفي الجملة الرئيسية **so (genauso, ebenso, geradeso)** قبل الظرف أو الصفة الأصلية.
- وفي الجملة رقم (.3) و (.4) حيث الواقعة والاحتمال لا ينطبقان استخدمنا **als** مع الجملة الثانوية، أما في الجملة الرئيسية ترد الصفة في حالة تفضيل.
- يمكن أن نقول مما سبق أن جمل المقارنة مع **wie** هي جمل متكافئة وتلك مع **als** غير متكافئة.
- هناك مقارنة أخرى مع **je... desto**

***Je** näher das Licht ist, **desto** heller leuchtet es.*

***Je** mehr ein Schüler arbeitet, **umso** mehr lernt er.*

***Je** mehr ich arbeite, **desto** mehr verdiene ich.*

القاعدة:

- الجمل مع **je... desto** أو **je... umso** تستعمل مع المقارنة بين صيغتي تفضيل، الواحدة مرتبطة بالأخرى، لكن كخبرين مستقلين.
- الجملة الثانوية مع **je** ثم صفة في حالة التفضيل **(Komparativ)** والفعل المصرف في آخر الجملة، ثم تتبع الجملة الرئيسية مع **desto** وصفة في حالة التفضيل في المرتبة الأولى، الفعل المصرف في الثانية والفاعل في الثالثة. مثال:

جملة ثانوية	**جملة رئيسية**		
	I.	**II.**	**III.**
***Je näher** das Licht ist,*	desto heller	*leuchtet*	*es.*

- **الجمل الثانوية بمعنى النتيجة (العاقبة) konsekutive Nebensätze مع sodass و so... dass:**

1. *Er musste heftig bremsen, **sodass** er ins Schleudern geriet.*
2. *Er musste **so** heftig bremsen, **dass** er ins Schleudern geriet.*
3. *Der Teller war **so** heiß, **dass** ich ihn nicht anfassen konnte.*
4. *Ich liebe sie sehr, **sodass** ich sie nicht betrügen kann.*

القاعدة:

- الجمل الثانوية مع **sodass** تشير إلى النتيجة التي تمخضت عن حدث مسبق. (جملة رقم ١ و ٤).
- عندما يرد ظرف ما في جملة رئيسية نضع قبلها **so**، ويكون التشديد هنا على **so** والظرف معاً.
- إذا وردت في جملة رئيسية صفة ما وضعنا قبلها **so.** الصفة هي المنبورة فقط (جملة ٢ و ٣).

■ **الجمل الثانوية الدالة على الزمن Temporale Nebensätze:**

الجمل مع "**wenn**„ و "**als**„

١ مقارنة بين "wenn„ و "als„

آ العمل أو الحدث المتكرر: wenn أو immer wenn, jedes Mal wenn

1. ***Wenn** man heute reist, benutzt man die Eisenbahn.*

wenn = تكرار (في الحاضر والمستقبل).

2. ***Wenn** man früher reiste, benutzte man die Postkutsche.*

wenn = تكرار (في الماضي).

ب العمل أو الحدث صل مرة واحدة: "wenn„ و "als„

3. ***Wenn** du nach Berlin reist, wirst du dort einen alten Freund besuchen.*

wenn = مرة واحدة (في الحاضر والمستقبل).

4. ***Als** ich letztes Jahr nach Berlin reiste, besuchte ich dort meinen Freund.*

als = مرة واحدة (في الماضي).

٢ bevor, solange, während:

مثال:

1. ***Während*** *er seine Aufgaben machte, sah sie fern.*
2. ***Solange*** *sie studierte, war sie berufstätig.*
3. ***Bevor*** *er studieren konnte, musste er eine Prüfung machen.*

القاعدة:

◂ نستخدم **sobald, nachdem** (مثال رقم ١ و ٢) حين القيام بعملين في وقت واحد. إنّ الأزمنة في الجملتين الرئيسية والثانوية هي واحدة.

٣ sobald, nachdem

1. ***Nachdem*** *er gefrühstückt hat, beginnt er zu arbeiten.*
   Nachdem *er gefrühstückt hatte, begann er zu arbeiten.*

2. ***Sobald*** *er eine Flasche ausgetrunken hat, öffnet er eine neue.*
   Sobald *er eine Flasche ausgetrunken hatte, öffnete er eine neue.*

القاعدة: (الأمثلة في 1 و 2) إنّ العمل في جملة **sobald, nachdem** حدث قبل العمل في الجملة الرئيسية. وفي الجمل المركبة مع **nachdem** يجب تبديل الزمن دائماً.

Nebensatz	→	Hauptsatz
Perfekt	→	Präsens
Plusquamperfekt	→	Imperfekt

٤ seit (dem), bis

1. ***Bis*** *er aus Bonn anruft, bleibe ich hier.*
2. ***Bis*** *das Essen kommt, habe ich noch ein Glas getrunken.*
3. ***Seitdem*** *ich in Moskau bin, habe ich eine Erkältung.*
4. ***Seit*** *er mit dem Rauchen aufgehört hat, geht es ihm besser.*

القاعدة:

- في الجملة (.1) نستخدم الحرف **bis** غالباً مع أحداث ستجري في المستقبل. إنّ الحدث في الجملة الرئيسية ينتهي من ذلك الزمن حيث يبدأ الحدث في الجملة الثانوية. وغالباً ما يكون الفعل في الجملتين الرئيسية والثانوية في الحاضر والمستقبل.
- في الجملة (.2) عندما يتم العمل في الجملة الرئيسية بشكل واضح قبل العمل في الجملة الثانوية، يمكن أن يكون الزمن في الجملة الرئيسية في المستقبل التام وفي الجملة الثانوية في المضارع أو المستقبل البسيط.
- في الجملة (.3) نستخدم الأدتان **seitdem** و **seit** مع أحداث جرت في نفس الوقت، والتي بدأت في الماضي وتستمر حتى الآن. في هذه تكون الأزمنة في الجملتين الرئيسية والثانوية متساوية.
- في الجملة **(.4)** إذا حدث شيء ما في الماضي ولمرة واحدة واستمر حتى الآن وجب تغيير الأزمنة.

■ الجمل الثانوية الشرطية Konditionale Nebensätze
falls, wenn

1. ***Wenn*** *ich im Lotto gewinne, kaufe ich mir ein Auto.*
2. ***Gewinne*** *ich im Lotto, kaufe ich mir ein Auto.*
3. ***Falls*** *sich Schwierigkeiten ergeben sollten, bitten wir Sie, sich an uns zu wenden.*
4. ***Sollten*** *sich Schwierigkeiten ergeben, bitten wir Sie, sich an uns zu wenden.*

القاعدة:

- تدل الجمل المركبة والشرطية مع **wenn** أنه يجب تحقيق شرط قبل أن يصبح الخبر في الجملة الرئيسية حقيقة. (جملة ١).

تأتي الجمل المركبة الشرطية في المضارع والمستقبل. والألمانية لا تفرق بين الجمل المركبة الزمنية والشرطية التي تأتي مع **wenn**.

في الجملة (.2) يمكن أن تكون الجملة الشرطية بدون **wenn**، عندئذٍ يأتي الفعل المصرف في أول الجملة وتحذف **wenn**.

- في الجملتين (.3 و .4)، وفي الجملة التي يكون فيها واضحاً يستعمل **falls** ويمكن حذف **falls** عندما تبدأ الجملة بالفعل المصرف.

- **الجمل المصدرية مع ohne... zu, um... zu, anstatt... zu:**

ملاحظة:

١ بعكس الجمل المصدرية التي تتبع أفعالاً معينة، هناك جمل مصدرية مع **anstatt... zu, ohne... zu, um... zu**، وهي مستقلة ولها مفهوم خاص.

- مع **um... zu** تعبر عن رغبة أو هدف:

  *Ich fahre zum Bahnhof, **um** meine Tochter abzuholen.*
- مع **ohne... zu** تعبر عن أنّ شيئاً متوقعاً لم يحدث:

  *Er ging weg, **ohne** meine Frage zu beantworten.*
- ومع **anstatt... zu** تشير إلى أنّ شخصاً تصرف عكس ما كان يتوقع:

  *Er stand am Ufer, **anstatt** dem Kind zu helfen.*

لنقارن:

1. ***Er ging ins Ausland,***

   *...**um** dort **zu** studieren.*

   *...**ohne** sich **zu** verabschieden.*

   *...**anstatt** hier **zu** arbeiten.*

2. ***Er musste aus dem Ausland zurück,***

   *...**damit** er hier weiterstudiert.*

   *...**ohne dass** sein Studium beendet war.*

   *...**anstatt dass** man ihn zu Ende studieren ließ.*

القاعدة:

- في الجملة (.1) الجمل المصدرية مع **ohne… zu, um… zu, anstatt… zu** ليس لها فاعل خاص بها. إنما ذلك يعود إلى الشخص أو الشيء الذي ورد كفاعل في الجملة الرئيسية.
- إذا كان الفاعل في الجملة الرئيسية يختلف عن الفاعل في الجملة الثانوية وجب استخدام الجمل الثانوية الكاملة مع damit, ohne dass, anstatt dass.

■ أسماء استفهم كجمل ثانوية Indirekte Fragesätze

بإمكاننا أن نستخدم هذه الأسماء:

- في السؤال المباشر:

  (جملة رئيسية) ***Wo** ist die Post bitte?*
- في السؤال غير المباشر:

  (جملة ثانوية) *Er möchte wissen, **wo** die Post ist.*

تسمى هذه الأسئلة W-Frage لأن جميع هذه الأسماء تبدأ بالحرف **W** لكن هناك نوع آخر من السؤال وهو: .Ja-Nein-Frage

- السؤال المباشر بـ **Ja-Nein** يبدأ دائماً بالفعل:

  ***Kommt** er morgen?*
- السؤال غير المباشر بـ **Ja-Nein** يبدأ بالأداة **ob:**

  *Keine Ahnung, **ob** er morgen kommt.*

إنّ جميع الأسئلة المباشرة هي جمل رئيسية. وجميع الأسئلة غير المباشرة هي جمل ثانوية (الفعل في آخر الجملة).

إليك بعض الأمثلة:

سؤال مباشر	سؤال غير مباشر
	W-Frage
Wo *ist die Bank?*	*Können Sie mir sagen,* ***wo*** *die Bank ist?*
Was *kosten die Karten?*	***was*** *die Karten kosten?*
Wann *kommt der Zug?*	***wann*** *der Zug kommt?*
Wer *ist die Dame?*	***wer*** *die Dame ist?*
Wohin *ist sie geflogen?*	***wohin*** *sie geflogen ist?*
Wem *hilft er?*	***wem*** *er hilft?*
Mit wem *hast du getanzt?*	***mit wem*** *er getanzt hat?*
Worauf *wartet sie?*	***worauf*** *sie wartet?*
Auf wen *warten Sie?*	***auf wen*** *Sie wartest?*
Womit *fahren Sie?*	***womit*** *Sie fahren?*
	Ja-Nein-Frage
Gehen *Sie auch ins Konzert?*	*Darf ich fragen,* ***ob*** *Sie auch ins Konzert gehen?*
Ist *das Bild echt?*	*Ich möchte wissen,* ***ob*** *das Bild echt ist.*

▶ Übungen zu den Nebensätzen **S. 473**

Kapitel 13

Das Prädikat

الخبر

13.01 Formen des Prädikats

الخـبـر

إنّ الخبر هو أهم عنصر في الجملة، وهو يشمل جميع أجزاء الفعل فيها. ووظيفة الخبر هي:

أولاً: وصف الحدث أو الحالة. ويشكل الخبر هنا جوهر الجملة إذ أنه يظهر الفرق بين الحدث والحالة، أي أنه يصف الحدث بأنه حركة والحالة بأنها سكون.

ثانياً: وهو يعطي الجملة هيكلها النحوي.

وفي الجملة الألمانية يقوم الفعل بوظيفة الخبر، أو الفعل ومتممات أخرى حين لا يستطع هذا القيام بهذه المهمة وحده.

أنواع الخبر:

يتألف الخبر على الأقل من الصيغة المصرفة للفعل في الحاضر والماضي. مثال:

*Ich **habe (hatte)** kein Geld.*

*Er **ist (war)** bei mir.*

***Willst (wolltest)** du das Buch?*

*Ihr **geht (gingt)** ins Kino.*

وغالباً ما يتشكل الفعل من عدة صيغ فعلية:

الصيغة المصرفة للفعل (في الحاضر والماضي) + المصدر:

1. Hilfsverb + Partizip Perf.:

*Ich **habe** ein Buch **geschrieben.***

*Er **ist** in die Schule **gekommen.***

*Das Essen **wird** schon **serviert.***

2. Hilfsverb + Infinitiv:

*Ich **bin** von Herrn Maier **geschickt worden.***

*Wir **werden** morgen nach Köln **fahren.***

*Sie **wird** gestern im Kino **gewesen sein.***

3. **Modalverb + Infinitiv:**

*Wir **wollen** ins Kino **gehen.***

*Sie **kann** damals 25 Jahre alt **gewesen sein.***

4. **andere Verben + Präpositional-Infinitiv:**

*Er **wünscht** jetzt zu **schlafen.***

*Du **brauchst** morgen nicht **zu kommen.***

*Wir **hoffen,** morgen Geld **zu bekommen.***

5. **andere Verben + Infinitiv:**

*Ich **sehe** die Kinder im Garten **spielen.***

6. **Verb + Verbzusatz:**

*Er **geht** heute Abend **tanzen.***

*Wir **fahren** um 5 Uhr **ab.***

*Ich **bringe** meine Freundin **mit.***

إنّ الكلمات عادة لا تأتي وحدها وإنما هي أجزاء من مجموعة، أجزاء من تعبير لغوي. وإذا أتت هذه الأجزاء (أي الكلمات) بشكل متسلسل وكان تعبيرها اللّغوي مكتملاً، أو شكلت وحدة كلامية مغلقة وأصبح لها شكل خاص دعي هذا التسلسل (بالجملة). إذن الجملة تتشكل من ترتيب وترابط أجزائها مع بعضها (عناصر الجملة)، وقد تتألف من عنصر واحد أو من عدة عناصر، هذا وإنّ أهم عنصر في الجملة هو ذلك الذي يتضمن ما يراد قوله، ويدعى هذا العنصر (الخبر) ممثلاً بالفعل دائماً، إنّ خاصية وشكل الجملة الألمانية تنتج عن انقسام الخبر إلى جزئين أو أكثر وبهذا يحصل على:

- جوهر الجملة. وهو يتألف من الصيغة المصرفة للفعل، أو للفعل المساعد، أو للفعل الواصف للحال.
- من إطار الجملة الذي يشمل بقية الأجزاء.

إن هناك ارتباطاً وثيقاً بين الخبر والشخص الذي نتكلم عنه إذ هو عبارة عن المسند إليه أو الفاعل (المبتدأ). فالمبتدأ (الفاعل) والخبر هما عنصرا الجملة الرئيسيان.

إذا كان في الجملة خبر واحد، أي كانت الجملة مؤلفة من مبتدأ وخبر، دعيت هذه الجملة بالجملة البسيطة (العادية)، وإن تضمنت عناصر إضافية أخرى أصبحت جملة بسيطة موسعة. أما إذا أتت الجملة وحدها (أي كانت جملة مكتملة المعنى) دعيت جملة مستقلة أو رئيسية، وإن أتت الجملة غير مكتملة المعنى، أي أنها تتبع جملة رئيسية دعيت جملة ثانوية.

Kapitel 14

Arten der Satzglieder

عناصر الجملة المختلفة

14.01 Das Subjekt
الفاعل (المبتدأ)

إنّ كل جملة تصف حدثاً أو حالة وهي تضم في هيكلها النحوي الخبر، ويقوم بهذه الوظيفة (كما قلنا) الفعل. هذا وإنّ مفهوم الحدث أو الحالة لن يكتمل إلا إذا ذكرت الأشخاص والأشياء المشتركة في هذا الأمر، إذ بدونهما لا يمكن حدوثه.
إنّ الأشخاص أو الأشياء التي يرد ذكرها في الجملة هي عناصر لها وظائف خاصة وتدعى إما فاعلاً أو مفعولاً.

إن الفاعل هو الذي يشير إلى من يقوم بالعمل، أي إلى المخلوق الذي بدونه لا يتحقق ذلك.
والفاعل هو الذي يحدد العمل وهو يطابق الصيغة المصرفة للفعل ويتميّز عن المفاعيل بحالته المرفوعة. ونسأل عنه بـ **wer?** (مع الأشخاص) و بـ **was?** (مع الأشياء والمفاهيم). مثال:

Wer? ***Der Student*** *schreibt den Satz.*
Was? ***Der Zug*** *ist schon angekommen.*

والفاعل هو الذي يشير إلى سبب الحدث. أي إلى الشيء الذي سبب ذلك:

Das Feuer *vernichtet die Ernte.*
Die Sonne *geht um 5 Uhr auf.*

- **أنواع الفاعل:**

يكون الفاعل بشكل عام اسماً أو ضميراً، كما أنه يمكن أن يكون نوعاً آخر من الكلمات تأتي هذه بشكل اسم. مثال:

الفاعل اسم:

يتعلم التلميذ الألمانية.	***Der Schüler*** *lernt Deutsch.*
الأطفال تنام.	***Die Kinder*** *schlafen.*

الفاعل ضمير:

هو يعمل في المكتب.	***Er*** *arbeitet im Büro.*
لا أحد في المنزل.	***Keiner*** *ist zu Hause.*

الفاعل صفة:

العجوز مريض.	***Der Alte*** *ist krank.*

الفاعل مصدر:

التدخين مضر.	***Das Rauchen*** *ist schädlich.*
العمل صحي.	***Arbeiten*** *ist gesund.*

الفاعل جملة مصدرية:

التدخين صباحاً سيئ.	*Morgens* ***zu rauchen*** *ist schlecht.*
النهوض باكراً مفيد.	*Früh* ***aufzustehen*** *ist gesund.*

الفاعل عدد أصلي:

الرقم ثلاث بركة.	***Die Drei*** *ist eine Glückszahl.*

الفاعل ظرف:

اليوم يهمني كثيراً.	*Mich interessiert* ***das Heute.***
الغد يوعد كثيراً.	***Das Morgen*** *verspricht viel.*

الفاعل حرف:

الحرف a حرف صوتي.	***Das A*** *ist ein Vokal.*
الحرف b حرف متحرك.	***Das B*** *ein Konsonant.*

الفاعل حرف جر:

Das Auf *und* ***Ab*** *der Preise ist beunruhigend*

ارتفاع وانخفاض الأسعار ليست حالة مبشرة.

الفاعل مصطلح:

Der Taugenichts *wird im Leben nie Erfolg haben.*

التافه لن يكون ناجحاً في الحياة.

الفاعل جملة ثانوية:

Es ist noch nicht klar, ***ob mein Freund morgen kommt.***

لا يزال مجهولاً إن كان صديقي سيأتي غداً.

14.02 Das Akkusativobjekt
المفاعيل المختلفة (المفعول به)

إن من الأدوار الأخرى التي تلعبها عناصر الجملة بجانب الفاعل دور المفعول به، والمجرور بالحرف، والمضاف إليه، وهذه الأدوار يحددها الفعل بصفته الخبر.

إنّ المفعول به هو الحالة الأكثر وروداً، وذلك لأن العدد الأكبر من الأفعال تتطلب هذه الصيغة، وبشكل خاص تلك الأفعال التي لا تقبل الانفصال **(untrennbare Verben)** والتي تبدأ بالسوابق: **durch–, be–, um–, über–, hinter–** و كذلك الأفعال:
stecken, stellen, setzen, hängen, legen

وبما أنّه يصعب أحياناً التفريق بين صيغة الفاعل والمفعول به (ما عدا صيغة المذكر المفرد **den**) وجب على الفاعل أن يأتي في المركز الأول في الجملة ومن بعده المفعول. مثال:

تسأل الفتاة الأم.	*Das Mädchen fragt **die Mutter.***
الأم تسأل الطفل.	*Die Mutter fragt **das Kind.***

ولا مانع هناك من تقديم المفعول به على الفاعل بشرط ألاّ يحدث التباس أو شك. مثال:

الغرفة ترتبها هي.	***Das Zimmer** räumt sie auf.*
الطفل تغذيه الأم.	***Das Kind** ernährt die Mutter.*

ويكون الضمير المنعكس sich في غالبية الأفعال المنعكسة في حالة النصب، أي مفعولاً به:

*Ich freue **mich** über dein Geschenk.*
*Erkundigst du **dich** nach meinem Befinden?*
*Er ärgert **sich** über seinen Fehler.*

- **أنواع المفعول به:**

يكون المفعول به بشكل عام اسماً أو ضميراً، كما أنه يمكن أن يكون نوعاً آخر من الكلمات تعتبر أسماءً:

المفعول به اسم:

أتعرف الرجل؟	*Kennen Sie **den Mann?***
إنّه يشتري كتاباً.	*Er kauft **ein Buch.***

المفعول به ضمير:

هل رأيتها؟	*Hast du **sie** gesehen?*
لا أعرف أحداً.	*Ich kenne **niemanden.***

المفعول به مع حرف:

إنني أنتظر زوجتي.	*Ich warte **auf meine Frau.***
أنتم تضحكون علينا.	*Ihr lacht **über uns.***

المفعول به مصدر:

السيد مولر يعلم الكتابة على الآلة.	*Herr Müller lehrt **Maschineschreiben.***
نساعد في البناء.	*Wir helfen **aufbauen.***

المفعول به مصدر مع حرف جر:

قررنا الذهاب.	*Wir haben uns entschlossen **zu gehen.***
ليس قادراً على السرقة.	*Er ist nicht fähig **zu stehlen.***

المفعول به جملة مصدرية:

آمل أن أراك قريباً.	*Ich hoffe, dich bald **zu sehen.***

*Der Arzt empfiehlt, **den Kranken sofort zu operieren.***

ينصح الطبيب باجراء عملية فورية للمريض.

المفعول به جملة ثانوية:

*Ich weiß nicht, **ob wir morgen einen Ausflug machen.***

لا أعرف إن كنّا سنقوم برحلة غداً.

*Wissen Sie, **wann der Zug hier abfährt?***

أتدري متى ينطلق القطار من هنا؟

ونسأل عن المفعول به إذا غاب بـ **?wen** (مع الأشخاص) و بـ **?was** (مع الأشياء والمفاهيم)

مثال:

لمن تهتف؟ لصديقي.	***Wen*** *rufst du an?* ***Meinen Freund.***
ماذا شرب؟ نبيذاً.	***Was*** *hat er getrunken?* ***Wein.***

ملاحظة: إنّ الفعلين **kosten** و **lehren** يتطلبان مفعولين به، الأول يكون شخصاً والثاني شيئاً.

أعلمك الألمانية.	*Ich lehre* ***dich die deutsche Sprache.***
الرحلة لا تكلفني قرشاً.	*Die Reise kostet* ***mich keinen Pfennig.***

14.03 Das Dativobjekt
المفعول المدعى Dativ

إنّ كثيراً من الأفعال تتطلب أيضاً حالة أل **Dativ** وخصوصاً تلك الأفعال التي تشير أعمالها إلى اتجاه ما. فقد يكون عمل الفعل متجهاً نحو الاسم، مثل الفعل **(geben)** أو قد يبتعد عنه كما هي الحال مع الفعل **(nehmen)**.

مثال:

الطالب يجاوب المعلم.	*Der Schüler antwortet* ➜ ***dem Lehrer.***
أنت تساعد صديقك.	*Du hilfst* ➜ ***deinem Freund.***
يضر التدخين بالصحة.	*Das Rauchen schadet* ➜ ***der Gesundheit.***
يفر الكلب من سيده.	*Der Hund entläuft* ➜ ***seinem Herrn.***

- **ملاحظة**: ننصح الطالب، حتى لا يرتكب أخطاء، أن يتعلم عن ظهر قلب تلك الأفعال التي تتطلب حالة ال **Dativ**، إذ هي على الأقل. وإذا اتبع الطالب هذه القاعدة البسيطة ستصبح كتابته سليمة للغاية.

- إنّ الأفعال التي تبدأ بالسابقة:
  zu–, vor–, nach–, entgegen–, bei–, auf–, an–, ab–

  تتطلب دائماً حالة ال **Dativ**:

يتبع الكلب سيده.	*Der Hund läuft **seinem Herrn** nach.*
نستمع إلى المدرس.	*Wir hören **dem Lehrer** zu.*
أسير باتجاه ضيفي.	*Ich gehe **meinem Gast** entgegen.*
سيقف صديقك إلى جانبك.	*Dein Freund wird **dir** sicher beistehen.*
لم ألاحظ أي خطأ.	***Mir** ist kein Fehler aufgefallen.*

- هناك بعض المصطلحات الواصفة للحال التي تستلزم أيضاً حالة ال **Dativ:**

أنا شاكر لصديقي.	*Ich bin **meinem Freund** dankbar.*
أصبح الموضوع يزعجني.	*Die Sache wird **mir** lästig.*
إني أحفظ لك جميلك.	*Ich bleibe **Ihnen** verbunden.*

- إنّ كثيراً من الأفعال التي تتطلب حالة ال **Akkusativ** تستطيع أن تأخذ إلى جانب ذلمك حالة ال **Dativ** التي تدل على الشخص صاحب الاهتمام بالأمر. إنّ ال **Dativ** يكون عادة شخصاً أو قد يكون شيئاً شبه به. مثال:

يهدي الطفل الأم كتاباً.	*Das Kind schenkt **der Mutter** ein Buch.*
اعطني الدفتر!	*Geben Sie **mir** das Heft!*
تكتب رسالة للجامعة.	*Sie schreibt **der Universität** einen Brief.*

14.04 Das Genitivobjekt
المضاف إليه

إنّ عدداً قليلاً من الأفعال تستلزم في اللّغة الحديثة حالة المضاف إليه. كما أن هناك صفات وحروفاً تأخذ هذه الحالة أيضاً. ولبناء حالة المضاف إليه في صيغة المفرد لدينا ثلاث حالات:

١ **بدون نهاية:** إنّ الأسماء التي لا تأخذ أية نهاية في المفرد هي أسماء مؤنثّة، مثال:

محفظة السيدة.	*Die Tasche* ***der Frau.***
كتاب المعلمة.	*Das Buch* ***der Lehrerin.***

٢ **تأخذ النهاية en– / n–:** وهذه الأسماء هي أسماء مذكرة فقد تجمع بـ **n–** أو **en–:**

كرامة الانسان.	*Die Würde* ***des Menschen.***
حقيبة زميلي.	*Die Tasche* ***meines Kollegen.***

٣ **تأخذ النهاية s– / es– :** تكون هذه الأسماء مذكرة أو محايدة. والأسماء التي تأخذ النهاية **es–** تكون مؤلفة من مقطع واحد، أو تنتهي بـ: **(z– ,b– ,s– ,x–).**وما تبقى من الأسماء تأخذ النهاية **s–**. مثال:

كتاب الولد.	*Das Buch* ***des Kindes.***
قلم حبر المعلم.	*Der Füller* ***des Lehrers.***

14.05 Verben mit präpositionalem Objekt
الأفعال التي تستلزم منصوباً أو مجروراً بالحرف

إن كثيراً من الأفعال تربط المفعول أو المجرور بحرف، ويمكن لهذه الأفعال أن تكون أفعالاً لازمة، لكن بفضل هذا الحرف تصبح أفعالاً متعدية. إن وجد الطالب صعوبة في حفظ الفعل وصرفه، فسيجد ذلك في القاموس. مثال:

إني أنتظر صديقي.	*Ich warte **auf meinen Freund.***
إنه يعيش من التجارة.	*Er lebt **vom Handel.***
تغلبوا على أعدائهم.	*Sie siegten **über den Feind.***
إنها تعاني من ربو شديد.	*Sie leidet **an schwerem Asthma.***

- وغالباً ما تتطلب الأفعال إضافة إلى المنصوب أو المجرور بالحرف مفعولاً آخر:

أطلب منك دراجتك.	*Ich bitte **dich um dein Fahrrad.***
إنه استفهم عن اسم المدينة.	*Er erkundigte **sich nach dem Namen der Stadt.***

- وكثيراً من الأفعال نغير معناها إذا أخذت حروفاً مختلفة:

إنه يتكلم عن رحلته.	*Er spricht **über seine Reise.***
(إنه يتكلم عن تفاصيل الرحلة)	
إنه يتكلم عن رحلته.	*Er spricht **von seiner Reise.***
(إنه يتكلم أنه قام أو سيقوم برحلة)	

- عليك أن تفرق بين الأفعال التي تتطلب مضافاً، أو مجروراً بالفعل وبين الأفعال القابلة للإنفصال:

(فعل مع خرف جر)	*Er **gewöhnt sich an das Klima.***
(فعل قابل للانفصال)	*Er **gewöhnt sich** das Rauchen **an.***
(فعل مع حرف جر)	*Er strebt **nach Reichtum.***
(فعل قابل للإنفصال)	*Er **strebt** seinem Meister **nach.***

- وللاستفهام عن الاسم وجب السؤال عنه بالحرف واسم الاستفهام معاً. مثال:

من تنتظر؟	***Auf wen** warten Sie?*
على من تضحكون؟	***Über wen** lacht ihr?*

- يمكن أن نلخص أنواع المفاعيل التي يحددها الفعل في الجملة بالشكل التالي:

◂ **حالة ال Akkusativ:**

Der Lehrer fragt **den Schüler.**
das Kind.
die Frau.
die Studenten.

◂ **حالة ال Dativ:**

Der Lehrer antwortet **dem Schüler.**
dem Kind.
der Frau.
den Studenten.

◄ **حالة المضاف إليه Genitiv:**

Der Lehrer gedenkt	***des Schülers.***
	des Kindes.
	der Frau.
	der Studenten.

◄ **حالة المنصوب والمجرور بالحرف präpositionales Objekt:**

Der Lehrer wartet	***auf den Schüler.***
	auf das Kind.
	auf die Frau.
	auf die Studenten.

14.06 Prädikatsergänzungen

متممات الخبر

إنّ الفاعل (المبتدأ) والخبر، والمفاعيل هي عناصر لها وظيفة في الجملة، ومهمتها وصف الأمر أو الحدث بشكل تام.

Der Vater schläft.	الأب ينام.
Die Sonne scheint.	الشمس تشرق.
Der Schüler fragt den Lehrer.	يسأل التلميذ المدرس.

لكن أحياناً نجد أن هناك أفعالاً لا تكتفي بالفعل وحده كخبر حتى يكتمل معناها، لذا وجب وجود عناصر أخرى متممة له.

- **أشكال متممات الخبر:**

إن أنواع وأشكال الكلمات التالية يمكن أن تأتي كمتمم خبري:

- **ظرف:**

*Mein Freund fährt **heute.***	يسافر صديقي اليوم.
*Er wohnt **hier.***	إنه يسكن هنا.

- **صفة:**

*Das Auto fährt **schnell.***	السيارة تسير بسرعة.
*Du bist **krank.***	أنت مريض.

- **مفعول به:**

*Ich habe **den ganzen Tag** gewartet.*	انتظرت كل النهار.

- **مضاف إليه:**

*Das Unglück geschah **eines Mittags.***	حدثت الكارثة ظهر اليوم.

◄ **تعبير مع حرف جر:**

إنه يقيم في ميونيخ. — *Er wohnt **in München.***

يبدأ الدرس في التاسعة. — *Der Unterricht beginnt **um 9:00 Uhr.***

◄ **مصدر:**

أذهب للسباحة. — *Ich gehe **schwimmen.***

نذهب للرقص. — *Wir gehen **tanzen.***

◄ **اسم فاعل (حال):**

كان الفيلم مشوقاً. — *Der Film war **aufregend.***

الثوب جميل. — *Das Kleid ist **entzückend.***

◄ **اسم مفعول:**

احترق الطعام. — *Das Essen ist **angebrannt.***

دفن الميت. — *Der Tote ist **begraben.***

◄ **جملة ثانوية:**

أسكن حيث أنت أيضاً تسكن. — *Ich wohne, **wo du auch wohnst.***

سأذهب متى تريد. — *Ich gehe, **wann du willst.***

■ **أنواع متممات الخبر:**

يختلف الخبر بحسب المضمون وبحسب الشكل:

١ حسب المضمون

◄ **المتمم يدل على مكان:**

عمي يسكن في فندق. — *Mein Onkel wohnt **in einem Hotel.***

إنه يسافر إلى ميونيخ. — *Er fährt **nach München.***

◂ **المتمم يدل على زمن:**

سيبقى حتى الاثنين.	*Er bleibt **bis Montag.***
الساعة التاسعة.	*Es ist **neun Uhr.***

◂ **المتمم يدل على حال:**

يسافر ببطء.	*Er fährt **langsam.***
المعلم غاضب.	*Der Lehrer ist **wütend.***

◂ **المتمم يدل على سبب:**

نتج الضرر عن حادث.	*Der Schaden entstand **durch einen Unfall.***
تزوجها عن حب.	*Er heiratete sie **aus Liebe.***

٢ حسب الشكل

◂ **الخبر مرفوع:**

هذا المطعم فندق عائلي.	*Dieses Haus ist **eine Pension.***
أخي طالب.	*Mein Bruder **ist Student.***

◂ **الخبر منصوب:**

يناديها صديقته.	*Er nennt sie **seine Freundin.***
إنه السيد مولر.	*Er schreibt **sich Müller.***

14.07 Freie Angaben
المعلومات الزائدة في الجملة (الحرة)

إن المعلومات الزائدة هي عناصر جملة ترد فيها لكي تتمم الأخبار.
حين وصف الأمر الحقيقي. وبما أنه يمكن الاستغناء عنها سميت بالمعلومات الزائدة (الحرة). وهذه العناصر تصف الظرف التي تم في إطارها الحدث، والأشخاص الذين يستفيدون منه، وكذلك عناصر واصفة للحال تشير إلى الموقف الباطني للمتكلم تجاه مضمون كلامه، وهي تعبر عن حالة تعجب أو قلة اهتمام أو تشاؤم لديه.

- **المعلومات الزائدة أشخاص:**

آخذ الرسالة لأجلكم إلى البريد. — *Ich bringe **für euch** den Brief zur Post.*

أحمل الحقيبة عن السيدة. — *Tragen Sie **der Dame** den Koffer.*

- **المعلومات الزائدة حسب المضمون:**

- **للدلالة على المكان:**

أريد أن أدرس في ميونيخ. — *Ich möchte **in München** studieren.*

نتنزه في الحديقة. — *Wir gehen **im Park** spazieren.*

- **للدلالة على زمن:**

أذهب كل يوم إلى المكتب. — *Ich gehe **jeden Tag** ins Büro.*

الليالي باردة في الشتاء. — ***Im Winter** sind die Nächte kalt.*

- **للدلالة على سبب:**

يتعلم الألمانية لمصلحة. — *Er lernt **aus Interesse** Deutsch.*

- **للدلالة على الحال:**

يسير القطار ببطء. — *Der Zug fährt **langsam.***

يتعلم التلاميذ باجتهاد. — *Die Schüler lernen **fleißig.***

Kapitel 15

Die Interpunktion

وضع علامات الترقيم

15.01 Satzzeichen
وضع علامات الترقيم

تصادفنا دائماً في نص من النصوص علامات وقف كالنقطة، واشارة الاستفهام ، والفاصلة، إلخ... وغالباً ما نتساءل: ما عمل هذه العلامات في الجملة؟
إنّ وجود هذه العلامات يساعدنا على القراءة. ويدلنا وضع علامات الترقيم على:

أولاً: تركيب الجملة

١	النقطة	.	Der Punkt
٢	إشارة الاستفهام	?	Das Fragezeichen
٣	إشارة التعجب	!	Das Ausrufezeichen
٤	الفصلة	,	Das Komma
٥	الفصلة المنقوطة	;	Das Semikolon / der Strichpunkt

ثانياً: مضمون الكلام

٦	النقطتان	:	Der Doppelpunkt
٧	علامات التنصيص	„ “ » «	Das Anführungszeichen
٨	القوسان	( )	Die Klammern
٩	الشرْطة	–	Der Gedankenstrich

ثالثاً: تركيب الكلمة

١٠	علامات الحذف	'	Der Apostroph
١١	إشارة الوصل	-	Der Bindestrich

Der Punkt
النقطة

أولاً: تأتي النقطة:

- في نهاية جملة خبرية: *Er kommt aus Italien.* / *Ich weiß, wo es liegt.*
- بعد الاختصار: *usw. (= und so weiter)* / *ca. (= circa)*
- بعد الأعداد الترتيبي: *am 10.05. (am zehnten Mai / Fünften)*

ثانياً: لا تأتي النقطة:

- بعد العناوين الرئيسية: *Argentinien Weltmeister*
- بعد العنوان على الخطاب: *Herr Peter Grube*
- بعد التأريخ: *Köln, 5. August 1988*
- بعد التوقيع: *Euer Hans*
- بعد مصطلحات القياس: *Kg, cm*
- بعد بعض الأسماء: *BRD, EWG, SPD*

Das Fragezeichen
إشارة الاستفهام

أولاً: تأتي إشارة الاستفهام:

- **بعد السؤال المباشر:**
  Haben Sie Zeit?
  Wann denn?
  Wie, bitte?

- **يمكن للجملة الخبرية أن تأتي بشكل سؤال مباشر:**

Sie wohnen in München?

Du willst wegfahren?

ثانياً: لا تأتي إشارة الاستفهام:

- **بعد السؤال غير المباشر:**

Ich weiß nicht, wo er ist.

Das Ausrufezeichen

إشارة التعجب

تأتي إشارة التعجب:

- **النداء:** *Gute Reise!* *Viel Spaß!*
- **طلب ضروري:** *Hilfe!* *Bitte aussteigen!*

Das Komma

الفصلة

للفصلة قواعد عديدة:

- **تفصل بين جمل رئيسية:**

Er spielt Klavier, und er treibt Sport.

Einer kommt, einer geht.

- **تفصل بين جملة رئيسية وجملة ثانوية:**

  Ich kann nicht lernen, wenn du sprichst.

  Wenn du sprichst, kann ich nicht lernen.

- **تفصل بين عناصر الجملة، حين التعداد:**

  Wir brauchen noch Brot, Butter, Milch und Kaffee.

- **تأتي مع الجملة المصدرية:**

  Er ging vorbei, ohne mich zu grüßen.

- **تأتي مع البدل (جملة اعتراضية):**

  Gloria, meine älteste Tochter, studiert noch.

- **تفصل بين المكان والزمان حين نكتب التاريخ:**

  München, 10. Mai

- **تفصل العدد الصحيح عن العدد العشري:**

  Er ist 1,75 m groß.

  Ich bekomme 15,30 Euro.

Das Semikolon

الفصلة المنقوطة

نادراً ما نستخدم هذه الإشارة، بل لا نحتاج إلى استخدامها أبداً، وهي تظهر أن الجمل ترتبط ببعضها بشكل ما. وهي تفصل بشكل أقوى من الفصلة، وأخف من النقطة.

Vieles wünscht sich der Mensch, und doch bedarf er nur wenig; denn die Tage sind kurz.

Der Doppelpunkt

النقطتان

تعني النقطتان أنّ بعدهما يأتي:

- قول منقول حرفياً:

Sie sagte: „Das war die schönste Reise meines Lebens."

- تعداد:

Besucht habe ich: Österreich, die BRD und Spanien.

- نتيجة منطقية:

Jeden Monat 600 Euro für Schminke, so geht es nicht weiter:
Du bekommst kein Geld mehr.

Die Anführungszeichen

علامات التنصيص

تأتي علامات التنصيص على يمين وعلى يسار القول المنقول حرفياً:

Kennst du den Film „Wem die Stunde schlägt?"

Ich rief: „Bleib doch stehen!"

Die Klammern

القوسان

- يوضع القوسان على يسار وعلى يمين نص اعتراضي. ويمكن أن يضم القوسان كلمة، أو جزء من جملة، أو جملة، أو عدة جمل:

  Er ist aus Verona (Italien).

  Monika (du kennst sie doch) heiratet bald.

  Die ganze Familie (Opa, Oma, Tante, Onkel, alle Neffen, Nichten) war da.

- ونرمز إلى الجملة التي تعترض جملة اعتراضية أخرى بأقواس معكوفة:

  Diese Musik (ich hörte sie einmal in Nizza [Frankreich]) macht mich traurig.

Der Gedankenstrich

الشَّرْطة

الفرق بين **الشـرْطـة وإشارة الوصل** هو هناك فضاء على اليسار وعلى يمين الشرطة، ولا فضاء على يساء إشارة الوصل.

- يمكننا أن نضع جملة اعتراضية بين شرطتين أو بين فصلتين، بدل وضعها بين قوسين. مثال:

  Monika – du kennst sie schon – heiratet bald.

  Monika, du kennst sie schon, heiratet bald.

- يمكن وضع الشـرْطـة بدل النقطتين، وهذا يعني أن نتيجة منطقية تتبع:

  So geht es nicht weiter – du bekommst kein Geld mehr.

- إذا أتت الشـرْطـة على يمين النقطة يدل هذا على أنّ موضوعاً آخر يتبع:

  Mein Vater ist damit einverstanden. – Ich habe noch einen zweiten Wunsch.

Der Apostroph

علامات الحذف

إننا نرمز إلى حرف صوتي لم يلفظ، وبامكاننا أيضاً أن نستغني أيضاً عنها. مثال:

Wie geht's? (Wie geht es?)

Er ist's. (Er ist es.)

Er hat 'nen Garten.

Ich komm' morgen zu dir.

Der Bindestrich

إشارة الوصل

إنّ الفرق بين إشارة الوصل و الشـرْطـة هو أنّ إشارة الوصل تريد أن تربط، أما الشـرْطـة تريد أن تفصل. وقد قلنا أنّ على يسار وعلى يمين الشـرْطـة فضاء، وتمثل إشارة الوصل جزءاً من كلمة لا نريد تكرارها.

- تستخدم إشارة الوصل مع المصطلحات المركبة حين لا نستطيع كتابتها بكلمة واحدة أو لا نريد ذلك.
  Nord- und Süddeutschland
  Geburtsdatum und -ort
  Vor- und Nachteile

- تستخدم إشارة الوصل حين نفصل الكلمة في نهاية الجملة. مثال:
  Gestern hat mein Freund eine Party gegeben. Sie hat 3 Stun-den gedauert.

Kapitel 16

Zusammensetzung mit Präfixen

تركيب الكلمة مع السوابق

16.01 Zusammensetzung mit Präfixen
تركيب الكلمة مع السوابق

قلنا سابقاً أنّ اللُّغة الألمانية لها المرونة على تركيب كلمات جديدة مما يزيد في ثروتها اللّغويّة. وكان يتم ذلك بإضافة كلمة جديدة على الكلمة الأصلية. وهناك طريقة أخرى لتركيب الكلمات ولكن ليس مع كلمات وإنما مع مقاطع، تدعى هذه بالسوابق Präfixe وهي مثل اللواحق التي تأتي في نهاية الكلمة Suffixe، ولا يمكن لهذه المقاطع أن تأتي لوحدها. ولكن هذه السوابق مرتبطة بشكل وثيق مع الفعل في جميع صيغه.
إنّ هذه السوابق تغير معنى الكلمة الأصلية وتغير البعض منها الحالة التي يتطلبها الفعل:

Untreu *(Treue)*, ***Missgunst*** *(Gunst)*, ***gerecht*** *(recht)*
behalten *(halten)*, ***verkommen*** *(kommen)*

ويمكن بواسطة السوابق أن نشكل أفعالاً من الأسماء، والصفات، والأدوات، ويتم هذا:

- إما بواسطة تعليق نهاية المصدر في آخر الفعل (غالباً مع إشارة التعديل Umlaut):
  be_mann_***en***, ***ver***_feind_***en***, ***ver***_film_***en***
  er_neu_***ern***, ***er***_gänz_***en***, ***er***_wid_***ern***
  ent_fremd_***en***, ***ver***_nicht_***en***, ***ver***_nein_***en***

- أو بواسطة تعليق لاحقة اشتقاق:
  sich ***be***_fleiß_***igen***, ***be***_fried_***igen***, ***ver***_staat_***lichen***

- أما السوابق: **ur-, un-, erz-, (nach-), aber**
  والسوابق الغريبة مثل: **vize-, super-, anti-, a-**

  فلا تأتي إلا قبل اسم أو صفة وتقع النبرة على هاتين النوعين من السوابق.
  Aber_glaube_, ***erz***_konservativ_, ***un***_treu_, ***ur***_alt_
  anti_alkoholisch_, ***super***_fein_, ***Vize***_präsident_

- وتأتي قبل الأفعال السوابق التالية:

be-, ent- (emp-), er-, hinter-, ab-, ver-, zer-

واللواحق الغريبة مثل:

ad-, de-, des-, es-, in- (im-), kon-, re-

- وتأتي السوابق: **miss-, ge-** والسوابق الغريبة **es-, dis-, trans-, pro-** قبل الأسماء والصفات والأفعال.

والسوابق، ما دامت من أصل ألماني، فهي غير منبورة. ويمكن أن تجد النبرة على السوابق الغريبة في قاموس جيد.

مثال:

bekommen, entdecken, empfangen, ergänzen, obliegen, verwalten, zerstören, gerecht, missachten, misstrauen, Professor, Transport

ونجد أنّ عدداً من الكلمات الأصلية قد اختفت في بعض التركيبات:

مثل:

geschehen, gebären, gesund, verlieren, entbehren

- **أهم السوابق، عملها ومعناها:**

لقد رأيت من الضروري والمناسب معالجة هذا الموضوع على انفراد، نظراً لما تشكله السوابق من صعوبات، ولما يخطر في بال الطالب والمدرس أيضاً من تساؤلات وكيفية إيجاد حل لها. يا ترى من أين أتت كل هذه المقاطع وما المراد منها؟

سأحاول أن أجيب على هذه التساؤلات قدر الإمكان، وما سأعالج من هذه السوابق هي تلك من أصل ألماني.

١ **السابقة (-nach) -aber**، وهي لا ترد إلاّ نادراً. وحالياً لم تعد تستعمل في تركيب الكلمات، وهي تعني عكس الشئ (النقيض) أو شيئاً تبعياً، ولا تأتي أبداً مع الأفعال.

***Aber**glaube, **aber**mals, **Nach**mieter (اليوم / **Unter**mieter)*

٢ **السابقة -be** وهي سابقة فعلية، تحول الفعل اللازم إلى فعل متعدٍ، وقد يعطي التركيب الحاصل مع هذه السابقة مفهوماً أفضل.

*Der Schnee **bedeckt** die Erde.*

*Die Bauern **bewässern** den trockenen Acker.*

*Die Mutter **beruhigt** das Kind.*

*Sie **bewohnen** ein großes Haus*

بإمكاننا أن نشكل مع هذه السابقة أفعالاً من كلمات أخرى. مثل:

*be**leidig**en, be**mitleid**en, be**urlaub**en, be**glaubig**en, be**kämpf**en*

*Wir **bemitleiden** arme Kinder.*

*Die Ärzte **bekämpfen** die Seuche mit Erfolg.*

٣ **السابقة -ent** سابقة فعلية، وهي اختصار لـ **entgegen**، ويمكن أن تعبر عن الاختلاف والتناقض، أو الفصل والانفصال، أو بداية حدث ما. وهي تشكل أيضاً أفعالاً من أنواع أخرى من الكلمات.

- مفهوم الخلاف والتناقض: *ent**schäd**igen, ent**eh**ren, ent**schärf**en*
- مفهوم الفصل أو النزع: *ent**eignen**, ent**fliehen***
- مفهوم البدء بـ: *ent**flammen**, ent**springen,** ent**zünden***
- مفاهيم أخرى: *ent**scheiden**, ent**wässern**, ent**leeren***

*Das Kind hat sich **entkleidet.***

*Die schwere Arbeit **entmutigt** mich.*

*Der Brand **entstand** am Abend.*

*Die Quelle des Flusses **entspringt** am Berggipfel.*

- ولقد تحولت السابقة **-ent** إلى **-em** أو **-emp** مع بعض الكلمات:

  ***emp**fehlen, **emp**fangen, **emp**ören*

٤ **السابقة -er** سابقة فعلية تعادل السابقة **-ur** الاسمية. وتشير هذه إلى بداية عمل جديد، إلى تحقيق هدف ونهاية تامة. وبإمكان هذه السابقة أن تشكل أفعالاً من أنواع عديدة من الكلمات:

- مفهوم الحالة الجديدة: *er**bleichen**, er**wachen***
- مفهوم نهاية الحدث: *er**schlagen**, er**morden***
- مفاهيم أخرى: *er**widern**, er**hitzen***

*Er **erbleichte**, als er die Gefahr erkannte.*

*Das Kind **errötete,** weil es log.*

*Wir **ersteigen** den Berg.*

*Bei dem nassen Wetter **erkältete** er sich und **erkrankte.***

٥ **السابقة -erz** وهي سابقة اسمية مشتقة من اليونانية ***ardi*** (السيادة) وهي تزيد قوة الكلمة بمفهوم سلبي:

***erz**dumm, **erz**faul, **Erz**feind, **Erz**lügner*

وتأتي هذه السابقة مع كلمات ذات مفهوم إيجابي، مثل: ***Erz**bischof, **Erz**herzog*

٦ **السابقة -ge** تأتي مع أسماء، وصفات، وأفعال، وهي تعطي الأفعال مفهوماً حسناً:

- مع الأسماء: *die **Ge**duld, die **Ge**fahr*
- مع الصفات: ***ge**rade, **ge**hässig, **ge**sund*
- مع الأفعال: ***ge**schehen, **ge**reichen, **ge**lingen*

- وحالياً يمكن تركيب أسماء جديدة مع السابقة **-Ge** واللاحقة **-e**، وأحياناً تزول اللاحقة. إنّ الأسماء الناتجة هي مفاهيم جامعة محايدة:
  *das **Ge**birge, das **Ge**mälde, das **Ge**bilde*
  *das **Ge**bäck, das **Ge**fieder, das **Ge**wächs*

وفي صيغة الجمع: *die **Ge**schwister, die **Ge**brüder*

◂ وقد ينتج عن هذا التركيب أسماء محايدة تشير إلى تكرار حدث ما ويكون لهذا التكرار وقع غير حسن:

*das **Ge**schrei, das **Ge**plauder*

*das **Ge**klopfe, das **Ge**habe, das **Ge**flacker*

◂ وهناك أسماء محايدة يمكن أن يكون لها مفاهيم أخرى:

*das **Ge**dicht, das **Ge**fühl, das **Ge**lage*

*das **Ge**werbe, das **Ge**nick, das **Ge**schäft*

◂ وكثير من هذه الأسماء هي مشتقات اسم مفعول وهي أسماء مذكرة ومؤنثة:

*der **Ge**brauch, der **Ge**selle, der **Ge**halt*

*die **Ge**duld, das **Ge**halt*

٧ **السابقة -miss:** تتميز هذه السابقة عن البقية بأنها تستخدم منبورة وغير منبورة. وهي تأتي قبل أفعال وأسماء تعبر عن مفاهيم، وكذلك قبل صفات. وتكون السابقة **-miss** منبورة إذا أتت قبل الأسماء والصفات. وتعطي**-miss** الكلمة عكس معناها الحقيقي وغالباً ما يكون مفهوماً سلبياً:

***miss**achten, **miss**brauchen, **miss**handeln*

***miss**raten, **miss**lingen, **miss**trauen*

وتكون السابقة **-miss** قبل الأفعال وثيقة الارتباط بها.

٨ **السابقة -ob** وهي مختصرة من **oben** و **ober**، وتشكل بعض الأفعال فقط ولا تنفصل عنها أبداً:

***ob**liegen, **ob**siegen, **ob**walten*

٩ **السابقة -un** سابقة اسمية تشكل كلمات لها مفهوم عكسي أو مفهوم سلبي بالنسبة للمعنى الأصلي. وهي تعبر غالباً عن مفاهيم:

***Un**treue, **Un**friede, **Un**glaube, **Un**dank*
***Un**sicherheit, **Un**zeit, **un**lesbar, **un**fern*
***Un**mensch, **Un**hold, **Un**kraut*

◂ إن الفرق بين التركيب مع **-un** والمعنى العكسي للكلمة الأصلية، أو مع النفي بـ **nicht**، هو:

آ إنّ النفي بـ **-un** أقل قوة من النقيض:
*fern – **un**fern – nahe*
*schön – **un**schön – hässlich*

بمعنى أنّ: **nahe** أقوى من **unfern** و **hässlich** أقوى من **unschön**

ب بيمكن للنفي بـ **-un** أن يتضمن حكماً تعطيه كذلك السابقة الغريبة **-a:**
unsozial = بمفهومه السلبي **nicht sozial** وأقوى منه **asozial.**

◃ يمكن للكلمة الأصلية المركبة مع **-un** أن تحصل على مفهوم أقوى:
***Un**wetter, **Un**kosten, **Un**menge, **Un**tier*

١٠ السابقة **-ur** سابقة اسمية تعادل السابقة الفعلية **-er**، وهي تشير، وبشكل أقوى، من **-er**، إلى الحالة الأولى للأشاء والتصورات والمخلوقات.

***Ur**zustand, **Ur**wald, **Ur**mensch, **Ur**sache*
***Ur**ahne, **ur**sprünglich, **ur**christlich*
***Ur**schrift, **Ur**ausführung, **Ur**großvater*

◂ وقد تعطي **-ur** الكلمة الأصلية قوة زائدة ولكنها ليست سلبية مثل **erz-:**
***ur**alt, **ur**gemütlich, **ur**plötzlich, **Ur**gewalt*

◄ وتأتي **-ur** مع الأسماء، مثل **-er** مع الأفعال:

__er__lauben, __Ur__laub, __er__teilen, __Ur__teil

١١ السابقة **-ver** سابقة فعلية تشكل عامة أفعالاً من أفعال وكذلك من كلمات أخرى. ويمكن لهذه الأفعال أن تكسب مفهوماً سببياً (غالباً ما تكون من صيغة التفضيل):

__ver__bessern, __ver__schönen, __ver__sichern

__ver__wirklichen, __ver__nichten, __ver__bauern

◄ إنّ الأفعال التي تأخذ السابقة **-ver** تدل على الخاتمة النهائية لحدث أو حالة (حتى الفناء)

__ver__brennen, __ver__brauchen, __ver__gehen, __ver__trinken

__ver__sinken, __ver__derben, __ver__schließen, __ver__gessen

◄ تشير إلى الإنتقال إلى حالة جديدة:

__ver__filmen, __ver__golden, __ver__beamten

◄ تعطي المعنى الأصلي مناقضاً، مثل أساء الاستعمال، وعمل خطأ:

__ver__laufen, __ver__kennen, __ver__irren, __ver__schlafen

__ver__sitzen, sich __ver__sprechen, __ver__träumen

أمثلة على ما ورد:

Das Wasser __verdünnt__ den Tee.

Das furchtbare Unwetter __verwüstete__ und __verödete__ das Land.

Die Katze __vertrieb__ die Maus.

١٢ السابقة **-zer** سابقة فعلية تشكل غالباً من الأفعال، وكذلك من كلمات أخرى، تدل على التقسيم إلى أصغر الجزئيات حتى الانحلال:

__zer__brechen, __zer__kleinern, __zer__schneiden, __zer__fetzen

__zer__fleischen, __zer__streuen, __zer__splittern, __zer__stören

*Er **zerteilte** den Apfel.*

*Das alte Haus **zerfällt.***

*Das Glas **zerspringt** im heißen Wasser.*

*Der Hund **zerfetzte** den Rock.*

١٣ وأخيراً اللاحقة **eln**– وهي تشكل أفعالاً من أفعال أو كلمات أخرى، وهي تعبر عن تكرار حدث أو عمل ولكن بشكل مخفف:

*läch**eln,** witz**eln,** spött**eln,** fröst**eln,** bumm**eln**, näs**eln,** kling**eln***

*Der Kranke **fröstelte.***

*Der Wind **kräuselte** die Wellen.*

*Die Mutter **streichelt** das Kind.*

Kapitel 17

Präpositionen

حروف الجر والنصب

17.01 Rektion der Präpositionen

حروف النصب والجر

ما هي هذه الحروف؟

إنّ حروف الجر والنصب هي كلمات لها خصائص وظيفية، مثل حالات إعراب الاسم الأربع. وهي بصفتها هذه لها مهمة الدلالة على وظيفة ومضمون العناصر في الجملة، أو على وظيفة ومضمون العنصر الواحد.

وحروف الجر في اللّغة الألمانية تستلزم من كلمات المعربة حالات إعراب معينة وهذا ما يدعى بـ Rektion der Präpositionen أي تأثير حرف الجر على صيغة إعراب الاسم أو الضمير.

ومن مميزات حروف النصب والجر التالية:

أولاً: شكلها لا يتغير أبداً:

*Du kommst nach mir **an** die Reihe.*

***An** der nächsten Haltestelle müssen Sie aussteigen.*

*Ich kann mich **an** den Namen der Stadt nicht erinnern.*

وقد تأتي هذه الحروف مركبة مع عناصر أخرى. وذلك بأشكال ثلاث:

- **مندمجة مع أداة التعريف:**

أمثلة	حرف الجر مع الأداة
*Das Hotel liegt **am** See.*	**an + dem → am**
*Er ist **ans** Ufer geschwommen.*	**an + das → ans**
*Er ist **ums** Leben gekommen.*	**um + das → ums**

- **مركبة مع (r) da:**

*Ich kann mich nicht mehr **daran** erinnern, wie es passiert ist.*

***Daran** sieht man, dass Sie nicht unter Leute kommen.*

*Dass die Maßnahmen notwendig waren, **daran** besteht kein Zweifel.*

- **مركبة مع (r) wo**

***Woran** leidet sie denn?*

*Ich weiß nicht genau, **woran** sie leidet.*

***Woran** hat er sich gewöhnt?*

ثانياً: لا تأتي هذه الحروف منعزلة في الجملة، وإنما ترد قبل اسم تليه أجزاء أخرى من الجملة. وغالباً ما تأتي هذه الحروف قبل مجموعة كلمات:

*Der Verkauf **an Jugendliche** ist verboten.*	**حرف جر + اسم**
*Er ging **an mir** vorbei, ohne ein Wort zu sagen.*	**حرف جر + ضمير**
*Das nimmt einem jede Freude **an der Arbeit.***	**حرف جر + أداة + اسم**
***An der nächsten Haltstelle** musst du aussteigen.*	**حرف جر + أداة + صفة + اسم**

إنّ الحروف المذكورة تشكل جزءاً من بنية الاسم، أو الفعل، أو الصفة.

- **الحروف جزء من بنية الاسم:**

das **Interesse** (**an** + etwas: Dat.):

*Sein **Interesse an** einer Zusammenarbeit war klar.*

- **الحروف جزء من بنية القعل:**

Jemand **verkauft** etwas: Akk. (**an** jemanden):

*Er hat sein Haus **an** einen Nachbarn **verkauft.***

- **الحروف جزء من بنية الصفة:**

arm (**an** etwas: Dat.):

*Viele Länder sind **arm an** Rohstoffen.*

ثالثاً: تتضمن حروف الجر غالباً مفهوماً عاماً وواضحاً:

- **مفهوم المكان:**

*Briefmarken bekommen Sie **am Schalter 5.***

*Der Ort liegt direkt **an der Küste.***

- **مفهوم الزمان:**

***Am Wochenende** sind wir zu Hause.*

*Er ist **an dem Tag** nicht gekommen.*

- **مفهوم العلة (السبب):**

*Er hat das **aus Liebe** zu dir gemacht.*

*Wir haben uns **aus Überzeugung** der Stimme enthalten.*

رابعاً: إنّ لمجموعة الكلمات التي ترافق حروف الجر والنصب وظائف مهمة في الجملة.

- **الوظيفة الأولى:**

تعطي هذه المجموعة للاسم الذي تسبقه شرحاً أدق لأنها تحمل خاصية الصفة.

*In dem Geschäft **an der Ecke** gibt es gute Ware.*

*Änderungen **an diesem Plan** sind jetzt nicht möglich.*

إن لهذه الخاصية أهمية بالنسبة لمضمون الجملة. أما قواعدياً فيمكن الاستغناء عنها لأن الجملة تبقى بدونها سليمة.

- **الوظيفة الثانية:**

إن هذه المجموعة أجزاء من جملة، أي عناصر إضافية (حرة). يمكن الاستغناء عنها نحوياً والجملة تبقى قواعدياً صحيحة، وأهميتها فقط بالنسبة للمضمون.

*Die Konferenz findet am nächsten Mittwoch **(in der nächsten Woche)** statt.*

إن ما يمكن الاستغناء عنه بالنسبة للفعل سنضعه بين قوسين.

etwas findet **(irgendwann)** statt

هذه المجموعة التي تعتبر عناصر إضافية أو تلغى، ليست في الواقع ذات أهمية بالنسبة للطالب.

- **الوظيفة الثالثة:**

تعتبر هذه المجموعة أجزاء من الجملة أيضاً. أي متممات إلزامية للحرف، إذ أن بنية الفعل تستلزم تلك الحروف، وقواعدياً لا يمكن الاستغناء عنها أبداً.

Ich muss Sie bitten, ***sich an die Vorschriften zu halten.***
jemand **hält sich an etwas**: Akk.

an die *Vorschriften*
an die *Anordnungen*
an die *Gesetze*
an den *Befehl*
an ihn
daran

خامساً: إن هذه الحروف تتطلب دائماً حالة خاصة بها، وهنالك حروف تستلزم حالتين مختلفتين:

für mich	Akkusativ + حرف جر
bei dir	Dativ + حرف جر
an den *Strand (wohin?)*	Akkusativ + حرف جر
an der *Ecke (wo?)*	Dativ + حرف جر
wegen des Regens	Genitiv + حرف جر

▶ Übungen zum Gebrauch der Kasuszeichen und Präpositionen **S. 475**

17.02 Präposition mit Akkusativ
الحروف التي تستلزم حالة ال der Akkusativ

والحروف التي تتطلب هذه الحالة أهمها هي:

bis, durch, entlang, für, gegen, ohne, um

ولنعالج كل حرف على حدة موضحين معناه وطريقة استعماله.

- **bis**

ويشير هذا الحرف إلى امتداد أو إلى حركة نحو الهدف، سواء دل على مكان أو زمان. وهو يأتي مع اسم و يكون هذا في حالة النصب، ولكن غالباً يرافقه حرف آخر ونطلق على حرف **bis** في هذه الحالة اسم ظرف، ويعرب الاسم التالي حسب نوعية الحرف المرافق لـ **bis** فقد يكون هذا الحرف مع حالة ال **Akkusativ** أو مع حالة ال **Dativ**.

استعمالات bis

١ **بدون أداة:**

للدلالة علة المكان والزمان والسعر والعدد:

*Der Zug fährt **bis Berlin.***

*Ich kann **bis nächsten Sonntag** bleiben.*

*Sie bleibt hier **5 bis 6 Tage.***

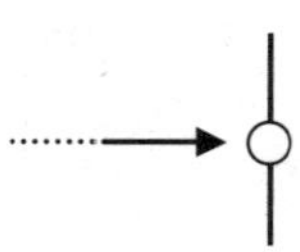

وإذا حذف الحرف **bis** فإما أن يتغير المعنى أو تكون الجملة غير صحيحة. تجاوب بهذا الحرف على **?wie weit** أو **?wie lange**. ويعني هذا أنه يرمز إلى المكان والزمان.

٢ مع أداة:

وهنا يأتي مع حرف آخر والحرف الثاني هو الذي يحدد حالة إعراب الاسم الذي يليه. ويشكل الحرفان مفهوماً واحداً.

آ **:bis + حرف + Akk**

*Der Stein flog **bis an das Haus.***

*Die Maschine fliegt **bis über die Wolken.***

*Ich gehe mit dir **bis an das Ende** der Welt.*

***Bis auf ihn** waren alle da.*

*Er hat alles **bis auf den letzten Cent** bezahlt.*

ب **:bis + حرف + Dat.**

*Wir wanderten **bis zum alten Friedhof.***

*Ich begleite dich **bis zum Bahnhof.***

*Sie blieb **bis zum Mittagessen.***

***Bis vor einem Jahr** war alles in Ordnung.*

***Bis zur Mitte der Woche** hat sie Zeit.*

*Dafür kann ich **bis zu 100 Euro** ausgeben.*

- **durch**

١ **مفهوم المكان:** يشير إلى حركة من طرف إلى آخر أو من نهاية إلى أخرى.

*Der Zug fährt **durch einen Tunnel.***

*Er geht **durch den Park.***

*Sie schaut **durch das Fenster.***

*Wir reisen **durch Deutschland.***

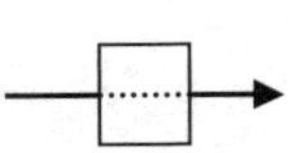

ونسأل عن مفهوم المكان بـ **wo?**

٢ **مفهوم الزمان:** ويشير الحرف **durch** إلى زمن كامل، ويدل على زمن مستمر وذلك بوضع كلمة **hindurch** بعد الاسم.

__Die ganze Nacht hindurch__ hat er gearbeitet.

__Das ganze Jahr hindurch__ hat es geregnet.

ونسأل هنا بـ: **wie lange?**

٣ **مفهوم السبب:** إنّ المفهوم السببي لهذا الحرف ضعيف بعض الشيء، وهو مرتبط بشكل أوثق مع مفهوم الوساطة. لذا ليس من السهل التفرقة بينهما.

Er ist __durch einen Unfall__ ums Leben gekommen.

Er hat sein Vermögen __durch Fleiß und Arbeit__ erworben.

Das Unglück entstand __durch die Krankheit.__

ونسأل عن السبب هنا بـ: **wodurch?**

٤ **مفهوم الوساطة:** يجب التفريق بين وساطة هذا الحرف وبين مفهوم الوساطة للحرف **mit** الذي هو (instrumental) فالشخص الذي يملك آلة ما يقوم بواسطتها بعمل، بينما يكون **durch** همزة وصل، نعبر بمساعدته عن الوساطة القائمة. ويستخدم الحرف **durch** دائماً عندما تكون الوساطة عن طريق أشخاص.

Ich habe sie __durch einen Freund__ kennengelernt.

Ich schicke die Nachricht __durch einen Boten.__

__Durch eine Bekannte__ habe ich von deiner Heirat erfahren.

٥ **ويستعمل هذا الحرف مع بعض المصطلحات:**

إنّ حذائي أصبح مثقوباً.	*Meine Schuhe sind __durch.__*
أولاً وآخراً.	*__Durch__ und __durch.__*

- **entlang**

يشير هذا الحرف إلى حركة أو امتداد على خط طول الطريق معين. وهو يأتي عادة بعد الاسم المنصوب أي في نهاية الجملة.

Der Weg führt ***den Wald entlang.***

Das Schiff fährt ***den Fluss entlang.***

Den Zaun entlang *stehen schöne Bäume.*

__ملاحظة:__ يمكن أن نستخدم بدل **entlang** مع حالة ال **Akkusativ ،entlang** مع الحرف **an** في حالة ال **Dativ** للدلالة على اتجاه في الطول ولكن مع تحديد:

(an + Dat. **... entlang)**

Der Weg führt ***an dem Wald entlang.***

An der Mauer entlang *werden Leitungen gelegt.*

إذا سبق حرف **entlang** الاسم ورد في حالة ال **Genitiv:**

Entlang des Zaunes *stehen schöne Bäume.*

Siehst du die Häuser ***entlang der Straße?***

السؤال يكون هنا بـ **?wo entlang** أو **?wo**

- **für**

إنّ معاني هذ الحرف في الاستعمال اللّغوي الحديث هي معان مجردة. يشير **für** إلى هدف أو قصد، أي أنّ هذا العمل يدل على فائدة أو منفعة لشخص أو لشيء.

١ **مفهوم القصد أو الهدف:**

Ich kaufe ein Geschenk ***für meine Frau.***

Der Student lernt ***für sein Examen.***

Ich tue alles ***für dich.***

٢ **مفهوم وقت محدد:** يشير هذا الحرف ظاهرياً إلى الزمن القادم:

*Ich bleibe hier **für einen Monat.***

*Er kommt nur **für zwei Wochen.***

*Hier bleiben wir **für immer.***

٣ **مفهوم النيابة (الوكالة):** أي إلى من ينوب عن شخص آخر:

*Ich werde einen Vertreter **für mich** schicken.*

*Klaus bringt **für Peter** ein Paket zur Post.*

*Er hat schon **für alle** bezahlt.*

٤ **تعابير الكسب والتعويض:**

*Er hat das Haus **für 50.000 Euro** gekauft.*

*Wieviel hast du **für das Auto** bezahlt?*

٥ **علاقة مقارنة أو حكم:**

*Das Kind ist groß **für sein Alter.***

***Für einen Ausländer** sprechen Sie sehr gut Deutsch.*

*Das ist eine erstaunliche Leistung **für seine Frau.***

*Das ist nichts **für mich.***

٦ **للدلالة على التتابع:** وهنا يأتي الاسم بدون أداة:

*Es hat **Tag für Tag** geregnet.*

*Er diktierte den Text **Satz für Satz.***

*Wir gingen im Unterricht **Schritt für Schritt.***

٧ **مع بعض المصطلحات:**

*Ich bin **dafür.***

*Ich kann nichts **dafür.***

*Du bist immer so **für dich.***

*Das ist eine Sache **für sich.***

- **gegen**

١ **مفهوم المواجهة بمقاومة:** وهذا هو المعنى الحقيقي لهذا الحرف:

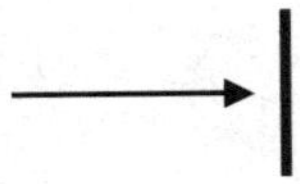

Das Auto fuhr ***gegen den Baum.***
Die Soldaten maschierten ***gegen den Feind.***
Er schlug mit der Faust ***gegen die Tür.***

٢ **مفهوم الاتجاه:**

Ich halte das Foto ***gegen das Licht.***
Er schwimmt ***gegen den Strom.***
Er fotografiert ***gegen die Sonne.***

٣ **مفهوم الزمن التقريبي:**

Kommen Sie ***gegen 9 Uhr*** *in mein Büro.*
Ich reise ***gegen Abend*** *nach Homs.*
Sie kommt ***gegen Mittag.***

٤ **للدلالة على المقارنة:**

Gegen ihn *bin ich klein.*
Sie ist jung ***gegen mich.***
Gegen diesen Mann *bist du arm.*

٥ **للإشارة إلى سوء التصرف أو العدائية:**

Es verstößt ***gegen die guten Sitten.***
Das ist ***gegen meine Würde.***
Sie kämpfen ***gegen den Feind.***

٦ **للإشارة إلى التبديل، أي خدمة مقابلة لدى الشراء:**

*Er tauschte Mark **gegen Euro.***

*Es wird nur **gegen bar** verkauft.*

*Suche möbliertes Zimmer **gegen gute Bezahlung.***

٧ **للدلالة على عدد تقريبي:**

*Gestern waren **gegen hundert** Personen im Saal.*

*Sie ist **gegen 30 Jahre.***

٨ **يأتي مع بعض الصفات:**

*Er ist empfindlich **gegen die Kälte.***

*Er bleibt **taub gegen alle** Bitten.*

٩ **للدلالة على عمل مضاد مقصود:**

*Hier hast du eine Birne **gegen den Durst.***

*Er ist sehr höflich **gegen seine Freunde.***

Häufiger: *Er ist sehr höflich **seinen Freunden gegenüber.***

١٠ **للدلالة على معاكسة:**

*Was du tust, ist **gegen jede Abmachung.***

*Ich bin **gegen Rauchen.***

■ **ohne**

ويكون بمعنى إبعاد، استثناء، مقص، غياب، أو فصل. وهو يستخدم غالباً بدون أداة. و **ohne** هو عكس **mit**

١ **بدون أداة وهو شرطي:**

***Ohne Fleiß** kein Preis.*

*Ein Mensch **ohne Herz.***

٢ **للإشارة إلى الأسلوب أو الآلة:**

Ohne seine Hilfe *geht es nicht.*

Ohne Schlüssel *kannst du die Tür nicht aufmachen.*

Ohne Geld *kann man nicht leben.*

٣ **مع بعض المصطلحات:**

Der Wein ist nicht ***ohne.***

Er ist gar nicht so ***ohne.***

٤ **يأتي بمعنى «عدا» للاستثناء:**

Sie alle ***ohne Mahmud.***

Ägypten ***ohne diese Gebiete.***

■ **um**

١ **مفهوم المكان:** يدل على وضعية أو حركة (دائرية) حول مكان أو نقطة:

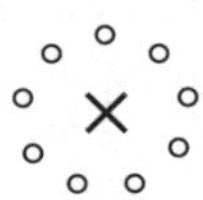

Wir sitzen ***um den Tisch.***

Die Erde bewegt sich ***um ihre Achse.***

أما إذا أريد الإشارة إلى أن الدائرة مغلقة كلياً أو جزئياً نستخدم التعبير:

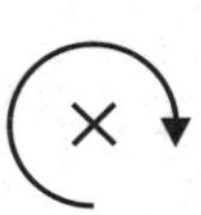

um... herum

rund um..., rings um...

Wir gingen einmal ***um den See herum.***

٢ الإشارة إلى التوقيت الصحيح:

Der Zug kommt ***um 5 Uhr.***

Er kommt ***um Mitternacht.***

Der Unterricht beginnt ***um 9 Uhr 15.***

٣ للدلالة على الزمن أو العدد التقريبي:

Sie isst gewöhnlich ***um diese Zeit.***

Er macht Pause ***um Mittag.***

Das Wörterbuch kostet ***um die 50 Euro.***

Er ist ***um die 60.***

٤ للدلالة على خسارة أو هدف أو غاية:

Er hat die Leute ***um ihr Geld*** *gebracht.*

Er ist ***ums Leben*** *gekommen.*

Er arbeitet ***um Lohn.***

Er spielt ***um Geld.***

٥ للدلالة على التعاقب والتتابع:

Er erringt ***Sieg um Sieg.***

Das Leben vergeht ***Stunde um Stunde.***

٦ للدلالة على النسبة والمقدار، أي المقارنة والتفاوت:

Man hat die Prüfung ***um einen Monat*** *verschoben.*

Er kam ***um eine Stunde*** *zu spät.*

Er ist ***um 20 cm*** *größer.*

٧ للدلالة على السعر والتبادل، وذلك مع مصطلحات ثابتة:

Auge ***um*** *Auge, Zahn* ***um*** *Zahn.*

Ich gebe es ***um keinen Preis*** *auf.*

Er wollte ***um jeden Preis*** *das Spiel gewinnen.*

٨ للإشارة إلى الفقدان والخسارة:

*Er ist durch einen Unfall **ums Leben** gekommen.*

*Wir wurden **um unser Frühstück** gebracht.*

الحروف التي تستلزم حالة ال **Akkusativ** كجزء من بنية الفعل:

أمثلة	بنية الفعل	الحرف
*Ich habe die Summe **durch vier** geteilt.*	Jemand **teilt** etwas: Akk. (**durch** etwas: Akk.)	**durch**
*Ich möchte mich bei Ihnen **für Ihre Hilfe** bedanken.* *Ich interessiere mich **für Musik.*** *Ich halte ihn **für einen ehrlichen Menschen.*** *Ich danke dir **für deine Einladung.***	jemand **bedankt sich** (bei jemandem) **für** etwas: Akk. jemand **interessiert sich für** etwas: Akk. jemand **hält** jemanden **für** etwas: Akk. jemand **dankt** jemandem **für** etwas: Akk.	**für**
*Die Arbeiter protestieren **gegen die schlechten Arbeitsbedingungen.*** *Ich werde **gegen den Antrag** stimmen.*	jemand **protestiert gegen** etwas: Akk. jemand **stimmt gegen** etwas: Akk.	**gegen**
*Darf ich Sie **um Ihre Aufmerksamkeit** bitten?* *Den ganzen Tag muss sich die Mutter **um das Kind** kümmern.*	jemand **bittet** jemanden **um** etwas: Akk. jemand **kümmert sich um** etwas oder jemanden: Akk.	**um**

▸ Übungen zum Gebrauch der Kasuszeichen und Präpositionen **S. 475**

17.3 Präpositionen mit Dativ
الحروف التي تستلزم حالة ال Dativ

من أهم هذه الحروف وأكثرها استعمالاً:

ab, aus, außer, bei, gegenüber, mit, nach, seit, von, zu

■ **ab**

١ **مفهوم المكان:** للإشارة إلى البداية، أو نقطة الانطلاق من مكان محدد (وغالباً ما تأتي بدون أداة):

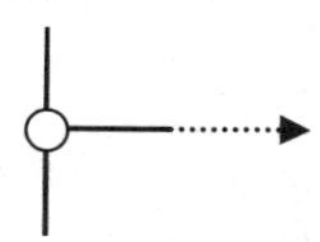

*Ich habe die Reise **ab Frankfurt** gebucht.*
***Ab hier** ist die Straße gesperrt.*
*Der Preis des Wagens beträgt **ab Werk** 6.000 Euro.*

٢ **مفهوم الزمان:**
***Ab kommender Woche** rauche ich nicht mehr.*
***Ab morgen** beginne ich ein neues Leben.*

للدلالة على التأريخ نستعمل الحرف **ab** مع حالة أل **Akkusativ:**
***Ab nächste Woche** bin ich wieder zu Hause.*
***Ab fünften Mai** bekomme ich ein neues Zimmer.*

ولكننا نقول أيضاً:
***Ab dem ersten Januar** gehe ich in Urlaub.*

■ **aus**

١ **مفهوم المكان:** إنّ هذا الحرف هو نقيض الحرف **in**، وهو يعني المغادرة أو الخروج من مكان مغلق.

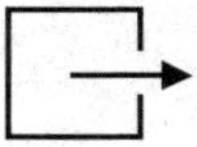

*Er kommt **aus dem Zimmer.***

*Das Wasser läuft **aus dem Eimer.***

*Er kommt **aus dem Regen** in die Traufe.*

آ مع أسماء الدول والأمكنة: يدل غالباً على مكان الولادة.

*Er kommt **aus Rom, aus Italien.***

*Sie kommt **aus der Türkei.***

ب للدلالة على تبديل المكان فقط تستعمل **von** (أو **aus**):

*Ich komme gerade **von Rom, von Italien.***

ج الخروج من مكان محاط:

*Ich komme **aus der Stadt.***

٢ **للدلالة على السبب:**

*Er arbeitet **aus Überzeugung** mit.*

*Wir halfen ihr **aus Mitleid.***

٣ **للدلالة على النوعية أو طبيعة المادة:**

*Der Ring ist **aus Gold.***

*Das Hemd ist **aus Baumwolle.***

***Aus Kindern** werden Leute.*

***Aus der Not** eine Tugend machen.*

٤ **للدلالة على الأصل: يأتي الاسم بدون أداة:**

*Ein Sohn **aus gutem Hause.***

*Sie ist ein Kind **aus erster Ehe.***

*Ein Auto **aus zweiter Hand.***

٥ **للدلالة على الأصل أو التباعد:**

*Ich bin **aus der Schule** ausgeschieden.*

*Das Kleid ist schon **aus der Mode** gekommen.*

*Er ist längst **aus der Übung** gekommen.*

٦ **مع بعض المصطلحات:**

*Ich werde **aus dieser Sache** nicht klug.*

*Das schlägt dem Fass den Boden **aus.***

*Das macht nichts **aus.***

■ **außer**

١ **مفهوم المكان:** يأتي الاسم بعد هذا الحرف بدون أداة:

*Mein Vater ist seit zwei Stunden **außer Hause.***

*Das Flugzeug ist **außer Sichtweite.***

وقد يأتـي مع حالة المضاف إليه (وهو قليل الاستعمال):

Er ging außer Landes.

٢ **مفهوم الحال: بمعنى خارج نطاق أو إمكانية. الاسم يرد بدون أداة:**

*Der Kranke ist **außer Gefahr.***

*Die Maschine ist schon lange **außer Betrieb.***

*Die Sache steht **außer Zweifel.***

٣ **يأتي بمعنى الاستثناء:**

*Die ganze Woche geöffnet **außer Montag.***

***Außer dem Kind** war niemand in der Wohnung.*

*Wer **außer dem Lehrer** kann so gut Deutsch?*

٤ **يأتي إضافة إلى:**

Außer Büchern *werden dort auch Schreibwaren verkauft.*

Außer der jungen Dame *saßen dort auch noch drei Herren.*

■ **bei**

١ **مفهوم المكان:** يرمز الحرف إلى الجوار غير المحدد أو التقريبي، وذلك بعكس حرف **an** الذي يدل على الجوار المباشر.

Er wohnt ***bei der Post.***

Er sitzt ***bei seiner Freundin.***

Der Tisch steht ***bei dem Schrank.***

٢ **يستعمل مع المكان للدلالة على الموقع الجغرافي:**

Bei Basel *wendet sich der Rhein nach Norden.*

Bad Godesberg liegt ***bei Bonn.***

Sie müssen ***beim Schwimmbad*** *rechts abbiegen.*

٣ **يستعمل مع الأشخاص:**

Er wohnt ***bei seinen Eltern.***

Bei uns *in Syrien.*

Das steht ***bei Ihnen.***

Er kauft Fleisch ***beim Metzger.***

٤ **يستعمل للدلالة على مكان العمل:**

Er arbeitet ***bei Siemens.***

Er ist ***bei der Post.***

Er ist ***bei der Marine.***

٥ للدلالة على الزمن:

Bei meiner Ankunft *in Köln holte mich mein Freund ab.*

Bei Beginn *der Vorstellung ging das Licht aus.*

Er hinterließ ***bei seinem Tod*** *vier kleine Kinder.*

٦ يستعمل مجازياً:

Bei dieser Krankheit *besteht Ansteckungsgefahr.*

Bei dem Autounfall *sind zwei Personen verletzt worden.*

Bei diesem Experiment *ist folgendes zu beachten.*

٧ الأسماء المشتقة من مصدر:

Beim Essen *soll man nicht lesen.*

Beim Lesen *brauche ich eine Brille.*

Hilf mir bitte ***beim Packen*** *des Koffers!*

٨ مع وصف الحال وهو استعمال مجازي:

Bei dieser Beleuchtung *kann man nicht lesen.*

Bei einer Tasse Kaffee *diskutieren sie ihre Reisepläne.*

Bei schlechtem Wetter *werden wir nicht ausgehen.*

■ **gegenüber**

١ **مفهوم المكان:** قد يأتي قبل أو بعد الاسم، ويدل على أن الشيء يكون في الطرف الآخر، أي في الجهة المقابلة:

Das Rathaus steht ***gegenüber der Kirche.***

Das Rathaus steht ***der Kirche gegenüber.***

Gegenüber dem Bahnhof *steht ein modernes Hotel.*

Dem Bahnhof gegenüber *steht ein modernes Hotel.*

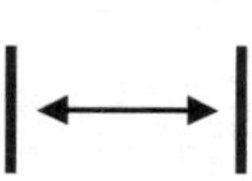

غالباً ما يأتي هذا الحرف بعد الاسم، لكن مع الضمائر الشخصية يأتي دائماً بعدها:

*Ich sitze **dem Lehrer gegenüber.***

*Ich sitze **ihm gegenüber.***

٢ **للدلالة على التصرف السلوك:**

*Er ist **alten Leuten gegenüber** immer freundlich.*

***Mir gegenüber** ist er immer hilfsbereit.*

*Der Vater ist **seinem Sohn gegenüber** streng.*

٣ **للدلالة على المقارنة:**

***Gegenüber einem BMW** hat ein VW keine Chancen.*

*Ein Mann hat **einer Frau gegenüber** bessere Berufsaussichten.*

■ **mit**

١ **مفهوم المكان:** يدل على نفس الاتجاه:

*Unser Boot fuhr **mit dem Strom.***

*Wir flogen **mit dem Wind.***

٢ **مفهوم الزمن: يدل على نقطة زمنية، أو فترة، أو تطابق الزمن:**

*Er machte **mit 26 Jahren** seinen Doktor.*

*Die Natur ändert sich **mit der Jahreszeit.***

***Mit der Morgendämmerung** beginnt der Tag.*

٣ **للدلالة على العلاقة بين الأشخاص، أو الأشياء، أو المفاهيم:**

(يدل على الاجتماع، الاشتراك، التبادل، الملكية، الملحقات):

*Ich bin **mit ihm** befreudet.*

*Peter ist **mit der Tochter** des Lehrers verheiratet.*

*Hast du **mit deinem Freund** den Platz getauscht?*

*Er wohnt **mit seinem Freund** bei seinem Onkel.*

Dort stehen viele Autos ***mit Soldaten.***

Wir suchen ein Zimmer ***mit Frühstück.***

٤ **للدلالة على الوسيط أو الآلة:**

Er fährt ***mit dem Auto*** *nach München.*

Ich schreibe ***mit dem Füller.***

Du musst das Brot ***mit dem Messer*** *schneiden.*

٥ **للدلالة على الأسلوب أو الحالة:**

Mit Freundlichkeit *erreicht man im Leben mehr.*

Nomen beginnen immer ***mit Großbuchstaben.***

Mit herzlichen Grüßen*, Karl.*

Das Auto fuhr ***mit hoher Geschwindigkeit.***

٦ **للوصف والخاصيّة:**

Ein Mann ***mit Brille.***

Ein Auto ***mit Verdeck.***

■ **nach**

١ **مفهوم المكان:** إذا دل الحرف على المكان نسأل عنه بـ **?wohin** ويشير ذلك إلى الاتجاه أو هدف الحركة. (عكسها **von**). ومن المهم جداً أن نستعمل هذا الحرف في اللّغة الألمانية الجيدة مع أسماء الأماكن التي لا أداة لها ومن هذه الأماكن: أسماء القارات، والدول، والمدن، والاتجاهات، وظروف المكان:

Im Sommer fahren wir ***nach Europa.***

Der Weg führt ***nach Damaskus.***

Geht das Fenster ***nach Osten?***

Der Ballon steigt ***nach oben.***

Wir schauen ***nach allen Seiten.***

<u>ملاحظة</u>: يشذ عن القاعدة ما يلي:

*Ich möchte kein Zimmer **nach der Straße,***

*sondern eins **nach dem Hof.***

◄ وتستخدم مع الدول والأمكنة المسبوقة بأداة بالحرف **in** و **zu** بدل **nach:**

*Ich fahre **in die Schweiz.***

*Ich fahre **in die Ludwigstraße.***

*Ich gehe **zur Post / zum Bahnhof.***

٢ مفهوم الزمن (عكسه vor): يشير إلى أن شيئاً سيحدث في وقت قادم.

__Nach dem Abitur__ wird sie Lehrerin.

__Nach mir__ die Sintflut.

__Nach dem Essen__ gehe ich immer spazieren.

*Es ist jetzt 10 Minuten **nach 5 Uhr.***

٣ للدلالة على هدف عمل ما:

*Er hat sich **nach der Abfahrt** des Zuges erkundigt.*

*Ich habe den Wunsch **nach Ruhe.***

٤ للدلالة على التتابع والتفاوت: ويستخدم مع أفعل التفضيل:

__Nach Berlin__ ist Hamburg die größte Stadt in Deutschland.

__Nach dem Direktor__ sind Sie der wichtigste Mann in dieser Fabrik.

٥ للدلالة على المثال أو النموذج:

*Er zeichnet **nach der Natur.***

*Der Sohn ist **nach dem Vater** geraten.*

*Nehmen Sie von den Prospekten **nach Belieben.***

__Nach meiner Meinung__ ist das Buch gut.

٦ **للدلالة على النتيجة الطبيعية أو الأصل:**

Seinem Brief nach *wird er morgen ankommen.*

Nach deutschem Recht *ist diese Sache strafbar.*

٧ **للدلالة على الإدراك والحس: إذا كان الاسم غير محدد ورد دون أداة:**

Hier riecht es ***nach Fisch.***

Der Wein schmeckt ***nach Fass.***

Sieht es heute ***nach gutem Wetter*** *aus?*

ملاحظة: إذا أتى الحرف nach بمعنى gemäß أي طبقاً ل / حسب، نستخدمه بعد الاسم. فنقول دائماً:

der *Reihe* ***nach, dem*** *Alter* ***nach***

Ich kenne ihn nur ***dem*** *Namen* ***nach.***

■ **seit**

يدل فقط على مفهوم الزمن:

١ **المدة أو الفترة الزمنية:** تقع بداية الفترة الزمنية في الماضي:

Ich wohne ***seit sechs Jahren*** *in dieser Stadt.*

Ahmed liegt ***seit vier Tagen*** *im Krankenhaus.*

Er hat ihn ***seit seiner Kindheit*** *nicht mehr gesehen.*

٢ **التاريخ في الماضي: حيث يعتبر كبداية فترة زمنية:**

Es regnet ***seit Montag.***

Ich wohne ***seit dem*** *1. Mai in dieser Stadt.*

Sie ist hier ***seit letztem Sommer.***

كما شاهدنا يأتي هذا الحرف مع أفعال تدل على استمرارية، أما إذا دل الفعل على فترة زمنية قصيرة فإننا نستعمل الحرف **vor.**

- **von**

١ **مفهوم المكان:** يشير إلى نقطة الانطلاق.

Mein Freund kommt ***von Berlin.***

Das Glas fällt ***vom Tisch.***

Ich hole das Geld ***von der Bank.***

٢ **يشير إلى نقطة خاصة حيث يأتي مع حرف آخر:**

Vom Turm aus *kann ich die Gegend gut überblicken.*

Der Bus fährt ***von Damakus nach*** *Aleppo.*

Wir fliegen ***von Rom nach*** *Madrid.*

٣ **للدلالة على المصدر:**

Der Brief ist ***von meinem Vater.***

Sein Vermögen stammt ***von seiner Familie.***

Das ist eine Zeichnung ***von Menzel.***

٤ **للإشارة إلى المسافة الكائنة:**

Meine Wohnung liegt weit ***von der Universität.***

Wie weit *liegt Altona von* ***Hamburg*** *entfernt?*

Der Bauernhof liegt ***von der Straße*** *ab.*

٥ **للدلالة على بداية مسافة:**

Von hier ab *ist die Straße gesperrt.*

٦ **مفهوم الزمن:**

للإشارة إلى التاريخ:

*Ich habe Ihren Brief **vom 11. Mai** dankend erhalten.*

*In Ihrem Schreiben **vom 5.3.** teilen Sie mir mit, dass…*

◂ **للإشارة إلى العمر:**

*Gestern hat mich ein junger Mann **von 25 Jahren** besucht.*

*Im Alter **von 18 Jahren** verließ ich die Schule.*

◂ **للإشارة إلى بداية فترة زمنية:** نلفت نظر الطالب إلى أن هذا الحرف لا يأتي لوحده إذا دل أو أشار إلى مفهوم زمن، وإنما متصلاً مع حرف آخر:

ملاحظة: إذا أتى الحرف nach بمعنى gemäß أي طبقاً لـ / حسب، نستخدمه بعد الاسم. فنقول دائماً:

*Der Erste Weltkrieg dauerte **von** 1914 **bis** 1918.*

*Wir haben Unterricht **von** 9 Uhr **bis** 12 Uhr.*

***Von** morgen **ab** arbeite ich bei einer anderen Firma.*

***Vom** 1. Juli **ab** (vom 1. Juli an) habe ich eine neue Adresse.*

٧ **للدلالة على الترتيب:**

*Der Bettler zieht **von** Tür **zu** Tür.*

*Die Stadt wächst **von** Jahr **zu** Jahr.*

٨ **للدلالة على النوعية والخاصية:**

*Das ist ein Buch **von Rang.***

*Er ist ein Mann **von edler Herkunft.***

*Er hat ein Herz **von Stein.***

٩ **للدلالة على السبب:**

*Er ist müde **von der Arbeit.***

*Sie ist nervös **vom langen Warten.***

١٠ **للدلالة على التبعية:** هنا يستعمل هذا الحرف بدل المضاف إليه:

*Die Umgebung **von Hamburg** ist sehenswert.*

*Das ist ein Buch **von mir.***

*Das Haus **von Ralf** (Ralfs Haus:* Genitiv*).*

*Der König **von Schweden.***

*Die Hauptstadt **von Italien.***

١١ **للدلالة على الاستعمال الجزئي (جزء من كل):**

*Ein Stück **von diesem Kuchen.***

*Das ist einer **von meinen Freunden.***

١٢ **مع ذكر الفاعل في حالة المبني للمجهول:**

*Sie wurde **von einem Arzt** untersucht.*

*Dresden wurde **von Flugzeugen** zerstört.*

١٣ **مع بعض المصطلحات:**

*Es ist kein Meister **vom Himmel** gefallen.*

*Er war wie **vom Blitz** getroffen.*

*Mir fiel ein Stein **vom Herzen,** als ich das hörte.*

◄ **حرف الجر von مركب مع حروف أخرى:**

يستلزم هذا الحرف كما شاهدنا حالة ال **Dativ،** وغالباً ما يأتي هذا الحرف مع حرف آخر. ويأتي بين هذين الحرفين اسم، أو (على الأغلب) ظرف. أما بالنسبة للمفهوم الضمني فيعبر هذان الحرفان عن بدء الزمن أو مكان البداية.

***Vom nächsten Jahr an** lerne ich Spanisch.*

*Wir arbeiten **von Anfang an** gut zusammen.*

***Von Köln aus** ist es nicht mehr weit dorthin.*

***Von hier an** geht es steil aufwärts.*

***Von jetzt an** wird es anders.*

***Von hier aus** hat man eine gute Aussicht.*

Sie kannten sich ***von Jugend auf.***

Vom Flugzeug *aus konnten wir alles beobachten.*

Von wann an *gelten diese Vorschriften?*

Von mir aus *kannst du das machen.*

■ **zu**

١ **مفهوم المكان:** يشير إلى حركة أو اتجاه نحو هدف، أي إلى أين يتحرك هذا الشيء، وخاصة مع الأشخاص. لكنه لا يأتي مع اسم المدن والدول، ونسأل عنه بـ **?wohin:**

Die Straßenbahn fährt ***zum Theater, zur Post,...***

Wir gehen ***zum Bahnhof.***

Er fährt ***zu seinen Eltern.***

Ich spreche ***zu dir.***

◂ **للإشارة إلى الجهة فقط: وهنا نستخدم zu بعد الاسم في حالة ال Dativ:**

Das geht ***dem Ende zu.***

Das Blut steigt ***ihm zu*** *Kopf.*

Die Menge strebt ***dem Ausgang zu.***

◂ **للدلالة على الوضعية:**

Die Stadt liegt ***zu beiden Seiten*** *des Flusses.*

Gestern war ich nicht ***zu Hause.***

◂ **للدلالة على مكان نسأل عنه بـ ?wo:**

Er wurde ***zu Berlin*** *geboren.*

Sie heirateten ***zu Köln*** *am Rhein.*

Er ist ***zu Hause.***

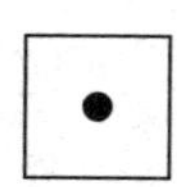

◄ **للدلالة على نوعية الحركة:**

*Wir gehen immer **zu Fuß** in die Schule.*

*Die Feinde kamen **zu Land** und **zu Wasser.***

*Mein Vater fährt **zur See.***

٢ **مفهوم الزمن:** يشير إلى تاريخ أو إلى فترة زمنية:

***Zu Ostern** erhalten die Schüler ihre Zeugnisse.*

*Das Buch habe ich **zum Geburtstag** bekommen.*

*Der Arzt ist noch **zur rechten Zeit** gekommen.*

٣ **للدلالة على الهدف والتبعية:**

*Ich möchte mich **zum Studium** anmelden.*

*Mein Freund ist mir **zu Hilfe** gekommen.*

*Der Garten gehört **zum Haus.***

*Die Musik spielt **zur Unterhaltung.***

٤ **للدلالة على الغاية (مع أسماء مجازية):**

***Zum Dank** für deine Hilfe lade ich dich ein.*

*Die Kapelle spielt **zu Ehren** des Gastes.*

*Er schenkte ihr **zum Beweis** für seine Liebe Blumen.*

٥ **للدلالة على التغيير:**

*Er entwickelte sich **zu einem Künstler.***

*Er wurde **zum Offizier** befördert.*

٦ **للدلالة على النسبة (المقدار) والسعر:**

***Zu welchem Preis** wollen Sie mir das Buch verkaufen?*

*Dort steht ein Paar Schuhe **zu 50 Euro.***

*Ich habe das Buch schon **zum größten Teil** gelesen.*

٧ للمقارنة مع الأعداد:

Das Fußballspiel endete mit 2:3 ***(zwei zu drei).***

Ich wette ***1 zu 10,*** *dass er heute kommt.*

٨ مع بعض المصطلحات المجازية (النتيجة أو الغاية):

Sein Unglück geht mir zu ***Herzen.***

Er fällt mir ***zur Last.***

Das Wasser ist ***zu Eis*** *geworden.*

Die Haare standen mir ***zu Berge.***

الحروف التي تستلزم حالة ال Dativ كجزء من بنية الفعل:

الحرف	بنية الفعل	أمثلة
aus	etwas **besteht aus** etwas: Dat. jemand **schließt aus** etwas: Dat., dass …	*Die Bundesregierung besteht* ***aus dem Bundeskanzler und den Bundesministern.*** ***Aus seinem Verhalten*** *kann man nur schließen, dass er an einer Zusammenarbeit mit uns nicht interessiert ist.*
bei	jemand **ruft** (bei jemandem) **an** jemand **bedankt sich** (**bei** jemandem) für etwas: Akk. jemand **beschwert sich** (**bei** jemandem) (über jemanden)	*Ich habe jetzt schon dreimal* ***bei ihm*** *angerufen. Es war immer besetzt.* *Ich möchte mich* ***bei Ihnen*** *noch einmal sehr herzlich für Ihre Hilfe bedanken.* *Er hat sich* ***beim Chef*** *über mich beschwert.*

أمثلة	بنية الفعل	الحرف
Mit den Bauarbeiten *können wir erst nächstes Jahr beginnen.* *Das können Sie* ***damit*** *nicht vergleichen.* *Ich habe mich schon oft* ***mit ihm*** *darüber unterhalten.*	jemand **beginnt** (**mit** etwas) : Dat. jemand **vergleicht** etwas: Akk. **mit** etwas: Dat. jemand **unterhält sich** (**mit** jemandem) über etwas: Akk.	**mit**
Hat jemand ***nach mir*** *gefragt?* *Die Butter schmeckt* ***nach Fisch.*** *Hast du dich schon* ***nach einem Zug*** *erkundigt?*	jemand **fragt nach** jemandem etwas **schmeckt nach** etwas: Dat. jemand **erkundigt sich nach** etwas: Dat.	**nach**
Wie in dieser Frage entschieden wird, hängt nicht nur ***von mir*** *ab.* ***Von der anstrengenden Reise*** *muss ich mich erst einmal erholen.* *Wir haben lange nichts mehr* ***von ihm*** *gehört.*	etwas **hängt von** jemandem **ab** jemand **erholt sich** von etwas jemand **hört von** jemandem	**von**
Die Konferenz hat ***zu keinem Ergebnis*** *geführt.* *Der Untermieter gehört schon* ***zur Familie.*** *Die Krawatte passt* ***zu dem Anzug.*** *Allmählich wurde er* ***zu einem Fachmann*** *auf diesem Gebiet.*	etwas **führt zu** etwas: Dat. jemand **gehört zu** jemandem etwas **passt zu** etwas: Dat. jemand **wird zu** etwas: Dat.	**zu**

► Übungen zum Gebrauch der Kasuszeichen und Präpositionen **S. 475**

17.04 Die Wechselpräpositionen

الحروف التي تستلزم حالتي ال Akkusativ وال Dativ

إن هذه الحروف تأخذ حالة ال Dativ عندما نسأل بـ ?wo أين؟ وتأخذ حالة ال Akkusativ حين نسأل بـ ?wohin إلى أين؟

إن هذا الفرق واضح بشكل عام ولا نجد فيه عسراً. لكن هناك بعض الحالات الخاصة، ويعود ذلك في الدرجة الأولى إلى تلك الحالات التي تتميز بها الألمانية بمنطقها الخاص.

فاللّغة الألمانية لا اسأل كما نتوقع نحن: **إلى أين نصل؟** وإنما تسأل: **أين نصل؟**

ويجب أن ننتبه إلى هذه الحالات التي تناقض (على ما يبدو) المنطق العام. وكذلك إلى حالات أخرى يكون الفرق بينها عائداً إلى المعنى أو التعبير اللّغوي.

وهنا ملخص عن أهم هذه الحروف:

■ **an**

١ **مفهوم المكان:** يشير الحرف إلى لمس أو تماس من طرف أو من الأسفل، ويشبه بمعناه الحسيّ الحرف **neben** (بقرب).

◂ **مع حالة ال Akkusativ:** ويأتي هذا الحرف مع أفعال تدل على اتجاه أو إلى هدف، ونسأل عنه بـ **?wohin:**

*Wir fahren in den Ferien **ans** Meer / **an die** See.*

*Ich setze mich **ans** Fenster.*

*Sie hängt den Mantel **an den** Haken.*

*Er klopft **an die** Tür.*

*Wir stellen den Tisch **an die** Wand.*

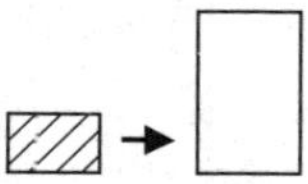

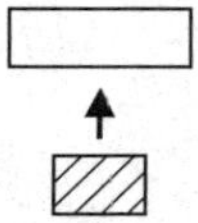

*Er hängt die Lampe **an die** Decke.*

- **مع حالة ال Dativ:** وتستعمله مع بقية الأفعال أي تلك التي لا تشير إلى اتجاه (حالة سكون) و نسأل بـ **?wo**:

*Wir verbringen den Urlaub **am** Meer / **an der** See.*

*Ich sitze **am** Tisch.*

*Die Tafel hängt **an der** Wand.*

*Der Tisch steht **an der** Wand.*

*Die Lampe hängt **an der** Decke.*

- **للدلالة على الموقع الجغرافي:** ويدل على الجوار المباشر وذلك قبل سماء المياه والجبال.

*Frankfurt **am Main.***

*Halle **an der Saale.***

*Odessa **am Schwarzen Meer.***

٢ **مفهوم الزمن:** للدلالة على ما يحدث في نفس الوقت، أو في وقت محدد، أو فترة زمنية وذلك حين تكون معطيات الزمن هذه تحمل الأداة der أو das، ومع التواريخ (أي مع الأيام، وأوقات النهار) وتتطلب دائماً حالة ال **Dativ**، والسؤال عنه يكون بـ **?wann** متى؟ ويأتي كذلك مع طرف الزمان مثل:

Ende, Anfang, Morgen, Abend

*Er besucht mich **am Morgen.***

*Ich komme **am Ende** der Woche.*

***Am Abend** sehe ich immer fern.*

***Am 10. Mai** habe ich Geburtstag.*

***Am Anfang** hatte ich Schwierigkeiten.*

ملاحظة: إذا أخذ ظرف الزمان الأداة **die** يتطلب عندئذٍ الحرف **in**:

***In der Nacht** hat es geregnet.*

***In dieser Woche** wird es nicht regnen.*

٣ للدلالة على عدد تقريبي (Akkusativ):

*Die Ausstellung hatte **an die eine Million** Besucher.*

*Das Buch kostet **an die 40 Euro.***

٤ يستعمل مع صيغة أفضل التفضيل للصفة مندمجاً مع الأداة am:

*Ich trinke **am liebsten** Bier.*

*Er läuft **am schnellsten.***

٥ مع التحديد للدلالة على أسماء أو صفات معينة (Dativ):

*Er besucht mich **am Morgen.***

*Ich komme **am Ende der Woche.***

***Am Abend** sehe ich immer fern.*

***Am 10. Mai** habe ich Geburtstag.*

٦ للدلالة على السبب (حاصة الأمراض أو الموت) (Dativ):

*Er leidet **an Rheumatismus.***

*Sie starb **an einem** schweren Leiden.*

٧ للدلالة على الأهمية (Dativ):

*Ich beteilige mich **am** Ausflug.*

*Wir sind **am** Kauf dieses Wagens interessiert.*

٨ مع المفهوم المجازي:

*Die Sonne bringt es **an den Tag.***

*Er ist **an den Bettelstab** gekommen.*

*Das Kind hängt sehr **an seiner Mutter.***

*Ich **an seiner Stelle** würde es anders machen.*

*Das Schlimmste **an der Sache** ist, dass…*

■ auf

١ **مفهوم المكان:** هو التماس الحقيقي أو الظاهري من الأعلى.

◂ **للدلالة على الاتجاه أو الهدف:** نسأل عنه بـ **?wohin**، وهو يأتي مع أفعال تشير إلى اتجاه أو هدف هنا يأخذ حالة ال **Akkusativ:**

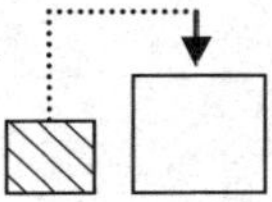

*Ich lege das Buch **auf den** Tisch.*
*Er geht **auf die** Straße.*
*Wir steigen **auf einen** Berg.*

◂ **للدلالة على المكان بقصد الهدف:** وذلك مع الدوائر الرسمية، والمؤسسات، كمحطة القطار، والبريد، والمصرف، والمحكمة، أي مع تلك الدوائر التي يتردد عليها جمهور كبير.

*Sie geht **auf das** Postamt.*
*Wir gehen **auf die** Bank.*

ملاحظة هامة: قد تأتي عدة حروف مع اسم ما، ولكن لكل حرف هنا معنى خاص به، فمثلاً لاحظ الفرق بين:

إنها تدخل بناء المحطة.	*Sie geht **in den** Bahnhof.*
إنها في طريقها إلى المحطة.	*Sie geht **zum** Bahnhof.*

◂ **يستعمل مجازياً مع مفهوم المكان:**

*Das Fenster geht **auf die** Straße.*
*Hier ist ein schöner Blick **auf den** Berg.*

◄ **التلامس في حالة السكون دون تغيير المكان:**

*Das Buch liegt **auf dem** Tisch.*

*Das Kind spielt **auf der** Straße.*

*Wir stehen **auf einem** Berg.*

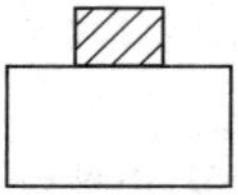

٢ مفهوم الزمن:

◄ **للإشارة إلى فترة زمنية:**

*Er will **auf ein paar Tage** verreisen.*

*Das Haus ist **auf einige Jahre** gemietet.*

◄ **للإشارة إلى وقت محدد:**

*Der Zug ist **auf die Minute** pünktlich eingetroffen.*

*Das Taxi ist **auf 4 Uhr** bestellt.*

*Mein Geburtstag fällt **auf den 10. Mai.***

◄ **للإشارة إلى وقت طويل الأمد:**

*Der Professor hat hier **auf Jahre hinaus** Arbeit.*

◄ **للدلالة على المضي حتى وقت محدد:**

*Wir müssen jetzt nach Hause gehen, denn es geht schon **auf Mitternacht zu.***

٣ للدلالة على حدث يشترك فيه الإنسان:

*Wir sind morgen **auf einer** Hochzeit.*

*Wir waren **auf dem** Oktoberfest.*

٤ للدلالة على الهدف أو الغاية:

*Er bereitet sich **auf die** Prüfung vor.*

*Ich hatte Appetit **auf Pilze.***

٥ للدلالة على الأمل أو الثقة:

*Wir hoffen **auf eine** Nachricht von unseren Eltern.*

*Er vertraut **auf meine** Ehrlichkeit.*

٦ للدلالة على الأسلوب والطريقة اللّغة:

*Er arbeitet **auf das** Genaueste.*

*Das habe ich **auf** geschickte Weise gemacht.*

*Ich habe mich mit ihr **auf Deutsch** unterhalten.*

*Ich werde ihn **auf jeden** Fall besuchen.*

٧ للدلالة على الحجم والقياس:

*Sein monatlicher Verdienst kommt **auf** 2.000 Euro.*

*Nehmen Sie von dieser Medizin 5 Tropfen **auf einen** Löffel Wasser.*

٨ للدلالة على السبب بالمفهوم المجازي:

*Er besteht **auf meinen** Besuch.*

*Er las das Buch **auf** Anregung des Professors.*

Auf seine** Empfehlung **hin...

■ **hinter**

إن لهذا الحرف عكس مفهوم **vor**، معناه الحقيقي هو المكان:

١ مفهوم المكان:

◂ **للدلالة على الاتجاه أو الهدف:** ويستعمل مع تلك الأفعال التي تشير إلى حركة أو اتجاه، ونسأل عنه بـ **?wohin (Akk.:)**:

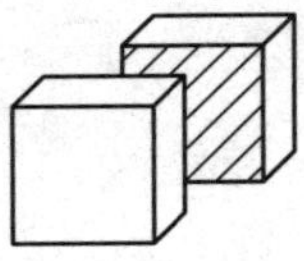

*Das Buch fällt **hinter den** Tisch.*

*Er stellt sich **hinter mich.***

*Ich gehe **hinter das** Haus.*

◂ **للدلالة على السكون إذا كان الشيء في الجهة غير المرئية: ونسأل عنه بـ wo? (Dat.):**

*Die Garage liegt **hinter dem** Haus.*

*Er steht **hinter mir.***

*Das Buch liegt **hinter dem** Tisch.*

٢ مفهوم الزمن:

◂ **للدلالة على زمن انقضى:**

*Jetzt hast du deine Prüfung **hinter dir.***

*Wir haben jetzt das Schlimmste **hinter uns.***

٣ مع بعض المصطلحات:

*Es steckt etwas **dahinter.***

*Ich werde es mir **hinter die** Ohren schreiben.*

*Er ist noch nicht trocken **hinter den** Ohren.*

■ **in**

١ **مفهوم المكان:** يدل على الوضعية أو الحركة ضمن مكان، أو مجال أو على جسم، وكذلك على حركة آتية من الخارج إلى الداخل، إلى مجال أو إلى جسم.

◂ **للدلالة على اتجاه نحو مكان مغلق أو مجال:** وذلك مع أفعال تشير إلى حركة أو اتجاه نحو هدف، ونسأل عنه بـ **wohin? (Akk.:):**

*Wir gehen **ins** Theater.*

*Wann fahrt ihr **in die** Türkei?*

*Stellt die Blumen **in die** Vase.*

*Sie geht **in den** Keller.*

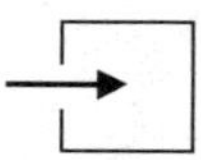

◄ **للدلالة على المكان المغلق أو المجال (سكون)، ونسأل عنه بـ wo? (Dat.):**

*Mein Onkel wohnt **in** Damaskus.*

*Die Frau ist **in der** Küche.*

*Das Buch liegt **im** Schrank.*

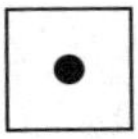

٢ للدلالة على الدخول في مؤسسة:

*Sind Sie **in die** Partei eingetreten?*

*Man nimmt ihn herzlich **in die** Familie auf.*

٣ للدلالة على التبعية ضمن جمعية:

*Peter ist **in der** SPD.*

*Wir leben **in einer** Wohngemeinschaft.*

*Er ist Mitglied **in einem** Verein.*

٤ مفهوم الزمن:

◄ **للدلالة على زمن معيّن:**

*Wir haben die Nachricht **in der** letzten Minute erhalten.*

*Mitten **in der** Nacht begannen die Glocken zu läuten.*

***Im** Frühling fahren wir nach Berlin.*

◄ **للدلالة على فترة زمنية:**

*Kommen Sie **in einer** Woche wieder!*

***In den** Ferien waren wir in Italien.*

◄ **للدلالة على مدة زمنية طويلة:**

*Er war **in seiner** Kindheit oft krank.*

٥ **للدلالة على معلومة أو لغة:**

*Der Schüler ist **in** Mathematik gut.*

*Wir sprachen **in** Englisch.*

٦ **للدلالة على اللون:**

*Ich möchte die Bluse **in** grün.*

*Nelken gibt es **in** weiß und **in** rot.*

٧ **للدلالة على النمط أو الطراز:**

*Das muss **in aller** Weile geschehen.*

***In tiefer** Trauer.*

٨ **للدلالة على تبديل الحالة:**

*Wir setzen die Maschine **in** Gang.*

٩ **مع بعض المصطلحات والتعابير المجازية:**

*Ich wasche meine Hände **in** Unschuld.*

*Lassen Sie mich **in** Ruhe!*

*Sie liegen sich **in den** Haaren.*

*Er sitzt **in der** Tinte.*

***Im** Trüben fischen.*

■ **neben**

بينما يدل الحرفان **an** و bei على جوار غير محدد، يدل الحرف **neben** على أن شيئين أو شخصين متوجدان جنباً إلى جنب وباتجاه واحد (أي متوازيين).

١ **مفهوم المكان:**

◂ **للدلالة على اتجاه أو انتقال إلى جوار شيئ دون أن يلمسه.** وهو يأتي مع أفعال تشير إلى الاتجاه أو الهدف، ونسأل عنه بـ **?wohin (Akk.:):**

*Ich setze mich **neben ihn.***
*Stell die Vase **neben den** Fernseher.*
*Der Motorradfahrer fährt **neben den** Wagen des Freundes.*

◄ للدلالة على أنّ شيئاً موجود في مكان شيئ آخر (حالة سكون) **(.Dat)** ونسأل عنه بـ **?wo:**

*Sie sitzt **neben mir.***
*Die Lampe steht **neben dem** Schrank.*
*Das Bild hängt **neben der** Tür.*

٢ يأتي بمعنى إضافة إلى:

***Neben dem** Studium muss ich arbeiten.*
***Neben seiner** Tätigkeit hat er viele Hobbys.*

٣ إذا قورن مع شيء أفضل:

***Neben deiner** Schwester bist du ein Faulpelz.*

■ **über**

يدل هذا الحرف، كمفهوم للمكان، على أنّ شيئاً ما يتواجد أعلى بقليل من شيء آخر، وذلك دون أن يلمسه، بعكس **auf** الذي يتضمن مفهوم التماس.

١ مفهوم المكان:

◄ **للدلالة على اتجاه نحو الأعلى بشكل عمودي على شئ آخر:**

ويأتي مع تلك الأفعال التي تدل على اتجاه أو هدف، ونسأل عنه بـ **?wohin (.Akk):**

*Sie hängt die Lampe **über den** Tisch.*
*Wir hängen das Schild **über die** Haustür.*

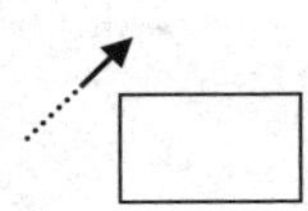

◄ **للإشارة إلى المكان الذي تم اجتيازه:**

*Der Hund springt **über den** Zaun.*
*Die Maschine fliegt **über die** Stadt.*
*Das Boot fährt **über den** See.*

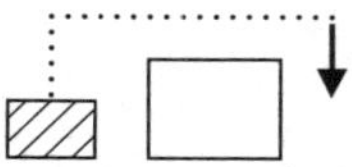

◄ **عند المرور من محطات ليست الهدف:**

*Er fährt von Köln **über Würzburg** nach München.*
*Wir fahren **über den** Pass nach Österreich.*

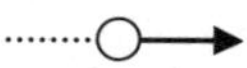

◄ **للإشارة إلى الجهة الأخرى:** ويمكن أن نسأل بـ **wo?** أو بـ **wohin?:**

*Das Gasthaus liegt **über dem** Fluß.*
*Der Dieb ist mit dem Geld **über alle** Berge.*

◄ **عندما يكون الشيء فوق شئ آخر (حالة سكون):**

*Die Lampe hängt **über dem** Tisch.*
*Das Flugzeug fliegt **über der** Stadt.*

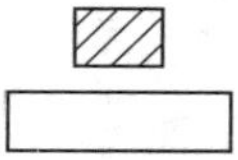

◄ **يشير إلى حركة موازية لسطح ما، ملامساً أو غير ملامس له:**

*Ein Gewitter zog **über das** Land.*
*Große Tränen liefen ihm **über die** Wangen.*
*Er strich mit der Hand **über das** Haar.*

٢ مفهوم الزمن:

◄ **للدلالة على تجاوز الحد الزمني:** ونسأل عنه ب **wie lange? (Akk.)**

*Die Konferenz dauerte **über** zwei Stunden.*
*Wir sind **über ein** Jahr in dieser Schule.*
*Er studierte **über** sechs Jahre Medizin.*

◄ **للإشار إلى فترة زمنية:** ونسأل عنه بـ **?Akk.) wie lange)** والحرف **über** يأتي بعد الاسم:

*Wir hatten den ganzen Winter **über** viel Schnee.*

*Er hat die Nacht **über** gearbeitet.*

*Mein Bruder arbeitet das ganze Jahr **über** auf dem Land.*

◄ **للدلالة على فترة زمنية:**

*Ich fahre **übers** Wochenende zu meinen Eltern.*

***Über die** Feiertage ist alles zu.*

٣ **للدلالة على نشاط فكري أو علاقة:**

*Wir haben uns **über die** Mode unterhalten.*

*Was denken Sie **über die** Politik?*

*So dürfen Sie nicht **über die** Leute urteilen.*

*Was wissen Sie **über die** moderne Kunst?*

٤ **للإشارة إلى الموضوع:**

*Er sprach **über seine** Reise.*

*Hält er einen Vortrag **über die** Philosophie?*

*Hier ist ein Roman **über das** Leben des Komponisten.*

٥ **للإشارة إلى سبب الانفعال:**

*Sie lacht **über den** Witz.*

*Wir freuen uns **über das** schöne Wetter.*

*Sie ist glücklich **über ihre** Heirat.*

*Machen Sie sich nicht **über** andere Leute lustig.*

٦ **للدلالة على التكرار (تكرار نفس المصطلح):**

*Sie haben Fehler **über** Fehler gemacht.*

*Man hat Fragen **über** Fragen gestellt.*

*Er machte Schulden **über** Schulden.*

٧ للدلالة على مبلغ محدد أو أكثر من ذلك:

*Er gab mir eine Rechnung **über** 50 Euro.*

*Hier ist eine Quittung **über** 10 Euro.*

*Das Buch kostet **über** 40 Euro.*

*Das geht **über** meine Kräfte.*

٨ مع بعض المصطلحات والتعابير المجازية:

*Probieren geht **über** studieren.*

*Es kam wie ein Rausch **über** ihn.*

*Alles **über einen** Kamm scheren.*

■ **unter**

إنّ مفهوم هذا الحرف هو عكس **auf** تماماً (التماس من الأسفل).

١ مفهوم المكان:

◂ **للدلالة على اتجاه موقعه تحت غيره:** ونسأل عنه بـ **?wohin (Akk.):**

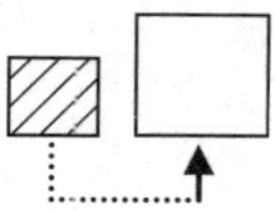

*Sie legt den Teppich **unter den** Tisch.*

*Wir gehen **unter die** Brücke.*

*Sie nimmt die Tasche **unter den** Arm.*

◂ **بمعنى يدل على أن شيئاً موجود تحت آخر (حالة السكون):** ونسأل عنه بـ **?wo:**

*Der Teppich liegt **unter dem** Tisch.*

*Wir saßen **unter der** Brücke.*

*Sie trägt die Tasche **unter dem** Arm.*

◄ **للإشارة إلى الوضع بين عدد من الناس أو الأشياء (حالة سكون) (.Dat):**

Sie stand ***unter den*** *Zuschauern.*
Unter den *Steinen befand sich ein Diamant.*
Unter den *Schülern gibt es viele Ausländer.*

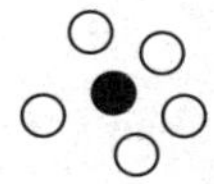

◄ **للإشارة إلى الوضع بين عدد من الناس أو الأشياء (حالة حركة) (.Akk)**

Ich mische mich ***unter die*** *Zuschauer.*
Sie kam ***unter*** *Gleichaltrige.*

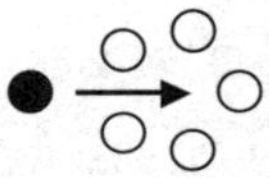

◄ **حين يكون الشيء مغطاً كلياً أو جزئياً:**

Der Brief liegt ***unter der*** *Zeitung.*
Sie trägt eine Bluse ***unter dem*** *Pullover.*

٢ مفهوم الزمن:

◄ **للدلالة على مدة زمنية معينة:**

Er lebte ***unter der*** *Zeit Kaiser Friedrichs.*

◄ **للدلالة على فترة زمنية:**

Wir vermieten kein Zimmer ***unter einer*** *Woche.*
Ich besuche meinen Freund oft ***unter der*** *Woche.*

٣ للدلالة على النمط أو الحالة المرافقة:

Wir müssen die Arbeit ***unter allen*** *Umständen beenden.*
Sie ging ***unter*** *Tränen weg.*
Ich stehe dauernd ***unter*** *Druck.*

٤ للدلالة على كمية أو قيمة قليلة أو مركز أدنى:

*Ich suche ein Zimmer **unter** 90 Euro Miete.*

*Das ist **unter** meiner Würde.*

٥ للدلالة على الجنسية أو التبعية:

*Das Schiff fuhr **unter** liberianischer Flagge.*

*Es war große Freude **unter den** Kindern.*

*Wir waren gestern den ganzen Tag **unter uns.***

٦ تأتي مع أسماء عديدة في المفهوم المجازي: في حالة ال .Akk إذا دلت الأفعال على اتجاه، وفي حالة ال .Dat مع بقية الأفعال:

*Die Tat fällt **unter die** Amnestie.*

*Er steht **unter der** Kontrolle der Polizei.*

*Der Fahrer des Wagens stand **unter dem** Einfluss von Alkohol.*

٧ مع بعض المصطلحات والتعابير المجازية:

*Es gibt nichts Neues **unter der** Sonne.*

*Seine Tochter **unter die** Haube bringen.*

***Unter den** Hammer kommen.*

■ **vor**

١ مفهوم المكان:

◄ **للإشارة إلى الناحية الأمامية بالنسبة للمراقب (سكون):**

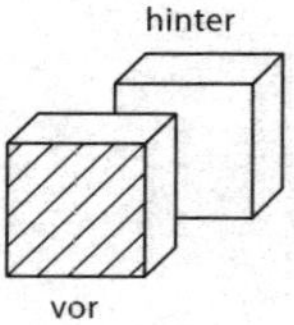

*Der Schreibtisch steht **vor dem** Fenster.*

*Sie stand **vor ihm.***

*Mein Wagen steht **vor dem** Haus.*

*Ich habe einen weiten Weg **vor mir.***

◄ **للإشارة إلى شئ يوضع في الأمام (اتجاه):**

*Der Schreibtisch kommt **vor das** Fenster.*

*Ich stelle mich **vor sie.***

*Das Taxi fährt **vor das** Hotel.*

◄ **للإشارة إلى الوجود عن كثب أو الحضور:**

*Mein Haus steht **vor der** Stadt.*

*Die Pianistin spielte **vor** vielen Leuten.*

*Das Schiff liegt **vor** Anker.*

*Die Zeugen mussten **vor** Gericht Aussagen machen.*

◄ **للإشارة إلى بعد عن هدف:**

*Ich hatte mit meinem Wagen 10 km **vor** Köln einen Unfall.*

٢ **مفهوم الزمن:**

◄ **للإشارة إلى ومن ما حدث قبل الوقت الحاضر:**

*Ich bin **vor drei Jahren** in England gewesen.*

*Er hatte heute **vor** vierzehn Tagen Geburtstag.*

◄ **للإشارة إلى أنّ شيئاً يسبق الوقت المذكور:**

*Ich besuche dich **vor** Ostern.*

*Kommen Sie **vor** 5 Uhr in mein Büro.*

*Mein Freund kann mich nicht **vor dem** 11. Mai besuchen.*

◄ **للدلالة على الوقت الدقيق:**

*Jetzt ist es genau 17 Minuten **vor** 9 Uhr.*

*Es ist Viertel **vor** 10 Uhr.*

٣ **للدلالة على السبب:** نسأل عنها بـ **?vor wem** مع الأشخاص و بـ **?wovor** مع الأشياء، وتأتي معه حالة ال **.Dat**، وغالباً ما يرد الاسم بدون أداة إن دل على شيء لا متمم له.

*Er fürchtet sich **vor dem** Hund.*

*Ich warne Sie **vor diesem** Menschen.*

*Er wurde rot **vor** Wut.*

٤ **للدلالة على الملاذ (المأوى) والحماية من:**

*Die Bewohner flohen **vor dem** Feind.*

*Er schützte sich **vor** Ansteckung.*

*Hüten Sie sich **vor diesem** Menschen!*

٥ **للإشارة إلى حركة نحو هدف (وكذلك في المفهوم المجازي):**

*Er verbeugte sich **vor dem** König.*

*Wir müssen uns **vor dem** Direktor verantworten.*

*Man brachte ihn **vor** Gericht.*

٦ **للدلالة على الشعور أو الاحساس بشيء:**

*Wir haben große Achtung **vor dir.***

*Sie hatte Furcht **vor dem** Tod.*

■ **zwischen**

١ **مفهوم المكان:** إنّ المفهوم الرئيسي لهذا الحرف هو المكان، ويشير إلى الوضع الوسطي بين نهاتين، أو شيئين، أو شخصين:

◂ **يدل على الاتجاه أو الحركة بين شيئين أو شخصين:**

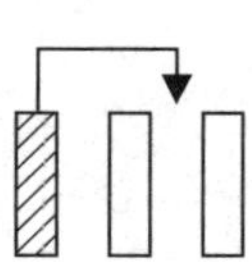

*Ich stelle den Stuhl **zwischen die** Tür und **das** Sofa.*

*Stecken Sie die Zeitung **zwischen die** Bücher.*

Ich setze mich zwischen euch.

◂ **يدل على حالة السكون بين شيئين:**

__Zwischen dem__ Schrank und __dem__ Bett steht ein Tisch.

Er sitzt __zwischen mir__ und __meiner__ Schwester.

Bonn liegt __zwischen__ Köln und Koblenz.

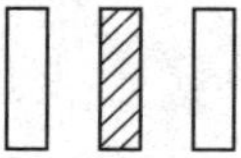

٢ **مفهوم الزمن: يدل على فترة زمنية تقع بين زمنين محددين:**

Er kommt __zwischen__ 9 und 10 Uhr ins Büro.

__Zwischen__ Weihnachten und Neujahr ruht die Arbeit.

Die Geschäfte sind __zwischen__ 12 und 14 Uhr geschlossen.

◂ **يأخذ حالة ال Akkusativ إذا أتى مع أفعال تدل على اتجاه أو هدف:**

Wir legen die Konferenz __zwischen den__ 5. und 20. Juli.

٣ **للدلالة على تبادل علاقات عامة:** مع الأشخاص نستعمله إذا كان الموضوع يتعلق بشخصين أو مجموعتين. بين أكثر من ذلك نستخدم **unter**:

Häufig entsteht __zwischen den__ Eheleuten Streit.

Die Liebe __zwischen__ Eltern und Kindern ist grenzenlos.

__Zwischen uns__ ist es aus.

ونقول:

__Unter__ Freunden gibt es Missverständnisse.

٤ **للدلالة على عدد تقريبي:**

Es waren gestern __zwischen__ 25 und 30 Gäste bei uns.

Wir hatten im Sommer Temperaturen __zwischen__ 30 und 35 Grad.

Das Becken für Schwimmer ist __zwischen__ 1,70 m und 3,20 m tief.

ملاحظة: يمكن أن نعتبر استعمال هذا الحرف في الجملتين التاليتين للدلالة على المكان:

*Er schwebt **zwischen** Leben und Tod.*

*Sie liest **zwischen** den Zeilen.*

■ الحروف التي تستلزم حالتي ال **Akkusativ** و ال **Dativ** كجزء من بنية الفعل:

الحرف	بنية الفعل	أمثلة
an	es **fehlt an** etwas: Dat.	*Auf dem Gebiet fehlt es an **Fachleuten.***
	jemand **leidet an** etwas: Dat.	*Er leidet **an einer schweren Krankheit.***
	jemand **denkt an** etwas: Akk.	*Man kann nicht **an alles** denken.*
	jemand **wendet sich an** jemanden: Akk.	***An wen** muss ich mich wenden?*
auf	jemand **achtet auf** etwas: Akk.	*Du musst sehr **auf deine Gesundheit** achten.*
	jemand **hofft auf** etwas: Akk.	*Wir hoffen **auf eine bessere Zukunft.***
	jemand **wartet auf** jemanden: Akk.	*Warten Sie hier bitte **auf mich!***
in	jemand **verliebt sich in** jemanden: Akk.	*Sie hat sich **in ihren Lehrer verliebt.***
	jemand **übersetzt** etwas **ins:** Akk	*Er hat dieses Buch **ins Arabische** übersetzt.*

über	jemand **ärgert sich über** etwas: Akk.	*Ich habe mich **über sein Verhalten** geärgert.*
	jemand **lacht über** jemanden: Akk.	*Alle Kollegen lachen **über ihn.***
	jemand **freut sich über** etwas: Akk.	*Ich habe mich **über dein Geschenk** gefreut.*
	jemand **spricht** (mit jemandem) **über** etwas: Akk.	***Darüber** habe ich mit ihm noch nicht gesprochen.*
vor	jemand **fürchtet sich vor** etwas: Dat.	*Der Kleine fürchtet sich **vor dem großen Hund.***
	jemand **erschrickt vor** etwas: Dat.	*Der Kleine erschrak **vor dem Hund.***
	etwas **schützt vor** etwas: Dat.	*Diese Tabletten schützen **vor Grippe.***
	jemand **warnt** jemanden **vor** jemandem: Dat.	*Ich habe sie gleich **vor ihm** gewarnt.*
	jemand **warnt** jemanden **davor,** etwas zu tun.	*Er warnte mich **davor,** den Vertrag zu unterschreiben.*

مجموعة الأفعال ...legen, liegen, stellen, stehen

هناك مجموعة من الأفعال الألمانية التي تشكل صعوبات جمة للطالب. هذه الأفعال هي:

legen / liegen, stellen / stehen, setzen / sitzen, hängen / hängen

وبما أن هذه الأفعال تشبه بعضها لذا يخلط الطالب بينها. خصوصاً عندما تأتي هذه الأفعال مرفقة بحرف جر، يستلزم هذا حالة ال **Dativ** أو حالة ال **Akkusativ.**

Akk. حركة / عمل	اسم الاستفهام	Dat. سكون / حالة	اسم الاستفهام
*Er **legt** das Buch **auf den** Tisch.* *Wir **stellen** den Wagen **in die Garage.*** *Sie **setzt sich an den Tisch.*** *Er **hängt** das Bild **an die** Wand.*	**wohin?**	*Das Buch **liegt auf dem Tisch.*** *Der Wagen **steht in der Garage.*** *Sie **sitzt am Tisch.*** *Das Bild **hängt an der Wand.***	**wo?**

١ وهناك أفعال تأتي مع الحروف الوارد ذكرها وتجاوب على السؤال بـ **wo?** أين؟ ومن هذه الأفعال:

anlangen, anlegen, ankommen, eintreffen, einkehren, (sich) verstecken, vergraben, (sich) versammeln, zusammenkommen, sich niederlassen, aufgehen, untergehen, etc.

◄ وما يحيّر الطالب هو أنّ فعلاً من هذه الأفعال قد يتطلب الحالتين دون أن يدري السبب. فمثلاً الفعل verschwinden:

يختفي اللص في الغابة.	*Der Dieb verschwindet **in dem** Wald.*
يختفي اللص في الغابة.	*Der Dieb verschwindet **in den** Wald.*

◄ وذلك لأن مع هذا الفعل بـ ?wo أو بـ ?wohin وكذلك الحال مع الفعلين versenken و versinken يمكن استخدام الحالتين حسب ما نشدد على ?wo أو ?wohin:

تغرق السفينة في العمق.	*Das Schiff versinkt **in der Tiefe.***
تغرق السفينة في العمق.	*Das Schiff versinkt **in die Tiefe.***

٢ وهناك مجموعة أخرى تجيب على السؤال ب **wohin?** إلى أين:

ومنها: ... eintreten, halten, klopfen, münden, etc.

نحن نتوقع بطبيعة الحال أن نجيب على هذه الأفعال ب **wo?** ولكننا نجيب ب **wohin?**

يصب نهر الإلبه في بحر الشمال.	*Die Elbe mündet **in die Nordsee.***
يُدَق على الباب.	*Es klopft **an die Tür.***
يضع يده فوق عينيه.	*Er hält die Hand **über die Augen.***
نوزع النقود على الفقراء.	*Wir verteilen das Geld **an die Armen.***

لاحظ الفرق بين:

يمسك الكتاب تحت ذراعيه.	*Er hält das Buch **unter dem Arm.***
يمسك الكتاب تحت الضوء.	*Er hält das Buch **unter das Licht.***

ويمكننا أن نلاحظ الفرق بين الأفعال البسيطة والمركبة. فالفعل البسيط يستلزم ال **Akkusativ** والمركب ال **Dativ**.

aufhängen an, über: Dat. / hängen an, über: Akk.

sich niedersetzen an: Dat. / sich setzen an: Akk.

يعلق الصورة فوق الطاولة.	*Er hängt das Bild über **den** Tisch.*
يعلق الصورة فوق الطاولة.	*Er hängt das Bild über **dem** Tisch auf.*
يستلقي تحت الشجرة.	*Er legt sich unter **einen** Baum.*
يستلقي تحت الشجرة.	*Er legt sich unter **einem** Baum nieder.*
تسير السيارة أما المسرح.	*Der Wagen fährt vor **das** Theater.*
تسير السيارة أما المسرح.	*Der Wagen fährt vor **dem** Theater vor.*

وفي حال يرد مكانان محددان يضم الواحد الآخر نستعمل حالتي ال **Akkusativ** ال **Dativ** مثال:

يجلس على طاولة في الزاوية.	*Er setzt sich **an einen** Tisch **in der** Ecke.*

أما الحروف التي تشكل جزءاً من بنية الفعل Verben mit präpositionalem Objekt فإنّ أغلباها تتطلب حالة ال Akkusativ.

denken an, warten auf, sprechen über, sich verlieben in…

وإذا كان الحرف موضع شبهة فيمكنك أن تكون إل حد ما مطمئناً إذ أنك تفعل الشيء الصحيح إذا استخدمت معه حالة ال Akkusativ. وعليك أن تحفظ عن ظهر قلب الأفعال التالية التي غالباً ما تأخذ حالة ال Dativ:

zweifeln an, sich rächen an, sich vergehen an, leiden an, sterben an, erkennen an, teilnehmen an, sich beteiligen an, sich irren in

والأفعال مع **vor** تأخذ كلها حالة ال **Dativ:**

sich fürchten vor, zittern vor…

- **وهناك ملاحظة أخرى حول الأسلوب، فالظروف** …hinauf, hinein لا تستعمل عادة كتأكيد أو تشديد للحرف وإنما قائمة بذاتها.

فإما أن نقول: *Er geht **ins Zimmer** / er geht **hinein.***
*Er steigt **auf den Baum** / er steigt **hinauf.***

ولكن لا نقول: *Er geht **ins Zimmer hinein.***
*Er steigt **auf den Baum hinauf.***

وملاحظة أخرى يجب الانتباه إليها:

*Der Schüler schreibt das Beispiel **in sein Heft.***
*Der Schüler schreibt das Beispiel **an die Tafel.***

ومعنى ذلك أن التلميذ يكتب ذلك في الواقع.

وإذا قلنا: *Mein Freund schreibt **in seinem Brief…***
*Der Freund schreibt **in seinem Aufsatz…***

فهذا يعني أنه يخبرنا بشيء. كذلك نقول:

إنه يرى طفلاً في الشارع.	*Er sieht ein Kind **auf der Straße.***
إنه يتطلع إلى الشارع.	*Er sieht **auf die Straße** (hinunter).*
دفعت نقوداً في المصرف.	*Ich habe das Geld **auf der Bank** eingezahlt.*
دفعت نقوداً لحسابها.	*Ich habe das Geld **auf ihr Konto** eingezahlt.*

وهناك أمثلة كثيرة مشابهة.

► Übungen zum Gebrauch der Kasuszeichen und Präpositionen **S. 475**

17.05 Präpositionen mit Genitiv

الحروف التي تستلزم المضاف إليه

إن هذه الحروف هي أبسط الحروف، ولا تتطلب شرحاً واسعاً كغيرها، لأن استعمالها واضح جداً، وهي لا تبني أفعالاً مركبة ولا ترتبط بمصطلحات. إنّ هذه الحروف كثيرة وأهمها:

anlässlich, anstatt, aufgrund, außerhalb, binnen, inmitten, innerhalb, jenseits, oberhalb, trotz, unterhalb, unweit, während, wegen, zufolge, zugunsten, etc.

لبعض هذه الحروف مفهوم المكان، أو الزمن، أو السبب، وسنعالج كل حرف حسب مفهومه:

١ مفهوم الزمن:

- **anläßlich بمناسبة:**

__Anläßlich des__ 100. Todestages des Dichters wurden seine Werke neu herausgegeben.

- **außerhalb خارج:**

Kommen Sie bitte __außerhalb der__ Sprechstunde!

Die Schüler müssen auch __außerhalb der__ Unterrichtszeit lernen.

- **innerhalb / binnen في / خلال / أثناء:**

Wir erwarten Sie __binnen einer__ Woche.

__Binnen eines__ Monats muss ich die Arbeit beenden.

- **während أثناء:**

__Während des__ Unterrichts ist Rauchen verboten.

Ich war __während des__ ganzen Sommers an der See.

__Während er__ liest, schreibe ich.

٢ مفهوم المكان:

◄ **außerhalb** **خارج:**

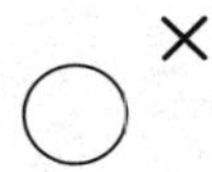

*Mein Garten liegt **außerhalb der** Stadt.*

*Dieser Pass gilt auch für Länder **außerhalb** Europas.*

◄ **inmitten** **في وسط:**

***Inmitten dieser** Unordnung kann man es nicht aushalten.*

*Der Lehrer steht **inmitten seiner** Schüler.*

◄ **innerhalb** **داخل / في نطاق:**

***Innerhalb dieser** Stadt gibt es viele Parks.*

*Viele Städte **innerhalb** Süd- und Westdeutschlands.*

erinnern an die Zeit der Römer.

◄ **jenseits** **على الطرف الآخر:**

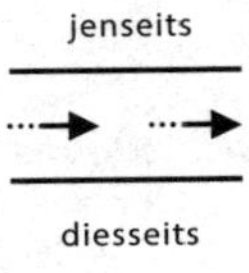

***Jenseits des** Flusses steht ein großer Bauernhof.*

***Jenseits der** Alpen ist das Klima viel milder.*

◄ **oberhalb** **فوق:**

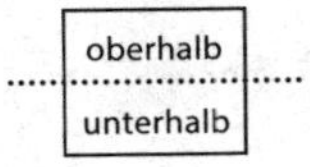

*Der Weg führt **oberhalb der** Kirche.*

*Das alte Büro liegt **oberhalb der** Stadt.*

◄ **unterhalb** **تحت / أسفل:**

***Unterhalb** Wiens wendet sich die Donau nach Süden.*

***Unterhalb der** Spitze des Berges befindet sich eine Höhle.*

◂ **unweit بالقرب من:**

Unweit der *Stadt liegt ein schöner, großer See.*

Unweit der *Autobahnausfahrt finden Sie ein Gasthaus.*

٣ مفهوم السبب:

◂ **aufgrund بسبب:**

Aufgrund einer *Anzeige fand er sofort eine Wohnung.*

Aufgrund der *Zeugenaussagen wurde er freigesprochen.*

◂ **wegen (قد يأتي قبل أو بعد الاسم) بسبب / من جراء / من أجل:**

Wegen eines *Herzfehlers darf er nicht Tennis spielen.*

Wegen *Umbaus ist das Geschäft geschlossen.*

Die Eltern sind ihrer Kinder ***wegen*** *in Sorge.*

◂ **zufolge بموجب / تمشياً مع / (يأتي قبل أو بعد الاسم):**

Der *Diagnose des Arztes* ***zufolge*** *kann der Beinbruch in zwei Monaten heilen.*

Der *Aussage des Mannes* ***zufolge*** *hat es sich so zugetragen.*

◂ **zugunsten لصالح / لحساب:**

Er zog sich ***zugunsten*** *seines Schwiegersohnes aus dem Geschäft zurück.*

Sie wählten ***zugunsten unserer*** *Partei.*

ملاحظات:

١ يأخذ الحرف **wegen** في اللّغة العامية حالة ال **Dativ**، أما في الكتابة نستخدم معه حالة ال **Genitiv**.

Ich tue das nur ***wegen dir.***

Machen Sie sich ***wegen mir*** *keine Sorgen.*

كما نرى، يستخدم هذا الحرف في حالة ال **Dativ** عادة مع الضمائر الشخصية ومن الأفضل لو قلنا:

*Ich tue das nur **deinentwegen.***

***Meinentwegen** machen Sie sich keine Sorgen.*

٢ **trotz** يشير هذا الحرف إلى عمل يقوم به الانسان، مع أنّ هناك أسباباً (دون الأخذ بعين الإعتبار) معاكسة لذلك العمل. ويمكن أن نستخدم هذا الحرف مع حالة ال **Dativ.**

***Trotz des** Regens ging er spazieren.*

***Trotz dem** Regen ging er spazieren.*

ولكن يفضل استعمال حالة المضاف إليه.

ويستحدم **trotz** أيضاً للدلالة على على حدوث أشياء غير متوقعة.

***Trotz seines** Fleißes hat er kein gutes Examen gemacht.*

***Trotz größter** Vorsicht passieren immer wieder solche Unfälle.*

٣ **(an) statt يستخدم للدلالة على إمكانية من امكانيتين أو على مساواة، أو النيابة:**

*Er schickte mir **statt des** Briefes nur eine Postkarte.*

***Statt seines** Vaters kam sein Onkel.*

***Statt Worten** will ich Taten sehen.*

ملاحظة هامة:

يعود الخلاف في استعمالنا لحالة أو حالة ال **Dativ** إلى أسباب تتعلق بالأسلوب وأخرى شكلية. وحتى الآن ليست هناك قاعدة ثابتة لذلك. وحتى الناطقين بالألمانية لم يتفقوا بعد على أية حالة هي الأفضل، ولكن كفكرة أو اتجاه يمكن أن نقول:

١ **الأسباب المتعلقة بالأسلوب:**

إن حالة ال **Genitiv** أكثر أصالة من ال **Dativ** لأنها لا تستخدم في اللّغة العامية. وينطبق عل ذلك بشكل خاص على:

wegen / trotz / während / (an)statt

٢ الأسباب الشكلية:

- إذا أردنا استخدام مضافين متتاليين وكان كلاهما ينتهي بعلامة الإضافة يكون في هذه الحال وضع أحدهما في ال **Dativ** لأن وقعه على السمع أجمل:
  trotz dem Verbot des Vaters

- إذا أتى ال **Genitiv** في الجمع مشابهاً لحالتي ال **Nominativ** ال **Akkusativ** يستحسن عندئذٍ استعمال حالة ال **Dativ**، وينطبق هذا بشكل عام على الأسماء التي لا تسبقها أداة أو صفة. مثال:

حالة المضاف إليه في نهاية الصفة.	***trotz*** *groß**er** Widerstände*
حالة ال **Dativ**	***trotz*** *Widerstände**n***

وذلك مع الحروف التالية :

dank / innerhalb / laut / trotz / wegen / während

بعض الخواص لاستعمال حروف النصب والجر: ادماج الحرف مع أداة التعريف:

التوضيح	أمثلة	الحرف + الأداة	
ترد كثيراً / قابلة للفصل	*Er geht **durchs** Zentrum.*	durchs	**durch + das**
لغة عامية	*Da fehlt noch was **fürs** Essen.*	fürs	**für + das**
عبارة ثابتة / لا تنفصل	*Er ist **ums** Leben gekommen.*	ums	**um + das**
عبارة ثابتة / لا تنفصل	*Er geht für ihn **durchs** Feuer.*		
ترد كثيراً / تنفصل	*beim Bahnhof / beim Kino*	beim	**bei + dem**
ترد كثيراً / تنفصل	*beim Lesen / beim Arbeiten*		
ترد كثيراً	*zur Schule / zur Kirche*	zur	**zu + der**
تعبير ثابت / لا تنفصل	*zur Diskussion stellen / zur Zeit*		
ترد كثيراً	*zum Bahnhof / zum Kino*	zum	**zu + dem**
ترد دائماً / لا تنفصل	*Das ist zum Lachen / zum*		
ترد دائماً / لا تنفصل	*Weinen / zum ersten Mal*		
ترد دائماً مع التأريخ	***am** Mittwoch / **am** 1. Mai*	am	**an + dem**
ترد كثيراً	***am** Rhein / **am** Bodensee*		
ترد دائماً / لا تنفصل	***am** besten / **am** schönsten*		
ترد كثيراً	***am** Bahnhof / **am** Kino*		
عبارة ثابتة / لا تنفصل	***aufs** Land fahren*	aufs	**auf + das**
لغة عامية	***hinters** Haus gehen*	hinters	**hinter + das**
عبارة ثابتة / لا تنفصل	*Er hat ihn **hinters** Licht geführt.*		
لغة عامية	***hinterm** Haus*	hinterm	**hinter + dem**
ترد كثيراً / تنفصل	***ins** Kino / **ins** Theater*	ins	**in + das**
ترد كثيراً / تنفصل	***im** Kino / **im** Theater*	im	**in + dem**
ترد غالباً	***im** Sommer / **im** Winter*		
ترد كثيراً / لا تنفصل	***im** Krieg / **im** Ernst*		
عبارة ثابتة / لا تنفصل	*Du musst das nicht **übers** Knie brechen.*	übers	**über + das**

17.06 Lokaler Gebrauch der Präpositionen

ايضاح لاستعمال حروف الجر مع المكان

١ الفراغ

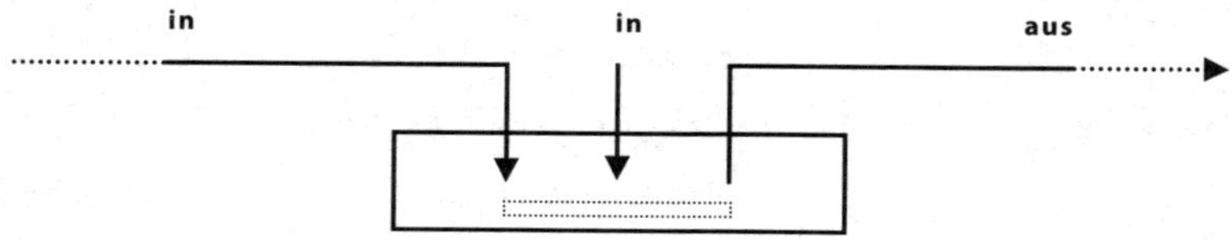

*Legen sie das Heft **in die** Schublade! / Das Heft liegt **in der** Schublade.*
*Wer hat das Heft **aus der** Schublade genommen?*

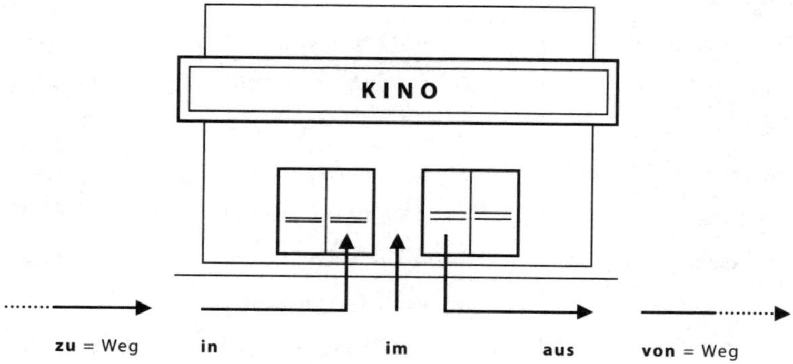

*Ich traf ihn auf dem Weg **zum** Kino. / Wir gingen **ins** Kino. / **Im** Kino saßen viele Leute.*
*Die Leute strömten **aus dem** Kino. / Der Bus fährt **vom** Kino zum Bahnhof.*

٢ المنزل الخاص

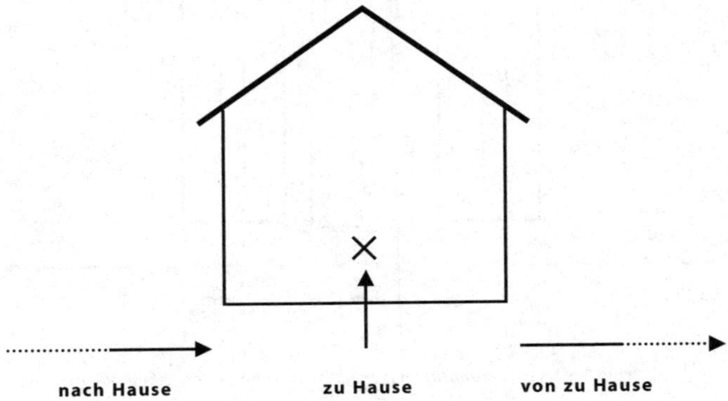

*Ich muss sofort **nach Hause.** / Ist Herr Maier **zu Hause?** / Ich komme direkt **von zu Hause.***

٣ موقع جغرافي (منطقة مغلقة)

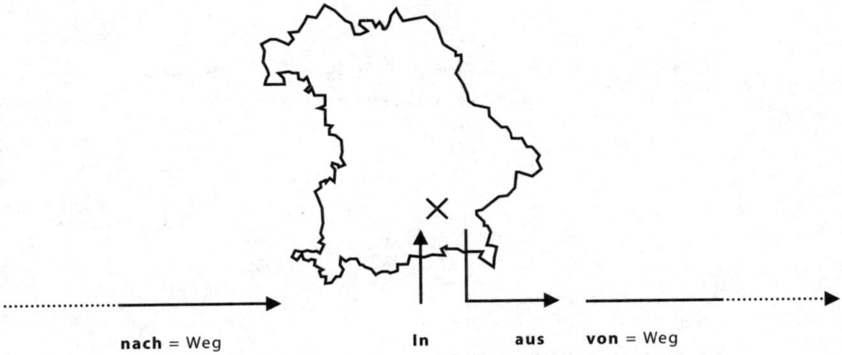

*Fährt dieser Zug **nach** München? – Wann sind Sie **nach** Deutschland eingereist? / Der Zug hat **in** München 10 Minuten Aufenthalt. – Er lebt **in** Deutschland. / Der Zug fährt um 13 Uhr **in (von)** München ab. – Meine Frau stammt **aus** Deutschland. / Kommt dieser Zug **von** München?*

٤ مع الأشخاص

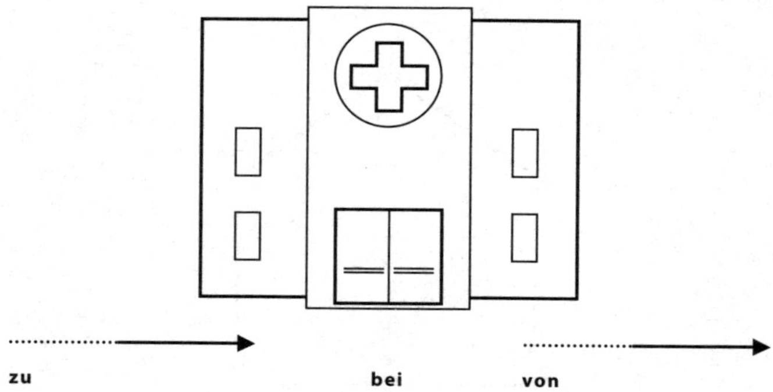

*Ich muss heute Nachmittag **zum** Arzt gehen. / Ich habe **beim** Arzt 3 Stunden gewartet.*
*Ich komme gerade **vom** Arzt.*

٥ المساحة

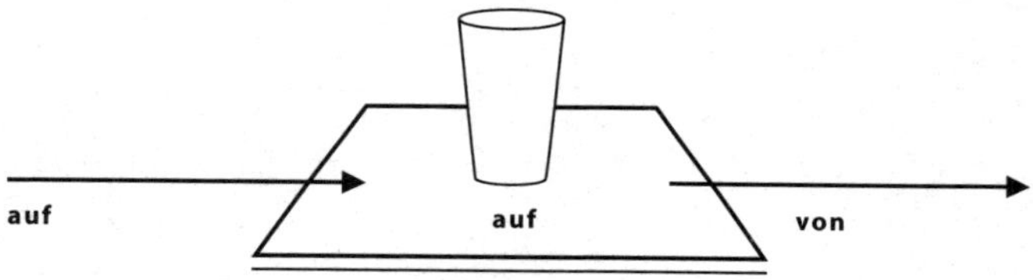

*Bitte stellen Sie die Blumenvase **auf den** Tisch! / Die Blumenvase steht **auf dem** Tisch.*
*Bitte nehmen Sie die Blumenvase **vom** Tisch!*

٦ مع المسافة

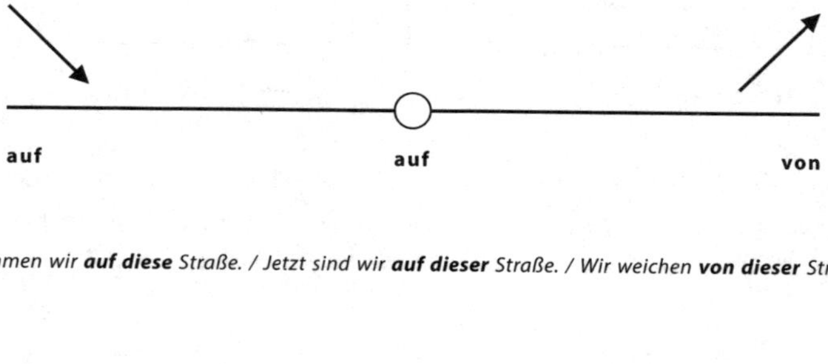

*Hier kommen wir **auf diese** Straße. / Jetzt sind wir **auf dieser** Straße. / Wir weichen **von dieser** Straße ab.*

٧ مع الحدود

◄ مع مكان مغلق (يساراً / يميناً / في الأعلى)

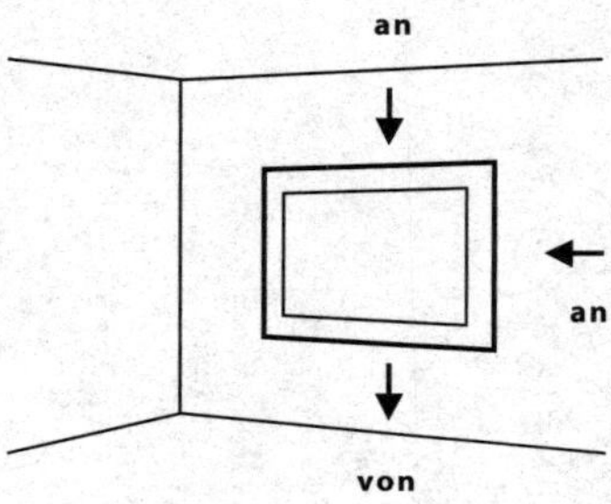

*Ich hänge das Bild **an die** Wand. / Das Bild hängt **an der** Wand. / Das Bild ist **von der** Wand gefallen.*

◄ مع مساحة

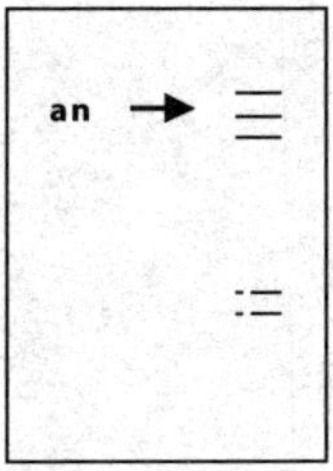

*Ich habe einige Bemerkungen **an den** Rand geschrieben. / Die Paragraphen stehen **am** Rand.*

◄ مع حلبة السباق

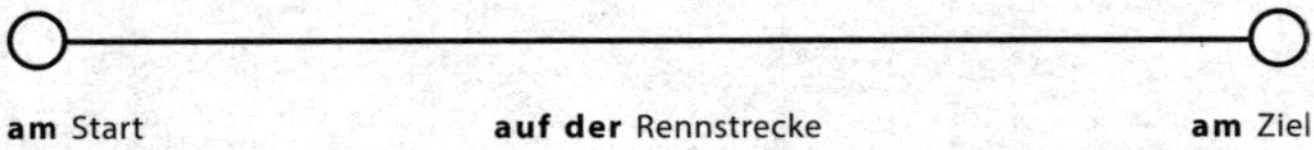

Kapitel 18

Übungen

تمارين

Übungen zur Verbkonjugation

تمارين على تصريف الفعل المضارع للأفعال الضعيفة والقوية (الفعل كخبر):

Ergänzen Sie die Präsensform!

01. Woher ______ ihr? – Wir ______ aus Spanien. ◃ **kommen**
02. Was ______ du hier? ◃ **machen**
03. Ich ______ Deutsch. ◃ **lernen**
04. Wo ______ Sie? – Wir ______ in Hamburg. ◃ **wohnen**
05. Was ______ Ihre Tochter? – Sie ______ Sprachen. ◃ **studieren**
06. Was ______ Peter und Jens? ◃ **machen**
07. Sie ______ Fußball. ◃ **spielen**
08. Wie ______ du? – Ich ______ Samer. ◃ **heißen**
09. ______ dein Freund bei der Post? – Nein, er ______ bei der Bahn. ◃ **arbeiten**
10. ______ du den kleinen Rolf jeden Tag?
    – Nein, ich ______ ihn nicht mehr täglich. ◃ **baden**
11. ______ du viel? – Ja, ich ______ oft und gern. ◃ **wandern**
12. ______ dein Bruder Briefmarken? – Nein, aber ich ______ welche. ◃ **sammeln**
13. ______ Sie jetzt Ihren Plan? – Nein, ich ______ ihn nicht. ◃ **ändern**
14. ______ du dich noch oft an deine Schulzeit?
    – Ja, ich ______ sogar sehr gern daran. ◃ **sich erinnern**
15. Was ______ du da? – Ich ______ einen Roman. ◃ **lesen**
16. ______ ihr beide zusammen nach Salzburg?
    – Nein, ich ______ allein, Hilde ______ nach Venedig. ◃ **fahren**
17. ______ du mir bei der Arbeit? – Natürlich, ich ______ dir gern. ◃ **helfen**
18. ______ Salim gut Englisch? – Ja, er ______ sehr gut Englisch. ◃ **sprechen**
19. Der Motor ______ regelmäßig. ◃ **laufen**
20. Im Winter ______ wir oft Ski. ______ du Ski?
    – Nein, ich ______ nicht Ski, nur Schlittschuh. ◃ **laufen**

01. kommt – kommen; 02. machst; 03. lerne; 04. wohnen – wohnen; 05. studiert – studiert; 06. machen; 07. spielen; 08. heißt – heiße; 09. Arbeitet – arbeitet; 10. Badest – bad; 11. Wanderst – wandere; 12. Sammelt – sammle / sammele; 13. Ändern – ändere; 14. Erinnerst – erinnere; 15. liest – lese; 16. Fahrt – fahre – fährt; 17. Hilfst – helfe; 18. Spricht – spricht; 19. läuft; 20. laufen – Läufst – laufe

تمارين على الفعل المضارع للأفعال المساعدة:

Ergänzen Sie die Präsensform von „haben"!

01. ______ Sie Ihren Pass dabei?
02. Ich ______ ihn immer dabei.
03. Wann ______ du Urlaub?
04. Das Kind ______ Durst.
05. ______ wir etwas zu trinken?
06. ______ du etwas Geld bei dir?
07. ______ Sie etwas Zeit für mich?

01. Haben; 02. habe; 03. hast; 04. hat; 05. Haben; 06. Hast; 07. Haben

Ergänzen Sie die Präsensform von „sein"!

01. Wer ______ das? – Das ______ Herr und Frau Petersen.
02. ______ Sie aus Hamburg? – Nein, ich ______ aus Köln.
03. ______ du krank? – Nein, ich ______ nur müde.
04. ______ ihr heute Abend zu Hause? – Ja, wir ______ den ganzen Abend zu Hause.
05. Das ______ gut.
06. Ich ______ dann um sechs Uhr bei euch.
07. Wer ______ die Leute da? – Das ______ Familie Schäfer.

01. ist – sind; 02. Sind – bin; 03. Bist – bin; 04. Seid – sind; 05. ist; 06. bin; 07. sind – ist

Ergänzen Sie die Präsensform von „werden"!

01. Vom vielen Arbeiten ______ man müde.
02. Du ______ bald wieder gesund.
03. Zieht eure Mäntel an, sonst ______ ihr krank.
04. Wie ______ wohl das Wetter morgen?
05. Es ______ sehr schön.
06. Aber die Nächte ______ allmählich kühler.
07. Ja, nachts ______ es schon ziemlich kalt.
08. Mein Sohn ______ Kaufmann wie ich.

01. wird; 02. wirst; 03. werdet; 04. wird; 05. wird; 06. werden; 07. wird; 08. wird

صرّف الأفعال التالية مع تبديل الحرف الصوتي في صيغة المخاطب المفرد.

Setzen Sie die richtige Verbform ein!

Beispiel: Ich esse Fisch. ***Was isst du?***

01. Ich brate mir ein Kotelett. Was ______ du dir?
02. Ich empfehle den Gästen immer das Hotel Europa. Was ______ du ihnen?
03. Ich fange jetzt mit der Arbeit an. Wann ______ du an?
04. Ich gebe dem Jungen einen Euro. Was ______ du ihm?
05. Ich halte mir einen Hund. ______ du dir auch einen?
06. Ich helfe ihr immer montags. Wann ______ du ihr?
07. Ich verlasse mich nicht gern auf ihn. ______ du dich denn auf ihn?
08. Ich lese gern Krimis. Was ______ du gern?
09. Ich sehe das Schiff nicht. ______ du es?
10. Ich trage den Koffer. ______ du die Tasche?
11. Ich nehme ein Stück Kirschtorte. Was ______ du?
12. Ich werde im Mai 25. Wann ______ du 25?
13. Ich treffe sie heute nicht. ______ du sie?
14. Ich schlafe immer bis sieben. Wie lange ______ du?

01. brätst; 02. empfiehlst; 03. fängst; 04. gibst; 05. Hältst; 06. hilfst; 07. Verlässt; 08. liest; 09. Siehst; 10. Trägst; 11. nimmst; 12. wirst; 13. triffst; 14. schläfst

تمارين على الأفعال الضعيفة ذات التصريف الخاص:

Setzen Sie die Präsensform ein!

01. ______ du, wie man jemanden ______ , der regelmäßig die Zeitung ______ ?
◅ **wissen, nennen, bringen**
02. Natürlich ______ ich das. Man ______ ihn Zeitungsträger. ◅ **wissen, nennen**
03. Wer von euch ______ ein Tier, das schneller als 50 Stundenkilometer ______ ?
◅ **kennen, rennen**
04. Der Mensch ______ , und Gott lenkt. ◅ **denken**
05. Am besten ______ Sie sich an den Chef. Der ______ das Problem.
◅ **sich wenden, kennen**
06. Ich ______ die alten Akten. ◅ **verbrennen**

01. Weißt – nennt – bringt; 02. weiß – nennt; 03. kennt – rennt; 04. denkt; 05. wenden – kennt; 06. verbrenne

ضع الجمل في صيغة الحاضر!

Bilden Sie Sätze im Präsens!

01. ______ du ihm die Post nicht? ◅ **bringen**
02. ______ Sie nichts von dem Vorfall? ◅ **wissen**
03. ______ du an die Verabredung? ◅ **denken**
04. ______ er die Namen der Mitarbeiter nicht? ◅ **kennen**
05. ______ du ihr den Brief mit Luftpost? ◅ **senden**
06. ______ die Heizung im Keller? ◅ **brennen**

01. Bringst; 02. Wissen; 03. Denkst; 04. Kennt; 05. Sendest; 06. Brennt

Übungen zum Perfekt

تمارين على صيغة الماضي التام

Bilden Sie die Perfektformen!

01. Wann ______ dein Bruder ______ ? – Er ______ im letzten Monat ______ .
◃ **heiraten**
02. ______ du dir ein Motorrad ______ ? ◃ **kaufen**
03. Wie lange ______ ihr bei dieser Firma ______ ?
– Wir ______ dort zehn Jahre ______ . ◃ **arbeiten**
04. Walter ______ mir einen Brief ______ . ◃ **schicken**
05. Er ______ mir zum Geburtstag ______ . ◃ **gratulieren**
06. Wo ______ ihr in Berlin ______ ? ◃ **wohnen**
07. ______ du schon deinen neuen Taschenrechner ______ ? ◃ **ausprobieren**
08. ______ Sie das Formular schon ______ ? ◃ **ausfüllen**

01. hat – geheiratet; hat – geheiratet; 02. Hast – gekauft; 03. habt – gearbeitet – haben – gearbeitet; 04. hat – geschickt; 05. hat – gratuliert; 06. habt – gewohnt; 07. Hast – ausprobiert; 08. Haben – ausgefüllt

01. ______ du deinen Urlaub schon ______ ? ◃ **nehmen**
02. ______ dir Karl bei der Arbeit ______ ? ◃ **helfen**
03. Soeben ______ ich einen Brief aus Japan______ . ◃ **bekommen**
04. Wer ______ dir denn ______ ? ◃ **schreiben**
05. Die Firma Keil ______ mir eine Stelle______ , und ich ______ sie natürlich sofort ______ . ◃ **anbieten, annehmen**
06. Letzte Nacht ______ ich schlecht ______ . ◃ **schlafen**
07. ______ du dich bei der Party gut ______ ? ◃ **unterhalten**
08. Ja, ich ______ mit vielen Leuten bei der Party ______ . ◃ **sprechen**

01. Hast– genommen; 02. Hast – geholfen; 03. habe – bekommen; 04. hat – geschrieben; 05. hat – angeboten – habe – angenommen; 06. habe – geschlafen; 07. Hast – unterhalten; 08. habe – gesprochen

Bilden Sie die Perfektform mit „sein"!

01. Wie lange ______ ihr am Sonntag ______ ? ◃ **wandern**
02. Wir ______ hier in den Bus ______ und dann nach Landau ______ .
◃ **einsteigen, fahren**
03. Am Königsee ______ ich mit Irene zum Sessellift ______ und auf den Jenner ______ . ◃ **gehen, hinauffahren**
04. Oben ______ wir mehrere Stunden ______ . ◃ **laufen**
05. Wir ______ wieder zur Bergstation ______ und dort eine Stunde ______ , um Kaffee zu trinken. ◃ **zurückkehren, bleiben**
06. Wann ______ ihr wieder nach Hause ______ ? ◃ **zurückkommen**

01. seid – gewandert; 02. sind – eingestiegen – gefahren; 03. bin – gegangen – hinaufgefahren; 04. sind – gelaufen; 05. sind – zurückgekehrt – geblieben; 06. seid – zurückgekommen

Ergänzen Sie die Perfektform von „haben"!

01. Ich ______ gestern keine Zeit ______ , zum Frisör zu gehen.
02. Frau Möller ______ letzte Woche Grippe ______ .
03. Wir ______ den Braten nicht gegessen. Wir ______ keinen Hunger ______ .
04. Warst du gestern nicht im Kino? – ______ du kein Geld ______ ?
05. Ihr ______ das Puzzle nicht fertig gemacht. ______ ihr keine Zeit dazu ______?

01. habe – gehabt; 02. hat – gehabt; 03. haben – hatten – gehabt / Ø; 04. hattest – gehabt / Ø; 05. habt – Hattet – gehabt / Ø

Ergänzen Sie die Perfektform von „werden"!

01. Das Wetter ______ zum Glück inzwischen besser ______.
02. Die Nächte ______ aber kühler ______ .
03. Du ______ in der letzten Zeit fleißiger ______ .

Ø: Ein Wort kann auch weggelassen werden

04. Ihr ______ von der Wanderung sicher müde ______ .
05. Ich ______ von dem Pilzessen krank ______ .
06. Wir ______ in der Fremde nicht glücklich ______ .

01. war – geworden; 02. waren – geworden; 03. warst – geworden; 04. wart – geworden; 05. war – geworden; 06. waren – geworden;

Setzen Sie die Perfektformen ein!

01. Ich ______ den Mann nicht ______ . ◃ **kennen**
02. Wer ______ Ihnen meinen Namen ______ ? ◃ **nennen**
03. Die Frau ______ das wirklich nicht ______ . ◃ **wissen**
04. Wer ______ ihr denn Blumen ______ ? ◃ **bringen**
05. Wir ______ zum Zug ______ , haben ihn aber nicht erreicht. ◃ **rennen**
06. Das alte Haus ______ völlig ______ . ◃ **abbrennen**

01. habe – gekannt; 02. hat – genannt; 03. hat gewusst; 04. hat – gebracht; 05. sind – gerannt; 06. ist – abgebrannt

تمارين على صيغة الماضي التام مع الفعلين haben أو sein:

Beispiel:

Wann beginnt das Konzert?

Es ***hat*** *schon* ***begonnen.***

Wann reist euer Besuch ab?

Er ***ist*** *schon* ***abgereist.***

01. Wann esst ihr zu Mittag?
02. Wann rufst du ihn an?
03. Wann kaufst du die Fernsehzeitschrift?
04. Wann kommt die Reisegruppe an?
05. Wann fährt der Zug ab?

06. Wann schreibst du den Kündigungsbrief?
07. Wann ziehen eure Nachbarn aus der Wohnung aus?
08. Wann ziehen die neuen Mieter ein?

01. Wir haben schon gegessen.; 02. Ich habe ihn schon angerufen.; 03. Ich habe sie schon gekauft.; 04. Sie ist schon angekommen.; 05. Er ist schon abgefahren.; 06. Ich habe ihn schon geschrieben.; 07. Sie sind schon ausgezogen.; 08. Sie sind schon eingezogen.

Übungen zum Partizip Perfekt und Partizip Präsens

تمارين على كيفية صياغة اسم المفعول:

Bilden Sie aus den Infinitiven Partizip Perfekt-Formen!

01. kaufen, machen, klingeln
02. hören, öffnen, wünschen
03. ärgern, meinen, ändern
04. schenken, glauben, wohnen
05. baden, arbeiten, sammeln
06. verkaufen, besuchen, bestellen
07. genügen, bezahlen, besorgen
08. begrüßen, veranstalten, erinnern
09. beantragen, bemitleiden, vernichten

01. gekauft, gemacht, geklingelt; 02. gehört, geöffnet, gewünscht; 03. geärgert, gemeint, geändert; 04. geschenkt, geglaubt, gewohnt; 05. gebadet, gearbeitet, gesammelt; 06. verkauft, besucht, bestellt; 07. genügt, bezahlt, besorgt; 08. begrüßt, veranstaltet, erinnert; 09. beantragt, bemitleidet, vernichtet

01. aussuchen, abschicken, ausfüllen
02. einwilligen, umtauschen, nachschauen

03. einstecken, abholen, nacharbeiten
04. interessieren, kontrollieren, passieren
05. studieren, gratulieren, anprobieren
06. trompeten, ausposaunen, übernachten
07. schlafen, sehen, heißen
08. lesen, riechen, finden
09. werfen, liegen, nehmen
10. bekommen, gefallen, enthalten
11. verlieren, unterbrechen, empfehlen

01. ausgesucht, abgeschickt, ausgefüllt; 02. eingewilligt, umgetauscht, nachgeschaut; 03. eingesteckt, abgeholt, nachgearbeitet; 04. interessiert, kontrolliert, passiert; 05. studiert, gratuliert, anprobiert; 06. trompetet, ausposaunt, übernachtet; 07. geschlafen, gesehen, geheißen; 08. gelesen, gerochen, gefunden; 09. geworfen, gelegt, genommen; 10. bekommen, gefallen, enthalten; 11. verloren, unterbrochen, empfohlen

تمرين على اسم الفاعل:

Bilden Sie das Partizip Präsens nach folgendem Beispiel:

Beispiel:

*Der Wagen fährt – der **fahrende** Wagen – die **fahrenden** Wagen*

*ein **fahrender** Wagen – **fahrende** Wagen*

01. Der Junge lernt.
02. Die Kuh brüllt.
03. Die Katze springt.
04. Das Kind spielt.
05. Der Kaufmann reist.
06. Das Blatt fällt.
07. Das Mädchen weint.

01. der lernende Junge; 02. die brüllende Kuh; 03. die springende Katze; 04. das spielende Kind; 05. der reisende Kaufmann; 06. das fallende Blatt; 07. das weinende Mädchen

Bilden Sie das Partizip Präsens

Beispiel: *Kleid / Tuch*

Ich möchte zu meinem Kleid ein passendes Tuch.

01. Anzug / Schuhe
02. Mantel / Handschuhe
03. Pullover / Jacke
04. Schuhe / Strümpfe
05. Kleid / Tasche

01. Ich möchte zu meinem Anzug passende Schuhe.; 02. Ich möchte zu meinem Mantel passende Handschuhe.; 03. Ich möchte zu meinem Pullover eine passende Jacke.; 04. Ich möchte zu meinen Schuhen passende Strümpfe.; 05. Ich möchte zu meinem Kleid eine passende Tasche.

01. Leider gibt es keine ______ Gelegenheit über das Problem zu sprechen. ◃ **passen**
02. Ich konnte kein ______ Kleid für meine Schwester finden. ◃ **passen**
03. Ich werde im ______ Jahr mein Studium beginnen. ◃ **kommen**
04. In den ______ Nummern der Zeitschrift wird der Artikel fortgesetzt. ◃ **folgen**
05. Das war ein ______ Tag. ◃ **anstrengend**
06. Wir haben heute eine ______ Arbeit. ◃ **anstrengend**
07. Der war sehr schön, aber auch sehr ______ . ◃ **anstrengend**
08. Das war eine sehr ______ Reise. ◃ **anstrengend**

01. passende; 02. passendes; 03. kommenden; 04. folgenden; 05. anstrengender; 06. anstrengende; 07. anstrengend; 08. anstrengende

Übungen zum Präteritum / Imperfekt

تمارين على صيغة الماضي البسيط:

Ergänzen Sie die Präteritumformen von „haben"!

01. Im Urlaub ______ wir immer schönes Wetter.
02. Mein Bruder hat jetzt einen Wagen, vorher ______ er ein Motorrad.
03. Die Menschen haben jetzt keine Zeit mehr für einander. Früher ______ sie mehr Zeit.
04. Ich ______ gestern nach der langen Wanderung ziemlich Hunger.
05. ______ ihr denn keinen Hunger?
06. Du ______ Durst, aber leider ______ wir nichts mehr zu trinken im Hause.

01. hatten; 02. hatte; 03. hatten; 04. hatte; 05. Hattet; 06. hattest – hatten

Setzen Sie die Verben in dieser Geschichte ins Präteritum!

Zuerst fahren wir nach Bayreuth. Dort gehen wir am Samstag in die Oper. An diesem Tag steht der „Tannhäuser" von Wagner auf dem Programm. Auch am Sonntag bleiben wir in Bayreuth und schauen uns die Stadt und die Umgebung an. Am Abend treffen wir uns mit Freunden und fahren ins Fichtelgebirge. Da bleiben wir eine Woche. Wir wandern jeden Tag zu einem anderen Ziel. Abends sitzen wir dann noch zusammen und unterhalten uns, sehen fern oder gehen tanzen. Kaum liegt dann man im Bett, schläft man auch schon ein. Am Sonntag darauf fahren wir dann wieder nach Hause.

fahren – fuhren; gehen – gingen; steht – stand; bleiben – blieben; schauen – schauten; treffen – trafen; fahren – fuhren; bleiben – blieben; wandern – wanderten; sitzen – saßen; unterhalten – unterhielten; sehen – sahen; gehen – gingen; liegt – lag; schläft – schlief; fahren – fuhren

Bilden Sie das Präteritum!

01. Die Abiturienten bringen die Bücher zur Bibliothek.
02. Meine Schwestern denken gern an den Urlaub im letzten Jahr.
03. Die Kinder wissen den Weg nicht.
04. Ihr kennt die Aufgabe.
05. Die Mieter senden dem Hauseigentümer einen Brief.
06. Ihr wisst seit Langem Bescheid.

01. brachten; 02. dachten; 03. wussten; 04. kanntet; 05. sendeten; 06. wusstet

Ergänzen Sie die Präteritumformen von „sein"!

01. Wo ______ du gestern Abend?
02. Gestern ______ ich im Theater.
03. ______ viele Leute da?
04. Ja, es ______ viele Leute im Theater.
05. Wie ______ das Theaterstück?
06. Es ______ sehr gut.
07. ______ ihr schon einmal in Hamburg?
08. Ja, letztes Jahr ______ wir dort.

01. warst; 02. war; 03. Waren; 04. waren; 05. war; 06. war; 07. Wart; 08. waren

Ergänzen Sie die Präteritumformen von „werden"!

01. Gegen Abend ______ der Himmel immer klarer.
02. Es dauerte lange, bis ich meine Erkältung wieder los ______ .
03. Im Laufe der Nacht ______ das Wetter besser.
04. Erst gegen Ende ______ die Diskussion interessant.

05. Als der Mann anfing, mich zu beschimpfen, ______ ich zornig.
06. In der letzten Zeit ______ die Leistungen Ihres Sohnes in der Schule immer schlechter.

01. wurde; 02. wurde; 03. wurde; 04. wurden; 05. wurde; 06. wurden

Übungen zum Plusquamperfekt

تمارين على صيغة الماضي التام البعيد.

Ergänzen Sie die Plusquamperferktformen von „sein"!

01. Vor unserer Abreise in den Urlaub ______ ich eine Woche krank ______ .
02. Bevor Peter zu uns kam, ______ er bei seinen Eltern ______ .
03. Bevor wir nach Spanien kamen, ______ wir eine Woche in Frankreich ______ .
04. Bevor meine Kinder in die Schule kamen, ______ sie ein Jahr im Kindergarten ______ .

01. war – gewesen; 02. war – gewesen; 03. waren – gewesen; 04. waren – gewesen

Ergänzen Sie die Plusquamperferktformen von „werden"!

01. Ich konnte die Reise nach Prag leider nicht mitmachen, weil ich plötzlich krank ______ ______.
02. Wir mussten vom Urlaub früher kommen, weil unser Geld knapp ______ ______ .
03. Die alte Frau musste ins Krankenhaus. Sie ______ plötzlich ohnmächtig ______ .
04. Mozart ______ als sechsjähriger Knabe durch seine Konzerte bekannt ______ .

01. geworden war; 02. geworden war; 03. war – geworden; 04. war – geworden

Ergänzen Sie die Plusquamperferktformen von „haben"!

01. Was ______ Samira an ______ , als ihr sie gestern getroffen habt?
02. Als ich neulich über die Grenze wollte, ______ ich dummerweise meinen Pass nicht bei mir ______ .
03. Wir haben alles aufgegessen, weil wir großen Hunger ______ ______ .
04. In unserer Kindheit ______ wir es wirklich gut ______ .
05. Meine Schwester ______ als Kind ihre Puppen immer sehr lieb ______ .

01. hatte – gehabt; 02. hatte – gehabt; 03. gehabt hatten; 04. hatten – gehabt; 05. hatte – gehabt

Bilden Sie die Plusquamperfektformen!

01. Als ich gestern später nach Hause kam, ______ meine Eltern schon zu Abend ______. ◁ **essen**
02. Als ich zur Werkstatt kam, ______ man meinen Wagen schon ______ . ◁ **reparieren**
03. Als wir gestern wegfahren wollten, ______ der Regen ______ . ◁ **aufhören**
04. Als wir ins Theater kamen, ______ die Vorstellung ______ . ◁ **anfangen**
05. Als wir nach dem Frühstück auf unser Zimmer gingen, ______ das Zimmermädchen bereits ______ . ◁ **aufräumen**
06. Als ich das Hotel verließ, ______ man mein Gepäck schon ______. ◁ **abholen**

01. hatten – gegessen; 02. hatte – repariert; 03. hatte – aufgehört; 04. hatte – angefangen; 05. hatte – aufgeräumt; 06. hatte – abgeholt.

Übungen zum Futur I und Futur II

تمارين على المستقبل العادي:

Bilden Sie die Futurformen!

01. Morgen ______ ich mal nach Homs ______ . ◁ **fahren**
02. Ich ______ dort meine Freunde ______ . ◁ **besuchen**
03. Ich ______ bestimmt erst später wieder zurück ______ . ◁ **sein**
04. Sei unbesorgt. Du ______ die Prüfung bestimmt ______ . ◁ **bestehen**
05. Ihr ______ uns doch hoffentlich aus dem Urlaub ______ . ◁ **schreiben**
06. Wir ______ euch bestimmt eine Ansichtskarte aus Rom ______ . ◁ **schicken**
07. Der Chef ______ gleich eine Besprechung ______ . ◁ **haben**
08. Die Besprechung ______ sicher nicht mehr lange ______ . ◁ **dauern**

01. werde – fahren; 02. werde – besuchen; 03. werde – sein; 04. wirst – bestehen; 06. werdet – schreiben; 06. werden – schicken; 07. wird – haben; 08. wird – dauern

Ergänzen Sie die Futurformen von „sein", „haben" und „werden"!

01. Wenn die Kinder aus der Schule kommen, ______ sie Hunger ______.
02. Wo ist Herr Braun? Er ______ in seinem Büro ______ .
03. Das Benzin ______ sicher billiger ______ .
04. Wo sind die Kinder? Sie ______ in der Schule ______ .
05. Peter kommt bestimmt nicht mehr. Er ______ keine Zeit ______ .
06. Was glauben Sie? ______ die Mieten höher ______ ?
07. Was macht Frau Möller? Sie ______ im Garten ______ .

01. werden – haben; 02. wird – sein; 03. wird – werden; 04. werden – sein; 05. wird – haben; 06. Werden – werden; 07. wird – sein

تمرين على صيغة المستقبل التام:

Bilden Sie die Futurformen! (Futur II)

01. Da vorn ______ ein Unfall ______ ______ . ◃ **passieren**
02. Es ______ wieder Verletzte ______ ______ . ◃ **geben**
03. Man ______ die Polizei schon ______ ______ . ◃ **benachrichtigen**
04. Inzwischen ______ dein Sohn sein Examen ______ ______ . ◃ **bestehen**
05. Unsere Nachbaren ______ nach Italien ______ ______ . ◃ **reisen**
06. Bis morgen ______ sich das Wetter ______ ______ . ◃ **sich bessern**
07. Der Patient ______ inzwischen die Operation ______ ______ . ◃ **überstehen**
08. Peter ______ seine Freundin nach Hause ______ ______ . ◃ **bringen**
09. Der Fernsehmechaniker ______ inzwischen unseren Fernseher ______ ______ . ◃ **reparieren**
10. Die Geschäfte ______ jetzt sicher schon ______ ______ . ◃ **öffnen**

01. wird – passiert sein; 02. wird – gegeben haben; 03. wird – benachrichtigt haben; 04. wird – bestanden haben; 05. werden – gereist sein; 06. wird – gebessert haben; 07. wird – überstanden haben; 08. wird – gebracht haben; 09. wird – repariert haben; 10. werden – geöffnet haben.

Übungen zu Modalverben

تمارين على الأفعال المساعدة الواصفة للحال:

Ergänzen Sie die Präsensformen!

01. ______ du Deutsch? ◃ **können**
02. Ich ______ etwas Deutsch. ◃ **können**
03. ______ Inge mit uns in Kino? ◃ **dürfen**
04. ______ ihr denn jetzt ins Kino? ◃ **wollen**
05. Ich ______ jetzt leider ins Büro. ◃ **müssen**

06. ______ Peter Fisch? ◁ **mögen**
07. Nein, Fisch ______ er nicht. ◁ **mögen**
08. Wir ______ lieber ein Schnitzel. ◁ **möchten**
09. ______ die Kinder jetzt schon ins Bett? ◁ **sollen**
10. Wir ______ um 10 Uhr zu Hause sein. ◁ **müssen**
11. ______ ich jetzt Fußball spielen? ◁ **dürfen**
12. Wenn ihr ______ , ______ ihr mir ein wenig helfen. ◁ **wollen, können**

01. Kannst; 02. kann; 03. Darf; 04. Wollt; 05. muss; 06. Mag; 07. mag; 08. möchten; 09. Sollen; 10. müssen; 11. Darf; 12. wollt – könnt

Setzen Sie das passende Modalverb in der richtigen Form ein!

01. Leider ______ ich nicht länger bei dir bleiben, denn ich ______ um 17 Uhr mit dem Zug nach München fahren.
02. Eis oder Kaffee? Was ______ du?
03. Ich ______ keinen Kaffee trinken; der Arzt hat es mir verboten.
04. Ich ______ täglich dreimal von diesen Tabletten nehmen.
05. Wo ______ du denn hin? ______ du einen Moment warten, dann gehe ich gleich mit dir.
06. „Guten Tag"! Wir ______ ein Doppelzimmer mit Bad; aber nicht eins zur Straße. Es ______ ein ruhiges Zimmer sein." – „Ich ______ Ihnen ein Zimmer zum Innenhof geben. ______ Sie es sehen? – „Ja, gern." – „ ______ wir Sie morgen früh wecken?". – „Nein, denn wir ______ ausschlafen."

01. kann – muss; 02. magst; 03. darf; 04. muss; 05. musst – Kannst / Magst / Möchtest; 06. möchten – muss – kann – Möchten – Sollen – wollen

Üben Sie die Modalverben!

Beispiel:

Kannst du mich morgen besuchen? ◃ ***in die Bibliothek gehen***

– Nein, morgen muss ich in die Bibliothek gehen.

01. Hast du morgen Zeit für mich? ◃ **Wäsche waschen**
02. Fährst du nächste Woche nach Hamburg? ◃ **nach München fahren**
03. Machst du nächstes Jahr eine Amerikareise? ◃ **mein Examen machen**
04. Kommst du heute Abend in die Disko? ◃ **meine Mutter besuchen**
05. Gehst du jetzt mit zum Sportplatz? ◃ **nach Hause gehen**
06. Machst du am Sonntag die Wanderung mit? ◃ **zu Hause bleiben und lernen**

01. Nein, morgen muss / will ich Wäsche waschen.; 02. Nein, nächste Woche will ich nach München fahren.; 03. Nein, nächstes Jahr muss / möchte ich mein Examen machen.; 04. Nein, heute Abend will / muss ich meine Mutter besuchen.; 05. Nein, ich muss / möchte jetzt nach Hause gehen.; 06. Nein, am Sonntag muss / möchte ich zu Hause bleiben und lernen.

ضع الفعل المساعد الواصف للحال المناسب في الجملة:

Setzen Sie das passende Modalverb ein!

01. ______ du heute ausgehen? Nein, ich ______ fernsehen.
02. Bis wann ______ Sie bleiben? Ich ______ morgen weg.
03. ______ ihr um sieben Uhr kommen? Nein, wir ______ da noch arbeiten.
04. ______ ich hereinkommen? – Ja, natürlich.
05. Was ______ ich für Sie tun?
06. Doris ______ gut Englisch.
07. Christa ______ ihre Freundin einladen.
08. Es ist schon zehn. Ich ______ jetzt gehen.

01. Willst / Möchtest – will / möchte; 02. wollen / möchten – will / möchte / muss; 03. Wollt / möchtet – müssen; 04. Darf; 05. kann / darf; 06. kann; 07. soll / möchte / will; 08. muss.

Setzen Sie den Text ins Präteritum!

Herr Müller will ein Haus bauen. Er muss lange sparen. Auf den Kauf eines Grundstücks kann er verzichten, denn das hat er schon. Er muss laut Vorschrifft einstöckig bauen. Den Bauplan kann er nicht selbst machen. Deshalb beauftragt er einen Architekten; dieser soll ihm einen Plan für einen Bungalow machen. Der Architekt will nur 1500 Euro dafür haben; „Ein Freundschaftspreis!", sagt er. Einen Teil der Baukosten kann der Vater finanzieren. Trotzdem muss sich Herr Müller noch einen Kredit besorgen. Er muss zu den Banken, zu den Ämtern und zum Notar laufen. Endlich kann er anfangen.

will – wollte; muss – musste; kann – konnte; hat – hatte; muss – musste; kann – konnte; beauftragt – beauftragte; soll – sollte; will – wollte; sagt – sagte; kann – konnte; muss – musste; muss – musste; kann – konnte

Übungen zum Imperativ

تمارين على فعل الأمر:

Ergänzen Sie die Imperativformen von „haben"!

01. ______ bitte etwas Geduld! Ich mache das schon. ◃ **du**
02. ______ keine Angst! Ich bin gleich wieder da. ◃ **ihr**
03. ______ Sie keine Sorge! Es wird alles gutgehen ◃ **sie**

01. Hab; 02. Habt; 03. Haben

Ergänzen Sie die Imperativformen von „sein"!

01. ______ bitte etwas leise! Die Kinder schlafen schon. ◃ **ihr**
02. ______ nicht so nervös, wenn du zur Prüfung gehst! ◃ **du**
03. ______ bitte pünktlich zum Essen da! ◃ **ihr**
04. ______ Sie bitte so freundlich, und helfen Sie mir! ◃ **Sie**

01. Seid; 02. Sei; 03. Seid; 04. Seien

Ergänzen Sie die Imperativformen von „werden"!

01. ______ Sie nicht ungeduldig! Der Arzt kommt gleich! ◃ **Sie**
02. ______ bald wieder gesund! Und gute Besserung! ◃ **du**
03. ______ nicht frech! Sonst werdet ihr mich kennenlernen! ◃ **ihr**
04. ______ glücklich, ihr beiden! ◃ **ihr**

01. Werden; Werde; Werdet; Werdet

Bilden Sie die Imperativformen für die Anrede „du" und „ihr"!

01. Rufen Sie mich heute Abend an!
02. Kommen Sie bitte morgen wieder vorbei!
03. Laden Sie auch den Gast aus Italien zur Party ein!
04. Holen Sie mich bitte vom Bahnhof ab!
05. Bestellen Sie bitte Ihren Eltern herzliche Grüße von mir!
06. Bringen Sie mir bitte eine Tasse Kaffee!
07. Schreiben Sie mir bitte bald!

01. Ruf(t) mich heute Abend an!; 02. Komm(t) bitte morgen wieder vorbei; 03. Lad(et) auch den Gast aus Italien zur Party ein!; 04. Hol(t) mich bitte vom Bahnhof ab!; 05. Bestell(t) bitte deinen / euren Eltern herzliche Grüße von mir!; 06. Bring(t) mir bitte eine Tasse Kaffee!; 07. Schreib(t) mir bitte bald

01. Geben Sie mir bitte die Zeitung!
02. Nehmen Sie doch den Zug um 8 Uhr 45!
03. Unterbrechen Sie doch Ihre Reise in Paris!
04. Lesen Sie mal dieses Buch!
05. Nehmen Sie doch dieses Zimmer!
06. Helfen Sie bitte Ihren Kollegen!
07. Sprechen Sie bitte etwas langsamer!
08. Erschrecken Sie nicht!

01. Gib / Gebt mit bitte die Zeitung!; 02. Nimm / Nehmt doch den Zug um 8 Uhr 45!; 03. Unterbrich / Unterbrecht doch deine / eure Reise in Paris!; 04. Lies / Lest mal dieses Buch!; 05. Nimm / Nehmt doch dieses Zimmer!; Hilf / Helft bitte deinen / euren Kollegen!; Sprich / Sprecht bitte etwas langsamer!; Erschrick / Erschreckt nicht!

Übungen zum Konjunktiv II und Konjunktiv I

تمارين على صيغة الاحتمال في الماضي Konjunktiv II

حوّل الجمل التالية إلى صيغة الاحتمال في الماضي، وابدأ دائماً بـ: "aber wenn"

Beispiel: *Das Buch ist nicht interessant, ich lese es nicht gern.*

Das Buch ist nicht interessant, aber wenn es interessant wäre, würde ich es lesen.

01. Ich habe nicht viel Zeit. Ich besuche die Vorträge nicht.
02. Die Sonne scheint nicht, ich fahre nicht aufs Land.
03. Er bittet mich um Hilfe, ich kann ihm nicht helfen.
04. Ich finde das verlorene Geld nicht, ich kann es dir nicht geben.
05. Er schläft lange, er kann nich viel arbeiten.

06. Mein Mann ist Busfahrer. Er muss viele Reisen machen.
07. Ich habe kein eigenes Geschäft. Ich muss nicht so hart arbeiten.
08. Der Mensch hat keine Flügel, er fliegt nicht wie ein Vogel.

01. Ich habe nicht viel Zeit, aber wenn ich Zeit hätte, würde ich sie besuchen.; 02. [...], aber wenn sie scheinen würde, würde ich fahren.; 03. [...], aber wenn er mich bitten würde, würde ich helfen.; 04. [...], aber wenn ich es finden würde, würde ich es dir geben.; 05. [...], aber wenn er nicht lange schlafen würde, könnte er viel arbeiten.; 06. [...], aber wenn er kein Busfahrer wäre, müsste er nicht viele Reisen machen.; 07. [...], aber wenn ich kein eigenes Geschäft hätte, müsste ich nicht so hart arbeiten.; 08. [...], aber wenn er Flügel hätte, könnte er fliegen wie ein Vogel.

Ergänzen Sie die Konjunktiv II-Formen von „haben"!

01. Was möchten Sie? – Ich ______ gerne ein Bier.
02. Was möchte der Junge? – Er ______ gerne eine Cola.
03. Was möchten die Kinder? – Sie ______ gerne ein Glas Milch.
04. Was möchte Ihr Freund? – Er ______ gerne ein Glas Wein.
05. Was möchten Sie ? – Ich ______ gerne zwei Omletts mit Pilzen.
06. ______ Sie Lust, mit mir in die Stadt zu fahren?
07. Wer ______ Lust, mit mir ins Kino zu gehen?
08. Wenn ich keinen Wagen ______ ______ , wäre ich nicht so schnell hier gewesen.

01. hätte; 02. hätte; 03. hätten; 04. hätte; 05. hätte; 06. Hätten; 07. hätte; 08. gehabt hätte

Ergänzen Sie die Konjunktiv II-Formen von „sein"!

01. Dein Bruder behauptet immer, du ______ ein fauler Schüler.
02. Die Nachbarn meinen, wir ______ reich.
03. Die Leute glauben, ihr ______ verheiratet.
04. Wie ______ es denn, wenn wir hier noch einen Tag bleiben?
05. ______ Sie bereit, uns zu helfen?
06. Meine Frau meint, ich ______ gestern bei dir ______ .

07. Wir ______ nicht hier geblieben, wenn das Wetter nicht so schön ______ .
08. Es ______ sehr nett von dir ______ , wenn du mich gestern vom Büro abgeholt hättest.

01. wärst; 02. wären; 03. wärt; 04. wäre; 05. Wären; 06. wäre – gewesen; 07. wären – wäre; 08. wäre – gewesen

Ergänzen Sie die Konjunktiv II-Formen von „werden"

01. Klaus behauptet, er ______ immer sehr schnell seekrank.
02. Wie wäre es, wenn du ein bisschen pünktlicher ______ ?
03. Was wäre, wenn unsere Mutter plötzlich krank ______ ?
04. Was wäre, wenn das Essen nich rechtzeitig fertig ______ ?
05. Mein Vater meint, dass wir glücklich ______ ______ , wenn wir nicht mit deinen Eltern zusammengelebt hätten.

01. würde; 02. würdest; 03. würde; 04. würde; 05. geworden wären

Bilden Sie die Konjunktiv II-Formen!

01. Ich dachte, Sie ______ aus Berlin, dabei kommen Sie aus Hamburg. ◁ **kommen**
02. Meine Eltern meinen, wir ______ mit dem Zug, dabei fahren wir dem Auto. ◁ **fahren**
03. Wir hofften, dass die Gäste länger ______ , aber sie reisen morgen schon ab. ◁ **bleiben**
04. Wir meinten, wir ______ heute frei, dabei müssen wir doch arbeiten. ◁ **bekommen**
05. Ich dachte immer, Fritz ______ es gut. Aber das stimmt nicht. ◁ **gehen**
06. Die Eltern denken, Monika ______ jetzt den Film; dabei ist sie bei uns. ◁ **sich ansehen**

01. kämen; 02. führen; 03. blieben; 04. bekämen; 05. ginge; 06. sähe

Bilden Sie die Konjunktiv II-Formen! (Vergangenheit)

01. Paul behauptet immer, meine Kinder ______ in der Schule nichts ______ . ◁ **lernen**
02. Ich habe gedacht, ihr ______ euch über mein Geschenk ______ . ◁ **sich freuen**
03. Ich war der Meinung, Sie ______ in einem Familienhaus ______ und nicht in einem Wohnblock. ◁ **wohnen**
04. Ich dachte, Anton und Stefanie ______ zum See ______ und nicht in die Stadt gefahren. ◁ **wandern**
05. Ich war der Meinung, Helga ______ Chemie ______ , nicht Medizin. ◁ **studieren**
06. Rudi behauptet, er ______ sein Motorrad günstig ______ . ◁ **verkaufen**

01. hätten – gelernt; 02. hättet – gefreut; 03. hätten – gewohnt; 04. wären – gewandert; 05. hätte – studiert; 06. hätte – verkauft

Bilden Sie die Konjunktiv II-Formen!

01. Günter redet immer so, als ______ er alles besser als andere. ◁ **können**
02. Es sieht tatsächlich so aus, als ______ es aufhören zu regnen. ◁ **wollen**
03. Der Mann schaut mich an, als ______ er nicht verstehen, was ich sage. ◁ **können**
04. Wenn ihr meinen Eltern nicht alles erzählt ______ , was ihr vorhabt, ______ ich sicher mitkommen. ◁ **dürfen**
05. Wir ______ früher nach Hause gehen ______ und nicht erst jetzt. ◁ **sollen**
06. Du ______ die Kamera nicht im Hotel vergessen ______ , dann ______ du hier schöne Fotos machen ______ . ◁ **dürfen, können**

01. könnte; 02. wollte; 03. könnte; 04. hättet – dürfte; 05. hätten – sollen; 06. hättest – dürfen – hättest – können

Bilden Sie irreale Bedingungssätze. Verwenden Sie für den fettgedruckten Satz die Umschreibung mit „würde"!

Beispiel: ***Du erreichst einen günstigeren Preis.*** *Du handelst mit ihm.*

Du würdest einen günstigeren Preis erreichen, wenn du mit ihm handeltest.

01. **Du fragst die Vokabeln ab.** Du tust mir einen großen Gefallen.
02. **Du holst mich von der Bahn ab.** Ich brauche kein Taxi zu nehmen.
03. **Er spart viel Geld.** Er heizt etwas sparsamer.
04. **Du liest das Buch.** Du weißt Bescheid.

01. Wenn du die Vokabeln abfragen würdest, tätest du mir einen großen Gefallen.; 02. Wenn du mich von der Bahn abholen würdest, bräuchte ich kein Taxi zu nehmen.; 03. Er würde viel Geld sparen, wenn er etwas sparsamer heizte; 04. Wenn du das Buch lesen würdest, wüsstest du Bescheid.

Sagen Sie, was besser wäre!

Beispiel: *Er kümmert sich nicht um sein Examen*

Es wäre besser, wenn er sich um sein Examen kümmerte.

Oder: Es wäre besser, wenn er sich um sein Examen kümmern würde.

01. Der Angestellte kommt nicht pünktlich zum Dienst.
02. Der Angeklagte sagt nicht die volle Wahrheit.
03. Die Stadt baut keine Radfahrwege.
04. Der Hauseigentümer lässt das Dach nicht reparieren.
05. Du kaufst keine neuen Reifen für dein Auto.
06. Sie geht nicht zum Arzt und lässt sich nicht untersuchen.

01. Es wäre besser, wenn der Angestellte pünktlich zum Dienst käme/kommen würde.; 02. [...], wenn der Angeklagte die volle Wahrheit sagte/sagen würde; 03. [...], wenn die Stadt Radfahrwege baute/bauen würde; 04. [...], wenn der Hausbesitzer das Dach reparierte/reparieren würde; 05. wenn du neue Reifen für dein Auto kauftest/kaufen würdest; 06. [...], wenn sie zum Arzt ginge/gehen würde und sich untersuchen ließe/untersuchen lassen würde

تمارين على صيغة الاحتمال للمضارع Konjunktiv I

حوّل الكلام المباشر إلى كلام غير مباشر:

Beispiel: *Der König sagte zu dem Müller: „Deine Mühle stört mich."*

Der König sagte zu dem Müller, dass seine Mühle ihn störe.

oder: Der König sagte zu dem Müller, seine Mühle störe ihn.

Der Hahn und der Fuchs

Auf einem Baum saß ein alter Hahn. Ein Fuchs, der gerade vorbeikam, sah den Hahn, und da er gerade Hunger hatte, sagte er: „Komm doch herunter! Allgemeiner Frieden ist unter den Tieren geschlossen worden. Komm herab und küsse mich, denn ab heute sind wir Brüder!" „Lieber Freund", entgegnete der Hahn, „das ist eine wunderbare Nachricht! Dort sehe ich auch zwei Hunde herbeieilen. Sie wollen uns sicher auch die Friedensnachricht bringen. Dann können wir uns alle vier küssen." „Entschuldige", rief der Fuchs eilig. „Ich habe noch einen weiten Weg. Das Friedensfest werden wir später feiern!" Traurig, dass er seinen Hunger nicht stillen konnte, lief er davon. Der Hahn aber saß auf einem Ast und lachte: „Es macht doch Spaß einen Betrüger zu betrügen!"

[...], dass er herunterkommen solle / er solle herunterkommen. Allgemeiner Frieden sei unter den Tieren geschlossen worden. Er solle herabkommen und ihn küssen, denn ab dem heutigen Tage seien sie Brüder [...]; Dies sei eine wunderbare Nachricht. Dort sehe er auch zwei Hunde herbeieilen. Sie wollten ihnen sicher auch die Friedensnachricht bringen. Dann könnten sie sich alle vier küssen. [...]; Er habe noch einen weiten Weg. Das Friedensfest würden sie später feiern. [...]; Es mache doch Spaß, einen Betrüger zu betrügen.

Ergänzen Sie die Konjunktiv I–Formen von „haben"!

01. Paul sagte, er ______ morgen keine Zeit, zu uns zu kommen.
02. Er sagte, ihr ______ heute keine Schule. Stimmt das?
03. Er sagte auch, du ______ einen neuen Fotoapparat.

04. Herr Horn erzählte mir, dass deine Tochter eine Stelle bei der Firma ______ .
05. Deine Frau sagte mir, du ______ keine Arbeit mehr.

01. habe; 02. habet; 03. habest; 04. habe; 05. habest

Ergänzen Sie die Konjunktiv I-Formen von „sein"!

01. Hans sagte, du ______ sein bester Freund.
02. Ihre Frau sagte mir, Sie ______ nächste Woche in Berlin.
03. Karl sagt, ihr ______ morgen nicht zu Hause.
04. Meine Frau sagte, die Kinder ______ heute sehr müde.
05. Sagten Sie nicht, dass heute die Banken geschlossen ______ ?

01. seist; 02. sei; 03. seiet; 04. seien; 05. seien

Ergänzen Sie die Konjunktiv I-Formen von „werden"!

01. Paul sagte ihr, ihr ______ leicht seekrank.
02. Der Arzt sagte mir, dass unser Kind sehr schnell wieder gesund ______ .
03. Im Wetterbericht hieß es, dass das Wetter morgen besser ______ .
04. Der Verkäufer sagte, die Farben der Vorhänge ______ mit der Zeit immer heller.
05. Hans sagte, draußen ______ es inzwischen kälter ______ .

01. würdet; 02. werde; 03. werde; 04. würden; 05. würde – (werden)

Bilden Sie Konjunktiv I-Formen (bzw. Konjunktiv II-Formen) zum Ausdruck der Vergangenheit!

01. Ich hörte, Sie ______ sich einen neuen Fotoapparat ______ . ◃ **kaufen**
02. Euer Vater sagte mir, er ______ gestern den ganzen Tag um den See ______ . ◃ **wandern**

03. Wie mir Monika erzählt hat, ______ Sie sich beide während des Studiums ______ . ◁ **kennenlernen**

04. Wie ich gehört habe, ______ ihr Fahrer die Gäste gestern nicht vom Flughafen ______ . ◁ **abholen**

05. Jemand erzählte mir, dass unsere Nachbarn ihr Haus ______ ______ . ◁ **verkaufen**

01. hätten – gekauft; 02. sei – gewandert; 03. hätten – kennengelernt; 04. habe – abgeholt; 05. verkauft hätten

Bilden Sie Konjunktiv I-Formen (bzw. Konjunktiv II-Formen) zum Ausdruck der Gegenwart

01. Deine Mutter sagte, dein Bruder ______ überhaupt keine Zeitung. ◁ **lesen**
02. Ich hörte, dass deine Eltern morgen aus dem Urlaub ______ . ◁ **zurückkommen**
03. Hast du mir nicht erzählt, dass Peter immer sehr leichtsinnig Motorrad ______ ? ◁ **fahren**
04. Peter habe ihm auch gesagt, dass sie übers Wochenende dort ______ . ◁ **bleiben**

01. lese; 02. zurückkämen; 03. fahre; 04. blieben

Übungen zu trennbaren Verben

تمارين على الأفعال القابلة وغير القابلة للإنفصال:

١ من أعمال ربة البيت:

Beispiel: *einkaufen* ***Sie kauft ein.***

01. das Essen vorbereiten
02. das Geschirr abwaschen und abtrocknen
03. alles in den Schrank zurückstellen
04. Möbel abstauben
05. die Wäsche aus der Waschmaschine herausnehmen und aufhängen
06. die Wäsche abnehmen, zusammenlegen und wegräumen
07. die Kinder an- und ausziehen

01. Sie bereitet das Essen vor.; 02. Er wäscht das Geschirr ab und trocknet ab.; 03. Sie stellt alles in den Schrank zurück.; 04. Er staubt die Möbel ab.; 05. Sie nimmt die Wäsche aus der Waschmaschine heraus und hängt sie auf.; 06. Er nimmt die Wäsche ab, legt sie zusammen und räumt sie weg.; 07. Sie zieht die Kinder an und aus.

٢ ضع جمل التمرين (١) في صيغة الماضي التام:

Ich habe eingekauft, ich habe das … , etc.

٣ ضع جمل التمرين (١) في صيغة الماضي البسيط:

Sie kaufte ein, sie bereitete das … , etc.

٤ أكمل الجمل كما هو مطلوب:

ما يفعله الراكب وهو في رحلة جوية؟ الطائرة ستحط بعد قليل.

Beispiel: *aufhören zu rauchen!* ***Er hört auf zu rauchen.***

01. Er ______ sich ______ . ◃ **anschnallen**
02. Er ______ . ◃ **vorn aussteigen**
03. Er ______ die Flugtickets ______ . ◃ **die Flugtickets vorzeigen**
04. Er ______ . ◃ **den Koffer aufmachen**

05. Er ______ . ◁ **das Gepäck mitnehmen**
06. Er ______ . ◁ **die Zollerklärung ausfüllen**

01. schnallt – an; 02. steigt vorn aus; 03. zeigt – vor; 04. macht den Koffer auf; 05. nimmt das Gepäck mit; 06. füllt die Zollerklärung aus

٥ ضع جمل التمرين (٤) في صيغة الماضي التام:

Er hat aufgehört zu rauchen, er hat sich ... , etc.

٦ ضع جمل التمرين (٤) في صيغة الماضي التام:

Er hörte auf zu rauchen, er ... , etc.

٧ ابن جملاً كالنموذج المذكور:

Beispiel: *Hat Inge die Pakete schon weggebracht?*

– Nein, sie bringt sie gerade weg.

01. Hat Udo die Flaschen schon aufgestellt? – **Nein, er** ______
02. Hat Frau Schneider die Waren schon ausgezeichnet?
03. Hat Fritz den Abfall schon rausgebracht?
04. Hat Ahmad schon abgerechnet?
05. Hat die Firma Most das Waschpulver schon ausgeliefert?
06. Hat Frau Mai die Preistafeln schon aufgehängt?
07. Hat Uta den Keller schon aufgeräumt?
08. Hat die Glasfirma die leeren Flaschen schon abgeholt?

01. stellt sie gerade auf.; 02. Nein, sie zeichnet sie gerade aus.; 03. Nein, er bringt ihn gerade raus.; 04. Nein, er rechnet gerade ab.; 05. Nein, sie liefert (es) gerade aus.; 06. Nein, sie hängt sie gerade auf.; 07. Nein, sie räumt ihn gerade auf. ;08. Nein, sie holen sie gerade ab.

٨ هناك خلاف بين الزوج والزوجة:

Beispiel: *Sie zieht den Vorhang auf.* ◁ **zu**

Er zieht ihn zu.

01. Sie schließt die Tür auf. ◁ **zu**
02. Sie dreht den Wasserhahn auf. ◁ **zu**
03. Sie schaltet das Radio an. ◁ **ab**
04. Sie packt die Geschenke ein. ◁ **aus**
05. Sie macht das Fenster auf. ◁ **zu**
06. Sie hängt die Bilder auf. ◁ **ab**

01. Er schießt sie zu.; 02. Er dreht ihn zu.; 03. Er schaltet es ab.; 04. Er packt sie aus.; 05. Er macht es zu.; 06. Er hängt sie ab.

٩ ضع حمل التمرين (٨) في صيغة الماضي التام:

١٠ من أعمال السكرتيرة:

Beispiel: Telefonate weiterleiten ***Sie leitet Telefonate weiter.***

01. Besucher anmelden
02. Aufträge durchführen
03. Gäste einladen
04. Termine durchsprechen
05. die Post abholen
06. Besprechungen vorbereiten

01. Sie meldet Besucher an.; 02. Er führt Aufträge durch.; 03. Sie lädt Gäste ein.; 04. Er spricht Termine durch.; 05. Sie holt die Post ab.; 06. Er bereitet Besprechungen vor.

Übungen zum Passiv

تمارين على صيغة المبني للمجهول:

Bilden Sie das Passivpräsens!

01. Nächste Woche ______ das ______ . ◁ **verkaufen**
02. Heute ______ die Rechnung ______ . ◁ **bezahlen**
03. Jetzt ______ die Mannschaft für das nächste Spiel ______ . ◁ **aufstellen**
04. Unsere Pässe ______ an der Grenze ______ . ◁ **kontrollieren**
05. ______ wir zu der Feier ______ ? ◁ **einladen**

01. wird – verkauft; 02. wird – bezahlt; 03. wird – aufgestellt; 04. werden – kontrolliert; 05. Werden – eingeladen

Bilden Sie das Passivperfekt!

01. ______ das Hotelzimmer schon ______ ______ ? ◁ **reservieren**
02. ______ ich heute Nachmittag ______ ______? ◁ **anrufen**
03. Ich ______ von meiner Schwester vom Bahnhof ______ ______ . ◁ **abholen**
04. Sie ______ eben ______ ______ . ◁ **fotografieren**
05. Felix ______ von einer Autofahrerin nach Köln ______ ______ . ◁ **mitnehmen**

01. Ist – reserviert worden; 02. Bin – angerufen worden; 03. bin – abgeholt worden; 04. ist – fotografiert worden; 05. ist – mitgenommen worden.

Bilden Sie das Passiv mit Modalverben!

Präsens

01. Während des Unterrichts ______ nicht geraucht ______ . ◁ **dürfen**
02. An heißen Tagen ______ die Blumen zweimal täglich gegossen werden. ◁ **sollen**

Perfekt

03. Unser Chef ______ immer über alles informiert werden ______ . ◁ **wollen**

04. Der Unfallwagen ______ abgeschleppt werden ______ . ◁ **müssen**

Präteritum

05. Der Verletzte ______ sofort ins Krankenhaus ______ werden. ◁ **müssen, transportieren**

06. Die Miete ______ sofort ______ werden. ◁ **müssen, bezahlen**

01. darf – werden; 02. sollen; 03. hat – wollen; 04. hat – müssen; 05. musste – transportiert; 06. musste – bezahlt

Setzen Sie die Sätze ins Passiv!

01. Man erfand diese Maschine vor einigen Jahren.
02. Man verwendet sie beim Straßenbau.
03. Mein Kollege hat sie in Hannover bestellt.
04. Die Firma Liedholz stellt solche Maschinen her.
05. Wir wissen nicht, wie man einige Teile wechselt.
06. Man hat das uns nicht erklärt.
07. Wir hoffen, dass uns die Firma jemanden schickt.
08. Wir haben die Maschine vor einem halben Jahr gekauft.
09. Unsere Mitarbeiter benutzten sie vorher nicht oft.
10. Man pflegt sie auch bestens.
11. Wir bitten, dass man uns mitteilt, wann jemand kommen kann.
12. Gestern stellte man mich zwei Angestellten eurer Firma vor.
13. Warum schimpft man so über euren Chef?
14. Man hat mich vor ihm gewarnt.
15. Behandelt er euch schlecht?

01. Diese Maschine wurde vor einigen Jahren erfunden.; 02. Sie wird beim Straßenbau verwendet.; 03. Sie ist von meinem Kollegen in Hannover bestellt worden.; 04. Solche Maschinen werden von der Firma Liedholz hergestellt.; 05. Wir wissen nicht, wie einige Teile gewechselt werden.; 06. Das ist uns

nicht erklärt worden.; 07. Wir hoffen, dass uns jemand von der Firma geschickt wird.; 08. Die Maschine ist vor einem halben Jahr von uns gekauft worden.; 09. Sie wurde von unseren Mitarbeitern vorher nicht oft benutzt.; 10. Sie wird auch bestens gepflegt.; 11. Wir bitten, dass uns mitgeteilt wird, wann jemand kommen kann.; 12. Gestern wurde ich zwei Angestellten eurer Firma vorgestellt.; 13. Warum wird so über euren Chef geschimpft?; 14. Ich bin vor ihm gewarnt worden.; 15. Werdet ihr von ihm schlecht behandelt?

Übungen zum Infinitiv

تمارين على صيغة المصدر:

Verwandeln Sie in folgenden Sätzen das Subjekt in einen Infinitiv mit „zu"!

01. Die richtige Erziehung und gute Pflege der Kinder ist oft schwer.
02. Selbstbeherrschung ist nicht immer leicht.
03. Gutes und sicheres Reiten ist eine Kunst.
04. Die tägliche Wiederholung des Gelernten ist anfangs notwendig.

01. Es ist oft schwer, die Kinder richtig zu erziehen und gut zu pflegen./Die Kinder richtig zu erziehen und gut zu pflegen, ist oft schwer.; 02. Sich (selbst) zu beherrschen, [...]; 03. Gut und sicher zu reiten, [...]; 04. Bergzusteigen; 05. Das Gelerne täglich zu wiederholen, [...]

Schließen Sie den zweiten Satz als Finalsatz an („um" + Infinitivsatz)!

01. Ich arbeite. Ich will Geld verdienen.
02. Ich brauche Geld. Ich will etwas kaufen können.
03. Ich lese Zeitung. Ich will mich informieren.
04. Ich schaue fernsehen. Ich will mich unterhalten.
05. Ich lerne Deutsch. Ich will deutsche Zeitungen und Bücher lesen können.

01. Ich arbeite, um Geld zu verdienen.; 02. [...], um etwas kaufen zu können.; 03. [...], um mich zu informieren.; 04. [...], um mich zu unterhalten.; 05. [...], um deutsche Zeitungen und Bücher lesen zu können.

Schließen Sie den zweiten Satz als Modalsatz an („ohne" + Infinitivsatz!)!

01. Peter kam ins Zimmer. Er grüßte aber nicht.
02. Du bist aus der Klasse gegangen. Aber du hast nicht um Erlaubnis gefragt.
03. Ich habe meinen Freund gekränkt. Aber ich habe das nicht gewollt.
04. Du bist an mir vorbeigegangen. Aber du hast mich nicht gesehen.
05. Du hast mein Fahrrad geliehen. Aber du hast es nicht zurückgebracht.

01. Peter kam ins Zimmer, ohne zu grüßen.; 02. [...], ohne um Erlaubnis zu fragen.; 03. [...], ohne es zu wollen.; 04. [...], ohne mich zu sehen.; 05. [...], ohne es zurückzubringen.

Übungen zu reflexiven Verben und Pronomen

تمارين على الأفعال والضمائر المنعكسة:

Setzen Sie das Reflexivpronomen oder die entsprechenden Personalpronomen ein!

01. Warum beeilt ihr ______ nicht?
02. Wir müssen ______ beeilen.
03. Gestern habe ich ______ sehr geärgert.
04. Das Wetter hat ______ geändert.
05. Wir interessieren ______ für moderne Musik.
06. Sie können ______ hier an den Tisch setzen.
07. Willst du ______ von deinem Freund verabschieden?
08. Ich möchte ______ jetzt am liebsten ins Bett legen.
09. Die Kollegen unterhalten ______ über ihren letzten Urlaub.

01. euch; 02. uns; 03. mich; 04. sich; 05. uns; 06. sich; 07. dich; 08. mich; 09. sich

Wo fehlen Reflexivpronomen? Setzen Sie sie ein!

01. Auf den Sonntag freue ich immer, denn da muss ich nicht beeilen und kann lange schlafen.
02. Ich stehe in aller Ruhe auf, putze die Zähne, dusche und ziehe an.
03. Dann mache ich das Frühstück und setze an den Tisch und frühstücke.
04. Danach rufe ich meine Freundin an. Ab und zu verabreden wir zum Mittagessen und treffen dann in einem Restaurant.
05. Wenn das Wetter gut ist, gehen wir anschließend spazieren und unterhalten.

01. freue ich mich – muss ich mich nicht beeilen; 02. dusche mich und ziehe mich an; 03. setze mich; 04. verabreden wir uns – treffen uns; 05. unterhalten uns

Bilden Sie Sätze nach folgendem Muster!

Beispiel:

Das Wetter ändert sich dauernd.

Das Wetter änderte sich dauernd.

Das Wetter hat sich dauernd geändert.

01. Wir **sich ausruhen** nach der Wanderung.
02. Der Student **sich bemühen** um ein Stipendium.
03. Der Geschäftsmann **sich befinden** in finanziellen Schwierigkeiten.
04. Die Kinder **sich beschäftigen** mit einer Spielzeugeisenbahn.
05. Der Junge **sich fürchten** vor der Dunkelheit.
06. Wann **sich trennen** du von deiner Freundin?
07. Wir **sich verstehen** gut.
08. Sie **sich waschen** vor dem Essen die Hände.

01. Wir ruhen uns nach der Wanderung aus. Wir ruhten uns nach der Wanderung aus. Wir haben uns nach der Wanderung ausgeruht.; 02. Der Student bemüht sich um ein Stipendium. Der Student bemühte sich um ein Stipendium. [...] hat sich um ein Stipendium bemüht.; 03. [...] befindet sich in finanziellen Schwierigkeiten. [...] befand sich [...]. [...] hat sich in [...] befunden.; 04. [...] beschäftigen sich

[...]. [...] beschäftigten sich [...]. [...] haben sich [...] beschäftigt.; 05. [...] fürchtet sich [...]. [...] fürchtete sich [...]. [...] hat sich [...] gefürchtet.; 06. Wann trennst du dich von deiner Freundin? Wann trenntest du dich [...]? Wann hast du dich [...] getrennt?; 07. Wir verstehen uns gut. Wir verstanden uns gut. Wir haben uns gut verstanden.; 08. Sie waschen sich [...]. Sie wuschen sich [...]. Sie haben sich [...] gewaschen.

Bitte ergänzen Sie die Reflexivpronomen!

01. Ich habe ______ in Sophie verliebt.
02. Erholt ______ gut im Urlaub.
03. Komm, wir müssen ______ beeilen.
04. Geh früh ins Bett und schlaf ______ einmal richtig aus.
05. Können Sie ______ vorstellen, wie man das tut?
06. Wir haben ______ schon alle Visen besorgt.
07. Bildet ihr ______ ein, dass die Reise einfach ist?
08. Was wollen die Leute? – Sie haben ______ nur nach dem Weg erkundigt.

01. mich; 02. euch; 03. uns; 04. dich; 05. sich; 06. uns; 07. euch; 08. sich

Übungen zur Rektion der Verben

تمارين على الحالات التي يستلزمها الفعل:

Bilden Sie Sätze! (m) = maskulin, (f) = feminin, (n) = neutral

01. machen, ◁ **Schlosser (m), Schlüssel (f)**
02. brauen, ◁ **Brauer (m), Bier (n)**
03. fertigen, ◁ **Tischler (m), Möbel (f)**
04. bauen, ◁ **Baumeister (m), Haus (n)**
05. zubereiten, ◁ **Köchin (f), Abendessen (n)**

06. backen, ◁ **Bäcker (m), Kuchen (m)**
07. trinken, ◁ **Student (m), ein Glas Bier (n)**

01. Der Schlosser macht (einen / den) Schlüssel.; 02. Der Brauer braut (das) Bier; 03. Der Tischler fertigt (die) Möbel.; 04. Der Baumeister baut ein Haus / baut Häuser.; 05. Die Köchin bereitet das Abendessen zu.; 06. Der Bäcker backt (einen / den) Kuchen.; 07. Der Student trinkt ein Glas Bier.

١ الأفعال التي تأخذ ال Dativ:

Beantworten Sie folgende Fragen im Dativ!

01. Wem hilft die Tochter?
02. Wem schadet der Alkohol?
03. Wem gehorchen die Kinder?
04. Wem folgt der Hund?
05. Wem antwortet der Schüler?
06. Wem gehört das Buch?
07. Wem dankt der Kranke nach seiner Heilung?

01. Die Tochter hilft ihrer Mutter.; 02. Der Alkohol schadet der Leber.; 03. Die Kinder gehorchen ihren Eltern.; 04. Der Hund folgt seinem Herrchen.; 05. Der Schüler antwortet dem Lehrer.; 06. Das Buch gehört Paul.; 07. Der Kranke dankt dem Arzt nach seiner Heilung. *Es gibt mehrere Möglichkeiten/Lösungen!*

Bilden Sie Sätze! (Es gibt mehrere Möglichkeiten)

01. Medizin (f) , Kranker (m), nützen
02. Fisch (m), Kinder (n), nicht schmecken.
03. Herr (m), Dame (f), beim Aussteigen, helfen.
04. Frost (m), Blumen (f), schaden.
05. Hausarbeit (f), junges Mädchen (n), gut bekommen.
06. Zug (m), Brücke (f), sich nähern.
07. Sohn (m), Vater (m), im Charakter, gleichen.
08. Herr (m), Beamter (m), für Auskunft, danken.

01. Die Medizin nützt dem Kranken.; 02. Der Fisch schmeckt den Kindern nicht.; 03. Der Herr hilft der Dame beim Aussteigen.; 04. Der Frost schadet den Blumen.; 05. Die Hausarbeit bekommt dem jungen Mädchen gut.; 06. Der Zug nähert sich der Brücke.; 07. Der Sohn gleicht dem Vater im Charakter.; Der Herr bedankt sich bei dem Beamten für die Auskunft. *Es gibt mehrere Möglichkeiten/Lösungen!*

٢ أفعال مع حالتي Akkusativ و Dativ:

Ergänzen Sie folgende Sätze (Akkusativ und Dativ)!

01. Er hat ______ Brieftasche verloren, aber er findet ______ wieder, aber 20 Euro fehlen ______ (er).
02. Das Schiff nähert sich ______ Hafen; man kann ______ Flagge schon erkennen.
03. Der Pförtner schließt ______ Tür, um ______ Diebe daran zu hindern, ______ Fahrrad zu stehlen.
04. Die Schüler gehorchen ______ Lehrer und lernen ______ Wörter fleißig.
05. Die Polizei drohte ______ Autofahrer, weil er ______ Verkehrszeichen nicht beachtet hat.

01. die / seine – sie – ihm; 02. dem – die; 03. die – die – das; 04. dem – die; 05. dem – das / die

Bilden Sie Sätze!

01. Professor, guter Student, loben, schlechter Student, tadeln.
02. Spaziergang, Kranker, gut bekommen.
03. Freund, Geburtstagskind, gratulieren.
04. Meldung, Tatsachen, widersprechen.
05. Gegner, Vermittlung, ablehnen.
06. Geschwister, Gefahr der Ansteckung, entgehen.
07. Kassierer, Bankdirektor, betrügen.
08. Freunde, Reiseplan, zustimmen.
09. Schranke, Weiterfahrt, verhindern.

01. Der Professor lobt den guten Studenten und tadelt den schlechten (Studenten).; 02. Der Spaziergang bekommt dem Kranken gut.; 03. Der Freund gratuliert dem Geburtstagskind.; 04. Die Meldung widerspricht den Tatsachen.; 05. Der Gegner lehnt eine Vermittlung ab.; 06. Die Geschwister sind der Gefahr einer Ansteckung entgangen.; 07. Der Kassierer betrügt den Bankdirektor.; 08. Die Freunde stimmen dem Reiseplan zu.; 09. Die Schranke verhindert die Weiterfahrt.

٣ لأفعال مع مفعولين:

Bilden Sie Sätze!

01. Vater, Sohn, Karl, nennen.
02. Pfarrer, Kind, Georg, taufen.
03. Lehrer, Ausländer, deutsche Sprache, lehren.
04. Doktorarbeit, Student, zwei ganze Semester, kosten.
05. Unglück, Reicher, arm, machen.
06. Kunde, Ware, teuer, finden.
07. Redner, Gäste, willkommen heißen.
08. Student, Platz für Freund, halten.
09. Bauer, sich, müde, arbeiten.

01. Der Vater hat seinen Sohn Karl genannt.; 02. Der Pfarrer hat das Kind auf den Namen Georg getauft.; 03. Der Lehrer lehrt den Ausländern die deutsche Sprache.; 04. Die Doktorarbeit hat den Studenten ganze zwei Semester gekostet.; 05. Unglück macht einen Reichen arm.; 06. Der Kunde findet die Ware teuer.; 07. Der Redner heißt die Gäste willkommen.; 08. Der Student hält für seinen Freund einen Platz frei.; 09. Der Bauer hat sich müde gearbeitet.

٤ الأفعال مع حالة المفعول به:

Setzen Sie die Akkusativformen ein!

01. Kennst du ______ Jungen auf dem Spielplatz? ◃ **der**
02. Nein, ______ kenne ich nicht, aber gesehen habe ich ______ schon einmal. ◃ **der / er**
03. ______ Zimmer möchten Sie haben? – Ich nehme ______ hier. ◃ **welch- / dies**
04. Ich möchte ______ Kugelschreiber, der nicht so teuer ist. ◃ **ein**

05. Tun Sie ein bisschen ______ Pfeffer in die Suppe. ◁ **schwarz**
06. Wer ist das Mädchen? – Ich kenne ______ nicht. ◁ **es**
07. Ich habe ______ erlebt, aber so etwas noch nicht. ◁ **manch**
08. Hast du ______ Gärtner ______ Rasen mähen hören? – Ich habe ______ nicht gehört. ◁ **der/der/er**
09. Es ist eine Frechheit, ______ ______Dummkopf zu nennen. ◁ **ich/ein**
10. Ich muss ______ Tag um 8 Uhr im Bus sein. ◁ **jed–**

01. den; 02. den – ihn; 03. Welches – dieses; 04. einen; 05. schwarzen; 06. es; 07. manches; 08. den – den – ihn; 09. mich einen; 10. jeden

Ergänzen Sie den passenden Artikel!

01. Er stellt das Geschirr in ______ **Schrank** zurück.
02. Die Tassen stellt er in ______ **Küchenschrank.**
03. In ______ **Schrank** liegen auch die Servietten.
04. Die Wäsche hängt noch auf ______ **Wäscheleine** hinter ______ **Haus.**
05. Er nimmt sie ab und legt sie in ______ **Wäscheschrank.**
06. Die schmutzige Wäsche steckt er in ______ **Waschmaschine.**
07. Später hängt er sie auf ______ **Wäscheleine.**

01. den; 02. den; 03. dem; 04. der – dem; 05. den; 06. die; 07. die

legen oder liegen? Stellen oder stehen?

01. Die Bilder haben lange Zeit im Keller ______ . ◁ **liegen/legen**
02. Jetzt habe ich sie in mein Zimmer ______ . ◁ **hängen**
03. Früher haben sie in der Wohnung meiner Eltern ______ . ◁ **hängen**
04. Das Buch hat auf dem Tisch ______ . ◁ **legen /liegen**
05. Hast du es auf den Tisch ______ ? ◁ **legen/liegen**
06. Ich habe die Gläser in den Schrank ______ . ◁ **stehen/stellen**

07. Die Gläser haben in der Küche ______ . ◁ **stehen / stellen**

08. Der Pfleger hat den Kranken auf einen Stuhl ______ . ◁ **sitzen / setzen**

09. Der Kranke hat ein wenig in der Sonne ______ . ◁ **sitzen / setzen**

01. gelegen; 02. gehängt; 03. gehangen; 04. gelegen; 05. gelegt; 06. gestellt; 07. gestanden; 08. gesetzt; 09. gesessen

Bilden Sie Sätze im Präsens, Präteritum und Perfekt!

01. Liegen, meine Autoschlüssel, Schreibtisch.
02. stecken, die Zigaretten, meine Jackentasche.
03. hängen, Ihr Mantel, Garderobe.
04. sitzen, der alte Mann, Sessel.
05. stehen, die Wörterbücher, Bücherregal.
06. legen, ich, Brief, Schreibtisch.
07. stecken, Briefträger, Post, Briefkasten.
08. sich legen, die alte Frau, Bett.
09. stellen, Erika, die Blumenvase, Tisch im Wohnzimmer.

01. Meine Autoschlüssel liegen auf dem Schreibtisch. [...] lagen [...]. [...] haben auf dem Schreibtisch gelegen.; 02. Die Zigaretten stecken in meiner Jackentasche. [...] steckten [...]. [...] haben [...] gesteckt.; 03. Ihr Mantel hängt an der Garderobe. [...] hing [...]. [...] hat [...] gehangen.; 04. Der alte Mann sitzt auf dem Sessel. [...] saß [...]. [...] hat [...] gesessen.; 05. Die Wörterbücher stehen im Bücherregal. [...] standen [...]. [...] haben [...] gestanden.; 06. Ich lege den Brief auf den Schreibtisch. Ich legte [...]. Ich habe [...] gelegt.; 07. Der Briefträger steckt die Post in den Briefkasten. [...] steckte [...]. [...] hat [...] gesteckt. 08. Die alte Frau legt sich in das Bett / ins Bett. [...] legte [...]. [...] hat sich [...] gelegt.; 09. Erika stellt die Blumenvase auf den Tisch im Wohnzimmer. Erika stellte [...]. Erika hat [...] gestellt.

Übungen zu Verben mit präpositionalem Objekt

تمارين على الأفعال التي تستلزم جاراً ومجروراً.

Bilden Sie Sätze im Präsens, Präteritum und Perfekt!

01. Schüler, sich freuen, Anfang der Ferien, sich ärgern, Ende der Ferien.
02. Studentin, sich beschäftigen, Kunstgeschichte.
03. Fremder, sich erkundigen, Weg zum Bahnhof.
04. Großvater, sich erinnern, weite Reisen, oft denken daran.
05. Kinder, warten, ungeduldig, Weihnachtsfest.
07. Große Affen, sich nicht gewöhnen, unser Klima.
08. Eltern, schützen, Kinder, alle Gefahren.
09. Tod, befreien, Menschen, alle Not.
10. Arzt, warnen, Kranker, Alkohol.
11. Alte Leute, sich nicht gewöhnen, Leben, Ausland.
12. Autofahrer, fragen, Weg, Opernhaus.

01. Die Schüler freuen sich über den Anfang der Ferien und ärgern sich über das Ende (der Ferien). Die Schüler freuten sich [...]. Die Schüler haben sich [...] gefreut.; 02. Die Studentin beschäftigt sich mit Kunstgeschichte.; [...] beschäftigte sich [...]. [...] hat sich [...] beschäftigt.; 03. Der Fremde erkundigt sich nach dem Weg zum Bahnhof. [...] erkundigte sich [...]. [...] hat sich [...] erkundigt.; 04. Der Großvater erinnert sich an weite Reisen und denkt oft daran. [...] erinnerte sich [...] und dachte [...]. [...] hat sich oft an weite Reisen erinnert und oft daran gedacht.; 05. Die Kinder warten ungeduldig auf das Weihnachtsfest. Die Kinder warteten [...]. Die Kinder haben [...] gewartet.; 06. Große Affen gewöhnen sich nicht an unser Klima.; [...] gewöhnten sich [...]. [...] haben sich nicht [...] gewöhnt.; 07. Eltern schützen ihre Kinder vor allen Gefahren. Eltern schützten [...]. Eltern haben ihre Kinder [...] geschützt.; 08. Der Tod befreit die Menschen von aller Not. [...] befreite [...]. [...] hat [...] befreit.; 09. Der Arzt warnt den Kranken vor Alkohol. [...] warnte [...]. [...] hat [...] gewarnt.; 10. Alte Leute gewöhnen sich nicht an ein Leben im Ausland. [...] gewöhnten sich [...]. [...] haben sich nicht [...] gewöhnt.; 11. Der Autofahrer fragt nach dem Weg zum Opernhaus. [...] frug / fragte [...]. [...] hat [...] gefragt

Bilden Sie Sätze! (Es gibt mehrere Möglichkeiten)

01. Eltern, Sohn, Karl, nennen.
02. Kurzsichtiger, Brille, benutzen.
03. Ei, anderes (Ei) gleichen.
04. Kranker, Schwäche, überwinden.
05. Kassierer, Betrug, begehen.
06. Herr, Dame, Platz, anbieten.
07. Kaiser, großes Reich, herrschen.
08. Nachtigall, Singvögel, gehören.

01. Die Eltern haben ihren Sohn Karl genannt.; 02. Ein Kurzsichtiger sollte eine Brille benutzen.; 03. Ein Ei gleicht dem anderen (Ei).; 04. Ein Kranker kann seine Schwäche überwinden.; 05. Kassierer sollten keinen Betrug begehen.; 06. Der Herr sollte der Dame einen Platz anbieten. 07. Der Kaiser herrschte über ein großes Reich.; 08. Die Nachtigall gehört zu den Singvögeln.

Bilden Sie Fragen!

01. Der Junge denkt an seine Schulfreunde.
02. Die Mutter glaubt ihren Kindern.
03. Der Fremde fragt den Polizisten.
04. Der Vater wartet auf den Briefträger.
05. Die Tennisspieler suchen ihre Bälle.
06. Der Arzt hilft den Kranken.
07. Der Lehrer freut sich über die fleißige Schüler.
08. Das Wörterbuch nützt dem Ausländer.

01. Denkt der Junge an seine Schulfreunde?; 02. Glaubt die Mutter ihren Kindern?; 03. Fragt der Fremde den Polizisten?; 04. Wartet der Vater auf den Briefträger?; 05. Suchen die Tennisspieler ihre Bälle?; 06. Hilft der Arzt dem Kranken?; 07. Freut der Lehrer sich über fleißige Schüler?; 08. Nützt das Wörterbuch dem Ausländer?

Bilden Sie Fragen nach dem Muster!

Beispiel:

Ich freue mich auf die Ferien. ***Worauf freust du dich?***

Ich freue mich auf Tante Vera. ***Auf wen freust du dich?***

01. Der Diktator herrschte grausam über sein Volk.
02. Ich habe auf meinen Freund gewartet.
03. Er bereitet sich auf sein Examen vor.
04. Wir sprachen lange über die Politik des Landes.
05. Er schimpfte laut über den Finanzminister.
06. Alle beklagten sich über die hohen Steuern.
07. Bei dem Betrug geht es um 12 Millionen Dollar.
08. Er unterhielt sich lange mit seinem Professor.
09. Sie schützen sich mit einer Gasmaske vor dem Rauch.
10. Heute sammeln sie wieder fürs Rote Kreuz.

01. Über wen herrschte der Diktator?; 02. Auf wen freust du dich?; 03. Worauf bereitet er sich vor?; 04. Worüber spracht ihr lange?; 05. Über wen schimpfte er laut?; 06. Worüber beklagten sich alle?; 07. Worum geht es bei dem Betrug?; 08. Mit wem unterhielt er sich lange?; 09. Womit schützen sie sich?; 10. Wofür sammeln wir heute?

Ergänzen Sie die fehlenden Präpositionen!

Beispiel: *Ich bin* ***gegen*** *diesen Plan, er gefällt mir nicht.*

01. Ich denke oft ______ meine Studienzeit zurück.
02. Hiermit möchte ich mich ______ die Stelle bei Ihnen bewerben.
03. Wir müssen einmal mit allen Mitarbeitern ______ dieses Thema sprechen.
04. Der Direktor hat ______ Ihnen gefragt.
05. Bitte hör endlich ______ Rauchen auf!
06. Hier riecht es ______ Gas.
07. Ich möchte Ihnen herzlich ______ Geburtstag gratulieren.
08. Bitte erzähl mir etwas ______ dich.

09. Erinnerst du dich noch _____ Professor Berghauser?
10. Ich möchte mich _____ Herrn Becker beschweren, er ist immer unhöflich.
11. Wann wollen Sie endlich _____ Arbeit beginnen?
12. Bitte achten Sie besonders _____ dieses Kontrolllicht.

01. an; 02. auf; 03. über; 04. nach; 05. mit dem; 06. nach; 07. zum; 08.über; 09. an; 10. über; 11. mit der; 12. auf

Ergänzen Sie die Pronominaladverbien!

Beispiel: *Der Urlaub auf Bali war wunderschön, ich träume noch immer* ***davon.***

01. Das Essen war schlecht. Wir haben uns _____ geärgert.
02. Diese Arbeit gefällt mir, ich bin _____ sehr zufrieden.
03. Klassische Musik? _____ habe ich mich nie interessiert.
04. Niemand weiß wo das Haus ist. Wir haben schon dreimal _____ gefragt.
05. Diese Regelung war ihm symphatisch. Er war von Anfang an _____ .
06. Ich kann dein Gerede nicht mehr hören. Hör endlich auf _____ !
07. Was ist das? Thymian? _____ riecht es aber nicht.
08. Beim Institut ist eine Stelle frei. Ich habe mich _____ beworben.
09. Er kann in einer ganz unangenehmen Diskussion ganz elegant das Thema wechseln, achte einmal _____ .
10. Wie war es im Urlaub? Bitte erzähl uns etwas _____ .

01. darüber; 02. damit; 03. Dafür; 04. danach; 05. dafür; 06. damit; 07. Danach; 08. darauf; 09. darauf; 10. davon

Pronominaladverb oder Präposition + Pronomen?

Beispiel: *Das Theater? Natürlich interessiere ich mich* ***dafür.***

Beispiel: *Helene, natürlich interessiere ich mich* ***für sie.***

01. Das ist Herr Schmidt. Erinnerst du dich noch ______ ?
02. Er kommt aus Rom. Wir waren 1990 dort. Erinnerst du dich noch ______ ?
03. Morgen fahre ich in Urlaub. Ich freue mich sehr ______ .
04. Und der Preis? – ______ bin ich einverstanden.
05. Morgen kommt Petra zurück, ich freue mich seit Wochen ______ .
06. Ich hoffe, Sie kommen auch. Ich rechne ______ als Gast.
07. Unser Kellner war sehr unordentlich. Wir haben uns ______ beschwert.
08. Sie haben mir sehr geholfen, ich bin Ihnen ______ sehr dankbar.
09. Die Reise war sehr schön, ich möchte ______ einen Artikel in der Zeitung schreiben.
10. Die Frau ist gefährlich. Ich warne dich ______ .
11. Herr Becker, Fräulein Meyer hat sich ______ erkundigt.
12. Ist der Brief nicht fertig? Der Direktor hat ______ gefragt. Ich fange gerade an.
13. Der Film gestern? ______ habe ich mich sehr geärgert.
14. Politik? ______ verstehe ich nichts.

01. an ihn; 02. daran; 03. darauf; 04. Damit; 05. auf sie; 06. mit Ihnen; 07. über ihn; 08. dafür; 09. darüber; 10. vor ihr; 11. nach Ihnen; 12. danach; 13. Darüber; 14. Davon

Ergänzen Sie die Fragen!

Beispiel: *Er träumt davon. –* ***Wovon?*** *– Von Sizilien.*

Beispiel: *Er träumt von ihr. –* ***Von wem?*** *– Von Gisela.*

01. ______ diskutieren Sie? – Über die neuen Steuern.
02. ______ hat er gefragt? – Nach Frau Zoller.
03. ______ protestieren sie? – Ich glaube, gegen Kernkraftwerke.
04. ______ aus unserer Klasse kannst du dich am besten erinnern?

05. ______ interessieren Sie sich besonders? – Für Kommunikation und Werbung.

06. ______ lachst du? Über mich? – Ich lache über niemanden.– ______ lachst du?

07. ______ denkst du? – An nichts Besonderes.

01. Worüber; 02. Nach wem; 03. Wogegen; 04. An wen; 05. Wofür; Über wen – Worüber; 07. Woran

Übungen zu den Artikeln

مارين على الأداة:

Ergänzen Sie die bestimmten Artikel im Nominativ in der linken Spalte und die Akkusativform in der rechten Spalte!

01.	das Wörterbuch	Ich brauche e ______ Wörterbuch.
02.	______ Kuli	Geben Sie mir e ______ Kuli.
03.	______ Text	Wer liest d ______ Text vor?
04.	______ Regel	Ergänzen Sie dies ______ Regel!
05.	______ Kassette	Haben Sie d ______ Kassette zu Hause?
06.	______ Heft	Ich habe d ______ Heft vergessen.
07.	______ Schere	Hast du d ______ Schere?
08.	______ Schnitzel	Ich möchte d ______ Schnitzel mit Pommes frites.
09.	______ Tomatensuppe	Bringen Sie mir e ______ Tomatensuppe.
10.	______ Wein	Möchtest du auch e ______ Wein dazu?

01. ein; 02. der – einen; 03. der – den; 04. die – diese; 05. die – die; 06. das – das; 07. die – die; 08. das – das; 09. die – eine; 10. der – einen

Unbestimmter Artikel und negativer Artikel:

01. Möchten Sie _____ Kaffee? – Nein danke, ich habe _____ Durst.
02. Möchten Sie _____ Cola? – Ich trinke lieber _____ Glas Mineralwasser.
03. Nehmen Sie _____ Keks? – Danke, ich habe _____ Hunger.
04. Darf ich Ihnen _____ Tee bringen? – Ja bitte, ich trinke gern _____ Tasse Tee.
05. Nehmen Sie den Tee mit Milch oder Zitrone? – Mit Zitrone bitte, ich trinke _____ Milch.
06. Möchten Sie _____ Bier? – Danke, ich darf _____ Bier trinken. Ich muss Auto fahren.

01. einen – keinen; 02. eine – ein; 03. einen – keinen; 04. einen – eine; 05. keine; 06. ein – kein

Das Nomen

Bezeichnen die folgenden Nomen männliche oder weibliche Personen?
Welchen Artikel haben die Nomen (maskulin / feminin / neutral)?

01. Beamtin, Besuch, Exzellenz, Filmstar, Fotomodell
02. Frau, Fräulein, Gast, Geisel, Kind
03. Lehrer, Lehrerin, Mädchen, Majestät, Mann
04. Männchen, Mannequin, Paar, Pärchen, Staatsoberhaupt
05. Arbeit, Armut, Butter, Dollar, Eigentum
06. Essen, Frieden, Frühjahr, Gebirge, Gold, Hochmut

01. Die, der, die, der, das; 02. Die, das, der, die, das; 03. Der, die, das, die, der; 04. Das, das, das, das, das; 05. Die, die, die, der, das; 06. Das, der, das, das, das, der

Bilden Sie den Singular!

Beispiel: *Die Jungen helfen der Mutter im Garten.*

Der Junge hilft der Mutter im Garten.

01. Die Schüler sehen die neuen Bilder.
02. Die Gäste trinken Bier.
03. Die Studentinnen kaufen deutsche Zeitungen.
04. Die Damen spielen Schach.
05. Wir singen Lieder.
06. Die Mädchen rauchen nicht.
07. Ihr seid fleißig.
08. Woher kommen die Ausländer?
09. Sie schwimmen gern.
10. Die Männer essen gern Fisch.

01. Der Schüler sieht das neue Bild.; 02. Das Gast trinkt (ein) Bier.; 03. Die Studentin kauft eine deutsche Zeitung; 04. Die Dame spielt Schach.; 05. Ich singe ein Lied.; 06. Das Mädchen raucht nicht.; 07. Du bist fleißig.; 08. Woher kommt der Ausländer?; 09. Er/Sie/Es schwimmt gern.; 10. Der Mann isst gern (einen) Fisch.

Ergänzen Sie den bestimmten Artikel!

01. Kennst du ______ Frau dort?
02. Ich brauche morgen ______ Wagen.
03. Brauchst du noch ______ Laptop?
04. Kennst du ______ Weg nach Maalula?
05. Bitte nimm ______ Brief mit!
06. Fragen Sie doch ______ Lehrer!
07. Ich habe ______ Buch nicht.
08. Nehmen wir ______ Zimmer?

01. die; 02. den; 03. den; 04. den; 05. den; 06. den; 07. das; 08. das

Bestimmt oder unbestimmt?

01. Hast du ______ Augenblick Zeit?
02. Kennst du ______ Marienplatz?
03. Ich habe ______ Idee.
04. Möchtest du noch ______ Glas Wein?
05. Ich möchte noch ______ Kaffee.
06. Bringen Sie mir bitte ______ anderen Wein. Der hier schmeckt nicht.
07. Probieren Sie mal ______ Wein hier?.
08. Ich möchte ______ Hund haben.

01. einen; 02. den; 03. eine; 04. ein; 05. einen; 06. einen; 07. den; 08. einen

Ergänzen Sie den Artikel und die Endung im Genitiv!

01. die meisten mein___ Freunde
02. eine ______ gefährlichsten Krankheiten
03. der größte all___ denkbaren Unfälle
04. die beste all___ Welten
05. viele sein___ Kontakte
06. einer ______ größten Fehler

01. meiner; 02. der; 03. aller; 04. aller; 05. seiner; 06. der

Übungen zur Adjektivdeklination

تمارين على إعراب الصفة:

Ergänzen Sie die Adjektivendungen!

01. Wir haben einen klein___ Garten, der von einem eisern___ Zaun umgeben ist. Vorn am Eingang steht eine solch groß___ Menge der herrlichst___ bunt___ Blumen, dass wir uns in jedem neu___ Sommer an ihren gelb___ , rot___ und blau___ Blüten freuen. Alle vorübergehend___ Leute sehen hinein, und mancher sagt: „Welch herrlich___ Blumen." Und so viel bunt___ Farben auf diesem klein___ Stückchen Erde.
02. Danach folgt ein Plätzchen von derselb___ viereckig___ Form. Hierher hat unsere fleißig___ Mutter manche nützlich___ Gemüse gepflanzt, damit während des ganz___ Sommer frisch___ Salat, rot___ Radieschen oder grün___ Gurken da sind und keine nötig___ Küchenkräuter fehlen.
03. An der recht___ Seite des Gartens haben wir einige Sträucher, besonders viele rot___ , weiß___ , und schwarz___ Johannisbeeren. An der link___ Seite stehen unsere best___ Freunde, zwei alt___ Apfelbäume und drei jünger___ Birnbäume. In jedem gut___ Herbst hat die ganz___ Familie groß___ Freude an den viel___ herrlich___ Früchten.

01. kleinen – eisernen – große – herrlichsten – bunten – neuen – gelben – roten – blauen – vorübergehenden – herrliche – bunte – kleinen; 02. derselben – viereckigen – fleißige – nützliche – ganzen – frischer – rote – grüne – nötigen; 03. rechten – rote – weiße – schwarze – linken – besten – alte – jüngere – guten – ganze – große – vielen – herrlichen

Ergänzen Sie die Endungen!

01. der freundlich___ Herr, die alt___ Dame, das klein___ Mädchen
02. wegen des freundlich___ Herrn, wegen der alt___ Dame, wegen des klein___ Mädchens
03. mit dem freundlich___ Herrn, mit der alt___ Dame, mit dem klein___ Mädchen

04. ohne den freundlich___ Herrn, ohne die alt___ Dame, ohne das klein___ Mädchen
05. Dieser alt___ Esel, jene klein___ Hexe, manches groß___ Kamel

01. freundliche – alte – kleine; 02. freundlichen – alten – kleinen; 03. freundlichen – alten – kleinen; 04. freundlichen – alte – kleine; 05. alte – kleine – große

Lesen Sie die folgenden Wortverbindungen mit den Adjektivendungen!

Manch arm___ Mann, frisch___ Butter, viel wertvoll___ Material, vier neu___ Schüler, solch schlecht___ Wetter, welch groß___ Zeit, offen___ Türen, bunt___ Papier, mehr dunkl___ Brot, hundert fett___ Gänse, etwas weiß___ Marmor, mehr glücklich___ Tage.

armer – frische – wertvolles – neue – schlechtes – große – offene – buntes – dunkles – fette – weißer – glückliche

Ergänzen Sie die Adjektive!

01. Hast du jemand ______ getroffen? ◃ **bekannt**
02. Nein, ich habe niemand ______ gesehen. ◃ **bekannt**
03. Gibt es bei euch etwas ______ ? ◃ **neu**
04. Nein, es gibt nichts ______ . ◃ **neu**
05. Ich kann dir viel ______ erzählen. ◃ **interessant**
06. nach ______ Krankheit. ◃ **lang**
07. aus ______ Gründen. ◃ **bestimmt**
08. bei solch ______ Wetter. ◃ **schön**

01. Bekanntes; 02. Bekanntes; 03. Neues; 04. Neues; 05. Interessantes; 06. langer; 07. bestimmten; 08. schönem

Übungen zur Komparation der Adjektive

تمارين على أفعل التفضيل للصفة:

Bilden Sie den Komparativ und den Superlativ!

Beispiel: *schnell: Auto, D–Zug, Flugzeug*

Das Auto ist schnell; der D–Zug ist schneller; das Flugzeug ist am schnellsten

01. dein Freund, dein Vetter, dein Bruder ⊲ **nett**
02. Wohnhaus, Universität, Kirchturm ⊲ **hoch**
03. Weser, Elbe, Rhein ⊲ **lang**
04. seine Schwester, ihre kleine Freundin, meine Kusine ⊲ **hübsch**
05. im Sommer Klima in Deutschland, Klima in Italien, Klima in Nordafrika. ⊲ **warm**
06. sein Bruder arbeiten, seine Schwester, er selbst ⊲ **fleißig**
07. Vater rauchen, Sohn, Tochter ⊲ **wenig**

01. dein Freund ist nett, dein Vetter ist netter, dein Bruder ist am nettesten; 02. hoch – höher – am höchsten; 03. lang – länger – am längsten; 04. hübsch – hübscher – am hübschesten; 05. Im Sommer ist das Klima in Deutschland warm, in Italien wärmer und in Nordafrika am wärmsten; 06. Sein Bruder arbeitet fleißig, seine Schwester fleißiger, er selbst am fleißigsten; 07. Der Vater raucht wenig, sein Sohn weniger und seine Tochter am wenigsten

Bilden Sie den Komparativ und den Superlativ!

Beispiel: *Afrika, Amerika, Asien* ⊲ ***großer Erdteil***

Afrika ist ein großer Erdteil; Amerika ist ein größerer Erdteil; Asien ist der größte Erdteil.

01. Pferd, Ochse, Elefant ⊲ **starkes Zugtier**
02. Fluss, See, Meer ⊲ **tiefes Gewässer**
03. Eisenbahn, Auto, Flugzeug ⊲ **modernes Verkehrsmittel**
04. Tischlampe, Kronenleuchter, Scheinwerfer ⊲ **geben helles Licht**
05. Hyazinthe, Veilchen, Rose ⊲ **haben herrlichen Duft**

01. Das Pferd ist ein starkes Zugtier, der Ochse ein stärkeres, der Elefant das stärkste.; 02. Ein Fluss ist ein tiefes Gewässer, ein See ein tieferes und das Meer das tiefste.; 03. Die Eisenbahn ist ein modernes Verkehrsmittel, das Auto ein moderneres und das Flugzeug das modernste.; 04. Die Tischlampe gibt ein helles Licht, der Kronleuchter ein helleres, der Scheinwerfer das hellste.; 05. Eine Hyazinthe hat einen herrlichen Duft, ein Veilchen einen herrlicheren und die Rose den herrlichsten.

Setzen Sie den Komparativ ein!

01. Der Nil ist ein ______ Fluß als die Donau. ◁ **lang**
02. Der Montblanc ist ein ______ Berg als die Zugspitze. ◁ **hoch**
03. Das Flugzeug ist ein ______ Verkehrsmittel als das Auto. ◁ **schnell**
04. Afrika ist ein ______ Kontinent als Europa. ◁ **groß**
05. Man baut jetzt ______ Straßen und ______ Häuser. ◁ **breit / hoch**

01. längerer; 02. höherer; 03. schnelleres; 04. größerer; 05. breitere – höhere

Setzen Sie die Superlativformen ein!

01. Was sind die ______ Verkehrsmittel? ◁ **schnell**
02. Wie heißt der ______ Kontinent? ◁ **groß**
03. Welche ist die ______ Blume? ◁ **schön**
04. Wie heißen die ______ Elementarteilchen? ◁ **klein**
05. Welche sind die ______ Tiere? ◁ **hässlich**

01. schnellsten; 02. größte; 03. schönste; 04. kleinsten; hässlichsten

Bilden Sie die Komparativ- und Superlativformen!

01. Frauen verdienen leider immer noch ______ als Männer. ◁ **wenig**
02. In welchem Land wohnen die ______ Menschen? ◁ **viel**
03. Wer viel Geld hat, hat auch ______ Sorgen. ◁ **viel**
04. Ich trinke ______ Kaffee als Tee. ◁ **gern**

05. Mein Kollege fehlt ______ in der Firma als ich. ◁ **oft**

06. Die Pyramiden sind die ______ Bauwerke der Welt. ◁ **alt**

07. Die Anden sind ______ als die Alpen. ◁ **hoch**

08. Helga ist ______ als Fritz. ◁ **jung**

09. Ein Hügel ist ______ als ein Berg. ◁ **niedrig**

01. weniger; 02. meisten; 03. viele; 04. lieber; 05. öfter; 06. ältesten; 07. höher; 08. jünger; 09. niedriger

Übungen zu den Personalpronomen

Setzen Sie die passenden Pronomen ein

Der Mantel ist modern. ***Ich kaufe ihn.***

Die Bluse ist modern. ______

Das Kleid ist modern. ______

Der Pullover ist modern. ______

Die Gardinen sind modern. Ich kaufe sie.

Die Möbel sind modern. ______

Die Tassen sind modern. ______

Karl, hilfst du deinem Vater? ***Hilf ihm bitte!***

… dem Lehrer? ______

… unserem Gast? ______

… der Lektorin? ***Hilf ihr bitte!***

… der Mutter? ______

… deiner Freundin? ______

sie; es; ihn; sie; sie; ihm; ihm; ihr; ihr

Setzen Sie die passenden Pronomen ein!

Lieber Freund!

Ich habe ______ lange nicht geschrieben. Du wirst denken, ich habe ______ ganz vergessen. Aber glaube ______, ich denke oft an ______. Dein Arzt sagte mir, dass er ______ an die See geschickt hat. Wie geht es ______?

Wie bekommt ______ das Baden? Erfrischt ______ die Seeluft oder schadet sie ______? Wenn sie ______ nützt und ______ gesund macht, dann bleib recht lange. Wenn du ________ brauchst, werde ich ______ sofort besuchen und ______ helfen, soviel ich kann. Antworte ______ recht bald! Ich wünsche ______ gute Besserung und grüße ___ herzlich. Dein Freund X. Z.

Dir; Dich; mir; Dich; Dich; Dir; Dir; Dich; Dir; Dir; Dich; mich; Dich; Dir; mir; Dir; Dich

Bilden Sie Beispiele mit den passenden Pronomen, wie folgende

Beispiele: *Ich habe einen Freund,* ***er hilft mir.*** */ Du hast einen Freund,* ***er hilft dir.***

01. Ich höre eine Oper, ______ gefällt ______ .
02. Ich habe einen Bruder, ______ ähnelt ______ .
03. Ich trinke ein Glas Bier, ______ schmeckt ______ .
04. Ich habe einen Mantel, ______ sitzt ______ .
05. Ich habe einen Freund, ______ besucht ______ .
06. Ich habe Eltern, ______ sorgen für ______ .
07. Ich habe Kopfschmerzen, ______ quälen ______ .
08. Ich lese ein Buch, ______ langweilt ______ .

01. sie – mir; 02. er – mir; 03. es – mir; 04. er – mir; 05. er – mich; 06. sie – mich; 07. sie – mich; 08. es – mich

Ergänzen Sie die Pronomen!

Das Kind liebt seine Mutter, es gehorcht ______ und folgt ______ ; es braucht ______ und vertraut ______ ; es kann nicht leben ohne ______ ; es ist immer bei _____ ; wenn es von _____ getrennt ist, ruft es nach _____ , möchte zu _____ eilen und _____ umarmen. Es tut alles für _____ und möchte _____ nie betrüben. Es ist dankbar und erfreut ______ , wo es kann.

ihr – ihr – sie – ihr – sie – ihr – ihr – ihr – ihr – sie – sie – sie – sie

Übungen zu den Reflexiv- und Demonstrativpronomen

Reflexivpronomen Akkusativ und Dativ:

01. Kann ich ______ ein Bier aus der Küche holen?
02. Sollen wir ______ über Musik unterhalten?
03. Fühlst du ______ nicht wohl?
04. Ich suche ______ eine neue Wohnung.
05. Überlege ______ das noch!
06. Karin ändert ______ eben nicht.
07. Du wünschst ______ doch Kinder?
08. Wann trefft ihr ______ wieder?
09. Ich habe ______ in Veronika verliebt.
10. Komm, wir müssen ______ beeilen!
11. Erholt ______ gut im Urlaub!
12. Was wollen die Leute? Sie haben ______ nach dem Weg erkundigt.
13. Das ist schon so, das lässt ______ nicht ändern.
14. Erinnern Sie ______ an mich?
15. Warum hast du ______ nicht rasiert?

16. Dürfen wir _____ verabschieden?
17. Habt ihr _____ schon entschuldigt?
18. Was ist mit der Katze? Sie kratzt _____ dauernd.
19. Ich möchte _____ für das Buch bedanken.
20. Ich komme gleich, ich muss _____ noch waschen.

01. mir; 02. uns; 03. dich; 04. mir; 05. dir; 06. sich; 07. dir; 08. euch; 09. mich; 10. uns; 11. euch; 12j sich; 13. sich; 14. sich; 15. dich; 16. uns; 17. euch; 18. sich; 19. mich; 20. mich

Setzen Sie das Demonstrativpronomen ein!

Beispiel: *Das Haus gehört mir.*

... ***dieses*** *Haus gehört mir.*

01. Ich bringe Frau Mai die Blumen mit.
02. Mit dem Füller kann ich nicht schreiben.
03. Hans raucht die Zigaretten.
04. Geben Sie mir bitte die Äpfel.
05. Viel Spaß für den Abend.
06. Mit dem Schlüssel kannst du die Tür nicht aufschließen.

01. diese; 02. diesem; 03. diese; 04. diese; 05. diesen; 06. diese

Übungen zu den Relativpronomen

تمارين على الأسماء الموصولة:

Bilden Sie Relativsätze!

Beispiel:

Ein Schuhmacher ist ein Handwerker, der Schuhe macht und ausbessert.

01. eine Uhr (Instrument, Zeit zeigen).
02. das Thermometer (Instrument, Wärme messen).
03. der Schimmel (Pferd, weiß sein).
04. der Berliner (Deutscher, Berlin wohnen).
05. Der Russe (Mann, Russland kommen).

01. Eine Uhr ist ein Instrument, das die Zeit zeigt.; 02. Das Thermometer ist ein Instrument, das die Wärme misst.; 03. der Schimmel ist ein Pferd, das weiß ist.; 04. Der Berliner ist ein Deutscher, der in Berlin wohnt.; 05. Der Russe ist ein Mann, der aus Russland kommt.

Ergänzen Sie die Relativpronomen im Nominativ, Dativ oder Akkusativ.

A. Wer ist die Frau, ___ ?

01. ______ immer so lacht?
02. ______ du eben begrüßt hast?
03. ______ du gestern angerufen hast?

B. Kennst du die Leute, ______ ?

01. ______ diese Autos gehören?
02. ______ da vor der Tür stehen?
03. ______ der Bürgermeister so freundlich begrüßt?

C. Frau Huber, ______ , ist unsere Nachbarin.

01. ______ du ja kennst.
02. ______ auch dieses Haus gehört.
03. ______ schon fünfzehn Jahre Witwe ist.

D. Ich fahre morgen zu meinem Bruder, ______

01. ______ schon seit zehn Jahren in Stuttgart wohnt.
02. ______ ich beim Hausbau helfen will.
03. ______ ich schon lange nicht mehr gesehen habe.

A: 01. die; 02. die; 03. die; B: 01. denen; 02. die; 03. die; C: 01. die; 02. der; 03. die; D: 01. der; 02. dem; 03. den

Ergänzen Sie die Relativpronomen!

Beispiel: *Der Mann,* ***der*** *hier wohnt, ist Architekt.*

01. Der Student, ______ bei uns wohnt, kommt aus den USA.
02. Die Lehrerin, ______ heute morgen in der Klasse war, ist aus Argentinien.
03. Das Auto, ______ dort steht, gehört meinem Freund.
04. Die Bücher, ______ wir im Unterricht brauchen, bringe ich morgen mit.
05. Wer ist die Frau, ______ du gerade gegrüßt hast?
06. Wer ist das Mädchen, ______ du die Blumen schenken willst?
07. Wo ist der Platz, ______ du reserviert hast?
08. Wie heißen die Mitarbeiter, ______ du das Geld gegeben hast?

01. der; 02. die; 03. das; 04. die; 05. die; 06. dem; 07. den; 08. denen

Setzen Sie die Genitivformen der Relativpronomen ein!

01. Ist das nicht euer Nachbar, ______ Frau neulich gestorben ist?
02. Morgen treffen wir die Frau, ______ Sohn in München studiert.
03. Sind das nicht die Leute, ______ Kinder vor unserem Haus spielen?
04. Warst du bei dem Jungen, mit ______ Vater wir gestern gesprochen haben?
05. Wie heißt noch der Schriftsteller, ______ neuer Roman veröffentlicht wurde?

01. dessen; 02. deren; 03. deren; 04. dessen; 05. dessen

Ergänzen Sie die Präpositionen mit dem Relativpronomen!

Beispiel: *Wie heißt der Mann,* ***auf den*** wir noch warten?

01. Wer ist denn die Frau, ______ du getanzt hast?
02. Was für eine Maschine war das, ______ du gekommen bist?
03. Wem gehört das Auto, ______ du gekommen bist?
04. Das ist genau die Nachricht, ______ ich gewartet habe.
05. Ist das das Buch, ______ du gesprochen hast?
06. Die Familie, ______ ich morgen eingeladen bin, kommt aus Hama.
07. Ich muss dir das Haus zeigen, ______ ich zwei Jahre gewohnt habe.
08. Meine Wirtin hatte einen großen Hund, ______ ich immer Angst hatte.

01. mit der; 02. mit der; 03. mit dem; 04. auf die; 05. von dem; 06. zu der; 07. in dem; 08. vor dem

Bitte ergänzen Sie das Relativpronomen!

Beispiel: *Ich weiß etwas,* ***was*** *du nicht weißt.*

01. Das ist alles, ______ ich habe.
02. Haben Sie noch etwas, ______wir besprechen müssen?
03. Ich möchte einmal irgendwo sein, ______ man keine Autos hört.
04. Ich warte auf jemanden, ______ mich nach Spanien mitnimmt.
05. Kennst du ein Land, ______ es eine echte Demokratie gibt?
06. Inge ist eine, mit ______ man Pferde stehlen kann.
07. Ich kenne niemanden, ______ dir helfen kann.
08. ______ das tut, kann nur verrückt sein.

01. was; 02. was / das; 03. wo; 04. der; 05. wo / in dem; 06. der; 07. der; 08. Wer

Übungen zu den indefiniten Pronomen

Setzen Sie die Nominativformen ein!

01. ______ Bürger ist ab 18 Jahren wahlberechtigt. ◁ **jed-**
02. ______ Taxi ist noch frei? ◁ **welch-**
03. ______ Zug hält hier. ◁ **kein**
04. ______ Leute haben wirklich merkwürdige Ansichten. ◁ **manch-**

01. Jeder; 02. Welches; 03. Kein; 04. Manche

Setzen Sie das unbestimmte Pronomen ein!

Beispiel: ***Wer*** *schreit, hat Unrecht, das weiß jeder.*

01. ______ zuerst kommt, mahlt zuerst.
02. Hier kann ______ tun und lassen, was er will.
03. ______ wollen besser leben.
04. ______ das gesagt hat, hat nicht richtig nachgedacht.
05. Ich kann nicht mitkommen, ich habe hier noch ______ zu tun.
06. Mir ist egal, was du machst; ich bin ______ einverstanden.
07. Das kann ______ passieren.
08. Vor dem Gesetz sind ______ gleich.

01. Wer; 02. jeder; 03. Alle; 04. Wer; 05. was/manches; 06. mit allem; 07. jedem; 08. alle

Mit oder ohne Endung? Bitte ergänzen Sie, wenn es nötig ist!

Beispiel:

Du kommst ***viel*** *zu spät. Ich habe nur* ***wenig*** *Zeit.*

Viele *Kinder leiden unter Stress, nur* ***wenige*** *halten das aus.*

01. Das ist viel schöner, ___ als wir erwartet haben.
02. Es sind viel ___ weniger Leute gekommen, als wir dachten.
03. Nur wenig ___ Menschen leiden nicht unter dem Straßenlärm.
04. Er hat viel ___ Geld und wenig ___ Zeit.
05. Ich habe gestern auf der Party viel ___ Leute kennen gelernt.
06. Warum isst du so wenig ___ ? Ich möchte nicht so viel ______ .
07. Viel ___ Dank.
08. Es geht mir schon viel ___ besser.

01: Ø; 02. Ø; 03. -e; 04. Ø – Ø; 05. -e; 06. Ø – Ø; 07. -en; 08. Ø

Übungen zu den Posessivpronomen

تماترين على ضمائر الملكية:

Setzen Sie den Possessivartikel „mein, meinen, meine / Ihr, Ihre, Ihr“ ein.

01. Entschuldigen Sie, wie ist ______ Name noch mal?
02. ______ Name ist Koch. Hier ist ______ Karte.
03. Darf ich ______ Mantel nehmen?
04. Danke, und wo kann ich ______ Koffer abstellen?
05. Kennen Sie ______ Kollegin, Frau Marion?
06. Nein, wir kennen uns nicht. Guten Tag!
07. Ich schicke Ihnen die Postkarte morgen. Was ist ______ Adresse, bitte?
08. ______ Adresse ist Humboldstraße 110.

01. Ihr; 02. Mein; – meine; 03. Ihren; 04. meinen; 05. meine; 07. Ihre; 08. Meine

Bitte ergänzen Sie!

Beispiel: *Wem gehört denn der Koffer?* – ***Das ist meiner.***

01. Kann ich deinen Computer benutzen? ______ ist kaputt.
02. Gehört das Buch dir? Ja, das ist ______ .
03. Wir haben heute unsere Noten bekommnen. Habt ihr ______ auch schon?
04. Ist dein Hotelzimmer in Ordnung? Mit ______ habe ich Glück gehabt, es ist ruhig und groß.
05. Herr Mayer, der Schlüssel hier, ist das ______ ?

01. Meiner; 02. meins; 03. eure; 04. meinem; 05. Ihrer

Setzen Sie das passende Pronomen ein!

01. Der Beamte ist zufrieden mit ______ Stellung, mit ______ Gehalt; er liebt ______ Kinder, ______ Arbeit, ______ Beruf.
02. Die Hausfrau sorgt für ______ Familie, für ______ Mann; sie sorgt für die Sauberkeit ______ Wäsche ______ Hauses.
03. Ich liebe dieses Land mit ______ Klima, mit ______ Flüssen, ______ Bewohnern, ______ Pflanzenwelt.
04. Die Kinder sehnen sich nach ______ Vater, nach ______ Mutter, ______ Eltern; sie besuchen ______ Freunde ______ Großvater.
05. Der Student besucht am Vormittag ______ Vorlesungen.
06. Er trägt ______ Bücher in ______ Mappe.
07. Er spielt mit den Kindern und isst an ______ Tisch.
08. Ich freue mich, mit ______ Familie zu reisen.
09. Du gehst zu ______ Freunden.
10. Wir treiben seit ______ Jugend Sport.
11. Sie gehen jeden Morgen in ______ Büro.
12. Sie kommt aus ______ Heimat zurück.

01. seiner – seinem – seine – seine – seinen; 02. ihre – ihren – ihrer – ihres; 03. diesem – diesen – diesen – dieser; 04. ihrem – ihrer – ihren – ihre – ihren; 05. seine; 06. seine – seiner; 07. seinem; 08. meiner; 09. deinen; 10. unserer; 11. ihr; 12. ihrer

Übungen zu den Fragepronomen

Bilden Sie Fragen!

Beispiel: *Am Abend besuchen wir Familie Jaber.*
– ***Wann besuchen Sie Familie Jaber?***

01. Morgen gehen wir ins Kino.
02. Monika trinkt Tee um 17.00 Uhr.
03. Das Regal ist neu.
04. Herr und Frau Engel kommen heute.
05. Das Heft kostet 2 Euro.
06. In dem Zimmer sind zwei Betten.
07. Ich möchte ein langes Abendkleid.
08. Ich nehme das schwarze Kleid.
09. Sie ist in der Schule.
10. Er kauft frisches Brot.
11. Sie laden ihre Freunde ein.
12. Der graue Mantel gefällt mir.
13. Ich kann nicht kommen; denn ich bin krank.
14. Wir möchten ein spanisches Buch.
15. Sie gratulieren dem Lehrer.
16. Das ist das Buch des Lehrers.
17. Der Film war interessant.
18. Er denkt oft an seine Mutter.

19. Ich tanze gern mit Fräulein Rula.
20. Ihr ruft euren Freund an.

01. Wann gehen wir ins Kino?; 02. Wann trinkt Monika Tee?/Was trinkt Monika?; 03. Wie ist das Regal?; 04. Wann kommen Herr und Frau Engel?/Wer kommt heute?; 05. Was kostet das Heft?/Wie viel kostet das Heft? Was kostet 2 Euro?; 06. Was ist in dem Zimmer?/Wo sind zwei Betten?; 07. Was möchtest du?; 08. Was nimmst du?/Welches Kleid nimmst du?; 09. Wo ist sie?; 10. Was kauft er?; 11. Wen laden sie ein?; 12. Was gefällt dir?/Welcher Mantel gefällt dir?; 13. Warum kannst du nicht kommen?; 14. Was möchtet ihr?/Welches Buch möchtet ihr?; 15. Wem gratulieren sie?; 16. Wessen Buch ist das?; 17. Wie war der Film?/Was war interessant?; 18. An wen denkt er oft?; 19. Mit wem tanzt du gern?; 20. Wen ruft ihr an?

Übungen zu den Konjunktionen

Gesundheit und Krankheit – „entweder... oder", „nicht nur... sondern auch"

Verbinden Sie die Sätze mit der passenden Konjunktion.

Manchmal gibt es 2 Möglichkeiten.

01. Ich muss ständig Tabletten nehmen. Ich muss mich operieren lassen.
02. Ich fühle mich müde. Ich kann nicht schlafen.
03. Sie brauchen viel Schlaf. Sie müssen an die frische Luft.
04. Sie haben Übergewicht. Sie sind zuckerkrank.
05. Sie sind stark erkältet. Sie haben hohes Fieber.
06. Sie wollen gesund werden. Sie leben sehr ungesund.

01. Entweder muss ich ständig Tabletten nehmen oder ich muss mich operieren lassen. / Ich muss nicht nur ständig Tabletten nehmen, sondern muss mich auch operieren lassen.; 02. Ich fühle mich entweder müde oder ich kann nicht schlafen. / Ich fühle mich nicht nur müde, sondern ich kann auch nicht schlafen.; 03. Sie brauchen entweder viel Schlaf oder Sie müssen an die frische Luft / Sie brauchen nicht nur viel Schlaf, sondern Sie müssen auch an die frische Luft.; 04. Sie haben nicht nur Übergewicht, sondern Sie sind auch zuckerkrank.; 05. Sie sind nicht nur stark erkältet, sondern Sie haben auch hohes Fieber.; 06. Entweder wollen Sie gesund werden, oder Sie leben (weiterhin) sehr ungesund.

„Wenn" oder „als"? Setzen Sie die richtige Konjunktion ein oder bilden Sie einen Satz mit Konjugation!

01. Haben dich die Zollbeamten auch so gründlich untersucht ______ du nach Tirol gefahren bist?
02. Ja, sie sind immer besonders genau, ______ junge Leute im Auto sitzen.
03. ______ ich neulich über den Brenner–Pass fuhr, musste ich jeden Koffer aufmachen.
04. Ich war im vorigen Sommer in Wien. Ich besuchte meine Schwester.
05. Der Junge war sechs Jahre alt. Da starben seine Eltern.
06. Man senkte den Vorhang. Ich verließ das Theater.
07. Er hatte ein paar Bier getrunken. Er wurde immer sehr laut.
08. Er kam aus dem Urlaub zurück. Er brachte immer Räucherfisch mit.

01. als; 02. wenn; 03. Als; 04. Als ich im vorigen Sommer in Wien war, habe ich meine Schwester besucht; 05. Als der Junge sechs Jahre alt war, sind seine Eltern gestorben; 06. Als man den Vorhang senkte, verließ ich das Theater.; 07. Wenn er ein paar Bier getrunken hatte, wurde er immer sehr laut.; 08. Wenn er aus dem Urlaub zurück kam, brauche er immer Räucherfisch mit.

Beantworten Sie die folgenden Fragen mit „wenn" oder „als"!

01. Wann zünde ich das Licht an? ◃ **dunkel**
02. Wann lege ich mich ins Bett? ◃ **müde**
03. Wann hast du deinen Schlüssel verloren? ◃ **ich war gestern im Kino**
04. Wann hat man Husten und Schnupfen? ◃ **erkältet**
05. Wann fallen die Äpfel von den Bäumen? ◃ **reif oder faul**
06. Wann geht man zum Arzt? ◃ **krank sein**
07. Wann kommen die Kinder in die Grundschule? ◃ **6 Jahre alt**
08. Das Semester hört auf; die meisten Studenten fahren nach Hause.
09. Wann schneiden die Bauern das Korn? ◃ **reif sein**

01. Wenn es dunkel wird/ist.; 02. Wenn ich müde werde / bin.; 03. Als ich gestern im Kino war.; 04. Wenn man erkältet ist.; 05. Wenn sie reif oder faul sind.; 06. Wenn man krank ist.; 07. Wenn sie 6 Jahre alt sind.; 08. Das Semester hört auf, wenn die meisten Studenten nach Hause fahren.; 09. Wenn es reif ist.

Übungen zur Negation

Bilden Sie Sätze im Negativ:

Beispiel: *Backt dieser Bäcker Kuchen?* – ***Nein, er backt keinen Kuchen.***

Beispiel: *Seid ihr zu Hause?* – ***Nein, wir sind heute nicht zu Hause.***

01. Arbeitet Frau Klein als Sekretärin?
02. Ist Herr Korn auch Damenfriseur?
03. Sind Sie zufrieden?
04. Verkauft der Metzger auch Hammelfleisch?
05. Haben Sie sich beschwert?
06. Macht so ein Garten viel Arbeit?
07. Gibt es in der Schule auch am Freitag Unterricht?
08. Haben Sie dem Finanzamt geschrieben?
09. Macht dieser Schuster auch Spezialschuhe?
10. Ist das Gartenhaus ganz neu?
11. Bringt der Briefträger Post?
12. Hast du deinen Brief abgeschickt?
13. Hat sie das Buch irgendwo gefunden?

01. Nein, sie arbeitet nicht als Sekretärin.; 02. Nein, er ist nur Herrenfriseur.; 03. Nein, ich bin nicht zufrieden.; 04. Nein, er verkauft kein Hammelfleisch.; 05. Nein, ich habe mich nicht beschwert.; 06. Nein, der macht nicht viel Arbeit.; 07. Nein, am Freitag gibt es keinen Unterricht.; 08. Nein, ich habe dem Finanzamt noch nicht geschrieben.; 09. Nein, er macht keine Spezialschuhe.; 10. Nein, das ist nicht neu.; 11. Nein, er bringt heute keine Post.; 12. Nein, ich habe ihn noch nicht abgeschickt.; 13. Nein, sie hat es nirgendwo gefunden.

Ergänzen Sie das negative Pronomen!

Beispiel: *Ich weiß **nichts, niemand** hat mir etwas gesagt.*

01. Ihm geht ______ über seine Ruhe.
02. Möchten Sie noch etwas? Nein, danke, ______ mehr.
03. Da kann man ______ machen, das ist eben so.
04. Der neue Chef hat alle persönlich gegrüßt, er hat ______ vergessen.
05. Ich habe mit allen gesprochen, ich habe von ______ etwas darüber gehört.
06. Ich habe mit jedem Mitarbeiter gesprochen, ______ hat etwas davon gewusst.

01. nichts; 02. nichts; 03. nichts; 04. niemanden; 05. niemandem; 06. niemand

Übungen zu Nebensätzen

Bilden Sie Sätze mit „weil" und „darum":

Beispiel: *Ich gehe zum Arzt, **weil** ich krank bin.*

Beispiel 2: *Ich bin krank, **darum** gehe ich zum Arzt.*

01. Warum tragen wir im Winter einen Mantel? ◃ **frieren**
02. Warum gibt es im Sommer viele Gewitter? ◃ **Luft mit Elektrizität geladen**
03. Weswegen ist Gutenberg berühmt? ◃ **Buchdruck erfunden**
04. Warum ließ der Kaiser den General Wallenstein ermorden? ◃ **zu mächtig**
05. Warum ging Goethe nach Weimar? ◃ **Herzog eingeladen**

01. Wir tragen im Winter einen Mantel, weil wir nicht frieren wollen. / Wir wollen im Winter nicht frieren, darum tragen wir (dann) einen Mantel.; 02. Im Sommer gibt es viele Gewitter, weil (dann) die Luft mit Elektrizität geladen ist. / Im Sommer ist die Luft mit Elektrizität geladen, darum gibt es (dann) viele Gewitter.; 03. Gutenberg ist berühmt, weil er den Buchdruck erfunden hat. / Gutenberg hat den Buchdruck erfunden, darum ist er berühmt.; 04. Der Kaiser ließ den General Wallenstein ermorden, weil er zu mächtig geworden war. / Der General Wallenstein war zu mächtig geworden, darum ließ der Kaiser ihn ermorden.; 05. Goethe ging nach Weimar, weil der Herzog ihn eingeladen hatte. / Der Herzog hatte Goethe eingeladen, darum ging er nach Weimar.

Beantworten Sie folgende Sätze mit „weil" und „damit":

Beispiel: *Warum gehen wir zum Arzt?*

– Weil wir krank sind . / – Damit er uns hilft.

01. Warum sammeln die Bienen viel Honig? – **im Winter davon leben / fleißig**
02. Warum tragen die Arbeiter eine Gasmaske? – **Beruf gefährlich / schützen gegen giftige Gase**
03. Weshalb fährt man im Sommer an die See? – **Kühl / sich erholen**
04. Warum baut man in Japan viele Häuser aus Holz? – **viele Erdbeben / Menschen nicht verunglücken**
05. Warum gibt es viele Denkmäler für die Gelehrten in der Welt? – **immer an sie denken / für die Heimat gestorben**

01. Damit sie im Winter davon leben (können). / Weil sie fleißig sind.; 02. Weil ihr Beruf gefährlich ist. / Damit sie sich gegen giftige Gase schützen (können).; 03. Weil es kühl ist. / Damit man sich erholt.; 04. Viel es dort viele Erdbeben gibt. / Damit die Menschen nicht verunglücken.; 05. Damit man immer an sie denkt. / Weil sie für die Heimat gestorben sind.

Bilden Sie den Infinitiv mit „um... zu" von folgenden Sätzen:

01. Ich arbeite Tag und Nacht, damit ich mein Ziel schneller erreiche.
02. Ich gehe ins Warenhaus, damit ich mir einen neuen Hut aussuche und neue Handschuhe kaufe.
03. Ich nehme ein Auto, damit ich nicht zu spät zum Bahnhof komme.
04. Ich ziehe einen Wintermantel an, damit ich mich beim schlechten Wetter nicht erkälte.
05. Der Ausländer reist in vier Wochen in seine Heimat, damit er seine Freunde wiedersieht.

01. [...], um mein Ziel schneller zu erreichen.; 02. [...], um mir einen neuen Hut auszusuchen und neue Handschuhe zu kaufen.; 03. [...], um nicht zu spät zum Bahnhof zu kommen.: 04. [...], um mich nicht beim schlechten Wetter zu erkälten.; 05. [...], um seine Freunde wiederzusehen.

Verbinden Sie die Sätze mit „um... zu“ oder mit „damit“:

01. Ich habe sofort angerufen. Ich wollte die Wohnung bekommen.
02. Ich habe sofort telefoniert. Mein Bruder soll die Wohnung bekommen.
03. Ich habe die Anzeigen in der Zeitung studiert. Ich wollte eine schöne Wohnung finden.
04. Wir haben die Wohnung vermessen. Die Möbel sollen später hineinpassen.
05. Schließlich haben wir noch eine Woche Urlaub gemacht. Wir wollten uns ein bisschen erholen.

01. [...], um die Wohnung zu bekommen. / [...], damit ich die Wohnung bekomme.; 02. [...], damit mein Bruder die Wohnung bekommt.; 03. [...], um eine schöne Wohnung zu finden. / [...], damit ich eine schöne Wohnung finde.; 04. [...], damit die Möbel später hineinpassen.; 05. [...], um uns ein bisschen zu erholen. / [...], damit wir uns ein bisschen erholen.

Übungen zum Gebrauch der Kasuszeichen (Artikel) und Präpositionen

A

01. Mein Freund wohnt ______ ______ Gartenstraße.
02. Als ihnen das Benzin ausging, ließen sie den Wagen ______ Straßenrand.
03. Wohin fahren Sie in Ihrem Urlaub, ______ Land, ______ ______ See oder ______ Gebirge?
04. Darf man ______ See baden?
05. ______ ______ Berg steht ein Aussichtsturm.
06. Die Stadt liegt ______ Fuß der Alpen.
07. Ich lege mich ein paar Minuten ______ Sofa.
08. Sie sind fürchterlich erkältet: Sie müssen sofort ______ Bett!
09. Ich kann ______ ______ Stuhl nicht länger sitzen.

10. ______ Sessel sitzt man bequem.
11. Herr Meier sitzt den ganzen Tag ______ Tisch.
12. Als wir kamen, stand das Essen schon ______ ______ Tisch.
13. ______ ______ Ecke meines Wohnzimmers steht eine Stehlampe.
14. ______ ______ Ecke meines Hauses steht eine Straßenlaterne.
15. Der Lehrer schreibt zu jeder Präposition ein Beispiel ______ ______ Tafel.
16. Die Schüler schreiben ______ ______ Tafel Beispiele.
17. Vergessen Sie nicht, Ihren Namen ______ Heft zu schreiben.
18. ______ Buch sind viele Abbildungen.
19. Lesen Sie die Sätze ______ Seite 135!
20. ______ Wörterbuch haben Sie das Wort gefunden?

01. in der; 02. am; 03. aufs, an die, ins; 04. im (in der); 05. Auf dem; 06. am; 07. aufs; 08. ins; 09. auf dem; 10. Im; 11. am; 12. auf dem; 13. In der; 14. An der; 15. an die; 16. von der; 17. ins; 18. Im; 19. auf; 20. Im

B

01. ______ Park kann man herrliche Spaziergänge machen.
02. Wenn Sie ______ Chile (______ Niederlande) einreisen wollen, brauchen Sie ein Visum.
03. Ich erwarte Sie um 8 Uhr ______ Parkeingang.
04. Frankfurt liegt ______ Main.
05. Leben ______ Wald viele Tiere?
06. Kommst du ______ ______ Wald? Ich gehe Pilze suchen.
07. Wir entfernten uns immer weiter ______ ______ Küste.
08. Die Läufer versammelten sich ______ ______ Stadt.
09. Schwarze Gewitterwolken standen ______ Himmel.
10. ______ Hamburger Hafen liegen jeden Tag hunderte von Schiffen.
11. Wir wohnen in einem Haus ______ Stadtrand; mein Büro liegt mitten ______ ______ Stadt.
12. Nach drei Minuten kamen sie erschöpft ______ Ziel an.
13. ______ ______ Tischtuch ist ein großer Fleck.

14. Was ist ______ Glas?
15. Das Glas ist bis ______ Rand gefüllt.
16. Seit wann wohnen Sie ______ Müllers.
17. Ich komme gerade ______ ______ Hause.
18. ______ ______ Stadtviertel bin ich noch nie gewesen.
19. Wir stehen ______ Rand des Abgrundes.
20. Haben Sie ______ Garten auch Beerensträucher?

01. Im; 02. Nach (in die); 03. am; 04. am; 05. im; 06. in den; 07. von der; 08. in der; 09. am; 10. Am; 11. am, in der; 12. am; 13. Auf dem; 14. im ; 15. zum; 16. bei; 17. von zu; 18. In dem; 19. am; 20. im

C

01. Ich muss schnell ______ Hause, ______ Büro, ______ Arbeit.
02. Wir fliegen Ostern ______ Kanada, ______ Teheran, ______ ______ Türkei.
03. Sie fahren in den Ferien ______ Bayern, ______ ______ Bayrischen Wald, ______ ______ Chiemsee.
04. Ich muss sofort ______ Bahnhof, ______ Chef, ______ Kasse.
05. Ich muss unbedingt ______ Frisör, ______ Hause, ______ Theater.
06. Sie waren gestern Abend ______ ______ Stadt, ______ Hause, ______Theater.
07. Die Kinder sollen nicht ______ ______ Straße, sondern ______ Garten oder ______ ______ Spielplatz spielen.
08. Ich war ______ ______ Post, ______ Zahnarzt, ______Hause.
09. Wo ist Frau Meyer? ______ Besuch ______ ihrer Tochter oder ______ Abendessen ______ Bekannten?
10. Ich habe das ______ ______ Zeitung gelesen.
11. Sie kommen um 12 Uhr ______ ______ Schule.
12. Jetzt arbeitet er ______ einer Baufirma, vorher war er ______ Militär.
13. ______ der Mutter war niemand zu Hause.
14. Fahren Sie ______ links und dann geradeaus.
15. ______ der Post finden Sie verschiedene Reisebüros.
16. Wir gehen die Donau ______ .

17. Im Sommer reisen viele Deutsche ______ Süden.
18. Meiner Meinung ______ ist der Satz richtig.
19. Jeden Sonntag bin ich ______ meinen Eltern ______ ______ Kirche gegangen.
20. Er schwimmt ______ ______ Insel gegenüber.

01. nach, ins, zur; 02. nach, nach, in die; 03. nach , in den, an den; 04. zum. zum, zur; 05. zum, nach, zum; 06. in der, zu, im; 07. auf der, im, auf dem; 08. bei, beim, zu; 09. zu, bei, zum, bei; 10. in der; 11. aus der; 12. bei, beim; 13. Außer; 14. nach; 15. Gegenüber; 16. entlang; 17. in den; 18. nach; 19. mit, in die; 20. zu der

D

01. Was hast du ______ Dienstag vor?
02. ______ Zeit läuft kein besonderer Film.
03. ______ Tanzen halte ich nicht viel, aber wir werden sehen.
04. Das Wasser fließt ______ ein Rohr.
05. ______ Zufall erfuhr ich, dass Peter geheiratet hat.
06. ______ 5 Euro werden Sie keinen guten Füller bekommen.
07. Ich schneide Brot ______ einem Messer.
08. ______ Sonnenuntergang erreichen wir die Anhöhe.
09. ______ ______ zuverlässigen Freund kannst du das Unternehmen wagen.
10. Die Schüler versammelten sich ______ ihren Klassensprecher.
11. Er erreichte das Ziel ______ Schwierigkeiten.
12. Er handelte ______ die Vorschrift.
13. Die Puppe fällt ______ Stuhl.
14. Er kam ______ ______ halben Stunde.
15. Wir gehen nur vormittags ______ ______ Schule.
16. Der Bamberger Dom ist ______ 700 Jahre alt.
17. Die Mutter schaute ______ den Tisch.
18. Das Kätzchen schläft ______ einem Korb.
19. Der Hubschrauber fliegt ______ ______ See.
20. In den Ferien fahren wir ______ Meer.

01. am; 02. Zur; 03. Vom; 04. durch; 05. Durch; 06. Für; 07. mit; 08. Bei; 09. Mit einem; 10. um; 11. ohne; 12. gegen; 13. vom; 14. nach einer; 15. in die (zur); 16. über; 17. über; 18. in; 19. über den; 20. ans

E

01. Heute regnet es; daher darfst du nicht ______ Mantel fortgehen.
02. Ich komme schon ______ 10 Uhr.
03. Waren ______ 100 Euro sind zollfrei.
04. Norbert ist gerade ______ Köln abgereist.
05. Die Eltern fahren ______ ______ Kindern ______ Urlaub.
06. ______ ______ Konzert machen wir einen Stadtbummel.
07. Manfred kommt ______ ______ Universität.
08. Fritz ist eine Klasse ______ mir.
09. Sigrid lag ______ Montag ______ Krankenhaus,
10. Der Rasen liegt ______ dem Haus.
11. Er tut alles ______ seine Gesundheit.
12. Der Stein flog ______ eine Mauer.
13. Diese Schale ist ______ Kupfer.
14. Die Bauern gehen ______ Feld.
15. ______ nächstes Jahr wollen wir ein Haus bauen.
16. Ich komme ______ einer Woche zurück.
17. ______ den Zuschauern waren drei Ausländer.
18. Ein ordentliches Fahrrad bekommst du nicht ______ 200 Euro.
19. Stelle den Abfallkübel ______ Haus.
20. ______ unserem Haus parkt ein Auto.

01. ohne; 02. vor; 03. bis; 04. aus; 05. mit den, in; 06. Nach dem; 07. von der; 08. über; 09. seit, im; 10. hinter; 11. für; 12. gegen; 13. aus; 14. aufs 15. Im; 16. in; 17. Unter; 18. unter; 19. vors; 20. vor

F

01. ______ Montag fahren wir ______ Köln.
02. ______ wieviel Uhr fährt der Zug ab?

03. ______ Sommer ist das Wetter warm.
04. Mein Vater hat ______ März Geburtstag.
05. Das neue Jahr beginnt ______ ersten Januar.
06. ______ Nachmittag erwarten wir Gäste.
07. ______ der letzten Nacht habe ich sehr schlecht geschlafen.
08. Diese Sache liegt mir sehr ______ Herzen.
09. Die Passagiere gehen ______ Land.
10. Er hat Angst ______ ______ Operation.
11. Sie trägt einen Hut ______ ______ Kopf.
12. Er will immer ______ ______ Kopf ______ ______ Wand.
13. Hier regnet es schon ______ vorgestern.
14. Warten Sie bitte vor der Tür ______ ______ Korridor.
15. ______ ______ Straßen der Stadt hängen Neonlampen.
16. Die nächste Tankstelle liegt direkt ______ der Autobahn.
17. Ich lerne ______ ______ Deutsch übernächsten Semester.
18. Sie hat das ganze Geld gleich ______ den Kopf gehauen.
19. Mein Zimmer liegt schön. Es geht ______ Garten.
20. Wohin führt diese Glastür? ______ ______ Zimmer des Chefs.

01. Am, nach; 02. Um; 03. Im; 04. im; 05. am; 06. Am; 07. in; 08. am; 09. ans; 10. vor der; 11. auf dem; 12. mit dem, durch die; 13. seit; 14. auf dem; 15. In den; 16. an; 17. ab dem; 18. auf; 19. zum; 20. In das

G

01. ______ Hute ______ der Hand kommt man ______ das ganze Land.
02. Ich kaufe ein Geschenk ______ meinen Freund.
03. ______ die Sonne ist die Erde ein kleiner Ball.
04. Keine Regel ______ Ausnahme.
05. Die Erde dreht sich ______ ______ Sonne und ______ sich selbst.
06. Er blieb ______ 12 Uhr.
07. ______ dem Regen ______ die Traufe kommen
08. Ich habe kein Geld ______ mir.

09. Man muss ______ den Wölfen heulen.

10. ______ Goethe irrt der Mensch solange er strebt.

11. Er warf die Kleider ______ sich und sprang ______ Wasser.

12. Der Weg ______ Hölle ist ______ guten Vorsätzen gepflastert.

13. Er hängt das Bild ______ ______ Schreibtisch.

14. ______ ______ Grenze werden die Pässe kontrolliert.

15. Die Mutter trug das Kind ______ ______ Arm.

16. Wir haben jetzt das Schlimmste ______ uns.

17. Die Soldaten ziehen ______ Feld.

18. Der Hund lief immer ______ seinem Herrn her.

19. Es geht ihm nichts ______ ein gutes Glas Wein.

20. Es gibt nichts Neues ______ ______ Sonne.

01. mit, in, durch; 02. für; 03. Gegen; 04. ohne; 05. um die, um; 06. bis; 07. Aus, in; 08. bei; 09. mit den; 10. Nach; 11. von, ins; 12. zur, mit, 13. über den; 14. An der; 15. auf dem; 16. hinter, 17. ins, 18. neben, 19. über, 20. unter der

H

01. Man soll den Tag nicht ______ ______ Abend loben.

02. Ich komme ______ drei oder vier Uhr.

03. ______ dieser Angelegenheit müssen wir den Chef fragen.

04. ______ dieser Woche wird die Arbeit fertig werden.

05. ______ Kindern werden Leute.

06. Ich spreche ______ Erfahrung.

07. Er hat sie ______ einen Freund kennengelernt.

08. ______ des Radios kaufte ich mir einen Mobiltelefon.

09. Technischer Schwierigkeiten ______ muss die Eröffnung verschoben werden.

10. Lassen Sie mich ______Ruhe!

11. Er hat nicht alle Tassen ______ Schrank.

12. Er starb ______ ______ Blüte seiner Jahre.

13. Sie haben Fehler ______ Fehler gemacht.

14. Was ist ______ diesem Wort zu verstehen?

15. ______ eines Stipendiums müssen Sie sich ______ den DAAD wenden.
16. ______ ______ Arabischen ______ Deutsche übersetzen.
17. ______ ______ furchtbaren Lärm konnte man kein Wort verstehen.
18. Die Bauern kehren ______ Felde heim.
19. Die Sache muss ______ Grund ______ geändert werden.
20. Die Elbe mündet ______ ______ Nordsee.

01. vor dem; 02. zwischen; 03. Wegen; 04. Innerhalb; 05. Aus; 06. aus; 07. durch; 08. Statt; 09. wegen; 10. in; 11. im; 12. in der; 13. über; 14. unter; 15. Wegen, an; 16. Aus dem, ins; 17. Bei dem, 18. vom; 19. von, auf, 20. in die

I

01. Schlag dir die Frau ______ dem Kopf!
02. Er hat wieder viel zu tun; er ist ______ Druck.
03. Sie fährt sofort ______ der Haut.
04. ______ seiner Haut möchte ich nicht stecken.
05. Der Fahrstuhl ist im Moment ______ Betrieb.
06. Das neue Werk wird ______ Betrieb gesetzt.
07. Das Essen steht ______ ______ Tisch.
08. ______ ihrer Freizeit arbeitet sie ______ einem Bild.
09. Es besteht ein großer Charakterunterschied ______ ______ Brüdern.
10. Er nahm ein Glas ______ ______ Schrank, ging ______ ______ Küche und ließ kaltes Wasser ______ Glas laufen.
11. ______ seiner Erkältung nimmt mein Freund ______ dem Ausflug teil.
12. Wer kennt ein gutes Mittel ______ Erkältung?
13. Der Weg führt den Wald ______ .
14. Er stört mich dauernd, wenn ich ______ der Arbeit bin.
15. ______ dem Kapitän wurden alle gerettet.
16. Dem Klavier ______ steht das Sofa.
17. Er stellte sich ______ mich.

18. ______ ______ Stadtmauern war im Mittelalter die Sicherheit ebenso groß wie die Unsicherheit.
19. Ich habe dich nicht ______ Absicht verletzt.
20. Ich möchte eine Briefmarke ______ 70 Cent.

01. aus; 02. unter; 03. aus; 04. In; 05. außer; 06. in; 07. auf dem; 08. In, an; 09. zwischen den; 10. aus dem, in die, ins; 11. Trotz, an, 12. gegen; 13. entlang; 14. bei; 15. Außer; 16. gegenüber; 17. neben; 18. Innerhalb der , außerhalb der; 19. mit; 20. für / zu

J

01. Die Ausstellung ist ______ ______ ersten September geöffnet.
02. ______ ______ Schulgebäudes ist das Rauchen verboten.
03. Die Straße musste ______ starker Schneefälle gesperrt werden.
04. Sie hat ihn ______ Liebe geheiratet.
05. ______ Rat meines Arztes habe ich zu rauchen aufgehört.
06. ______ gutem Wetter gehen wir baden.
07. Das Gebäude ist ______ Beton und Glas.
08. Viele Häuser sind ______ Hochwasser zerstört worden.
09. Wie viel verlangen Sie ______ ______ Gebrauchtwagen?
10. Ich kann die Aufgabe ______ deine Hilfe lösen.
11. Hamburg hat ______ 1,5 Millionen Einwohner.
12. Ihr seid ______ einem Lehrer gesehen worden.
13. Er hat sie nur ______ ihres Geldes geheiratet.
14. ______ sein Alter spricht das Mädchen aber schon sehr gut.
15. Das nächste Mal fahren wir ______ ______ Zug.
16. ______ die Lösung der Aufgabe brauchen wir mindestens noch eine Stunde.
17. ______ ein wenig Glück können Sie die Prüfung bestehen.
18. ______ großer Anstrengungen ist es uns nicht gelungen, das Problem zu lösen.
19. Ich rufe ______ ______ Zimmers an. Das heißt ______ dem Zimmer.
20. Wir sind ______ ______ nächsten Tage hier.

01. ab dem; 02. Innerhalb des; 03. wegen; 04. auf; 05. Auf; 06. Bei; 07. aus; 08. durch; 09. für den; 10. ohne; 11. über; 12. von; 13. wegen; 14. Für; 15. mit dem; 16. Für; 17. Mit; 18. Trotz; 19. wegen des, wegen; 20. während der

K

01. Er hatte ______ einem Unfall seinen rechten Arm verloren.
02. Wein trinkt man immer ______ einem Glas.
03. Ich will noch ______ September warten.
04. ______ ihn bin ich noch ein Anfänger.
05. ______ die Hilfe meiner Schwester hätte ich diese Arbeit nicht geschafft.
06. Die Temperatur ist ______ 5 Grad gestiegen.
07. ______ Gefahr Knopf drücken!
08. ______ Hut gefällst du mir besser.
09. Er kam ______ ______ Schlafzimmer.
10. Das Medikament ist ______ Zahnschmerzen.
11. Du darfst ______ offenem Fenster nicht schlafen.
12. Er nahm den Brief ______ ______ Tasche.
13. Die Creme ist ______ empfindliche Haut.
14. Der Bus fährt ______ einen Baum.
15. Der Radfahrer kam ______ rechts.
16. Das schenke ich dir ______ Geburtstag.
17. Ich gieße den Tee ______ ______ Tasse.
18. Er ist ______ einer schwierigen Lage.
19. ______ ______ Haus ist ein Spielplatz.
20. Der Koffer steht ______ ______ Bushaltestelle.

01. durch; 02. aus; 03. bis; 04. Gegen; 05. Ohne; 06. um; 07. Bei; 08. Ohne / Mit; 09. aus dem; 10. gegen; 11. bei; 12. aus der; 13. für; 14. gegen; 15. von; 16. zum; 17. in die; 18. in; 19. Hinter dem; 20. an der

L

01. ______ ______ Essen schlafe ich eine Stunde.
02. ______ wem haben Sie das Menü bestellt?
03. Trinken Sie den Kaffee ______ Essen?
04. ______ wann studiert Erika in München?
05. Er fährt ______ Frankreich ______ Spanien.
06. Was essen Sie zu Hause ______ Frühstück?
07. Peter geht ______ Fuß ______ Universität.
08. Sie hat das Geld ______ ihrem Onkel.
09. Wie lange brauchst du ______ deiner Wohnung ______ Institut?
10. Kannst du heute Abend ______ uns bleiben?
11. Ich komme ______ Flughafen.
12. Wir saßen ______ Feuer.
13. Ich fahre ______ südliche Belgien.
14. Dem Lehrer ______ war er immer freundlich.
15. ______ ______ Mantel fühle ich mich nicht wohl.
16. Er hält mir die Rechnung ______ ______ Nase.
17. ______ dem Frühstück lief er dreimal ______ ______ See.
18. Ich setze mich ______ ______ beiden netten Mädchen.
19. ______ ______ Sonnenuntergangs bleiben die Tiere ganz still.
20. Wir gehen ______ eine Woche ______ Skifahren.

01. Nach dem; 02. Bei, 03. zum / nach dem; 04. Seit; 05. durch, nach; 06. zum; 07. zu, zur; 08. von; 09. von, zum; 10. bei; 11. vom; 12. am; 13. ins; 14. gegenüber; 15. in dem; 16. vor die; 17. vor, um den; 18. zwischen die; 19. Während des; 20 für, zum

M

01. Wir wohnen ______ dritten Stock.
02. Er war ______ diesem Tag in Berlin.
03. Sie ist ______ zwei Jahren in München eingetroffen.
04. Das hier passt nicht mehr ______ ______ Koffer.

05. Cuxhaven liegt ______ ______ Nordsee.
06. Ich komme ______ drei Wochen.
07. Er sitzt ______ Schreibtisch.
08. Darf ich Ihnen noch Fleisch ______ ______ Teller geben?
09. Ich wechsle ______ Bank Geld.
10. Ich komme erst ______ ______ Nacht von Sonntag ______ Montag zurück.
11. ______ heute ______ lese ich keine Krimis mehr.
12. Wir gehen ______ Baden und dann ______ unseren Freunden.
13. Der Mantel kommt ______ ______ Schrank.
14. ______ Frühstück erzählt er immer seine neusten Witze.
15. Der Wald geht ______ ans Ufer.
16. Sie wurde ______ eine sofortige Operation gerettet.
17. Der Film ist nur ______ Personen ______ 18 Jahre.
18. Er war erschöpft ______ Hunger.
19. ______ ______ Nachtisch nehme ich eine Tasse Kaffee.
20. ______ allem heiratete er.

01. im; 02. an; 03. vor; 04. in den; 05. an der; 06. in; 07. am; 08. auf den; 09. auf der; 10. in der, auf; 11. Von… an; 12. zum, zu; 13. in den; 14. Beim; 15. bis; 16. durch; 17. für…ab; 18. vor; 19. Statt; 20. Trotz

N

01. Ich hänge den Spiegel ______ ______ Wand.
02. ______ meinem Bedauern muss ich Ihnen mitteilen, dass …
03. Ich danke Ihnen ______ Ihren Brief ______ 20.05.
04. ______ Anfang August hat er wieder eine Stellung.
05. ______ Fernsehturm ______ kann man die Berge sehen.
06. ______ Freitag komme ich ______ dir.
07. ______ Ostern will er uns besuchen.
08. Gehen Sie dort ______ ______ Ecke, da ist der Briefkasten.
09. Sie gingen den Bahnhof ______ .
10. ______ dahin ist es ein weiter Weg.

11. Die Uhr hat _____ die 30,00 Euro gekostet.
12. Sie saß mir den ganzen Abend _____ .
13. Das Regenwasser tropft _____ Dach.
14. Plötzlich lief das Kind _____ _____ Straße.
15. _____ seiner Verzweifelung machte er eine Dummheit.
16. Der Kellner legt das Besteck _____ _____ Teller.
17. Beim Gähnen soll man die Hand _____ _____ den Mund nehmen.
18. Es ist unmöglich, _____ solchen Verhältnissen zu arbeiten.
19. Er öffnete die Tür _____ _____ beiden Zimmern.
20. _____ seiner vier Wände kann man sich am besten erholen.

01. an die; 02. Zu; 03. für, vom; 04. Zum; 05. Vom… aus; 06. Am, zu; 07. Nach; 08. um die; 09. entlang; 10. Bis; 11. um; 12. gegenüber; 13. vom; 14. auf die; 15. In; 16. neben den; 17. vor den; 18. unter; 19. zwischen den; 20. Innerhalb

O

01. Es war ein Kampf _____ Leben und Tod.
02. _____ dem 30.6 _____ werden die alten Münzen ungültig.
03. Sie können den Kühlschrank auch _____ Raten kaufen.
04. Schon fünf Jahre schreibt Carl _____ seinen Memoiren.
05. Das gesuchte Zitat finden Sie _____ Seite 143.
06. _____ Wunsch bringen wir Ihnen das Frühstück _____ Zimmer.
07. Machen Sie es nicht allein, _____ zweit geht es besser.
08. _____ des Ministers kam nur ein Staassekretär.
09. Der Saal war _____ _____ den letzten Platz besetzt.
10. Der Pilot war _____ der Stelle tot.
11. Diese viele Arbeit! Das geht _____ meine Kräfte.
12. Lassen Sie den Zaun _____ meine Kosten reparieren.
13. Wo ist der Unterschied _____ beiden Geräten?
14. _____ diesem Lärm kann man doch nicht telefonieren.
15. Sei ehrlich! Was ist _____ dir los?

16. Ich kenne den Schauspieler nur dem Namen ______ .
17. Was gefällt dir eigentlich ______ ihm?
18. Meinst du, Martine sei zu jung ______ eine Ehe?
19. ______ den erkrankten Schulz steht Martin im Tor,
20. ______ Protest ______ die Regierung trat er zurück.

01. auf / um; 02. Mit / Ab; 03. auf; 04. an; 05. auf; 06. Auf, aufs; 07. zu; 08. Statt; 09. bis auf; 10. auf; 11. über; 12. auf; 13. zwischen; 14. Bei; 15. mit; 16. nach; 17. an; 18. für; 19. Für, 20. Aus, gegen

P

01. ______ die Dauer kann er in diesem Loch nicht wohnen bleiben.
02. Wegen eines Defekts sind zwei Maschinen ______ Betrieb.
03. Den ganzen Tag ______ lief das Radio.
04. Ich möchte mit dem Anwalt ______ vier Augen sprechen.
05. ______ Vorbeigehen sah Udo, dass die Tür offenstand.
06. ______ lauter Arbeit weiß er nicht, wo er anfangen soll.
07. ______ Einladung des Senats hält er einen Vortrag.
08. Für Ihre Mühe danke ich Ihnen sehr ______ Voraus.
09. ______ Himmel sahen wir unzählige Sterne.
10. ______ halben Preis kaufe ich den teuren Pullover gern
11. Das gesuchte Buch ist ______ Sicherheit nicht ______ mir.
12. Sie erhalten die Waren nur ______ Bezahlung.
13. Das Schiff wartet schon. Gehen wir ______ Deck.
14. Der Beamte ist nur während, nicht aber ______ der Bürozeiten zu sprechen.
15. Die Organisation muss ______ Grund ______ erneut werden.
16. „Du wirst ______ Tag ______ Tag schöner“, flüsterte er.
17. Oma sagt: „______ meiner Zeit war alles ruhiger“.
18. Wir testen das Gerät ______ einen längeren Zeitraum.
19. Lassen Sie sich nicht ______ der Ruhe bringen!
20. ______ heute haben wir genug gearbeitet.

01. Auf; 02. außer; 03. über; 04. unter; 05. Im; 06. Vor; 07. Auf; 08. im; 09. Am; 10. Zum; 11. mit… bei; 12. gegen; 13. an; 14. außerhalb; 15. von… auf; 16. von… zu; 17. Zu; 18. über; 19. aus; 20. für

Q

01. ______ Tränen erzählte Gisela, was sie erlebt hatte.
02. Ihr ______ hat er sich immer korrekt verhalten.
03. ______ seiner guten Deutschkenntnisse fand er sofort eine Stelle.
04. ______ der Friedensappelle aus aller Welt ging der Krieg zwischen den beiden Staaten weiter.
05. ______ technischer Defekte musste der Start der Rakete mehrmals verschoben werden.
06. ______ des lieben Friedens schwieg ich zu der Angelegenheit.
07. Die ganze Familie war ______ heller Aufregung.
08. Der Bedarf ______ qualifizierten Technikern ist groß.
09. ______ uns gesagt, ich fand seine Rede überhaupt nicht gut.
10. Ich kann Ihnen den Namen ______ besten Willen nicht sagen.
11. Die Ausstellung wurde ______ des großen Interesses verlängert.
12. Er wurde ______ Trunkenheit am Steuer verurteilt.
13. Haben Sie ______ Wochenende schon etwas vor?
14. An der Demonstration nahmen ______ die 2000 Personen teil.
15. Wir saßen gemütlich ______ Kaffee und Kuchen zusammen.
16. Die Miete beträgt ______ Monat 650 Euro.
17. Er ist ein durch und ______ ehrlicher Mensch.
18. Diese neuen Bestimmungen gelten erst ______ kurzem.
19. Die ganze Nacht ______ hielt der Schneesturm an.
20. Wir suchen einen Tisch ______ 3 Metern Länge.

01. Auf; 02. außer; 03. über; 04. unter; 05. Im; 06. Vor; 07. Auf; 08. im; 09. Am; 10. Zum; 11. mit… bei; 12. gegen; 13. an; 14. außerhalb; 15. von… auf; 16. von… zu; 17. Zu; 18. über; 19. aus, 20. für

R

01. Wir tauschen deutsche ______ spanische briefmarken.
02. Ich miete den Saal nur ______ einen Abend.
03. Er lässt sich ______ nichts stören.
04. Wer wohnt ______ dem Neubau ______ der Ecke?
05. In den Semesterferien arbeitet er ______ der Post.
06. In der Gruppe kannte sie alle, ______ einem Rothaarigen.
07. Hat Ulrich etwas Warmes ______ Anziehen dabei?
08. ______ unserer Klasse nehmen drei Schüler teil.
09. Von hier ______ kann man das ganze Tal überschauen.
10. ______ uns beiden darf es keine Missverständnisse geben.
11. Ein Sprichtwort sagt: „ ______ den Augen, ______ dem Sinn".
12. ______ deiner Stelle würde ich mich selbst informieren.
13. Herr Bauer ist ______ langem ______ Pension.
14. Gehen Sie diese Straße ______; dann kommen Sie direkt ______ Nationalgalerie.
15. Lassen Sie den Prospekt ______ Französische übersetzen.
16. Er wurde ______ linken Knie opreiert.
17. Tausende ______ Menschen strömten ______ Eisstadion.
18. Man hatte keinen Schlüssel und musste die Tür ______ Gewalt öffnen.
19. Woche ______ Woche kamen Briefe.
20. Wir waren ______ allen Punkten einer Meinung.

01. gegen; 02. für; 03. durch; 04. in... an; 05. bei; 06. außer; 07. zum; 08. aus / von; 09. aus; 10. Zwischen; 11. aus... aus; 12. An; 13. seit, in; 14. entlang... zur; 15. ins; 16. am; 17. von... zum; 18. mit; 19. für; 20. in

S

01. Haben Sie etwas ______ Kopfweh?
02. Ich werde mir Ihre Frage ______ ______ Kopf gehen lassen.
03. Das Kind ist ______ sein Alter schon ziemlich groß.
04. Treffen wir uns ______ einer halben Stunde vor dem Kino?
05. Gott sei Dank habe ich die Prüfung ______ mir.

06. Unsere Fahrt geht von München _____ Wien _____ Budapest.
07. Man konnte das Geschrei schon _____ weitem hören.
08. Dieses Jahr fällt mein Geburtstag _____ einen Sonntag.
09. Dieter steht _____ Betrugs _____ Gericht.
10. Die Kinder konnten _____ Ungeduld nicht still sitzen.
11. Rings _____ die Stadt verläuft eine Mauer.
12. Der Fuchs lief _____ das Feld.
13. Manche wollen einfach nicht _____ ihren Fehlern lernen.
14. Das Wasser reichte mir _____ _____ die Knie.
15. Seine Uhr geht _____ die Sekunde genau.
16. Wie heißt dieses Wort _____ Deutsch?
17. Elisabeth wohnt _____ der Amalienstraße _____ Meier.
18. _____ Kerzenlicht kann man sich gut unterhalten.
19. Zahlen Sie _____ Dollar oder _____ Euro?
20. Ich trinke _____ Ihren Erfolg.

01. gegen; 02. durch den; 03. für; 04. in; 05. hinter; 06. über... nach; 07. bis; 08. auf; 09. wegen... vor; 10. vor; 11. um; 12. über; 13. aus; 14. bis an; 15. auf; 16. auf; 17. in ... bei; 18. Bei; 19. in ... in; 20. auf

Ordnen Sie die Verben (a, b, c...) mit entsprechender Präposition den Beispielsätzen zu und vermerken Sie den richtigen Kasus in Klammern!

A

01. Monika hat in den nächsten Wochen keine Zeit; sie _____ ihrer Examensarbeit.
02. Ihr sprecht aber schon gut Deutsch. Danke, wir haben auch regelmäßig ___ Deutschkurs _____.
03. Maria muss ___ihre jüngeren Geschwister _____.
04. Alleine schaffe ich das nicht; deshalb _____ ich ___ eure Hilfe.
05. Warum bist du denn nicht gekommen? Ich hatte mich so ___ dein Versprechen _____ .

06. ___ meine Tasse Kaffee am Morgen kann ich nicht ______ .
07. Ich bin gleich fertig; ______ bitte ___ mich!
08. Hast du dich schon ___ das Geschenk ______ ?
09. Er hat sich auf den ersten Blick ___ sie ______ .
10. Wir haben uns lange ___ diesem Problem ______ ; aber wir haben noch keine Lösung gefunden.

a. **aufpassen auf (+ ______)**
b. **verzichten auf (+ ______)**
c. **arbeiten an (+ Dat.)**
d. **warten auf (+ ______)**
e. **sich verlieben in (+ ______)**
f. **sich verlassen auf (+ ______)**
g. **hoffen auf (+ ______)**
h. **sich beschäftigen mit (+ ______)**
i. **sich bedanken für (+ ______)**
j. **teilnehmen an (+ ______)**

01. c. arbeiten an (+ Dat.); 02. j. teilnehmen an (+ Dat.); 03. a. aufpassen auf (+ Akk.); 04. g. hoffen auf (+ Akk.); 05. f. sich verlassen auf (+ Akk.); 06. b. verzichten auf (+ Akk.); 07. d. warten auf (+ Akk.); 08. i. sich bedanken für (+ Akk.); 09. e. sich verlieben in (+ Akk.); 10. h. beschäftigen mit (+ Dat.)

B

01. Hast du schon ___ deinen Eltern ___ deine Pläne ______?
02. Ich bin sauer! ___ dein Verhalten gestern Abend habe ich mich sehr ______.
03. ___ diese tolle Idee muss ich mich noch einmal ___ dir ______.
04. Er hat solche Sehnsucht. Die ganze Zeit ______er ___ seine Heimat.
05. Lass mich in Ruhe! ______dich gefälligst ___ deine Angelegenheiten.
06. Ich _________ einem Urlaub unter Palmen am Meer.
07. Dem kannst du keine Angst einjagen. Der ______sich ___ niemandem.
08. Sie hat sich ___ ihrer schweren Krankheit erstaunlich schnell ______.
09. Beide Partner haben versprochen, ___ ein gutes Verhandlungsklima zu ______ .
10. Endlich bist du da! Ich habe mich so ___ dir ______.

a. **träumen von (+ ______)**
b. **sich sehnen nach + ______)**
f. **sprechen mit (+ ______) /**
über (+ ______)

c. **denken an (+______)**
d. **sich erholen von (+ ______)**
e. **sich fürchten vor (+ ______)**
g. **sich ärgern über (+ ______)**
h. **sich kümmern um (+ ______)**
i. **sich unterhalten mit (+ ______) / über (+ ______)**
sorgen für (+ ______)

01. f. sprechen mit (+ Dat.), über (+ Akk.); 02. g. sich ärgern über (+ Akk.); 03. i. sich unterhalten mit (+ Dat.); 04. c. denken an (+ Akk.); 05. h. sich kümmern um (+ Akk.); 06. a. träumen von (+ Dat.); 07. e. sich fürchten vor (+ Dat.); 08. d. sich erholen von (+ Dat.); 09. j. sorgen für (+ Akk.); 10. b. sich sehnen nach (+ Dat.)

C

01. Der Großvater ______ sich ___ seine Jugend.
02. Der Reisende ______ ___ der Abfahrt des Zuges.
03. Der Fremde ______ sich ___ die hohen Preise.
04. Der Ausländer ______ sich ___ das Klima.
05. Die Polizei ______ uns ___ den Verbrechern.
06. Der Kranke ______ ___ einer Vergiftung.
07. Die Mutter ______ ___ ihr totes Kind.
08. Der Kranke ______ sich ___ seinen Arzt.
09. Der Künstler ______ ___ sein Talent.
10. Der Professor ______ ___ Thomas Mann.

a. **glauben an (+ ______)**
b. **sprechen über (+ ______)**
c. **schützen vor (+ ______)**
d. **sich wundern über (+ ______)**
e. **sich gewöhnen an (+ ______)**
f. **sich erinnern an (+ ______)**
g. **leiden an (+ ______)**
h. **trauern um (+ ______)**
i. **fragen nach (+ ______)**
j. **sich verlassen auf (+ ______)**

01. f. sich erinnern an (+ Akk.); 02. i. fragen nach (+ Dat.); 03. d. sich wundern über (+ Akk.); 04. e. sich gewöhnen an (+ Akk.); 05. c. schützen vor (+ Dat.); 06. g. leiden an (+ Dat.); 07. h. trauern um (+ Akk.); 08. j. sich verlassen auf (+ Akk.); 09. a. glauben an (+ Akk.); 10. b. sprechen über (+ Akk.)

D

01. Er hat ___ Geld ______ .
02. Ich ______ mich ___ den Urlaub.
03. Peter hat sich heute ______ seinen Freunden ______ .
04. Die Mutter ______ ___ ihrer Tochter.
05. Der Mann ______ ___ seine Familie.
06. Gisela hat sich ___ ihrem Bruder ______ .
07. Er hat mir ___ seinem Land ______ .
08. Heute habe ich mich ___ meinen Professor ______ .
09. Hans ______ ___ seinem Freund.
10. Die Eltern ______ ___ ihren Kindern.

a. **sich ärgern über (+ ______)**
b. **telefonieren mit (+ ______)**
c. **bitten um (+ ______)**
d. **arbeiten für (+ ______)**
e. **sich verabschieden von** (+ ______)
f. **erzählen von (+ ______)**
g. **sich verabreden mit (+ ______)**
h. **sich freuen auf (+ ______)**
i. **gehören zu (+ ______)**
j. **arbeiten mit (+ ______)**

01. c. bitten um (+ Akk.); 02. h. sich freuen auf (+ Akk.); 03. g. sich verabreden mit (+ Dat.); 04. b. telefonieren mit (+ Dat.); 05. d. arbeiten für (+ Akk.); 06. e. sich verabschieden von (+ Dat.); 07. f. erzählen von (+ Dat.); 08. a. sich ärgern über (+ Akk.); 09. j. arbeiten mit (+ Dat.); 10. i. gehören zu (+ Dat.)

Was fehlt hier?

01. Sie weinen ___ Freude.
02. Dar___ kann ich nur lachen.
03. Dar___kümmere ich mich.
04. Wor___ denken Sie die ganze Zeit?
05. Er hat sich mit keinem Wort ___ das Geschenk bedankt.
06. Wo___ interessiert er sich besonders?

07. ___ wem ist sie denn abhängig?
08. Da ___ protestieren die Gewerkschaften seit Jahren.
09. Da ___ sind wir gern einverstanden.
10. ___ warten Sie?
11. Sie hat sich da ___ schrecklich geärgert.
12. Wo ___ schmeckt das eigentlich?
13. Wor___ / wo___ freuen Sie sich?
14. Wo___ hat sie denn so eine Angst?
15. ___ welche Prüfung lernst du denn da?
16. Wir können also am Sonntag ___ Ihnen rechnen.
17. Wissen Sie, ___ wie vielen Ländern die Bundesrepublik besteht?
18. Kannst du dich noch ___ den Vietnam-Krieg erinnern?
19. ___ wen ist dieses Buch bestimmt?
20. Wo ___ riecht es denn hier?
21. Ich muss schon sagen, dar___ war ich ziemlich enttäuscht.
22. Na, dann können wir ja nur ___ besseres Wetter hoffen.
23. Nun mach aber endlich Schluss ___ diesem Theater!
24. Wenn ich Ihnen einen Rat geben darf: Kümmern Sie sich bitte ___ Ihre eigenen Probleme.
25. Wir möchten uns einmal ___ Ihrem Hund erkundigen.
26. Denk bitte da___ !
27. Warte bitte ___ mich!
28. Ich hoffe, bald ___ euch zu hören.
29. Fang da___ an!
30. Nimm nicht da___ teil!

01. vor; 02. über; 03. um; 04. an; 05. für; 06. für; 07. Von; 08. gegen; 09. mit; 10. Worauf; 11. über; 12. nach; 13. auf / über; 14. vor; 15. Für; 16. mit; 17. aus18. ; an; 19. Für; 20. nach; 21. über; 22. auf; 23. mit; 24. um; 25. nach; 26. an; 27. auf; 28. von; 29. mit; 30. an

Verzeichnis der starken und unregelmäßigen Verben
قائمة بالأفعال القوية والشاذة

Infinitiv	Bedeutung	Indikativ	Partizip II / Partizip Perfekt	Präteritum
		du		
backen	خبز، عجن	backst	hat gebacken	backte / buk
befehlen	أمر	befiehlst	hat befohlen	befahl
beginnen	بدأ	beginnst	hat begonnen	begann
beißen	عضّ، قرض	beißt	hat gebissen	biss
bergen	أخفى	birgst	hat geborgen	barg
bersten	انفجر	(es) birst	ist geborsten	(es) barst
beten	صلّى	betest	hat gebetet	betete
betten	اضطجع للنوم	bettest	hat gebettet	bettete
bewegen	حرك	bewegst	hat bewegt	bewegte
biegen	لوى	biegst	hat gebogen	bog
bieten	قدّم، عرض	bietest	hat geboten	bot
binden	ربط	bindest	hat gebunden	band
bitten	ترجى، طلب	bittest	hat gebeten	bat
blasen	نفخ	bläst	hat geblasen	blies
erblassen	شاحب	erblasst	ist erblasst	erblasste
bleiben	بقي	bleibst	ist geblieben	blieb
braten	قلى	brätst	hat gebraten	briet
brechen	كسر، حطم	brichst	hat gebrochen	brach
brennen	أشعل	brennst	hat gebrannt	brannte
bringen	جلب، أخذ	bringst	hat gebracht	brachte
denken	فكّر	denkst	hat gedacht	dachte
drängen	ضغط، استعجل	drängst	hat gedrängt	drängte

Infinitiv	Bedeutung	Indikativ (du)	Partizip II / Partizip Perfekt	Präteritum
dringen	اخترق، تسلل	dringst	hat gedrungen	drang
dreschen	درس الحنطة	drischst	hat gedroschen	drosch
dürfen	سمح له	darfst	hat gedurft	durfte
empfangen	استقبل، استلم	empfängst	hat empfangen	empfing
empfehlen	نصح	empfiehlst	hat empfohlen	empfahl
erlöschen	أطفأ، انحّل	erlischst	ist erloschen	erlosch
erschrecken	أخاف	erschrickst	ist erschrocken	erschrak
essen	أكل	isst	hat gegessen	aß
fahren	سافر، قاد	fährst	hat/ist gefahren	fuhr
fallen	سقط	fällst	ist gefallen	fiel
fällen	قطع	fällst	hat gefällt	fällte
fangen	التقط، اصطاد	fängst	hat gefangen	fing
fechten	لوّح مهدداً	fichtst	hat gefochten	focht
finden	وجد	findest	hat gefunden	fand
flechten	نسج، شبك	flichtst	hat geflochten	flocht
fliegen	طار	fliegst	ist geflogen	flog
fliehen	هرب	fliehst	ist geflohen	floh
fließen	سال	(es) fließt	ist geflossen	(es) floss
fressen	اكل (للحيوان)	frisst	hat gefressen	fraß
frieren	برد	frierst	hat gefroren	fror
gären	خمّر، غلى	(es) gärt	hat / ist gegoren	(es) gor
gebären	ولّد	gebierst	hat geboren	gebar
geben	أعطى	gibst	hat gegeben	gab
gedeihen	ازدهر	(ich) gedeihe	ist gediehen	gedieh
gehen	ذهب	gehst	ist gegangen	ging
gelangen	توصّل إلى، أدرك	gelangst	ist gelangt	gelangte
gelingen	نجح	(es) gelingt	ist gelungen	(es) gelang
gelten	كان صالحا	giltst	hat gegolten	galt

Infinitiv	Bedeutung	Indikativ (du)	Partizip II / Partizip Perfekt	Präteritum
genesen	اسعاد عافيته	genest	ist genesen	genas
genießen	تمتّع	genießt	hat genossen	genoss
geschehen	حدث	(es) geschieht	ist geschehen	geschah
gewinnen	ربح	gewinnst	hat gewonnen	gewann
gieren	تغمّز، تمنّى	gierst	hat gegiert	gierte
gießen	سكب	gießt	hat gegossen	goss
gleichen	تكافأ، تساوى	gleichst	hat geglichen	glich
gleiten	انزلق	gleitest	ist geglitten	glitt
glimmen	احترق	(es) glimmt	hat geglommen	glomm
graben	حفر	gräbst	hat gegraben	grub
greifen	أخذ، انتزع	greifst	hat gegriffen	griff
haben	ملك	hast	hat gehabt	hatte
halten	مسك	hältst	hat gehalten	hielt
hängen	علق	hängst	hat gehangen	hing
hauen	ضرب	haust	hat gehauen	hieb
heben	رفع	hebst	hat gehoben	hob
heißen	يدعى، سمّي	heißt	hat geheißen	hieß
helfen	ساعد	hilfst	hat geholfen	half
kennen	عرف	kennst	hat gekannt	kannte
klingen	صوّت	klingst	hat geklungen	klang
kneifen	قرص، انسحب	kneifst	hat gekniffen	kniff
kommen	أتى	kommst	ist gekommen	kam
können	قدر، استطاع	kannst	hat gekonnt	konnte
kriechen	زحف	kriechst	ist gekrochen	kroch
kriegen	استلم	kriegst	hat gekriegt	kriegte
laden	حمّل، عبأ	lädst	hat geladen	lud
lassen	ترك، سمح	lässt	hat gelassen	ließ
laufen	سار، مشى	läufst	ist gelaufen	lief

Infinitiv	Bedeutung	Indikativ (du)	Partizip II / Partizip Perfekt	Präteritum
leiden	عانى	leidest	hat gelitten	litt
leihen	أقرض، أسلف	leihst	hat geliehen	lieh
leiten	قاد، دلّ	leitest	hat geleitet	leitete
legen	وضع	legst	hat gelegt	legte
lesen	قرأ	liest	hat gelesen	las
liegen	كان مضطجعاً	liegst	hat gelegen	lag
lügen	كذّب	lügst	hat gelogen	log
mahlen	طحن	mahlst	hat gemahlt	mahlte
malen	رسم ، دهن	malst	hat gemalt	malte
meiden	تجنب	meidest	hat gemieden	mied
melken	حلب	melkst	hat gemolken	molk
messen	قاس	misst	hat gemessen	maß
misslingen	فشل	(es) misslingt	ist misslungen	misslang
mögen	أحبّ	magst	hat gemocht	mochte
missen	فقد، اشتاق	(ich) misse	hat gemisst	misste
müssen	وجب	musst	hat gemusst	musste
nehmen	أخذ	nimmst	hat genommen	nahm
nennen	سمّى	nennst	hat genannt	nannte
pfeifen	صفّر	pfeifst	hat gepfiffen	pfiff
preisen	مدح	preist	hat gepriesen	pries
quellen	نبع، تورّم	quillst	ist gequollen	quoll
raten	نصح	rätst	hat geraten	riet
reiben	فرك	reibst	hat gerieben	rieb
reißen	تمزق، انتزع	reißt	hat/ist gerissen	riss
reisen	سافر، رحل	reist	ist gereist	reiste
reiten	امتطى	reitest	hat/ist geritten	ritt
rennen	ركض	rennst	ist gerannt	rannte
riechen	شمّ	riechst	hat gerochen	roch

Infinitiv	Bedeutung	Indikativ (du)	Partizip II / Partizip Perfekt	Präteritum
ringen	تصارع، كافح	ringst	hat gerungen	rang
rinnen	سال، تجاوز	(es) rinnt	ist geronnen	(es) rann
rufen	نادى	rufst	hat gerufen	rief
saufen	شرب (للحيوان)	säufst	hat gesoffen	soff
schaffen	أنجز	schaffst	hat geschaffen	schuf
scheiden	فصّل، فرّق	scheidest	ist geschieden	schied
scheinen	بدا، ظهر	scheinst	hat geschienen	schien
schelten	أنبّ	schiltst	hat gescholten	schalt
schieben	دفع، أجل	schiebst	hat geschoben	schob
schießen	رمى، أطلق النار	schießt	hat geschossen	schoss
schlafen	نام	schläfst	hat geschlafen	schlief
schlagen	ضرب	schlägst	hat geschlagen	schlug
schleichen	تسلل	schleichst	ist geschlichen	schlich
schleifen	طحن، سنّ سكيناً	schleifst	hat geschliffen	schliff
schließen	أغلق	schließt	hat geschlossen	schloss
schlingen	جدل، ربط	schlingst	hat geschlungen	schlang
schlingern	تمايل	schlingerst	hat geschlingert	schlingerte
schmeißen	رمى، ألقى	schmeißt	hat geschmissen	schmiss
schmelzen	ذاب، أذاب	schmilzt	ist geschmolzen	schmolz
schneiden	قطع	schneidet	hat geschnitten	schnitt
schreiben	كتب	schreibst	hat geschrieben	schrieb
schreien	صرخ	schreist	hat geschrien	schrie
schreiten	خط، تقدما	schreitest	ist geschritten	schritt
schweigen	سكت	schweigst	hat geschwiegen	schwieg
schwimmen	سبح	schwimmst	ist geschwommen	schwamm
schwinden	تضاءل، تناقص	schwindet	ist geschwunden	schwand
schwingen	هز، رج, حرك	schwingst	hat geschwungen	schwang
schwören	أقسم	schwörst	hat geschworen	schwor

Infinitiv	Bedeutung	Indikativ (du)	Partizip II / Partizip Perfekt	Präteritum
sehen	رأى	siehst	hat gesehen	sah
sein	كان	bist	ist gewesen	war
senden	أرسل	sendest	hat gesendet	sandte
senken	أغرق	senkst	hat gesenkt	sank
singen	غنّى	singst	hat gesungen	sang
sinnen	فكر، تأمل	sinnst	hat gesonnen	sann
sitzen	جلس	sitzt	hat gesessen	saß
sollen	عليه أن	sollst	hat gesollt	sollte
spalten	فرق، قسم	spaltest	hat gespalten	spaltete
speien	بصق، استفرغ	speist	hat gespien	spie
spinnen	غزل	spinnst	hat gesponnen	spann
sprechen	تكلم	sprichst	hat gesprochen	sprach
sprießen	برعم	(es) sprießt	ist gesprossen	spross
springen	قفز	springst	ist gesprungen	sprang
stechen	لدغ، وخز	stichst	hat gestochen	stach
stecken	أدخل	steckst	hat gesteckt	steckte
stehen	وقف	stehst	hat gestanden	stand
stehlen	سرق	stiehlst	hat gestohlen	stahl
steigen	صعد، ارتفع	steigst	ist gestiegen	stieg
sterben	مات، توفي	stirbst	ist gestorben	starb
stinken	نتن	stinkst	hat gestunken	stank
stoßen	صدم، ضرب	stößt	ist gestoßen	stieß
streichen	دهن، محى، ألغى	streichst	hat gestrichen	strich
streiten	تشاجر	streitest	hat gestritten	stritt
tragen	حمل، ارتدى	trägst	hat getragen	trug
treffen	قابل	triffst	hat getroffen	traf
treten	داس	trittst	hat / ist getreten	trat

Infinitiv	Bedeutung	Indikativ (du)	Partizip II / Partizip Perfekt	Präteritum
triefen	نقط، تقطر	triefst	hat getrieft	triefte
trinken	شرب	trinkst	hat getrunken	trank
trügen	خدع	(es) trügt	hat getrogen	trog
tun	عمل	tust	hat getan	tat
verderben	أفسد	verdirbst	hat / ist verdorben	verdarb
vergessen	نسي	vergisst	hat vergessen	vergaß
verlieren	فقد، أضاع	verlierst	hat verloren	verlor
verlöschen	محى، ألغى	verlischt	ist verloschen	verlosch
versenden	أرسل	versendest	hat versandt	versandte
			hat versendet	versendete
wachsen	نما	wächst	ist gewachsen	wuchs
waschen	غسّل	wäscht	hat gewaschen	wusch
weben	نشج	webst	hat gewoben	wob
weichen	نقع، بلل	weichst	ist gewichen	wich
weisen	عرض، أظهر	weist	hat gewiesen	wies
wenden	انعطف، رجع	wendest	hat gewendet	wendete
				warb
werben	أعلن	wirbst	hat geworben	wurde
werden	أصبح	wirst	ist geworden	warf
werfen	قذف، رمى	wirfst	hat geworfen	wog
wiegen	وزن	wiegst	hat gewogen	wand
winden	لوى، قلب	windest	hat gewunden	winkte
winken	لوح بيده	winkst	hat gewinkt	wusste
wissen	علم ، أدرك	weißt	hat gewusst	wollte
wollen	أراد	willst	hat gewollt	wrang
wringen	عصر، لوى	wringst	hat gewrungen	zeigte
zeigen	عرض	zeigst	hat gezogen	zog
ziehen	سحب، جر، انتقل	ziehst	hat gezogen	zwang